Die Reiseroute von Nikolai G. Garin-Michailowski im Herbst 1898

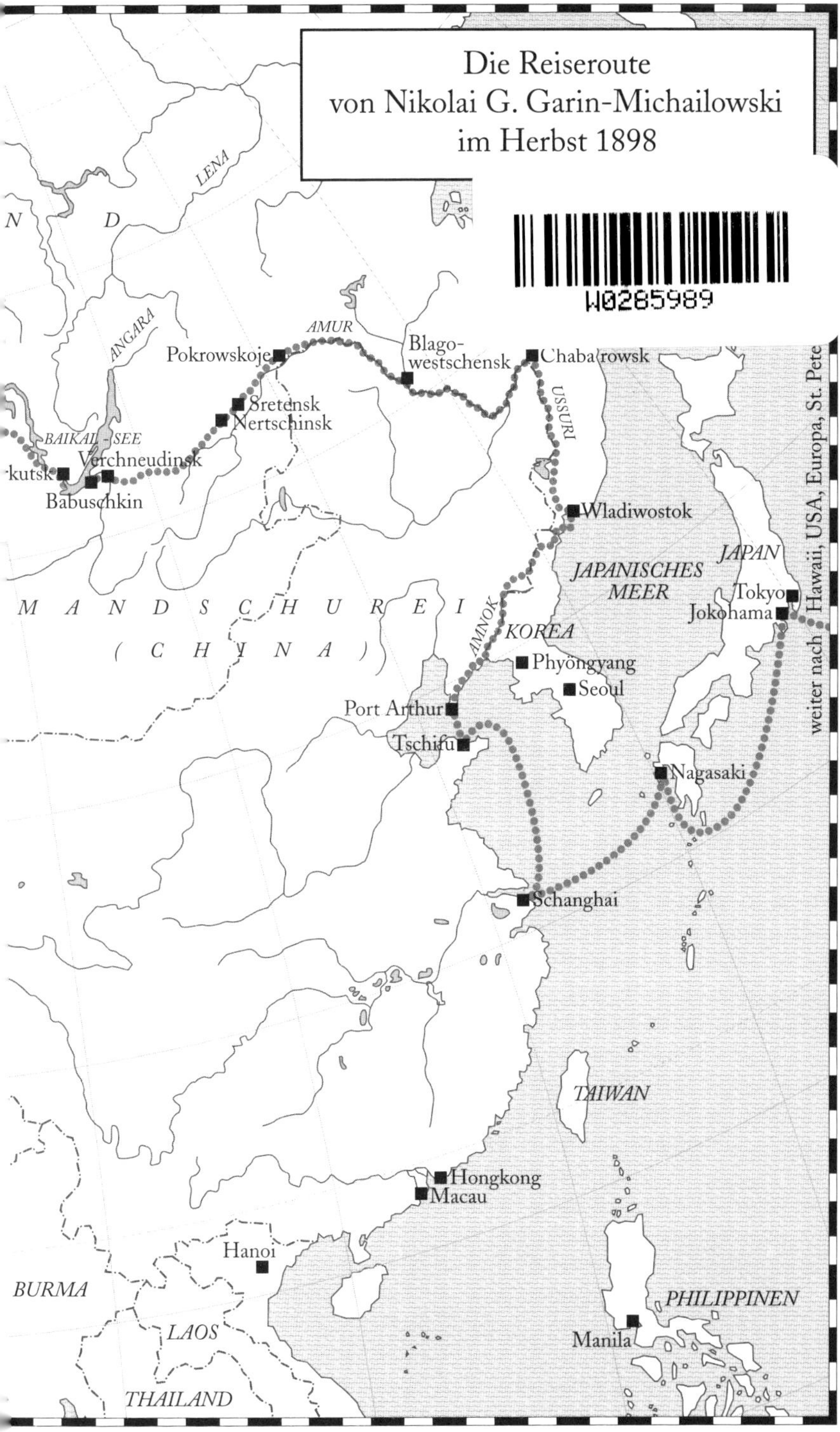

ALTE ABENTEUERLICHE REISEBERICHTE

N. G. Garin-Michailowski

Koreas schlafender Vulkan

Die Reise zum Pektusan

Mit 23 Fotografien,
zeitgenössischen Zeichnungen und Karten

Aus dem Russischen übersetzt von Alexander Böltz;
herausgegeben von Peter Born und Bodo Thöns

Edition Erdmann

Die Abbildungen auf den Vorsatzblättern zeigen die Routen N. G. Garin-Michailowskis im Herbst 1898.

N. G. Garin-Michailowski
Koreas schlafender Vulkan – Die Reise zum Pektusan
ISBN 3-86503-027-0

Umschlaggestaltung: Neele Schütz Design, München
Satz und Reproduktionen:
Rund ums Buch – Rudi Kern, Kirchheim/Teck
Schrift: 9 Berthold Garamond
Druck und Bindung: Friedrich Pustet, Regensburg

5 4 3 2 1 05 06 07 08 09

Inhalt

Vorwort der Herausgeber

Korea besteht heute aus zwei Staaten, der marktwirtschaftlich orientierten Republik Korea (in der Landessprache: Taehan Min'guk – Südkorea) mit 48 Millionen Einwohnern und der kommunistisch ausgerichteten Demokratischen Volksrepublik Korea (in der Landessprache: Chosun M.I.K. – Nordkorea) mit 22 Millionen Einwohnern. Flächenmäßig in Europa mit Rumänien vergleichbar, erstreckt sich das geteilte Land auf ca. 220 000 qkm in Nordostasien auf einer Halbinsel zwischen dem Gelben und Japanischen Meer, das in Korea »Östliches Meer« genannt wird.

Trotz der inzwischen beachtlichen wirtschaftlichen Stärke Südkoreas, das heutzutage den 10. Platz unter den größten Industrienationen der Welt belegt, sowie einer über 2000-jährigen hoch entwickelten Kultur und einer stark ausgeprägten nationalen Identität ist Korea ein bis heute in der westlichen Welt noch weitgehend unbekanntes Land. Dies hängt einerseits mit der über Jahrhunderte gepflegten Isolationspolitik des Landes zusammen, die ihm auch die Bezeichnung »Einsiedlerreich« (»Hermit Kingdom«) einbrachte. Andererseits stand Korea immer im Schatten seiner größeren Nachbarn China und Japan. Als Folge des Kalten Krieges ist die koreanische Halbinsel bekanntlich seit über 50 Jahren entlang des 38. Breitengrades in zwei sich heute noch mehr als skeptisch gegenüberstehende Staatsgebilde geteilt. In der Gegenwart bildet dieser Konfliktherd wohl weltweit die markanteste geopolitische Erblast des Kalten Krieges. Ein Ende ist nicht absehbar und die Auseinandersetzungen um die Ambitionen des als »Schurkenstaat« titulierten Nordkoreas bergen nicht zu unterschätzende Risiken, deren Tragweite weit über die Grenzen der Region hinausreicht.

In die Geschichte Koreas unter dem Blickwinkel der das Land umgebenden Großmächte reiht sich auch diese Reisebeschreibung ein. Die von Nikolai Garin-Michailowski dokumentierte Expedition im Herbst 1898 beschreibt ein sich öffnendes Korea in einer Zeit, als das Land zum Spielball regionaler Supermächte im Osten Asiens geworden war und seine Erkundung aus politischen, militärischen und wirtschaftlichen Überlegungen immense Bedeutung erlangte.

Die ersten Erkundungen

Im Vergleich zu seinen Nachbarn ist Korea mit seinen ca. 70 Millionen Menschen eine kleine Nation. Das Land entstand einer poetischen Legende nach vor über 4300 Jahren aus der Vereinigung von Himmel und Erde. Erste Staatsgebilde von ursprünglich aus der Mandschurei und Sibirien eingewanderten Stämmen sind seit dem 4. Jh. v. Chr. nachgewiesen. Politisch vereint wurde Korea zum ersten Mal im Jahr 668 n. Chr., nach dem Sieg des Shilla-Reiches über das Koguryo-Reich im Norden und das Paekche-Reich im Südwesten. Als Gegenreaktion auf zahlreiche, häufig aggressive Versuche seiner Nachbarn und später westlicher Kolonialmächte, auf Korea Einfluss zu nehmen, betrieb das Land über viele Jahrhunderte eine ausgeprägte Isolationspolitik. Das Staatssystem beruhte auf den strengen Regeln des Konfuzianismus und der Agrarwirtschaft. Korea war als verschlossenes Königreich bekannt und hatte außer zu China bis Ende des 19. Jh. praktisch keine Kontakte zur Außenwelt. Erst auf Druck der Japaner und gegen seinen Willen musste Korea sich ab 1876 dem Ausland öffnen. Aber noch 1894 schrieb der Weltreisende Ernst von Hesse-Wartegg, von dem einer der ersten deutschen Reiseberichte über Korea stammt: »Es mag übrigens hier erwähnt werden, dass bisher nur vier (!) Koreaner unseren alten Kontinent besucht haben. Die Reise bekam ihnen nicht gut; denn als sie ihre dort gewonnenen liberalen Anschauungen in Korea zum Ausdruck bringen wollten, wurden ihnen die Köpfe abgeschlagen.«

Es ist daher nicht verwunderlich, dass das Land im Fernen Osten, welches sich selbst »Chosun«, »das Land der Morgenstille« nannte, lange ein vollkommen weißer Fleck auf europäischen Landkarten blieb. In der westlichen Hemisphäre gab es erste, dürftige Berichte über Korea von arabischen Händlern des 9. Jh. Auch Marco Polo, der China zwischen 1271 und 1295 besuchte, erwähnte Korea kurz. Die ersten ausführlicheren Berichte über das Land der Morgenstille stammen von portugiesischen Missionaren, die Korea im Gefolge der verheerenden japanischen Invasion von 1592–98 betreten hatten, sowie vom holländischen Seefahrer Hendrik Hamel, der 1653 als Schiffsbrüchiger in Korea strandete und dort festgehalten wurde, ehe er nach 13 Jahren fliehen und in Europa den ersten ausführlichen Bericht über Leben, Staatsform und Gebräuche in Korea veröffentlichen konnte. Erst ab 1800 gab es dann wieder vereinzelt Berichte von englischen Seeoffizieren, die versucht hatten, die koreanische Küste zu erkunden. Alle Versuche einer Kontaktaufnahme waren aber an der Ablehnung koreanischer offizieller Stellen und dem Argwohn der Bevölkerung gescheitert. Auch blieben alle Versuche, das Landesinnere näher zu erforschen, erfolglos. Teilnehmer einer dieser ersten britischen Erkundungsfahrten von China über das Gelbe Meer nach Korea war Karl Gützlaff, der 1832 als ersten Deutscher sowie als erster protestantischer Missionar koreanischen Boden betrat. Jedoch ab 1876 endete unter japanischem Druck die Zeit der Abschottung; in Folge drangen immer mehr Informationen über das Land der Morgenstille nach außen, und insbesondere Russland entsandte in der Folgezeit mehrere Expeditionen in die Mandschurei und nach Korea, in die sich auch die hier von Nikolai Garin-Michailowski beschriebene Forschungsreise mit der Beschreibung der Landschaft und der Menschen im koreanisch-chinesischen Grenzgebiet sowie über den von den Koreanern hochverehrten Berg Pektusan einreiht.

In der Interessensphäre Chinas, Japans und Russlands

Das durch Japan erzwungene Ende der Abschottung Koreas war das Präludium für neue Invasionen. Im imperialistischen Wettbewerb der Korea umgebenden Großmächte weckte die geostrategische Bedeutung der Halbinsel Ende des 19. Jahrhunderts erneut Begehrlichkeiten. Insbesondere für das nach der Meiji-Restauration auf den Weg in die Moderne eilende Japan war das Nachbarland Korea, formal ein Vasallenstaat Chinas und wie das Reich der Mitte gelähmt von einer korrupten Bürokratie, ein nahe liegendes Objekt für die erwachte japanische Expansionslust. Unter Androhung von militärischer Gewalt erzwang Japan 1876 einen Vertrag, der die Öffnung von drei koreanischen Häfen für den japanischen Handel vorsah. Peking betrachtete diese Entwicklung mit Sorge und empfahl Korea »ein Gift mit dem anderen zu bekämpfen« und sich auch mit anderen Großmächten in Verbindung zu setzen. Diesem Rat folgend schloss Korea 1882 zunächst mit den USA, dann mit England, Deutschland, Frankreich, Italien, Österreich und 1888 schließlich mit Russland Handelsverträge ab, denen die Aufnahme diplomatischer Beziehungen folgte. Als es 1894 zu sozialen Unruhen und Aufständen in Korea kam und die Regierung die Kontrolle über die Situation zu verlieren drohte, wurde China zu Hilfe gerufen. Japan entfachte einen Disput über den Status der koreanischen Unabhängigkeit und entsandte ebenfalls Truppen, was zum Chinesisch-Japanischen Krieg führte. Da die altertümlich bewaffneten und miserabel geführten chinesischen Truppen der bestens organisierten und modernen Armee Japans hoffnungslos unterlegen waren, war China schon im März 1895 gezwungen, demütig um Frieden zu bitten. China musste daraufhin offiziell Koreas Unabhängigkeit anerkennen, praktisch geriet das Land aber unter japanische Kontrolle. Neben der Insel Formosa (Taiwan) regelte der Friedensvertrag, dass auch die Halbinsel Liautung mit dem Hafen Port Arthur an Japan fallen sollte. Da dies jedoch die Interessensphäre Russlands berührte, wurde Japan auf internationalen Druck zur Rückgabe der Halbinsel Liautung gezwungen, was entsprechende diplomatische Aktivitäten Russlands auslöste, sich für sein Eisenbahnprojekt Transsibirische Eisenbahn nicht nur einen Korridor durch die Mandschurei nach Wladiwostok, sondern auch einen Stützpunkt in der Südmandschurei zu sichern.

1895 begann Korea auf Drängen Japans mit politischen Reformen, die zu inneren Unruhen führten. Als dann auch Königin Min Opfer eines von Japan angestifteten Mordkomplotts wurde, flüchtete im Frühsommer 1896 König Kojong in die russische Gesandtschaft, wo er sich mehrere Monate aufhielt. Während der kommenden Monate und Jahre stieg der russische Einfluss in Korea stark an. Da Japan zu diesem Zeitpunkt Russland militärisch noch nicht gewachsen war, stand Korea praktisch von 1896–1904 unter russischem Schutz. In diese Zeit fiel 1898 auch die Expedition von Nikolai Garin-Michailowski durch die Mandschurei, das nördliche Korea bis nach Port Arthur.

Die Abtretung eines koreanischen Hafens an Russland ließ 1903 die Situation für Japan untolerierbar werden, und es schlug deshalb ein Abkommen vor, nach dem beide Staaten ihre jeweiligen Interessen in Korea und in der Mandschurei anerkennen und die Integrität Chinas und Koreas sichern sollten. Als Russland ablehnte, überfiel Japan am 8. Februar 1904 Port Arthur, und in den folgenden Monaten schlugen die Japaner wiederholt die zahlenmäßig überlegene russische Armee (jeden Monat transportierte die Transsib 30.000 Mann in die Region). Als die japanischen Flotten dann im Mai 1905 die um die halbe Welt gereisten russischen Ostseegeschwader bei Tsushima vernichtend besiegt hatten, war der Russisch-Japanische Krieg eindeutig für Japan entschieden, das erstmals international als Großmacht anerkannt wurde. Russland musste die Pacht von Port Arthur und Liautung aufgeben und sich aus dem Süden der Mandschurei zurückziehen. Außerdem hatte Russland zu akzeptieren, dass Korea nun zum Einflussgebiet Japans gehörte, und dieses machte Nägel mit Köpfen: Im Herbst 1905 wurde Korea japanisches Protektorat und verlor damit sein Recht, eigene diplomatische Beziehungen zu anderen Ländern zu unterhalten. Fünf Jahre später wurde Korea von Japan annektiert. Es verlor damit vollends seine Souveränität und ist von 1910 bis 1945 eine japanische Kolonie, was bis heute in den Beziehungen beider Länder nachwirkt.

Die Expansionspläne des Zarenreiches

Russland hatte 1858 im Vertrag von Aigun den Amur als Grenze mit China festgeschrieben. Ab 1891 begann das Zarenreich, seine gigantische Festlandkolonie Sibirien mit einer transkontinentalen Eisenbahnlinie zu durchziehen. Zwischen Tscheljabinsk im Ural und Wladiwostok an den Ufern des Stillen Ozeans begann das Jahrhundertprojekt Gestalt anzunehmen. Der Eisenbahningenieur Nikolai Michailowski übernahm im selben Jahr die Erkundung der Trassenführung durch die westsibirische Steppe. Zum Zeitpunkt der Expedition im Herbst 1898 war die Strecke bis Irkutsk sowie im Fernen Osten zwischen Chabarowsk und Wladiwostok bereits fertiggestellt. Östlich des Baikalsees liefen die Arbeiten am Bau der neuen Lebensader auf Hochtouren, allerdings entgegen der ursprünglichen Planung nicht allein auf russischem Hoheitsgebiet entlang des Nordufers des Stromes Amur, sondern weiter südlich um einige Hundert Werst kürzer quer durch die Mandschurei. Im Jahr 1896 war es Russland gelungen, mit China einen langfristigen Pachtvertrag für einen Korridor durch die Mandschurei auszuhandeln, wo nun die Ostchinesische Eisenbahn als Teil der künftigen Transsib entstand. Während es im ersten Schritt für Russland nur um eine Verkürzung der Strecke nach Wladiwostok ging, folgte im zweiten Schritt ein Pachtvertrag für die Halbinsel Liautung einschließlich eines weiteren Bahnkorridors, wo nun in Harbin als Abzweigung gen Süden die Südmandschurische Eisenbahn folgte, die den neuen Militärhafen Port Arthur und den künftigen Freihafen Dalny an das russische Bahnnetz anschloß. Das Hauptargument russischerseits war der versprochene Beistand für China in künftigen Auseinandersetzungen mit Japan, wofür diese Bahnlinien zum zügigen

Truppentransport unverzichtbar seien. Nach der Niederlage gegen Japan im Krieg um Korea konnte man in China diesen Argumenten etwas abgewinnen. Russland verfolgte mit diesem Schachzug aber auch eigene Ziele und wähnte sich nun mit Port Arthur im Besitz eines künftigen eisfreien Pazifikhafens, so dass begonnen wurde, die Flotte von Wladiwostok nach Süden zu verlegen. Auch für den künftigen Handelshafen Dalny hatte man große Pläne und wollte ihn zu einem russischen San Francisco ausgestalten. Selbstverständlich rückte in dieser Situation auch Korea in den Blickwinkel Russlands. Die Halbinsel befand sich genau zwischen den östlichen Außenposten des Zarenreiches in Wladiwostok und auf der Halbinsel Liautong. Nachdem 1896 Russland faktisch den Status Schutzmacht über Korea übernommen hatte, galt es die Geographie des Landes detaillierter zu untersuchen, und außerdem verlief die kürzeste Landverbindung zwischen beiden Orten Wladiwostok und Port Arthur mitten durch das unbekannte Korea. Besonderes Augenmerk schenkte die Expedition daher den verkehrstechnischen Aspekten, wie beispielsweise der Schiffbarkeit der Grenzflüsse Tumen und Amnok.

Eisenbahningenieur und Universalgelehrter

Nikolai Georgijewitsch Garin-Michailowski war nur Teilnehmer und nicht Leiter dieser Expedition. Nach Jahren der Tätigkeit im Staatsdienst des Eisenbahnwesens plante er eine Weltreise, und die Teilnahme an der Expedition durch Korea wurde zu deren ersten Etappe.

Michailowski wurde im Februar 1852 in St. Petersburg geboren, verbrachte seine Kindheit aber in Odessa, bevor er zum Studium wieder in die Hauptstadt zurückkehrte. Nach einigen Semestern Jura wechselte er allerdings zum Ingenieurstudium an die Verkehrshochschule. Die Erschließung, Projektierung und der Bau von Straßen und Bahnstrecken, Brücken und Tunneln wurden seine Passion und führten ihn bald in die verschiedensten Landstriche des Zarenreiches vom Schwarzen Meer bis zum Ural, wo er sich beim Bau der Strecke von Samara über Slatoust große Verdienste erwarb. Dabei war er aber nicht nur Technokrat, sondern auch immer ein sparsamer Beamter mit einem ausgeprägten sozialen Gewissen. Er hatte viele Auseinandersetzungen um die häufig überteuerten Baukosten der Bahngesellschaft und war ein großer Verfechter der Idee, sich aus Kostengründen auf vielen Nebenstrecken auf den Bau von Schmalspurbahnen zu beschränken. In Russland, dass sich im Vergleich zu Europa bereits prinzipiell für eine breitere Spur entschlossen hatte, fand er aber keine ausreichende Unterstützung.

Ab 1891 arbeitete er für die Westsibirische Eisenbahn an der künftigen Transsib mit. Aufgrund seiner Entscheidung über den künftigen Brückenstandort am sibirischen Fluß Ob gilt er als Begründer der heutigen Millionenstadt Nowosibirsk, wo der Bahnhofsvorplatz und die Metrostation seinen Namen tragen. In den Jahren in Westsibirien begann auch seine schriftstellerische Tätigkeit.

N. Michailowski war aber nicht nur ein leidenschaftlicher Eisenbahningenieur. Seine Versuche, sich nach dem Abschied von der Eisenbahn in der Landwirtschaft auf seinem Gut Gunderovka im Gouvernement Samara mit neuen Kulturen und Anbaumethoden und auch größerem sozialen Engagement zu profilieren, scheiterten und veranlassten ihn nicht zuletzt aus wirtschaftlichen Gründen, in den Dienst der Eisenbahn zurückzukehren. Parallel dazu begann er aber auch seine publizistischen und literarischen Aktivitäten auszudehnen, und alsbald erlangte er als begeisterter Forscher, Korrespondent, Publizist und Schriftsteller in Russland große Aufmerksamkeit. Unter seinem Pseudonym Nikolai Garin wurde er vor allem durch die Romanfolge »Artjoms Kindheit«, »Die Gymnasiasten«, »Die Studenten« und »Die Ingenieure« bekannt. Garin-Michailowski war bekannt dafür, dass er sich nicht schonte, sein unermüdlicher Arbeitseifer untergrub seine Gesundheit. Er starb im November 1906 im Alter von nur 54 Jahren während einer Lesung durch Herzschlag.

Der mystische Berg

Eines der wichtigsten Ziele der Expedition war die Besteigung des Pektusan, der mit seinen 2744 Metern der höchste Berg auf der koreanischen Halbinsel ist. Aus dem Koreanischen übersetzt heißt «Pektu" weißes Haupt und «San" Berg, seine chinesische Bezeichnung Baitoushan hat dieselbe Bedeutung. Der Pektusan ist ein Vulkankegel, der nach seinen letzten Ausbrüchen vor vier- bis dreihundert Jahren (1597, 1668, 1702) zu einem ruhenden Vulkan geworden ist. Auf seinem Gipfel befindet sich der »Himmliche See« (kor. »Chongji«), ein Kratersee, der wegen seiner Höhenlage, seines Unfangs von 12 km und seiner ungewöhnlichen Tiefe von 312 m zu den bemerkenswertesten Kraterseen der Welt gehört. Der See wurde früher auch »Drachenpfuhl« (kor. »Yongdam«) genannt, da die Koreaner annahmen, dass in diesem Kratersee ein großer Drachen lebte.

Am Pektusan, teilweise unmittelbar aus dem Kratersee entspringen mehrere Flüsse, darunter der Amnok (chinesisch: Yalu), der Richtung Westen ins Gelbe Meer mündet, der Richtung Osten ins Japanische Meer fließende Tumen sowie der Sungari, der Hauptzufluss des Amur. Amnok und Tumen bilden heute die natürliche Staatsgrenze zwischen China und Korea, der Berg Pektu selbst liegt heute jeweils etwa zur Hälfte auf nordkoreanischem und chinesischem Staatsgebiet. Garin-Michailowskis Expedition bewegte sich entlang des Tumen und des Amnok fort, denn sie hatte sich zur Aufgabe gesetzt, die Schiffbarkeit beider Flüsse zu überprüfen sowie die Quellen des Amnok, des Tumen und des Sungari am Pektusan zu entdecken und erforschen, was ihr als erste auch wissenschaftlich gelang.

Der Pektusan ist nicht nur der höchste Berg Koreas, sondern von alters her für alle Koreaner auch ein mystischer, ja heiliger Berg, da hier die Wiege der Nation liegt. Der Sage nach stieg Prinz Hwanung, Sohn des höchsten himmlischen Gottes Hwanin mit 3000 Untertanen und Dienern vom Himmel auf den Pektusan herab, um dort Shinshi, die Gottesstadt, zu errichten. Während eines Jahres lehrte er seiner Gefolgschaft 360 nützliche handwerkliche Tätigkeiten wie das Fischen und Weben sowie Kenntnisse in Landwirtschaft und Medizin, nach dem Mondkalender also täglich eine neue Tätigkeit. Eines Tages wandten sich ein Tiger und eine Bärin mit der Bitte an den Himmelsprinzen, er möge ihnen helfen, Menschen zu werden. Prinz Hwanung gab ihnen 20 Knoblauchzwiebeln und Beifuß und sagte, dass ihr Wunsch in Erfüllung gehen könnte, wenn sie hundert Tage in einer dunklen Höhle verbringen und sich nur von diesen beiden Pflanzen ernähren würden. Dem Tiger mangelte es an der notwendigen Geduld, und er verließ die Höhle vor Ablauf der 100-Tagefrist. Die Bärin aber bestand die qualvolle Probe und wurde zu einer wunderschönen Frau, in die sich der Himmelsprinz verliebte und sie zur Frau nahm. Aus dieser Ehe entstammte der Sohn Tan'gun, der gemäß des koreanischen Gründungsmythos im Jahre 2333 v. Chr. in der Gegend von Pjöngjang das Königreich Chosun (sog. Alt-Chosun im Gegensatz zur letzten Chosun-Dynastie von 1392-1910) gründete. Noch heute ist in Südkorea der 3. Oktober, der Tag, an dem Tan'gun vor über 4300 Jahren sein Reich ge-

Kim Jong-Il »Mt Paekdu is my native place«

Kim Il-Sung als Sonne über dem Pektusan

gründet haben soll, ein gesetzlicher Feiertag und wird als Tag der Staatsgründung gefeiert.

Auch die nordkoreanische Propaganda macht sich den Gründungsmythos zunutze, indem sie behauptet, dass der Sohn des Staatsgründers Kim Il-Sung, der heutige Machthaber Kim Jong-Il in einem Partisanenlager am Pektusan geboren wurde. Tatsächlich operierte der gegen die Japaner im Untergrund kämpfende Kim Il-Sung aber zur Zeit der Geburt seines Sohnes in der Nähe der russischen Stadt Chabarowsk.

Wie stark der Pektusan und sein Mythos in der koreanischen Seele verankert ist, hat ein koreanischer Dichter in folgendem Vers ausgedrückt: »Es ist als würde ein Fisch vergessen, dass er im Wasser lebt, wenn ein Koreaner vergessen würde, dass er sich unter dem Einfluss des Pektu-Berges befindet.«

Garins Schilderung der Landschaft Koreas reiht sich wie ein Mosaikstein in die Vorstellungen über das Reich der Morgenstille ein. Seine Ver- und Bewunderung für die Einfachheit, Herzlichkeit und Ursprünglichkeit der Menschen Koreas, seine teilweise zitierten Reflexionen im Vergleich zu China und Japan zeichneten aus heutiger Sicht jedoch nicht nur den Zustand einer einfach lebenden alten Nation vor ihrer drohenden Vereinnahmung durch die vielbeschworene Zivilisation. Über einhundert Jahre später hat Korea in kurzer Zeit eine enorme Transformation durchgemacht. Wenn auch bislang noch als Erblast des Kalten Krieges in zwei extrem unterschiedlichen politischen Systemen, hat Korea aber bis heute vieles dieser Ursprünglichkeit in seinem Alltag und seiner Kultur bewahrt. Mehr Kenntnis und Anteilnahme seitens des Westens ist dabei sowohl Korea als auch uns zu wünschen. Möge der Blick eines russischen Reisenden auf das Korea von vor hundert Jahren dazu einen kleinen Beitrag leisten.

Peter Born
Bodo Thöns

Durch Sibirien nach dem Fernen Osten

9. JULI 1898
Wir kamen heute früh mit dem Petersburger D-Zug in Moskau an und fuhren sofort mit dem Sibirien-Express weiter. Eine lange Reise liegt vor uns: durch ganz Sibirien, Korea und die Mandschurei bis Port Arthur. Von dort geht es über Schanghai, Japan, die Hawaii Inseln, San Franzisko, New York und Westeuropa zurück nach Petersburg. Knapp vor unserer Abreise wurde uns noch der Auftrag erteilt, die Ertragfähigkeit des Landes zwischen Wladiwostok und Port Arthur näher zu untersuchen. Meine Kameraden und ich haben mit größtem Vergnügen diese Aufgabe übernommen, die uns keine Schwierigkeiten bereitet. Wir werden uns also Korea und die Mandschurei näher ansehen.

13. JULI
Immer weiter geht die Fahrt. Wir sind schon in Sibirien. Tscheljabinsk …

Ich erinnere mich dieser Gegenden, durch die jetzt die Eisenbahn führt, noch aus dem Jahre 1891, als wir hier mit den ersten Projektierungsarbeiten beschäftigt waren. Damals wirkte dieser völlig ebene Landstrich wie ein Überrest aus Zeiten Nikolaus' I.: gestreifte Schlagbäume, gelbe Dienstgebäude, geheimnisvoll tuende, hochnäsige Beamte, ein vorsintflutliches Gerichtswesen, kurz, das ganze Tun und Treiben der Nikolaus-Epoche. Damals wurde hier als letzte Neuigkeit noch immer die Anekdote vom Kreispolizeichef erzählt, der den Kirgisen den Wind abgekauft hatte und ihn nur für schweres Geld an sie wiederverkaufte (die Kirgisen durften das Getreide weder worfeln noch in Windmühlen mahlen usw., ohne dafür zu zahlen).

Ich erinnere mich auch unserer damaligen Heimfahrt. Es war schon spät im Herbst. Wir benutzten die letzte Gelegenheit, noch mit Fuhrwerken weiterzukommen. Manchmal mussten unserer Kutsche zwölf Pferde vorgespannt werden, und sie zogen uns mühsam im Schritt durch den zähen Schmutz. Es galt als Rekord, wenn man an einem Tag dreißig Werst zurücklegen konnte.

Jetzt aber führt hier bereits ein Schienenstrang vorbei, und wir jagen in Eisenbahnwagen dahin. Und in was für Wagen! Unser Zug führt Speisewagen, Bibliothekswagen, Abteile mit Bad und Räume für Gymnastik und Musik. Die Ermüdung, die eine Bahnfahrt sonst mit sich bringt, ist hier fast gar nicht zu spüren. – Als die Bahn seinerzeit projektiert wurde, veranschlagte man als höchsten zu erwartenden Frachtanfall elf Millionen Pud*. So wurde auch gebaut, in der Überzeugung, dass diese elf Millionen nicht so leicht zusammenkommen würden. Aber schon im ersten Jahr waren es dreißig Millionen. Einerseits eine gewiss recht erfreuliche Tatsache; aber andererseits geht daraus hervor, dass die Bahn in ihrem jetzigen Zustand nicht im Entferntesten ausreicht. Was liegt allein in Tscheljabinsk an unverfrachtetem Gut!

16. Juli

Immer noch die gleiche Steppe, auf einer Strecke von hundertfünfzig Werst flach wie eine Hand. Das Wasser ist bis zum Ob abscheulich: Vor Omsk schmeckt es salzig-bitter, und danach, in der Baraba-Steppe, der Heimat der sibirischen Beulenseuche, werden sein Geruch und sein Geschmack einfach widerlich.

An vereinzelten Stellen sind in der Nähe der Stationen schon Neusiedlungen zu sehen. Freilich, hätte man die Bahn etwa zweihundert Werst weiter südlich gebaut, dann hätte sie durch ein ertragreicheres Gebiet geführt, und dort wären solche Siedlungen im Verlaufe der zwei, drei Jahre bereits zu großen Dörfern aufgeblüht. Hier dagegen ist nur ein schmaler Streifen Land einigermaßen für den Ackerbau geeignet. Alles übrige Land besteht nördlich der Bahn aus Taiga und Tundra, südlich davon liegen Salzböden und Salzseen.

Nun kommt schon Omsk mit dem trüben Irtysch. Ich sitze am Fenster und denke an meine früheren Reisen durch diese Gegenden, an diese endlose Fahrt nach Norden, den Irtysch abwärts. Der Fluss grau, voll von Sandbänken, dunkle Herbstnächte, und der kleine, schmutzige Dampfer. Am Bug misst ein Matrose die Tiefe und ruft eintönig: »Vier! Dreieinhalb! Drei!« Darauf das Kommando an die Maschine: »Langsam!« – »Zweieinhalb!« – »Ganz langsaml« – »Zweieinhalb.., drei... fünf! ... Kein Grund!... Kein Grund!« – »Volle Fahrt!« – »Zwei!« – »Ganz langsam!« Zu spät. Der Dampfer ist bereits in die unerwartete Sandbank hineingefahren, wir haben uns alle die Stirn aufgeschlagen und werden jetzt stundenlang warten müssen, bis wir wieder fortkommen.

Je weiter man fährt, desto öder und trostloser wird der Irtysch, und dort, wo er sich mit dem Ob vereinigt, ist er bereits ein trübes Meer.

---

* Alte russische Gewichtseinheit – 16,38 kg.

Dort sind die Bäume noch im Juni kahl, dort herrscht ewig der Atem des Eismeeres.

Ganz anders wirkt der Irtysch südlich von Omsk. Ja, das ist schon der Süden, und seine frohen Farben machen sich selbst im Winter bemerkbar, wenn die Erde unter der Schneedecke liegt. Wie hell leuchtet hier der Schnee, wie schillert er in allen Farbtönen, wenn sich die Sonne am endlos hohen Himmel zum Untergang neigt! Da kleidet sich die verschneite weite Ebene in alle Regenbogenfarben: Dort ist sie zartviolett, hier grünlich, und die kahlgefegten Stoppelfelder schimmern wie Gold. Nach Norden zu liegen kaltblaue Töne, die sich am Horizont zu einem Stahlblau verdichten, das an die Oberfläche des Eismeeres erinnert. Im Westen aber wird die Farbenpracht noch reicher, tritt die Schönheit von Himmel und Erde noch mehr hervor. Der Himmel scheint sich höher zu wölben, und seine ganze blaue Kuppel ist mit durchscheinend zarten, golden und türkisgrün aufleuchtenden Lichtern übersät. Mit vierundzwanzig Werst in der Stunde jagt dieTroika der zwar kleinen, aber erstaunlich ausdauernden Pferde auf der völlig ebenen Straße dahin. Das Schellengeklingel verschmilzt zu einem einzigen Hall, fließt in die frische Frostluft hinaus, kehrt dann weit aus der Ferne zurück und lullt mich mit zarten, längst vergessenen Liedern in süßen Schlaf. Ab und zu weckt mich der wilde Ruf des kirgisischen Kutschers, der eine auffallende Mütze trägt. Sie ist aus buntem Fell, und im Nacken hängt ein breiter Schweif herab. Ich öffne die Augen und finde mich nicht sofort zurecht, bis mir wieder einfällt, dass ich mich im Lande der Irtysch-Kosaken befinde und der eifrige Mann auf dem Bock der kirgisische Tagelöhner eines Kosaken ist.

Ein völlig neues Bild bietet die Landschaft zwischen Semipalatinsk und Tomsk. Hier liegen etwa vierzig Millionen Desjatinen* Kabinettsland, das heißt zaristischer Privatbesitz[1]. Der Boden ist hier märchenhaft fruchtbar. Eine Ernte von zweihundertfünfzig Pud pro Desjatine gilt als nur durchschnittlich. Der Weizen übertrifft an Qualität die besten Sorten der Gegend Samara. Weiter südlich könnten noch reichere Ernten erzielt werden, aber weil dort die Eisenbahn fehlt, beträgt der Verkaufspreis eines solchen Weizens acht Kopeken für das Pud, was selbst bei einer Ernte von dreihundert Pud auf die Desjatine die Selbstkosten nicht mehr deckt. Nicht nur Weizen, Flachs und Sonnenblumen, auch Reis gedeiht hier; sein Preis ist nur fünfundvierzig Kopeken

* Altes russisches Flächenmaß = 1,0925 Ar.

für das Pud, das bei uns drei, vier und auch sechs Rubel kostet. Kein Zweifel, dass mit dem Bau einer Bahnlinie all diese jetzt brachliegenden Desjatinen den Weltmarkt mit Reis, Ölprodukten und Baumwolle überschwemmen würden, dass aus diesem Landstrich zusammen mit Turkestan eines der blühendsten Siedlungsgebiete der Welt entstehen könnte.

Das Kabinettsland grenzt an das Altaigebirge, und wenn man von Semipalatinsk nach Tomsk reist, sieht man die Berge die ganze Zeit als gigantische Hintergrunddekoration in das klare Himmelsblau emporragen. Dort liegen märchenhafte Reichtümer, Gebirgsschätze wie Gold, Silber, Eisen, Kupfer und Steinkohle. Vorläufig schläft hier alles noch infolge Mangels an Kapital und Eisenbahnen oder wird nur kümmerlich von ohnmächtigen und unfähigen Händen abgebaut. Aber es kommt die Zeit, da aus den Trümmern des alten Lebens hell und mächtig das neue hervorbrechen wird!

17. Juli

Der Ob, Dorf Kriwostschokowo. Hier überquert die Bahn den Fluss. Auf einer Strecke von hundertsechzig Werst ist das die einzige Stelle, wo der Fluss, wie die Bauern sagen, in einem Rohr dahinfließt. Mit anderen Worten: Sowohl der Grund des Flusses als auch beide Ufer sind felsig. Daher überflutet die Frühjahrsüberschwemmung hier nur einen schmalen Streifen von vierhundert Sashen*, während bei Kolywan, wo die Bahn zuerst projektiert gewesen war, das Überschwemmungsgebiet zwölf Werst breit ist. Die Abänderung des ursprünglichen Projekts ist mein Verdienst, und ich stelle jetzt befriedigt fest, dass die von mir entworfene Streckenführung beim Bau eingehalten wurde. Ebenso befriedigt betrachte ich, wie sich die Siedlung am jenseitigen Ufer entwickelt hat, die 1891 Nowaja Derewnja[2] hieß. Jetzt ist das bereits ein richtiges Städtchen, und ich finde darin nicht mehr das Häufchen der demütigen kleinen Wjatka-Bauern, die sich ungefähr zwei Jahre vor Beginn des Bahnbaues hier angesiedelt hatten.

Das völlig ebene Westsibirien bleibt nun hinter dem Ob zurück. Die Landschaft wird wellig, bewaldet, von tiefen Schluchten durchzogen; aber noch immer bleibt die Sicht in die weite Ferne offen. Hier stehen Taigawälder, auf den Bodenwellen liegt Ackerland, Staatsland und solches, das von bäuerlichen Dorfgemeinschaften bearbeitet wird.

---

* Altes russisches Längenmaß = 2,13 Meter

Brücke über den Ob

Die Dörfer sind wohlhabend, aber schmutzig. In den Stuben stehen Möbel aus gebogenem Holz, an den Fenstern Blumen, vor allem Geranien, und jede Bauersfrau kocht euch eine Kohlsuppe oder backt einen Sterlet in Teig, wie man es nur hier versteht.

19. Juli

Nun sind wir in der Station Taiga. Von da zweigt die Strecke nach Tomsk ab. Als ich in diesem Abschnitt die Projektierungsarbeiten leitete, zog ich mir den Unwillen der Tomsker Presse zu, weil ich die Hauptstrecke nicht durch Tomsk führte, sondern mich mit einer Zweigbahn dorthin begnügte. Aber es handelte sich hier darum, dass diese Zweigbahn kürzer war als der Umweg der ganzen Strecke über Tomsk. Berücksichtigt man die Bedeutung der Sibirischen Bahn für den Transitverkehr, so lag nicht der geringste Grund vor, sämtliche Transitgüter über einen Umweg von hundertzwanzig bis hundertfünfzig Werst zu leiten. Für eine ideal angelegte Bahn gilt als Grundsatz, dass die beiden Endpunkte mit geringsten Steigungen auf kürzester Strecke miteinander zu verbinden sind. So seltsam das auch sein mag, aber in dieser Hinsicht ist unsere erste Bahn, die Nikolaus-Bahn von Petersburg nach Moskau, vorbildlich. Später scheinen wir den Eisenbahnbau völlig verlernt zu haben, und die Eisenbahngesellschaft Moskau-Kasan verfiel in das entgegengesetzte Extrem und verstand es, zwischen die beiden Endstationen zweihundert überflüssige Werst hineinzuflechten.

19. Juli

Der mittelsibirischen Bahn werden zu große Steigungen vorgeworfen. Natürlich ist das ein wesentlicher Nachteil, aber man darf dabei nicht vergessen, dass diese Steigungen nur in Kauf genommen wurden, um die Fertigstellung der Strecke zu beschleunigen. Nun aber sollte man sofort an die Ergänzungsarbeiten zur Minderung der Gefälle herangehen.

Ich fahre durch die letzten mir bekannten Gegenden. Urwüchsige Taiga, die an das Gerümpel eines alten Geizkragens erinnert. Riesige moosbewachsene Baumstämme liegen auf dem Boden, darüber wuchert undurchdringliches Dickicht, das aber oben bereits verdorrt, unten vom Moor angefault ist. Alles riecht nach feuchtem Moder. Doch näher zu den trockenen Geländewellen trifft man erstaunlich schönen Wald, dessen Wipfel hoch zum Himmel hinaufragen. Gelbstämmige Kiefern, deren Äste sich wie Arme in die Luft recken. Zarte Lärchen mit ihrem schlanken, silbrigen Stamm. Mächtige, buschige dunkelgrüne Zirbelkiefern. Hier eine ganze Gruppe: Die großen ragen gerade empor, während die kleinen sie umringen, wie Kinder ihre Mütter. Dazwischen saftiges Gras mit grellen Sonnenstreifen darauf. Ein würziger Duft schwebt in der reglosen Luft. Hebt man den Kopf, so erblickt man dort oben in unermesslicher Höhe ein Stückchen des strahlendblauen Himmels. Alles ist still, alles schläft im freundlichen Tageslicht. Doch dann unterbricht plötzlich das Knacken eines Astes weithin hallend die feierliche Stille, und alles erwacht. Ein Tierchen schlüpft vorbei, ein Vogel lässt seinen Ruf ertönen, oder der Herr der hiesigen Wälder, der tapsige und dabei doch wendige, riesige Meister Petz, bricht das dürre Geäst nieder und dringt durch das Dickicht. Manchmal aber rauscht die Taiga oben wie eine stürmische See auf, während unten nach wie vor alles still bleibt.

22. Juli

Obwohl die Bahn bereits bis Irkutsk gebaut ist, verließen wir sie zweiundsiebzig Werst vor der Stadt, weil wir nicht bis zum Morgen auf den nächsten Zug warten wollten. Wir entschlossen uns, diese Strecke auf Pferdefuhrwerken zurückzulegen, und wurden dafür auch gründlich bestraft, denn wir brauchten für diese zweiundsiebzig Werst genau vierundzwanzig Stunden, die wir schlaflos auf abscheulichen Wagen verbrachten, wobei wir für jedes Dreigespann auch noch fünfundvierzig Rubel zahlen mussten. Für dieses Geld hätten wir in der ersten Eisenbahnklasse mehr als dreitausend Werst fahren können.

Nun liegen aber vor uns noch mehr als tausend Werst, die wir mit Pferdegespannen zurücklegen müssen. Wenn wir so weiterreisen, wann kommen wir da an, und was wird das kosten?

Wir werden uns in Irkutsk zwei Tage aufhalten, denn für den langen Weg mit Pferden, der uns nun bevorsteht, muss vieles angeschafft werden: Kutschen, Lastfuhrwerke und Verpflegung.

25. Juli, am Baikalsee

Wir haben Irkutsk verlassen und schleppen uns wie auf Ochsengespannen dahin. Die Bahn endet in Irkutsk, und von da an hören mit einem Male auch alle Bequemlichkeiten auf. Die Poststationen sind nicht imstande, auch nur ein Drittel der an sie gestellten Ansprüche zu befriedigen. Reisende jeder Art und jedes Standes warten hier, bis sie an der Reihe sind. Da sitzt eine Kaufmannsfamilie, Mann, Frau und mehrere Kinder. Sie trinken aus Verzweiflung Tee. Sogar das kleinste Kind hat schon den sorgenvollen Blick der Erwachsenen. Uns bleibt als Ausweg nur, mit gemieteten Pferden weiterzufahren. Aber die sind nicht so rasch aufzutreiben – es ist die Zeit der Heumahd. Für eine Strecke von zwanzig Werst müssen fünf bis zehn Rubel gezahlt werden, das ist fünfzigmal teurer als mit der Eisenbahn. Und wie viel Zeit dabei verloren geht! Zwei Stunden lang werden die Pferde gesucht, zwei Stunden dauert das Einspannen, zwei die Fahrt selbst, und dann beginnt alles wieder von vorn. Als Endergebnis kommt eine Geschwindigkeit von drei Werst in der Stunde heraus, und wenn man die Nacht mit einrechnet, sind es noch weniger, weil man bei einer Reise, die sich über Tage und Wochen hinzieht, doch nicht ganz auf den Schlaf verzichten kann.

Nachdem wir den Baikal überquert hatten, teilten wir uns in zwei Abteilungen. Borminski und Safonow sind weitergefahren, während Korf, Sweginzew und ich noch auf Pferde warten müssen.

Dunkler Abend. Ein feiner herbstlicher Regen trommelt eintönig gegen die Fensterscheiben. Der ganze Himmel ist mit dichten, niedrigen Wolken bedeckt. Vor mir erstehen die Erlebnisse des verflossenen Tages. Sie sind übrigens arm an Inhalt. Wir haben so viel vom Baikalsee erwartet – man hat uns von seinen Stürmen, von seinem geheimnisvollen, von Winden unabhängigen Wellenschlag erzählt, den man durch vulkanische oder andere unterirdische Vorgänge zu erklären versucht[3]. Aber als wir über ihn fuhren, lag er still und in Nebel gehüllt da, es regnete, und die Überfahrt hinterließ bei uns keinen tieferen

Eindruck als die Überquerung irgendeiner kalten Pfütze. In der von einem Bullauge trüb beleuchteten Kajüte des uralten Dampfers, der mehr einer schwarz angestrichenen Barke glich, war es kalt und feucht wie in einem Keller.

Das Wasser des Baikalsees hat im Sommer eine ständige Temperatur um zwölf Grad herum. Die gleiche Temperatur hat auch die schöne Angara, die ihm entspringt und die entlang wir gestern die ganze Nacht gefahren sind. Ja, sie ist schön, aber auch kalt mit ihren frostigen Nebeln. Jedes Mal, wenn der Weg zu ihr hinabführte, umgab uns die neblige Kälte des Spätherbstes. Manchmal wurde ein Abschnitt des Flusses klar und lag dann strahlend vor uns, aber der übrige Fluss und das mit Wald bestandene jenseitige Steilufer blieben die ganze Zeit in undurchdringliche Nebelwolken gehüllt. Schweigend jagt das grünliche, durchsichtige Wasser dahin.

2. August

Nun sind wir schon in Sretensk. Sretensk – was ist eigentlich Sretensk? Sretensk ist ein Dorf, das an der Schilka auf dem gleichen Breitengrad wie Charkow liegt. Die Schilka bildet nach Vereinigung mit dem Argun den Amur.

Ein klarer, stiller Morgen. Ich sitze auf einer schattigen Terrasse. Aber man lasse sich durch diese anspruchsvolle Bezeichnung nicht irreführen, denn die Terrasse ist einfach aus Brettern zusammengenagelt und entspricht ganz der schlichten Holzarchitektur Sibiriens. Wenige Schritte von mir entfernt liegt die Landestelle der Amur-Dampfschifffahrt, und gerade jetzt kommt ein Passagierdampfer den Fluss heraufgekrochen, eine Art Arrestantenbarke mit einem roten Heckrad. Er schnauft und rauscht, kommt aber nur langsam vorwärts. Am anderen Ufer sind zwischen den dicht an den Fluss herangerückten steilen Felshügeln die Gebäude der Bahnstation zu sehen. Die Bahn wird erst gebaut.

Sretensk selbst habe ich noch nicht besichtigt. Ich habe nicht einmal über seine Bedeutung und Geschichte nachgelesen.

Ich kann nicht behaupten, dass die Reise auf Pferden von Irkutsk nach Sretensk ohne Eindrücke gewesen sei. Aber es war unmöglich, sie im ratternden Wagen niederzuschreiben. Nun frische ich meine Erinnerungen auf. Das Transbaikal-Land unterscheidet sich auffallend von den Gegenden, die wir vorher durchfahren haben. Fast überall erheben sich Gebirgszüge am Horizont. Ihre Höhe schwankt zwischen fünfzig und hundert Sashen – es sind also eher Hügel –, aber ihre Gipfel sind bereits spitz und mitunter wild gezackt. So stehen sie reglos da, leuchten bei Sonnenuntergang blassrosa oder violett auf, während sie tagsüber dunkelblau von fern herübersehen und uns Sagen aus uralten Zeiten erzählen. Das ist ein unermesslich weites, noch wenig besiedeltes Land mit schlechtem Boden, auf dem sehr dichte, aber völlig hoffnungslos vom Fraß befallene Laubwälder wachsen. (Zwei Drittel der Bäume, die ich sah, waren bereits verdorrt, durchlöchert und gänzlich unbrauchbar.) Es birgt reiche Bodenschätze, ist aber vorläufig vom Standpunkt der Kultur im Allgemeinen und der Besiedlung im Besonderen, wie Tartarin sagt, kein Eselsohr wert. Ihm entquollen seinerzeit all die Mongolenhorden, die das Leben Osteuropas auf lange Zeit zum Stillstand zwangen. Hier fließt der Onon, hier wurde Dschingis-Khan[4] geboren.

Woher kamen damals diese Massen? Jetzt ist das ganze Land hier nur eine stumme Waldwildnis, wüst und leer. Durch sie schleicht sich der hungrige Wolf, irrt der flüchtige Sträfling, stapft der Bär. Alles lebt einsam und voneinander getrennt, ein jedes für sich und dem anderen Feind. Nur in der Nähe der Chaussee liegen kleine Siedlungen, aber weiter drinnen... Noch nie ist jemand dort gewesen, und niemand weiß etwas darüber. Ein Teil dieses Gebietes wird von Burjaten bewohnt. Das sind Überreste jenes zweihunderttausend Mann zählenden Heeres Dschingis-Khans, ein fleißiges, enthaltsames und sehr ehrliches Volk. Hier kann man sein Gepäck auf der Straße stehen lassen und ruhig schlafen gehen. Die Kleidung, die Zöpfe und die dunklen Gesichter machen die Burjaten den Chinesen ähnlich. Die Buddhafigur in ihren Tempeln hat tausend Arme und dreizehn Köpfe. Das bedeutet, dass zur Erfüllung aller Wünsche sich ein Kopf in dreizehn verwandeln müsste und dass tausend Arme erforderlich wären, um das auszuführen, was diese dreizehn Köpfe ersinnen. Um das Böse zu verscheuchen, legen sich die Lamas der Burjaten an besonderen Festtagen hässliche Masken an und zeigen sich so dem Volk. Auch Gebete schützen vor dem Bösen, und die Burjaten werden daher nicht müde, die Trommel zu drehen, auf der die Gebete geschrieben stehen. Das gilt ebenso viel, als wenn sie gelesen würden.

Der Burjate ist still und ergeben und im Verkehr mit den Verwaltungsbehörden ein großer Diplomat. Aber in sein Innenleben lässt er niemand hineinblicken, und er versteht es auch, sich Achtung zu verschaffen. Die Burjaten sind zweifellos ein kulturfähiges Volk. Schon heute trifft man unter ihnen recht viele Gebildete an. Diese stellen die öffentliche Meinung des Landes dar, und es wäre naiv zu glauben, die Burjaten begriffen den Sinn und die Bedeutung der verschiedenen zu ihrem Vor- oder Nachteil getroffenen Verwaltungsmaßnahmen nicht.

Noch einige Worte über die Poststraße, um mit dem durchfahrenen Gebiet abzuschließen. Aufrichtig gesagt, taugt die ganze Postorganisation überhaupt nichts. So zum Beispiel besitzen einige aufeinander folgende Poststationen fünfzehn Pferdegespanne (mit je mindestens drei Pferden), und dann kommt plötzlich ein Loch, und zwei oder drei Stationen haben nur fünf Gespanne. Wenn schon die fünfzehn nicht ausreichen, so kann man sich vorstellen, wie es auf diesen noch ärmeren Stationen zugeht: wochenlanges Warten, verzweifeltes Fluchen und Schimpfen der festsitzenden Reisenden.

Hier ein solches alltägliches Bild. Es ist Nacht. Im Flur und in den beiden kleinen Stuben liegen die Menschen auf den Sofas und dem Fußboden so dicht gedrängt, dass man nicht durchkommt. Die Luft ist zum Ersticken. Hier schlafen Kinder, Frauen und Männer, Offiziers- und Siedlerfamilien, Menschen, die aus dienstlichen, und solche, die aus privaten Gründen reisen. Wir sitzen im Büro. Der aus Tschita hierher gesandte Beamte erklärt uns die Lage und seine Ohnmacht: »Seit neun Tagen habe ich keine einzige Minute geschlafen, mir steht der Verstand still ...« Ich höre ihm zu und denke: Wozu hat man denn diesen Märtyrer geschickt, wo es doch darauf ankam, die fehlenden zehn Gespanne herbeizuschaffen, die an dem ganzen Wirbel schuld sind? Diese zehn Gespanne aber sind nicht vorhanden, weil niemand bereit war, Pferde zu den von der Postverwaltung festgesetzten Preisen zu vermieten. Nun, dann hätte man eben für staatseigene Pferde sorgen müssen; die Frage ist doch nicht dadurch gelöst, dass man an Stelle von Pferden Beamte herschickt.

Uns blieb also nur eines übrig: um jeden Preis Privatpferde zu mieten. So reisten wir nach dieser offenkundigen Prellerei am helllichten Tage trotz des Verzweiflungsgeschreis der anderen weiter. Wie wird es aber im Herbst hier aussehen, wenn die Straßen unbefahrbar sind?! Gewiss, in ein oder zwei Jahren wird auch hier die Eisenbahn verkehren, wird dieser ganze Schrecken der drückenden, für immer überwundenen Vergangenheit angehören. Aber die Bahn wird nur bis Sretensk führen, und dahinter liegen noch zweieinhalbtausend Werst, für die keine Bahn vorgesehen ist. Ach, als ob es uns nur hier an Bahnen fehlte!

Und die Preise! Hausgehilfinnen verlangen zwanzig bis dreißig Rubel im Monat, das Fleisch kostet zwanzig bis fünfundzwanzig Kopeken das Pfund, das Roggenbrot zwei bis drei Rubel das Pud. Und das in dem kleinen sibirischen Provinzstädtchen Tschita! Wie leben denn hier die kleinen Angestellten, all die unglückseligen Telegrafisten, Postbeamten, Förster, Ärzte und Eisenbahner? Das sind wirklich Märtyrer. Der Tageslohn beträgt bei der Eisenbahn und auch sonst bis zu zwei Rubel. Die Arbeiter wären also besser daran als die anderen, aber sie haben bereits Konkurrenz bekommen – die Chinesen.

Das massenhafte Auftauchen der Chinesen in dieser Gegend hängt mit dem Bau der Transbaikal-Bahn zusammen. Die Ostchinesische Bahn wird den Zuzug der Chinesen natürlich noch verstärken. Bereits in Irkutsk sind Chinesen anzutreffen, aber dort sind sie noch verhältnismäßig selten und gehen gut gekleidet. Ihre Nationaltracht, der hellblaue Kittel, und ihr oft falscher Zopf sind hier und da in Kaufläden zu sehen. Ihre Bewegungen sind lässig, frauenhaft, die Gesichter blicken zufrieden und selbstbewusst drein. Aber je weiter man von Irkutsk nach Osten reist, desto seltener trifft man diese wohlgekleideten Gestalten, desto häufiger treten an ihre Stelle schmutzige, braun gebrannte und halb nackte Einwohner des Himmlischen Reiches. Die russischen Arbeiter beklagen sich: »Wie kann man gegen sie an? Selbst in Kleidern hält es unsereiner hier vor Mücken, Bremsen und Spinnen kaum aus, denen aber macht das gar nichts, die arbeiten auch noch nackt.« Dabei sind die Chinesen mit jedem Lohn zufrieden.

Die Bevölkerung besteht hier aus Kosaken. Das sind meist hoch gewachsene Menschen, denen die Mischung mit Burjaten und anderen Volksstämmen anzumerken ist. Die Kosaken sind wohlhabend; sie besitzen weite, nicht vermessene Ländereien, auf denen ihre Pferde- und Rinderherden weiden. Ackerbau wird weniger betrieben. Angebaut wird Roggen, Weizen und Hafer, aber den Hauptgewinn bringt doch die Viehzucht. Die Kosakensiedlungen ziehen sich von Tschita an ununterbrochen nach Osten hin. Der kleinste Junge trägt wie der älteste Mann eine gelb geränderte Mütze und Hosen mit gelben Streifen. Der Waffenrock allerdings wird durch alles Mögliche ersetzt, angefangen vom Oberhemd bis zum Zivilrock. Die Kleidung lässt eine ziemliche Prunksucht erkennen: Die Männer tragen seidene Oberhemden, die Frauen sogar Korsetts und Hüte; Schuhe zu zwölf Rubel sind keine Seltenheit.

Das Kosakentum hat hier seinerzeit große Dienste geleistet. Ohne die Kosaken hätte Russland dieses ganze Gebiet gewiss nicht halten können. Aber die Zeiten ändern sich, und Goethe sagt ganz richtig, dass Gesetze und Recht sich wie eine ewige Krankheit forterben, dass aus Vernunft Unsinn und Wohltat zur Plage wird. Heute bilden die Kosaken bereits einen ernsten Hemmschuh für die kulturelle Weiterentwicklung des Landes. Vorläufig sind sie im Kampf gegen die Siedler noch erheblich im Übergewicht. Alles gute Land stellt sich immer wieder als den Kosaken gehörend heraus, und die Siedler werden nur in solche Wildnis gelassen, dass sie gar nicht anders können, als ihr wieder zu entfliehen. Solchen Rückwanderern begegnet man sehr oft. Zwei von ihnen übernachteten mit uns auf einer Poststation. Eigentlich waren das Abgesandte ihrer Gemeinde. Aus dem Gouvernement Kiew gebürtig, hatten sie sich im Kaukasus angesiedelt. Von dort wurden sie von den Dorfgenossen nach Sibirien gesandt, vor allem aber zum Amur, um Siedlungsmöglichkeiten auszukundschaften. Nun kehrten sie mit abfälligem Urteil zurück. Es waren vernünftige und ihrer Sache sichere Männer. Sie beklagten sich über die Kosaken und die Städte. Sretensk zum Beispiel gilt, obwohl es doch alle Anzeichen einer Stadt trägt, als Kosakendorf. Das Recht, sich anzusiedeln, sich ein Haus zu bauen – alles hängt von den Kosaken ab. Die Pacht ist hoch, und außerdem ist der Druck der ungebildeten und habgierigen Verwaltungsbeamten unerträglich. »Ich bitte Sie, wenn Sretensk Stadtrechte besäße, würde es sich in zehn Jahren auf das Dreifache vergrößern! So aber, welcher anständige Mensch wird da schon herziehen?«, meinte der eine.

Da ist diese Straße am Schilka-Ufer, in der ein Laden neben dem anderen steht. Ich frage: »Für wen sind denn nun diese Geschäfte?« Und man flüsterte mir zu: »Die sind nur zum Schein da. Das Hauptgeschäft ist der geheime Handel mit Gold.« Das Gold wird nach China verkauft. Wieviel es ist, weiß zwar niemand, aber es gibt doch Anhaltspunkte, mit deren Hilfe man sich davon ein Bild machen kann. Nach einer vom Finanzministerium verfassten Beschreibung der Mandschurei werden von dort offiziell bis zu vierhundert Pud Gold jährlich nach China ausgeführt. Dabei waren private Goldwäschereien in der Mandschurei bis in die jüngste Zeit verboten, und der Ertrag der staatlichen ist nicht der Rede wert. Etliche, die durch die Mandschurei gereist sind (Strelbizki und andere), behaupten, dass der Raubbau dort gering sei und kaum ausreiche, den Schürfern eine Bettlerexistenz zu sichern. Woher kommen nun also diese vierhundert Pud im Werte von acht Millionen Rubel? Leute, die an diesem Geschäft unbeteiligt sind, behaupten, das sei unser Gold. Rechnet man noch die offiziellen fünf Millionen dazu, die der Handelsüberschuss an der Armutsgrenze zugunsten Chinas beträgt, so sieht man, dass die Chinesen es in jeder Hinsicht verstehen, ihr Schäfchen auf unsere Kosten ins Trockene zu bringen, solange wir hier nicht Ordnung schaffen. Die Stadt Kjachta, deren eine Hälfte russisch, deren andere chinesisch ist, treibt ungeachtet aller Grenzschranken flotten Handel mit dieser verbotenen Ware.

Zum Schluss noch ein paar Worte über Nertschinsk. Wir erreichten die Nertscha gegen acht Uhr morgens. Der Fluss war noch in Nebel gehüllt, so grau wie Uniformtuch; das unwirtliche jenseitige Ufer, kahl und leer wie die ganze Natur hier, war kaum zu sehen. Unser Ufer dagegen war steil und felsig. Schweigend, in mürrischer, trübsinniger Hast wirbelten die Wellen des Flusses einander überholend dahin. Es war kalt und unfreundlich. Vor meinen Augen erstanden die Gestalten der Dekabristen[5]. Auch sie fuhren über diesen Fluss, auch sie saßen einst, wie jetzt wir, auf der Fähre und starrten, ihren Gedanken nachhängend, ins Wasser.

Nun sind wir am anderen Ufer. Vor uns erstreckt sich die flache Steppe weit in die neblige Ferne. Dort muss Nertschinsk liegen. Durch diese Steppe sind auch sie geschritten, und noch jetzt glaubt man in der Totenstille das Klirren ihrer Ketten zu hören. Stünden hier Häuser, so würde die Erinnerung an sie wohl nicht so eindringlich wirken, aber diese schweigende Einsamkeit ringsum wahrt das Gedenken an jene Männer stärker.

Nertschinsk überrascht dadurch, dass sich mitunter aus der Menge der grauen, kunstlosen Häuser ein weißer, bizarrer Palast im mittelalterlichen Stil erhebt, dessen geräumiger Hof von einem schönen Eisengitter eingesäumt ist.

4. August

Wir saßen vier Tage in Sretensk. Ohne meinen Kollegen S. G. K. wäre es sterbenslangweilig gewesen. Er ist Leiter des zwölften und letzten Bauabschnitts der Transbaikal-Bahn. Weiter, von Sretensk nach Chabarowsk und Wladiwostok, dienen als einzige Verkehrswege nur die Schilka und der Amur, die im Sommer mit Dampfern, im Winter auf Schlitten befahren werden. Postpferde stehen übrigens das ganze Jahr zur Verfügung, und bei Niedrigwasser ziehen sie Reisende und Post in Booten. Das Boot fährt auf dem Fluss, die Pferde gehen am Ufer.

Wenn, wie das hier sehr häufig ist, Felswände den Weg versperren, dann greifen die Reisenden zu den Rudern, während die Pferde entweder die Felsen umgehen oder auf das andere Ufer hinüberschwimmen müssen. Zur Zeit des Eisgangs im Frühling und Herbst wird der Landweg, der so genannte Pfad, benutzt. Er windet sich den Fluss entlang auf den Felshängen, die oft eine Höhe von fünfzehnhundert Fuß erreichen. In dieser Schwindel erregenden Höhe verengt sich der Pfad manchmal auf Ellenbreite. Das daran gewöhnte Reit- oder Lastpferd geht vorsichtig weiter, aber der unerfahrene Reisende verwirrt es durch sein nervöses Verhalten, und dann kommt es so weit, dass beide auf das scharfkantige Gestein hinabstürzen und dabei meistens den Tod finden. Da ist es schon besser, man geht zu Fuß, allerdings unter der Voraussetzung, dass man schwindelfrei ist. Sonst bleibt man lieber in Sretensk sitzen und wartet geduldig den Eisgang ab. Im Frühjahr, Ende April, ist er binnen weniger Tage vorbei, im Herbst muss man von Mitte Oktober bis Ende November, also länger als einen Monat, warten, bis der Fluss zum Stehen gekommen ist. Somit bleibt also ganz Ostsibirien während dieser Zeit völlig vom übrigen Land abgeschnitten – ein Zustand, der keineswegs befriedigt und im Hinblick auf die politische Lage sogar gefährlich ist.

8. August

Der dritte Tag auf einem kleinen Schleppdampfer. Wir sind die einzigen Fahrgäste.

Heute nächtigten wir mitten im Fluss. Wie immer senkte sich um drei Uhr nachts der Nebel herab und hielt uns bis gegen acht Uhr morgens fest. Die Nacht war still, feucht und voll Rauschen. Das ist das Wasser der Schilka, das uns trüb, gleichsam sorgenschwer, überholt. Es erreicht hier, wie die Schiffer behaupten, eine Geschwindigkeit von hundert Werst am Tag. Das mag auch stimmen, denn ruhige Stellen ohne Stromschnellen und Wirbel sind hier fast gar nicht anzutreffen.

Gegen zehn Uhr klarte es auf, und die Kälte wurde sofort durch eine ganz gehörige Wärme abgelöst – man merkt immerhin, dass wir uns auf dem Breitengrad von Charkow befinden.

Immer noch dieselben öden Ufer und die Berghänge, deren Wälder, in denen Bären und Rehe leben, vom Wurmfraß befallen sind. Sechshundert Werst weiter flussabwärts kommen bereits Tiger vor. Alle zwanzig bis dreißig Werst trifft man einsame Häuschen. Das sind die Poststationen. Es sind ihrer sieben, und sie werden hier die sieben Todsünden genannt. Sie überbrücken die Entfernung bis zum Dorf Pokrowskoje am Zusammenfluss von Schilka und Argun. Dort beginnt der Amur. Die Fahrt im Boot von einer Poststation zur nächsten nimmt einen ganzen Tag in Anspruch.

Eigentlich ist die Landschaft malerisch. Stellenweise drängen sich die Berge dicht an den Fluss heran. Dann treten sie wieder zurück und bilden, von bläulichem Dunst überzogen, fern am Horizont den Hintergrund. Aber alles ringsum bleibt öde, kein Mensch ist zu sehen, und daher hat dieses einsame Land gar nichts Verlockendes; man ist froh, es wieder zu vergessen.

Es war fünf Uhr nachmittags, als wir die Mündung des Argun erreichten. Dieser Fluss tritt in einem spitzen Winkel hinter einer bewaldeten Hügelkette heran. Für einen Augenblick öffnete sich vor uns das zwischen hohen Bergen eingezwängte Tal des Argun und die Sicht in bereits chinesisches Land. Auf der schmalen Landzunge zwischen Argun und Schilka liegt unsere kleine Kosakensiedlung Ust-Strelka. Von hier an ist das ganze rechte Ufer chinesisch. Es sieht ebenso verlassen und abgeholzt aus wie das unsere. Vereinzelt stehen dort Heuschober; sie gehören unseren Kosaken, die von den Chinesen Land gepachtet haben.

Ein Chinese in blauer Bluse und weiten Hosen, einen Zopf auf dem Rücken, geht das chinesische Ufer entlang. Das ist der Noion, der Kommandant der Grenzwache. Da steht auch sein Häuschen. Die Dampferkapitäne geben dem Noion ein paar Rubel und schlagen den chinesischen Wald zu Brennholz und zu Flößen, und darum wächst bei den Chinesen ebenso wenig Wald wie bei uns. Jungwald steht wohl da, vom alten Wald aber sind nur noch Spuren übrig, vor allem die Rinnen, über die die Baumstämme den hundert Sashen hohen Hang hinunterbefördert wurden. Das Holz wird nach Blagowestschensk geflößt.

Eine halbe Stunde später landeten wir in Pokrowskoje. Für einen Augenblick gaben wir uns der verlockenden Hoffnung hin, der am Ufer liegende große Dampfer werde uns flussabwärts mitnehmen. Doch – o weh! – er fuhr in entgegengesetzte Richtung, und der Postdampfer war erst vor vier Stunden den Fluss hinabgefahren, der nächste aber frühestens in drei Tagen zu erwarten.

Wahrhaftig, unsere unglückselige Reise ähnelt einem Rennen über kaum zu überwindende Hindernisse, und je mehr wir uns anstrengen, desto weniger kommt dabei heraus. Auf unsere Frage, für welche Summe uns unser Schlepper nach Blagowestschensk befördern würde, erhielten wir die Antwort: »Für fünf- bis sechshundert Rubel.« Nun, diese Hürde ist allerdings nicht zu nehmen. Wir nächtigen heute auf dem Dampfer und gehen morgen an Land, das heißt, wenn wir Quartier bekommen; denn es gibt hier weder Hotels noch Einkehrgasthöfe. Die allmächtigen Kosaken dulden keine.

Es wird Abend. Wir stehen am Ufer. Das Wasser ist spiegelglatt. Ein herrlicher Sonnenuntergang. Stille, die nur ab und zu durch das Schnaufen unseres Dampfers unterbrochen wird. Er keucht wie ein zu Tode gehetztes Tier. Jetzt legen sich blassrote Schleier über das Wasser, das einen Augenblick lang den flammenden Himmel widerstrahlt und sich nun mit wallendem Abendnebel überzieht. Auf unserem und dem chinesischen Ufer leuchten Lichter auf. Pokrowskoje liegt auf einer flachen Anhöhe. Wir können es ganz übersehen: zwei Kirchen, einige stattliche Häuser, die Mehrzahl aber doch recht arm.

9. August, Pokrowskoje

Ein Monat ist seit unserer Abreise aus Petersburg vergangen, und bis Wladiwostok sind es immer noch gute zwei Wochen. Da haben wir den kürzesten Weg! Wir dachten, er werde höchstens einen Monat in Anspruch nehmen, und nun stellt es sich heraus, dass er länger ist als jeder andere. Und was er kostet … Trotz allerlei Entbehrungen, so zum Beispiel dem Verzicht auf warmes Essen, wird er sich auf etwa tausend Rubel pro Mann belaufen. Für fünfhundert hätten wir auf einem mit allen Bequemlichkeiten ausgestatteten Dampfer nach Wladiwostok reisen können. Wieviel von unserer Ausrüstung ist schon gestohlen worden oder verdorben, worein haben sich unsere neuen Koffer verwandelt! Alles ist durchnässt, alles schimmelt. Und dazu das Gefühl der völligen Ohnmacht im Kampf gegen all die Zufälligkeiten und Überraschungen auf diesem Wege, wo einem in Gestalt eines jeden Schreibers, Postvorstehers, Kutschers oder Dampferkapitäns ein unbezwingliches Fatum entgegentritt, gegen das man nicht ankämpfen, mit dem man nicht streiten darf … Von der fürchterlichen Reise, den sinnlosen Hindernissen zerbrochen und zerquält, versinkt man schließlich in einen alptraumähnlichen Zustand mit der einzigen Hoffnung, dass das alles doch irgendwann einmal ein Ende nehmen muss.

Ich wache um sieben Uhr auf. Dichter grauer Nebel wallt in Fetzen über dem Fluss. Die Nässe geht durch Mark und Bein. Alles schläft noch. Aber ich kann nicht schlafen, an mir nagt das bittere Gefühl meiner Ohnmacht; es ist besser, ich stehe auf. Ich kleide mich an und gehe hinaus.

Unser Gepäck liegt bereits am Ufer. Der Dampfer wird mit Mehl beladen. Alle Arbeiter sind Chinesen. Ein chinesischer Segler fährt vorbei, ein breites schwarzes Boot, an die vier Sashen lang, mit einem Segeldach in der Mitte. Vier Chinesen arbeiten an den Rudern, zwei am Steuer, einer schaut unter dem Dach hervor. Der Mast trägt ein lateinisches Segel*. Etwas weiter weg liegt am Ufer ein ebenfalls chinesischer Segler, der aber durch seine bunte Bemalung schmucker aussieht. In seiner Mitte steht ein zierlicher Aufbau.

Ein junger Chinese, besser gekleidet als die anderen, geht am Ufer spazieren. Sein Gewand stellt ein Gemisch aus Schwarz und Weiß dar. Die Pantoffeln sind mit dickem Filz doppelt besohlt. Er wendet geckenhaft den Kopf, sein Gang wirkt übertrieben geziert. »Wer ist das?«, frage ich. Der Kapitän antwortet: »Irgendein Schreiber. Er bezeichnet sich aber als Oberst. Die Kosakeri fragen ihn, wo er denn seinen Säbel habe, doch er schüttelt darauf nur den Kopf. Er denkt, wenn er sich Oberst nennt, sieht es nach mehr aus.«

Um ein Uhr fuhr unser Dampferchen »Burlak« nach Sretensk zurück, und wir quartierten uns in der Ufersiedlung ein. Das Haus ist aus gutem Fichtenholz gebaut, sechs Sashen lang, mit einem kleinen Balkon auf der Straßenseite. In der geräumigen, kühlen Stube stehen zahlreiche Blumen, Geranien und Rosmarin, an den Wänden hängen billige Buntdrucke. Nach der Hitze draußen ist es hier angenehm frisch, aber unsere Herzen sind noch immer voll tauber Schwermut, und wir legen uns vor Kummer schlafen, wachen wieder auf und trinken Tee. Dann geht der Doktor mit Bekir daran, unsere Sachen auszupacken, während wir auf dem Balkon sitzen und das Dorfleben beobachten. Es wird schon Abend. Durch die Straße zieht Vieh, Kälber und Hunde laufen umher, Kinder und Erwachsene, Reiter und Fuhrwerke kommen vorbei. Im matten Gold des verglimmenden Tages ergibt dieser Straßenausschnitt ein reizvolles Genrebild. Gegenüber liegen Gemüsegärten mit Sonnenblumen, buntem Mohn und hohem, an Weinstöcke erinnernden Hopfen. Die Kosaken und Kosakinnen sind ein kräftiges, wohlgebautes Volk, das aber in Bezug auf Schönheit manches zu wünschen übrig lässt.

Nun treten der Doktor und Borminski zu uns auf den Balkon heraus. Borminskis Gesicht ist blass, er trägt ein schütteres blondes Bärt-

---

* Dreieckiges, in lange Spitzen auslaufendes Segel, besonders auf dem Mittelmeer zu finden.

chen, seine großen, grauen Augen blicken gutmütig drein. Heute ist er zehn Kilometer weit auf Jagd gegangen, um sein Gewehr einzuschießen. Auf der Straße ist es nun still. Es dämmert. Duftige Kühle weht von den Wäldern heran. »Ja, ihr habt hier einen netten Platz gefunden, wo es sich leben lässt. Aber was liegt dort hinter den Bergen?«, frage ich den Quartierwirt, einen alten Kosaken. Ich zeige nach Norden, wo sich, nur eine halbe Werst entfernt, das Gebirge erhebt. »Dort gibt es nur Berge und Felsen.« – »Wie weit?« – »Bis ans Ende der Welt.« – »Dort wird nichts angebaut?« – »Dort wird weder gesät noch gemäht. Nur Bären und Bergziegen gibt es dort. Und überhaupt, was das Säen hier anbelangt ...«

Der Kosak macht eine wegwerfende Handbewegung.

»Aber Sie sagten doch, jeder männliche Neugeborene erhalte sofort vierzig Desjatinen zugeteilt. Da kann doch nicht mehr viel freies Land übrig sein.« –

»Viel? Ach wo! Wenn keiner stürbe...« – »Wie lange leben Sie schon hier?« – »Wir haben uns vor vierzig Jahren hier angesiedelt.« – »Kennt man hier keine alten Frauentrachten, hat man sich immer so gekleidet?« – »Wie denn?« – »Nun, so, in Rock und Bluse.« – »Früher trug man mehr bunte Oberhemden und Sarafane, aber jetzt hat sich die Stadtkleidung durchgesetzt.«

Die Mode ist sehr hässlich. Die riesige eckige Bluse wird durch eine ungeschickt zugeschnittene Taille zusammengezogen, und zwischen Bluse und Rock ist noch etwas, dessen Sauberkeit sehr zweifelhaft ist. Keine Grazie, kein Geschmack, alles grob und plump. Es gibt auch keine Lieder. Es ist ein herrlicher, warmer Abend, der Vorabend eines Festtages, und in der Ukraine würde die Luft von Liedern widerhallen. Hier aber bleibt alles still, kein Lied, keine Ziehharmonika ertönt. Auch das chinesische Ufer schweigt. Schon wird es durch Nebel verschleiert, der Himmel ist erloschen, der Fluss wird dunkel, die Straße liegt lautlos und leer da – alles schläft. Mitunter erschallt das Gebell der hiesigen riesengroßen Hunde.

Es ist auch für uns Zeit, schlafen zu gehen.

10. August

Ich schlief diese Nacht schlecht; wir schlafen ja viel zu viel. Die Nacht war mild, warm, mit Gewitter und Regen. Jetzt duftet es nach Dill, was mich an die Ukraine mit ihren Gemüsefeldern, frischgesalzenen Gurken, Wasser- und Zuckermelonen erinnert. Das Erwachen war so unfroh: Ich war mir sofort bewusst, dass ich völlig sinnlos in einem Kosakendorf stecke. Aber da nun mal, vielleicht sogar mehrere Tage, gewartet werden muss, nahm ich mir vor, mich darein zu fügen. Ich stand auf, wusch mich, trank Tee und ging dann in das Nebenhaus arbeiten: zuerst Englisch zu lernen, dann über Korea und China zu lesen. Jetzt sitze ich bei meiner Arbeit, die vom kreischenden Geschimpfe meiner Kosakenwirtsleute begleitet wird.

Die Tür ging auf, und Korf trat mit einem schlanken, jungen, von der Reise etwas mitgenommenen Marineoffizier ein. »Darf ich vorstellen? Das ist Leutnant R.« Der schlichte, sympathische Leutnant, der eine weiße Marinebluse trug, setzte sich, und sofort spann sich ein Gespräch über alles Mögliche an: über Port Arthur, woher er gerade kam, über Korea, die Japaner, die Ostchinesische Bahn und über Ginzburg, den inoffiziellen Lieferanten der Armee und Flotte dort im Fernen Osten[6]. »Dieser Ginzburg ist ein großartiger Mann«, erzählte uns der Marineoffizier, wobei er auf dem Tisch Krümel zusammenfegte oder etwas in der Hand hin und her drehte (das Merkmal eines tatkräftigen Charakters). »Er begann seine Laufbahn Ende der sechziger Jahre als einfacher Hausierer, wie sie von Schiff zu Schiff gehen. Jetzt verfügt er über riesige Kredite in China, Japan, Amerika und England. Einst als Deserteur verurteilt, ist er nun wieder begnadigt, hat den Stanislaus-Orden und darf in das Europäische Russland reisen. Im Frühjahr saßen wir mit der Kohle tüchtig in der Zwickmühle! Es gab keine Kohle – die Engländer hatten alles aufgekauft, sie zahlten siebzig Schilling für die Tonne. Ginzburg aber hat sie uns für dreißig geliefert, und alle Schiffe waren termingemäß mit Kohle versehen. Er hat sie unter seinen Selbstkosten verkauft.« – »Was hat ihn denn dazu bewogen?« – »Wahrscheinlich hofft er, später einen festen Liefervertrag zu bekommen. Die Engländer boten ihm sechzig Schilling, dann brach der amerikanisch-spanische Krieg aus, die Amerikaner boten siebzig, er aber verkaufte uns die Kohle zu dreißig.« – »In großer Menge?« – »Wir übernahmen hundertzwanzigtausend Pud. Sie brauchen Ginzburg nur den Namen des Schiffes oder Kapitäns zu nennen, Sie brauchen nur zu sagen: ›Das Schiff, das Alexander Iwanowitsch kommandiert‘, und er weiß sofort, wie er Alexander Iwanowitsch gefällig sein kann, was für Proviant er braucht, was er besonders liebt. Ohne ihn ginge es uns schlecht. Er und die Russisch-Chinesische Bank sind im Fernen Osten allmächtig.« – »Wie steht es mit dem Bau der Ostchinesischen Bahn?« – »Das weiß ich nicht. Aber ich glaube, er geht ganz gut voran.«

Der Doktor tritt ein. Er trägt ein rotes Oberhemd, sein Gesicht drückt Ärger aus. Er schleudert seine Mütze mit einem heftigen Armschwung hin. »Weiß der Teufel, was das ist! Der Postdampfer, der morgen aus Sretensk eintrifft, hat keinen einzigen freien Platz mehr!«

Wozu sind wir dann unter Verzicht auf alle Bequemlichkeiten eines Passagierdampfers, unter Verzicht auf warmes Essen hierhergeeilt? Um statt die Ersten die Letzten zu sein? Da versteht man erst das russische Sprichwort: Wer langsam fährt, kommt weiter. Aber das darf nicht sein. Wir halten Kriegsrat. Dann gehen Korf, der Marineleutnant und ich zum Postdampfer, mit dem R. angekommen ist und der auf die Reisenden aus Sretensk wartet, um sie nach Blagowestschensk mitzunehmen. Der sehr liebenswürdige Kapitän ringt die Hände und hält uns das Telegramm seiner Agentur vor, das die genaue Zahl der Reisenden anführt Nach einem sehr lebhaften Gespräch erklärt er sich schließlich doch bereit, uns fünf Plätze zu überlassen.

Kaum sind wir wieder am Ufer, da tritt der Kapitän eines Schleppers auf uns zu und sagt: »Ich habe soeben ein Telegramm erhalten. Ich soll nach Blagowestschensk zurück. Wenn Sie wollen, kann ich Sie mitnehmen.«

Und ob wir wollen!

Was macht das schon, dass es wieder ein Schleppdampfer ist, dass wir wieder ohne jeden Komfort fahren. Einerlei, wenn wir nur weiterkommen! Wir eilen ins Quartier. Eine neue peinliche Überraschung: Borminski ist zur Jagd gegangen, unbekannt wohin. Es ist schon ein Elend mit diesen jungen Jägern! Was kann er denn um ein Uhr mittags erjagen? Wer soll ihn nun suchen? Wir setzen einen Preis von fünf Rubel aus für den, der ihn findet, und gehen daran, einzupacken und zu Mittag zu essen.

Um drei Uhr befinden wir uns bereits an Bord des »Michail Korsakow« und fahren ohne Borminski nach Blagowestschensk. Leutnant R. hat es liebenswürdigerweise übernommen, ihn zu benachrichtigen und auf dem Passagierdampfer unterzubringen.

Unser Schlepper hat eine Maschine von 400 PS und einen Tiefgang von drei Fuß, der aber in Fahrt auf dreieinhalb und bei Volldampf, wenn das Deck vom Wasser überflutet wird, auf vier Fuß ansteigt. Jetzt fahren wir mit einer Stundengeschwindigkeit von siebenundzwanzig Werst, doch bald kommen Sandbänke, und dann werden wir langsam fahren müssen. Der Dampfer ist zwar bedeutend größer als der »Burlak«, aber wir sind schlechter untergebracht. Man hat uns die Messe, eine kleine Kajüte, abgetreten. Sie liegt unter Deck und wird von zwei kleinen Bullaugen beleuchtet Wir losten die Schlafplätze aus. Korf und ich zogen die Bank, der Doktor den Tisch und Safonow den Platz unter dem Tisch. Übrigens schliefen dann beide doch auf dem Fußboden. Was die Verpflegung betrifft, so machte man uns darauf aufmerksam, dass man uns nur das bieten könne, was gerade vorhanden sei, und dass wir keine Ansprüche stellen dürften. Lieber Himmel, wenn man fast drei Wochen nichts Warmes gegessen hat, was stellt man da schon für Ansprüche!

Der größere Teil der Mannschaft besteht aus Chinesen. Uns bedient der Chinesenjunge Baiga, ein flinkes, lebhaftes und fröhliches Bürschchen, das wie ein Vogel zwitschert. Die Chinesen haben viele Nasal- und Kehllaute, sie lassen dazu noch unser R aus, und so klingt in ihrem Munde die russische Sprache nicht viel anders als die chinesische.

Wir fahren, und wieder ziehen zu beiden Seiten grüne Berge vorbei. Der alte Wald ist zwar vollständig abgeholzt, aber der junge wächst nach. Schon liegt Pokrowskoje siebzig Werst hinter uns. Es ist sechs Uhr, die angenehmste Zeit, wo der Schatten der Berge sich bereits über den Fluss legt und es kühler wird, während die Sonne noch am Himmel steht und mit ihren Strahlen den zartblauen Himmel, das Grün der Berge und die weite Wasserfläche vergoldet.

Ich saß mit dem Doktor auf dem Deck. Wir arbeiteten beide, als der Kapitän eilig aus seinem Ruderhaus herüberkam und uns etwas erregt fragte: »Haben Sie schon von der Sheltuga gehört?« – »Natürlich.« – »Dort liegt sie.« – »Wo? Wo?« Wir standen neugierig auf und blickten zum chinesischen Ufer hinüber. Zwischen zwei Bergen wurden in einer nicht sofort auffallenden Schlucht einige von Bretterzäunen umgebene Häuschen sichtbar. Dort lag die Mündung der Albasicha, in die die Sheltuga fließt. Am Ufer stand eine chinesische Siedlung. Etwa zwanzig Werst weiter oberhalb war einst der Hauptort der berühmten Sheltuga-Republik gelegen. Einwohner aller Länder, vor allem aber Russen und Chinesen, schürften dort ohne Erlaubnis chinesisches Gold. Die Einwohnerzahl dieser Republik erreichte zwölftausend. Ihr Begründer war ein Intellektueller mit juristischen Kenntnissen. Je zehn Mann hatten einen gewählten Vorsteher, der zugleich ihr unmittelbarer Vorgesetzter war. An der Spitze stand ein von der Vollversammlung gewähltes Oberhaupt. Sein Gehalt betrug zwölftausend Rubel. Aber dort hatten alle ein hohes Einkommen. Geld war genug da, denn jeder Mann schürfte an einem

Tag bis zu zwanzig Solotnik*, das sind hundertfünfzig Rubel. Auch unser Kapitän hat dort gearbeitet. Nach einem halben Jahr zog er mit achttausend Rubel Reinverdienst weg. Dabei musste ein Pfund Zwieback mit einem Solotnik Gold bezahlt werden, denn andere Zahlungsmittel gab es nicht. »Wie, Sie haben selbst gearbeitet?«, fragte ich ihn. – »Aber gewiss, dort haben alle gearbeitet.«

Die Bevölkerung dieser Republik war sehr gemischt. Sie bestand aus flüchtigen Sträflingen, Universitätsstudenten, Beamten, Leuten wie unserem Kapitän, und alle lebten und arbeiteten gemeinsam. Das gewonnene Gold wurde in einem unversperrten Schuppen aufbewahrt. Trotzdem kam nie ein Diebstahl vor. Die Ordnung war musterhaft. Sie wurde von einer starken Polizei aus berittenen Mandschu aufrechterhalten. Es herrschten harte Lynchgesetze, die nicht viel Umstände machten. Mord wurde mit Tod geahndet[7], Diebstahl mit Rutenhieben und mit Verjagung aus der Republik für immer. »Dort, dort auf der Eisfläche wurden alle Strafen vollzogen.« Der Kapitän weist zum Fluss hin. Wir fahren dicht an der chinesischen Stadt vorbei. Sie unterscheidet sich in ihren Bauten nicht von unseren Dörfern, nur die Fenster sind größer und zahlreicher und bestehen aus einem dichten Rahmenwerk mit kleinen Scheiben. Schnitzwerk und viele verzierte Gitter sind zu sehen, aber fast kein einziges Haus steht offen, die meisten verbergen sich hinter einem Pfahlzaun. Davor stehen hohe, kräftige und selbstbewusste Chinesen, doch weder an den Fenstern noch auf der Straße lässt sich eine Frau blicken. Auch keine Russen, während in unseren Dörfern die Chinesen zuweilen zahlreicher als die Russen sind. »Die Sheltuga führt Gold bis zur Mündung herab«, bemerkt der Kapitän noch zum Schluss. Jetzt haben die Chinesen dort Maschinen aufgestellt. Das Unternehmen wird von Li Hung-tschang[8] geleitet. Wie viele solche Schürfstellen gibt es, wo die Russen als erste Gold finden und die Chinesen dann weiterarbeiten! Das ganze chinesische Ufer ist reich an Gold, während auf dem unseren keines vorkommt[9]. Manchmal setzt sich ein schmales Tal auf unserer Seite fort, aber Gold führt es keines mehr.

Unser Kapitän, ein schöner, etwa fünfunddreißig Jahre alter Mann von mittlerem Wuchs, ist offenbar einer jener Einwohner Sibiriens, die stets bereit sind, jede Arbeit anzupacken, die ihnen den meisten Gewinn verspricht oder am besten gefällt. »Warum gingen Sie denn von dort fort?«, frage ich ihn.

---

* Altes russisches Feingewicht = 4.26 g.

»Die Verfolgung setzte ein. Den ersten chinesischen Truppen leistete man Widerstand, aber als dann auch russisches Militär hinzukam, entschloss man sich zur Kapitulation. Ich ging schon früher weg. Wer bis zum Schluss aushielt, musste sein Eigentum und das Gold den Chinesen abliefern und durfte nur das mitnehmen, was er am Leibe trug. Die Chinesen beschlagnahmten das Gold und brannten die Häuser nieder. Die russischen Truppen fragten nicht nach Pässen und ließen alle frei, die Chinesen aber schlugen ihren Untertanen die Köpfe ab. An die dreihundert verloren das Leben. Einige Chinesen versuchten sich dadurch zu retten, dass sie sich die Zöpfe abschnitten, sich also als russische Untertanen ausgaben, aber natürlich half ihnen das nichts. Irgendwo gibt es Lichtbilder von dem Gericht, das die chinesischen Truppen über ihre Landsleute hielten. Sie wurden in ganzen Reihen an Baumstümpfe gebunden und dann enthauptet.«

Nach einem Aberglauben können die Chinesen ohne Zopf nicht in ihr Paradies gelangen – es ist nichts da, woran sie hinaufgezogen werden könnten. Obwohl der Zopf eigentlich gar kein religiöses Symbol, sondern das Zeichen eines Untertanen der Mandschudynastie ist, herrscht dieser Aberglaube doch unter den chinesischen Massen.

Wir fahren immer weiter. Die Berge werden nun niedriger. Es sind keine Berge mehr, nur noch Hügel. Immer öfter ziehen mit niedrigem Wald bewachsene Senken vorüber. Wahrscheinlich ist der Boden hier für Ackerbau geeignet, aber sowohl bei den Chinesen als auch bei uns liegt alles nach wie vor verlassen und öde da.

Der Abend ist gekommen. Wir halten an einem verhältnismäßig hohen Felsufer. Im milden letzten Schein der Dämmerung sehe ich im Fenster vor der Hintergrund des blassgrünen Himmels einen Ufervorsprung mit einigen Bäumen, zwei oder drei Bauernhäusern und aufgestapeltem Brennholz. Wir laden Holz, und das donnernde Krachen der auf das eiserne Deck fallenden Scheite jagt uns aus der Kajüte. Am Ufer brennen Holzfeuer, die den Weg der russischen und chinesischen Träger beleuchten. Die Russen tragen viel auf einmal, zu zweit bis zu einer halben Raumsashen; die Chinesen laden sich nur halb soviel auf. Immer wieder taucht aus dem Dunkel das von den Flammen beschienene blassgelbe Gesicht eines Chinesen auf. Vor Anstrengung sind seine Augen weit aufgerissen, der Körper ist von der übermäßigen Last gebeugt. Aber zum Schluss hatten die Chinesen ihr Arbeitspensum doch früher erledigt als die Russen; sie trugen schneller.

Der Doktor, Korf und Safonow haben den Felsgipfel erklettert, dort ein Feuer angelegt und sitzen nun darum herum. Das Licht fällt auf ihre Gesichter und hebt sie plastisch, wie Totenmasken, aus dem Dunkel der Nacht hervor. Dann steht der Doktor auf und singt Arien aus der nach Lermontows Text von Rubinstein komponierten Oper »Der Dämon«, »Verfluchte Welt« und »Die Erde geb' ich dir zu eigen«. Sein Gesang ist kräftig, eindrucksvoll und schön, aber er mag dem Ohr der hiesigen Einwohner doch fremd klingen. Übrigens lieben die Chinesen den Gesang, und die Äuglein unseres Baiga leuchten jedes Mal auf, wenn der Doktor nach seiner Gitarre greift.

Wir wurden zum Abendessen gerufen. Zum ersten Mal, seitdem wir das Europäische Russland verlassen hatten, bekamen wir ein ordentliches Essen. Es bestand zwar nur aus Suppe und Koteletts, aber beides war essbar und schmackhaft. Eine ganz einfache Köchin mittleren Alters mit schönen, aber matten Augen hat es zubereitet. Aus ihnen spricht ein Leid, etwas schmerzlich Überwundenes, nie Ausgesprochenes. Wenn der Doktor singt, steht sie erstarrt in einer Ecke und ist ganz dem Lauschen hingegeben.

Baiga treibt sich vergnügt und eifrig umher. Korf brachte er Wodka an Stelle von Wasser. Aber auf Korfs wildes Geschrei hin, das wir nun schon gewohnt sind – er schreit, als ginge man mit dem Messer auf ihn los (so mag er einst seinem Kindermädchen auf jedes Zureden geantwortet haben) –, schneidet Baiga nur seine komischen Fratzen.

Der Kapitän teilt uns eine unangenehme Nachricht mit. Wir müssen an der nächsten Sandbank auf einen anderen Schlepper, den »Admiral Kosakewitsch«, umsteigen; dem Bau nach ist er übrigens ein Zwillingsbruder unseres »Michail Korsakow«. Das Unangenehme daran ist, dass wir aus diesem Anlass bis zum Morgen stillliegen werden.

So kam es auch. Wir erreichten die Sandbank, wo wir den anderen Dampfer erwarten sollten, und warfen um fünf Uhr nachmittags mitten im Fluss Anker.

Vor Langeweile und Ärger fingen wir ein Wettschießen an. Wir warfen Flaschen in den Fluss und schossen darauf. Der Mauserkarabiner stellte sich als weit überlegen heraus. Wie früher von den Kosaken, wurden mir auch hier Angebote gemacht, ihn zu verkaufen. Ich erfuhr dabei, dass er in Wladiwostok siebzig Rubel kostet, während ich in Petersburg nur sechsunddreißig bezahlt habe. Wenn dort alles so teuer ist, dann wären die Frachtkosten für die in Irkutsk gekaufte Ausrüstung doch gerechtfertigt. Diese Frachtkosten spielen bei einer Entfernung von viertausend Werst eine seltsame Rolle. Man sollte meinen, hier sei alles billig, aber es gibt wohl nirgends in der Welt höhere Preise.

Wir unterhalten uns mit dem Kapitän über die Stromschnellen und Sandbänke, die die Schifffahrt auf dem Amur behindern. Das Verkehrsministerium hat erst in jüngster Zeit seine Maßnahmen eingeleitet. Im vorigen Jahr trafen zwei Bagger ein (was bedeuten sie schon für eine Strecke von mehreren tausend Werst!), saßen aber den ganzen Sommer auf einer Sandbank fest. In diesem Jahr wird für sie ein Winterhafen gebaut. Das Fahrwasser wurde durch Schifffahrtszeichen markiert, aber die außerordentlich heftige Überschwemmung im Vorjahr hat sie verschoben, und heute kümmert sich kein Mensch mehr um die im Fluss verankerten Bojen. »Jetzt können alle alten Lotsen abdanken, ihr ganzes Wissen ist keinen Pfifferling mehr wert«, behauptet der Kapitän. Ein ganzer Stand soll abdanken! Die haben es noch gut, denen es gelingt, sich das neue Wissen um die Fahrtverhältnisse anzueignen, aber für viele bedeutet das Ruhestand ohne Pension. In diesem Jahr ist der Wasserstand besonders niedrig, und die Schiffskapitäne weinen jetzt nach vielen guten Jahren bittere Tränen. Den Beobachtungen der hiesigen Einwohner nach wechseln Hoch- und Niedrigwasser in einem fünfjährigen Zyklus ab; fünf Jahre herrscht Wasserreichtum, dann folgen fünf Jahre mit niedrigem Wasserstand.

Wenn man sich das alles gründlich überlegt, so erkennt man, dass dieses Gebiet in jeder Beziehung, politisch, wirtschaftlich und militärisch, eine Eisenbahnlinie braucht, die die zweieinhalbtausend Werst zwischen Sretensk und Wladiwostok überbrückt, wo sich jetzt so zahlreiche für uns wichtige Fragen häufen. Mögen sich diejenigen, die den Zentralgebieten den Vorrang geben, auch noch so sehr dagegen stemmen – so wie alles Luft und Sonne braucht, ist heute die Eisenbahn den Randgebieten wie dem Zentrum gleich nötig, nicht zuletzt auch zum Vorteil des Zentrums selber. Es handelt sich nur darum, wie man für das gleiche Geld möglichst viele Bahnen bauen könnte. Ich bin nun mehr denn je davon überzeugt, dass man ins Innere Sibiriens eine Schmalspurbahn bauen müsste. Wir würden dabei nicht an Leistungsfähigkeit einbüßen, aber eine ganze Menge Geld sparen. Natürlich wäre das alles völlig klar, wenn wir einen allgemeinen Eisenbahnbauplan besäßen, wenn der Bau bei uns nicht immer wieder auf Kleinkram – den Kauf eines Pfundes Zucker für den heutigen Tag – hinausliefe.

Der Himmel wölbt sich dunkelblau, wie mit Sternen übersäter Samt. Steil über dem Fluss ragt ein Felsen empor. Hoch oben blickt das

Blau des Himmels noch milder durch die Fichtenäste herab. Alles an Deck ist verstummt und lauscht unserem Sänger. Diesmal hat er ein volkstümlicheres Repertoire gewählt und seine Zuhörer wirklich gepackt. Immer neue Lieder folgen. Da ist das Leid des Fuhrmanns, das keinen Ausweg findet und sich in den schmerzerfüllten, wehmütig klingenden Kehrreim ergießt. »Seid ihr Braven eingeschlafen? He, zieht flotter an! Schwarz wie Raben, kühn im Traben...« Zuhörer sind vorwiegend junge, kräftige Leute, die schon allerhand erlebt haben, und das Lied hält sie im Bann, drückt sie nieder. Die Köpfe gesenkt, hören sie hingegeben zu.

Der Doktor hat geendet, und da tritt ein Arbeiter aus dem Dunkel, reicht ihm ein Notenheft und sagt: »Vielleicht können Sie das brauchen, das ist von Schubert ...« – »Ich danke Ihnen«, antwortet der Doktor und drückt ihm die Hand. Der Arbeiter erwidert den Händedruck und verschwindet wieder in der Menge.

Wer war das? Ja, in Sibirien verrät das Äußere nicht viel. Wer es von Russland her gewöhnt ist, die Menschen nach ihrem Aussehen zu beurteilen, der wird sich hier gründlich täuschen und ausgerechnet einen schwerreichen Goldgrubenbesitzer für den Verkäufer fauler Fische halten, in der bescheidenen Maske eines Arbeiters dagegen den Mann mit europäischer Bildung übersehen.

12. August

Wir alle hatten befürchtet, man werde uns sehr früh zum Umsteigen wecken, aber wir wachten um acht Uhr auf, und ringsum war noch alles still. Wir tranken Tee und gingen dann auf Deck. »Wann steigen wir um?«

»Hm, nun ja ...«

Wir nahmen unsere gewohnte Beschäftigung vor, aßen zu Mittag; manche hielten ein Nachmittagsschläfchen und wachten wieder auf, und erst dann wurden wir aufgefordert, auf den anderen Dampfer überzusiedeln.

Um fünf Uhr fuhren wir weiter. Beim Abschied verhieß uns der Kapitän des Schiffes, das wir verließen: »Übermorgen Abend sind Sie in Blagowestschensk.«

Aber der Mensch denkt, und Gott lenkt.

Als wir zwanzig Werst zurückgelegt hatten, fuhren wir mit Volldampf in eine Sandbank hinein. Der eiserne Boden unseres Schiffes glitt über den Kiesgrund, ein ohrenbetäubendes Kreischen – dann standen wir still. Besonders übel ist, dass wir dabei einschwenkten (eine Backpfeife erhielten, wie man hier sagt) und nun quer zur Strömung stehen.

Wir beugen uns über die Reling und blicken traurig zum Wasser hinab. Das Rad und ein Teil des Mittelschiffs stehen auf Sand, der kaum noch mit Wasser bedeckt ist. Unter dem Bug und Heck dagegen ist es tief, und daher kann das Schiff entzweibrechen oder kentern, kann der Kessel explodieren

Der Tag geht zu Ende. Am Himmel steht blass die Neumondsichel, die Sonne geht friedlich unter und grüßt uns unglückselige Sibirienwanderer mitleidsvoll mit ihren roten Strahlen zum Abschied.

13. August

Morgen. Nebel. Wir sitzen auf der Sandbank. Rings um uns hat sich eine glänzende Gesellschaft versammelt: der gleich uns bereits aufgefahrene Dampfer »Fürst Chilkow«, der sein Schicksal noch erwartende »Graf Ignatjew«, noch irgendein General, und schließlich darf man auch nicht vergessen, dass ja wir der »Admiral Kosakewitsch« sind und auf den »Admiral Possjet« warten. Mit einem Wort, es sind genug Männer um uns herum, die ihren Ruhm in diesem Land erworben haben, aber ihre Namensträger blicken uns jetzt traurig an. Die Schiffskapitäne besuchen sich gegenseitig, aber zu uns kommt keiner, weil wir weder ein Buffet noch Verpflegung haben. Unser Dampfer hat vor dieser Havarie bereits eine Woche lang auf einer Sandbank festgesessen. Dabei gingen sämtliche Vorräte drauf, und jetzt füttert man uns mit muffigem Pökelfleisch und ranzigem Öl. Wir versuchen immer noch flottzuwerden. Vergebliche Mühe! Kommen wir vorn los, bleiben wir achtern stecken; machen wir das Heck frei, fahren wir wieder mit dem Bug fest.

Völlig sinnlos, quer über den Fluss kommt ein neuer Dampfer herangekrochen. Er schiebt sich beinahe wie über Festland heran: Er wirft vor sich den Anker aus und warpt sich an der Kette vorwärts. Das Heckrad dreht sich rasend und wirft dabei gelben Schlamm und Steine hoch. »Wo kriecht der dämliche Hund bloß hin?«, schimpfen unsre Matrosen. »Wenn er in diese Strömung gerät, dann treibt sie ihn auf uns zu, und wir sitzen noch eine Woche lang hier.«

Unterdessen fährt ein anderes Schiff, ohne die ganze Gesellschaft hier zu beachten, das gegenüberliegende Ufer entlang völlig unbehelligt mit Volldampf an der schwierigen Stelle vorbei. Das wirkt wie eine

Ohrfeige. Zugleich stellt es sich heraus, dass hier doch ein Fahrwasser vorhanden ist und dass es genau dort liegt, wo es nach jeder Fahrwassertheorie zu liegen hat. Daraufhin lichten alle Kapitäne den Anker, und jeder setzt seinen Weg fort.

Unterdessen hat der Dampfer, auf den die Matrosen so geschimpft haben, die seichte Stelle überwunden, ist tatsächlich in die gefürchtete Strömung geraten und ist, ehe wir uns dessen versahen, in unsere Stahltrosse hineingefahren, die uns mit dem Ufer verband und mit deren Hilfe wir uns frei machen wollten. Er selbst kam noch glimpflich davon, aber unsere Poller am Bug hielten dem Druck nicht stand, die Trosse löste sich ab und riss dann den Schleppaufbau, die Reling und schließlich die linke Stütze der Deckbauten um, in denen die Kajüten des Bedienungspersonals und der Küche untergebracht sind. Alles das war von einem Krachen und Donnern wie aus Kanonen, dem Geschrei der auseinander stiebenden Mannschaft und dem Jammergeheul der weiblichen Bediensteten begleitet. Im nächsten Augenblick schon war alles vorbei. Nun folgte die Besichtigung und Überprüfung der entstandenen Schäden, begleitet vom frohen Bewusstsein, dass alle heil und ganz geblieben waren. Ja, alle sind guter Laune und froh erregt. Dass der andere Dampfer uns endgültig und hoffnungslos mitten in die Sandbank hineingedrückt hat, dass ringsum bis zur Schiffsmitte trockener Kies liegt, das macht niemand mehr Kummer. Da wir nun richtigen Schiffbruch erlitten haben, geben wir verzweifelte Pfeifsignale und bitten um Hilfe. Der »Graf Ignatjew«, dem es nicht gelang, sich rechtzeitig davonzumachen, antwortet trübselig und bleibt uns zur Hilfe da.

Am Nachmittag verschwindet der Dampfer, der uns gerammt hat, endlich glücklich am Horizont. Dafür kommt nun das Passagierschiff »Admiral Possjet« heran. Es ankert vorsichtig eine Werst entfernt und sendet ein Boot zu uns (das heißt, nicht zu uns selbst, sondern zum »Graf Ignatjew«).

Unser Kapitän ist ein unermüdlicher Arbeiter. Soeben läuft er wieder vorbei und ruft uns fröhlich zu: »Wenn das Seil aushält, sind wir gleich flott!« Das verhängnisvolle »Wenn!« Das Seil reißt mit dem Knall eines Kanonenschusses, und die Arbeit eines ganzen Tages ist zum Teufel, denn die Strömung treibt uns sofort auf den alten, vielleicht aber auf einen noch schlechteren Platz zurück. »Pech gehabt!«, sagt der Kapitän und zuckt die Schultern. »Gott sei Dank, dass wenigstens niemand zu Schaden gekommen ist.«

Doch es stellt sich heraus, dass das keineswegs stimmt. Zwei Matrosen haben sich die Beine gebrochen oder gequetscht, ein Chinese hat einen Rippenbruch davongetragen. Unser Doktor nimmt sich ihrer an. Dabei gießt es schon den ganzen Tag wie mit Kannen, wir sind alle bis auf die Haut nass, ringsum herrscht eine Feuchtigkeit, als befänden wir uns bereits auf dem Flussgrund. Der Abend kommt. Der Nebel fällt früh ein. Weit vorn ragt ein Berg aus der Trübe. Im Widerschein des Abendrots wirkt er, als schwebte er im Himmel, als wäre die Wolke über ihm die Quelle allen Lichtes.

Wir sitzen in der Kajüte. Müde schleppt sich ein Gespräch über den verflossenen Tag dahin. Die Schäden sind größer, als wir gedacht hatten. Nicht nur am Heck, auch am Bug ist allerlei entzwei. Die Steuerkette ist zerrissen, die Steuerrollen haben nachgelassen; auch in der Maschine ist etwas nicht in Ordnung, die Schaufelräder sind zerbrochen, dazu geht das Brennholz zu Ende, es fehlt an Verpflegung. Die anderen Dampfer wurden gebeten, uns auszuhelfen, aber keiner hatte etwas übrig. »Es ist kein Brot mehr da, von morgen an gibt's nur noch Zwieback«, hat uns eben die Köchin mitgeteilt.

14. August

Unser junger Kapitän lässt sich nicht unterkriegen. Er hat sich die ganze Nacht abgeplagt und geht jetzt mit großen Schritten auf dem Deck auf und ab. »Ignatjew« hatte unseren Bug beinahe ganz freibekommen, aber dann riss wieder einmal das Tau, wir wurden um hundertachtzig Grad herumgeschwenkt und fuhren wieder in die Sandbank hinein. Oh, dieses Tau!

Schlimm – der »Possjet« ist mit Volldampf an uns vorbeigefahren. Eigentlich hätte er sich unser annehmen müssen. Erstens sind wir Schiffbrüchige, und zweitens gehört er der gleichen Gesellschaft an wie unser Schiff. Aber er kümmerte sich gar nicht um uns. Was nun? Wir gingen vor Kummer an die Arbeit. Alle saßen in der Kajüte, jeder mit irgendetwas beschäftigt.

Und da, als schon jede Hoffnung vergeblich zu sein schien, steckte der Kapitän ganz unerwartet den Kopf zur Tür herein und sagte: »Wir sind flott!« Das war so herrlich, dass die Frage, wie das möglich wurde, uns allen nebensächlich erschien. Alle stürzten auf das Deck hinauf. Ein prachtvoller Tag, die Sonne strahlte, unser Schiff schlingerte bereits in tiefem Wasser, und etwas abseits ankerte der »Ignatjew«.

»Wir gratulieren, Kapitän!«

»Nicht mir, dem Kapitän vom ›Ignatjew‹ sollten Sie gratulieren. Solche Kameraden wie ihn trifft man selten.«

Der »Ignatjew« dampfte bald ab. Drei Stunden später machten auch wir uns auf, nachdem wir unser Schiff einigermaßen zusammengeflickt hatten.

Das rechte Ufer gehört zur Mandschurei. Obwohl die Mandschu stets die Sieger waren, stets die Chinesen schlugen, zogen doch immer mehr Chinesen in das Land, und jetzt hat die ausdauernde, alles überstehende chinesische Kultur die der Mandschu unwiderruflich und für immer abgelöst Den Mandschu wird eine Freiheit nach der anderen weggenommen, und die einst allmächtige Heimat der Dynastie ist heute, verglichen mit dem übrigen großen China, nur noch eine unbedeutende Provinz. Die Mandschu erinnern an unsere Donkosaken. Sie sind ebenso kahlrasiert, tragen die gleichen langen Schnurrbärte und blicken wagemutig und düster drein. Aber sie sind nicht mehr zahlreich[10]. Alles vergeht …

Eine Gruppe Matrosen unterhält sich. Ich kenne sie bereits alle. Da steht in seiner schmutzigen hellblauen Jacke und der zerrissenen Hose von gleicher Farbe, eine Jockeimütze auf dem Kopf, der Schmied, ein Riese mit scharfen Gesichtszügen und großen, klugen Augen. Der andere Matrose, ebenfalls ein Riese, trägt Manchesterhosen, ein Oberhemd und hohe Stiefel, sein Gesicht ist von einem breiten, rötlichen Vollbart umrahmt. Er sieht eigentlich weniger einem Matrosen als einem Kutscher ähnlich, der seine Pferde ausgespannt hat und auf einen kleinen Schwatz hergekommen ist. Der dritte, ebenfalls blond, in Ziviljacke und hohen Stiefeln, hat ein blatternarbiges Gesicht. »Was sind das schon für Berge? Moder ist das Gestein hier, es taugt überhaupt nichts«, erklärt der Schmied. »Es fällt ja auseinander. Da sind unsere Berge am Baikal ganz anders. Wenn man am Ufer geht, da bückt man sich immer wieder und hebt ein Steinchen auf. Bald hat man die Taschen voll, und es kommen noch schönere. Da schüttet man die alten aus und fängt von vorn an.« Diese friedliche Beschäftigung passt so gar nicht zu der riesigen und düsteren Gestalt des Schmiedes. Das Gespräch bricht ab.

In diesem Jahr ziehen wenige Siedler heran. Nur auf Flößen fahren welche vorbei. Ab und zu begegnen wir solchen großen und kleinen Flößen. Darauf stehen Bauernwagen, Pferde und Kühe, und die Männer, Frauen und Kinder bilden malerische Gruppen. Auf dem Floß brennt ein Feuer und verleiht dem ganzen Bild etwas Warmes, Anheimelndes. Unser Dampfer wirft hohe Wellen, die Flöße schwanken, und wir sehen, wie man sich dort an den Rudern abmüht, um im Fahrwasser zu bleiben. Wenn diese Flöße in Blagowestschensk eintreffen, werden sie von den Siedlern verkauft, die dafür oft den doppelten Preis erzielen. »Bloß zwei Dampfern mit Siedlern sind wir begegnet. Aber Rückkehrer gibt es genug«, sagt der Schmied. »Ist zu wenig Land vorhanden?«, frage ich ihn. – »An der Seja gibt es welches.., ist aber nichts vorbereitet... Die einen haben Glück, die anderen fahren daran vorbei. Kein Mensch weiß Bescheid.« Der Schmied wirft diese Worte wie einen Hammer hin.

15. August

Heute setzten wir die Fahrt schon um halb fünf Uhr früh fort, da der Fluss fast ganz nebelfrei war. Wir machen gute Fahrt, und es scheint, als sollten wir ohne weitere Abenteuer in Blagowestschensk ankommen. Der Doktor liegt auf seiner Koje und philosophiert.

»Hurra, Blagowestschensk!«, ruft uns Korf vom Deck zu. Wir laufen hinaus.

Die beiden Ufer des Amur sind flach, die Berge stehen weit im klaren Hintergrund. Blagowestschensk liegt vor uns ausgebreitet. Eben, mit erstaunlich breiten Straßen, strahlt es eine gewaltige Energie aus. Überall wird gebaut. Zuerst macht das den Eindruck, als sei die ganze Stadt kürzlich niedergebrannt. Aber wie gebaut wird! Ganze Paläste erstehen. Offensichtlich glauben die Menschen an die Zukunft ihrer Stadt. Immerhin hat sie binnen vierzig Jahren eine Einwohnerzahl von vierzigtausend erreicht und ist zum Mittelpunkt der ganzen Goldförderung geworden. Sie liegt an der Mündung der Seja in den Amur, gegenüber der am dichtesten bevölkerten Gegend der Mandschurei. Vorläufig nimmt zwar Blagowestschensk am dortigen Handel noch nicht teil, aber man behauptet, dass nach Fertigstellung der Ostchinesischen Bahn der gesamte Handel in die Hände der russischen Kaufleute übergehen werde.

21. August

Wir haben Blagowestschensk am Neunzehnten verlassen. Das Schiff ist voller Fahrgäste, die wir früher auf Gespannen überholt hatten. Jetzt blicken sie uns befriedigt an, als wollten sie sagen: »Na, hat es euch viel genützt?« Wir sind die Besiegten, ertragen das ergeben und bleiben zu aller Welt freundlich. Übrigens begegnen wir uns selten, denn ein jeder ist mit sich selbst beschäftigt. Trotzdem wissen wir alles voneinander. Wer uns das verrät? Vielleicht die Luft, die Leere Sibiriens, wo alles und jedes bis in die Ferne sichtbar bleibt Das ist eine allgemeine Eigenschaft dieses Teils von Sibirien: Es gibt wenige Menschen, noch weniger Interessen, und darum wissen alle übereinander Bescheid.

Wie dem auch sein mag, ich jedenfalls weiß zum Beispiel, dass in der zweibettigen Nachbarkajüte zwei junge Damen reisen. Die eine fährt zum ersten Mal in ihrem Leben aus Blagowestschensk nach Chabarowsk. Sie schmiegt sich schüchtern an ihre Freundin an und errötet, wenn sie nur an einen Stuhl stößt. Wie das in solchen Fällen immer ist, stehen ihr natürlich sämtliche Stühle im Wege, und daher weicht die gesunde Farbe nie von ihren Wangen. Übrigens macht sie das nur noch anziehender. Die andere war Hörerin der Frauen-Hochschulkurse des Professors Bestushew. Sie reist jetzt von Petersburg nach Chabarowsk, um am dortigen Gymnasium zu unterrichten. Ihre großen, grauen Augen blicken fest und sicher in die Welt. Ihre hohe, kräftige Gestalt drückt Ruhe und Selbstvertrauen aus. Sie ist allein durch ganz Sibirien gereist. Für eine Frau, und erst recht für ein Mädchen, ist das eine Heldentat. »Was ist das Glück?«, fragt auf dem Deck jemand die angehende Lehrerin. »Das Glück liegt in uns«, antwortet sie. Ich höre ihre Antwort und blicke sie an. Sie erwidert gelassen meinen Blick und sieht dann wieder auf den Fluss hinaus.

Das bisher breite und flache Tal des Amur wird schmaler. Wieder treten von beiden Seiten grüne Hügel heran. Das sind die Ausläufer des Chingan[11]. Hier kommen bereits Tiger vor, und wir blicken in die geheimnisvolle Tiefe der Seitenschluchten. Aber auch dort steht kein alter Wald mehr. Selbst die Tiger konnten ihn nicht schützen, und überall grünen nur die munteren Triebe des Jungwaldes.

Die Sonne geht unter und entfacht am Himmel und auf dem Wasser ein wunderbares Farbenspiel. Jetzt ist das Wasser dunkelgelbrot, der kräftige Dampfer wühlt es auf, und durchscheinende, leuchtendorangenfarbige Wellen laufen zum Ufer hin. Nach einigen Augenblicken tritt eine zauberhafte Wandlung ein. Nun flammt der ganze Himmel purpurn, und auch die Wellen wogen jetzt blutigrot. Am gegenüberliegenden Himmel aber leuchtet ein zarter Widerschein des Purpurs und Gelbrots, und daran schließen sich noch alle anderen Regenbogenfarben an. Stille herrscht ringsum, die Bäume am Ufer stehen regungslos, als hielte sie der Anblick des stumm verglühenden Sonnenuntergangs in seinem Bann.

Beim gemeinsamen Abendbrot erzählt der junge Erste Schiffsoffizier den Fahrgästen, die gerade Zeit haben, von der Größe und Pracht der hiesigen Tiger, Leoparden und Bären. Die Bären hier scheinen recht merkwürdige Burschen zu sein, sie schwimmen oft dicht vor dem Bug eines Dampfers über den Fluss. Als unser Dampfer einst stillstand, war ein solches Tier sogar in das Schaufelrad geklettert. »Und was geschah dann?«, ruft eine Dame erschrocken. Der Doktor aber sagt traurig – halb fragt er, halb gibt er sich selbst die Antwort: »Sie haben ihn getötet …?«

Immer noch die gleichen unbewohnten Ufer. Manchmal bilden sie Geländewellen und rücken als Hügel dicht an den Fluss heran, manchmal ziehen diese in die Ferne davon und stehen scharfgezackt am blauen Horizont. Dann ist der Fluss von einer niedrigen, nassen Ebene eingesäumt, auf der allerlei unbrauchbares Gestrüpp wächst.

Wir sind an der Ussuri-Mündung vorbei. Der Amur ist nun breiter als die Wolga bei Samara und wirft drohende Wellen.

Die Chinesen werden immer zahlreicher. Hier sind sie alteingesessen. Sie haben ja einst dieses Land beherrscht.

22. August

Chabarowsk kommt in Sicht. Weit vor uns sind im Grün mehrere große, blassrote Gebäude zu sehen, die schön und neu wirken. »Eine rosa Stadt«, sagt jemand. »Ein Dorf«, stellt ein anderer richtig. »Nichts steht dort, außer ein paar Amtsgebäuden.«

Als wir näher herankommen, verfliegt die Täuschung. Was wir vorhin sahen, waren wirklich die großen Rohziegelbauten von Amtsgebäuden – und dahinter liegt das graue Chaborowsk die flachen Schluchten entlang: Holzbauten, die jedes Schmucks entbehren. An der Landungsstelle stehen viele Doppelgespanne, Lastfuhrwerke und Kutschen mit Planen. Die Chinesen sind hier noch zahlreicher vertreten, sie sind überall zu sehen. Am Fluss zieht sich eine doppelte Reihe ihrer Bretterbuden den Steilhang hinauf. Unansehnliche und schmutzige Kohlköpfe, Mohrrüben, Wasser- und Zuckermelonen, Birnen und Äpfel, blaue Auberginen und rote Tomaten liegen auf den Verkaufstischen dieser Läden. Es sind die gleichen Früchte wie in unserem Süden; aber hier fehlt der Glanz des Südens, hier fehlt auch sein Wesen, und all diese blassen und verkümmerten, armseligen und nicht schmeckenden Früchte scheinen eher ein Abfall des Südens zu sein.

In der Stadt befindet sich ein Museum, und da wir bis zur Abfahrt des Zuges noch mehrere Stunden Zeit hatten, konnten wir es besuchen. Das Museum ist schön, man spürt die Arbeit und Energie seiner Leitung. Da ist ein prächtiges Skelett einer Seekuh. Es ist größer als das unserer Landkuh, mit gleichsam abgehackten Beinen und einem Hinterteil, das sich zu einem Fischschwanz verjüngt. Bekanntlich ist dieses gutmütige Tier jetzt völlig ausgestorben. Noch im vorigen Jahrhundert war es hier an der Küste zahlreich vertreten und ging in ganzen Herden an Land auf die Weide[12]. Die Menschen aber schlugen die Seekühe tot. Doch die Tiere empfanden keine Furcht, sie flohen nicht, im Gegenteil, sie zogen den Menschen entgegen. Für ihr Zutrauen mussten sie denn auch bitter büßen. Selbst jetzt noch fühlt man aus dem riesigen, schweren, walzenförmigen Skelett diese Gutmütigkeit heraus, die Erdenbewohnern sonst nicht eigen ist. Ausgestopfte Tiger und Bären, Leoparden und Luchse, ausgestopfte Fische und Amphibien, Fossilien, ferner Trachten verschiedener Völkerschaften fehlen nicht.

Was wäre noch über Chabarowsk zu sagen? Es wurde erst 1858 gegründet und 1880 zur Stadt erhoben. Einwohnerzahl fünfzehntausend. Aber offenbar ist das noch keineswegs die Grenze, und die Stadt fährt, wie Blagowestschensk, energisch mit Bauen fort. Für den Handel hat Chabarowsk Bedeutung als Umschlagplatz, denn von hier führt der Wasserweg nach Westen und der Schienenweg nach Süden, nach Wladiwostok. Eine selbständige Bedeutung hat die Stadt aber als Handelszentrum für das von den verschiedenen Eingeborenenstämmen gelieferte Rauchwerk. Die kostbarste Ware ist der Zobel. Hier erhält man den besten der Welt.

Was die Lebensverhältnisse betrifft, so ist in Chabarowsk alles genauso teuer wie im übrigen Transbaikal-Sibirien.

* * *

Im Speisewagen hat sich eine bunte Gesellschaft versammelt: Militär, verschiedene Angestellte, Glücksritter, auch einige hier ansässige Großhändler. Lebhafte Gespräche über die Chinesen und Japaner und das Schicksal des Fernen Ostens werden geführt. Oft entbrennt heftiger Streit, denn jeder vertritt nur seine eigene Meinung, hält nur sie allein für richtig und hört sich alles andere mit verächtlicher Miene an. Daraus lässt sich schließen, dass es sich offensichtlich um eine sehr gewichtige und brennende Frage handelt, die aber verschiedene Seiten hat, während hier jeder nur eine davon sieht und sie als die einzige Wahrheit hinstellt. Ebenso klar ist auch, dass die Erforschung sämtlicher Seiten des

Problems und ein darauf gegründeter umfassender Schluss noch die Aufgabe der Zukunft ist. Doch wenn das alles jetzt einem dunklen Abgrund gleicht, den ein paar Dutzend oberflächliche Beobachter mit kümmerlichen Talglichtern zu erhellen versuchen, so darf man nicht vergessen, dass zur Zeit jener Männer, denen man jetzt hier Denkmäler errichtet, dieser Abgrund nicht einmal eine solche Beleuchtung erfuhr.

Weil aber kein gründliches Wissen vorhanden ist, herrscht bei den einen übertriebene Angeberei, Leichtsinn und Zynismus, bei den anderen aber nichts als Kriecherei und Unterwürfigkeit.

»Chinesen? Ein Russe auf tausend Chinesen und China gehört uns… Ich habe sechs Monate in China gelebt. Was brauchen die schon, diese Canaillen? Unter den Engländern traut sich der Chinese nicht, ein Coupé zu betreten, geschweige denn, sich hinzusetzen, wo ein Engländer sitzt.« Und bei uns in Wladiwostok fahren unsere russischen Kutscher das Pack spazieren. Eine Schande ist das.«

Daneben hört man aber auch solche Ansichten: »Wer ist der Chinese? Der Zopf, der Kittel, der Bambusstock und allerlei komische Äußerlichkeiten verdecken sein wahres Wesen. Der Chinese ist ein tiefgründiger Philosoph, der alles mit dem Blick fünftausendjähriger Kultur betrachtet.«

»Was ist ein Japaner?« ertönt es am anderen Ende. »Die erreichen die Kultur nur unter ihren Bedingungen. Er fängt sich jeden Tag einen Fisch zum Mittag und erntet sein bisschen Reis. Der Russe braucht aber erst mal ein Drittel seiner Kraft, um mit der Kälte ringsum fertig zu werden.« »Sie wollen wissen, wie der Japaner ist? Der ist wie ein nach den Manieren Asiens erzogener Engländer oder Franzose, der noch dabei lächelt, wenn er dir die Kehle durchschneidet. Und die Chinesen verachten die Japaner ebenfalls.« So geht der Redefluss immer weiter. Aber im Unterschied zu dieser Meinungsvielfalt unter den Intellektuellen scheint das einfache Volk zwischen Irkutsk und Wladiwostok einhellig zu sein. »Vor den Chinesen bewahre uns, sie arbeiten zwar, aber was essen sie hier? Das ganze Geld bringen sie auf ihre Seite.« Oder wie es ein zurückkehrender Neusiedler formulierte: »Die einfachen Menschen bilden sich ihre Meinung aus dem, was sie sehen, die Intellektuellen aus ihrem gewaltigen Verstand.«

23. August

Aus dem Wagenfenster sind immer noch das mit Sumpfgras bewachsene Ussuri-Tal und die bewaldeten fernen Berge zu sehen. »Gibt es hier guten Wald?«, frage ich. »Nein, weder Wald noch Ackerland. Die Humusschicht ist unbedeutend, was darunter liegt, das sehen Sie ja... Und außerdem ist viel Land versumpft.«

Die Gruben, denen das Material für den Bahndamm entnommen wurde, lassen die Bodenschichten gut erkennen. Es sind etwa zwei Zoll Humus, und dann folgt weißer Ton.

»Ein bis zwei Jahre lang bringt der jungfräuliche Boden gewaltige Ernten, aber dann muss er bereits gedüngt werden ...«

Ringsum ist alles immer noch wild und leer, keine Gebäude, keine Spuren von Ackerbau sind zu sehen. »Nein, hier gibt es nichts«, sagt man mir. »So an die dreihundert Werst vor Wladiwostok fangen die Siedlungen an, aber auch dort sieht es damit noch schlimm aus ...«

Was die Landwirtschaft betrifft, so stehen sich hier zwei einander völlig widersprechende Meinungen gegenüber. Die einen sagen: »Die Natur ist hier eigensinnig. Das eine Jahr wächst der Weizen eine bis anderthalb Sashen hoch und enthält nur ein einziges Korn in der Ähre, das nächste Jahr gibt es eine märchenhafte Ernte, die aber entweder im Regen verfault oder, wenn sie doch eingebracht wird, sich als giftig herausstellt. Die Menschen bekommen vom Mehl Krämpfe und alle Anzeichen einer Vergiftung. Darum heißt unser Weizen auch Rauschweizen... Wie Sie sehen, hat die Natur selbst hier noch nicht zur Ordnung gefunden, da kann also von einer ernsthaften Besiedlung keine Rede sein... Ja, erst müsste man hier fünfhunderttausend für landwirtschaftliche Versuche hineinstecken ... Da hat man die unglückseligen Donkosaken angesiedelt. Zwei Jahre haben sie sich geplagt, und dann zogen sie nach Wladiwostok, schlugen dort ihr Feldlager auf und verlangten die Rückführung. Wo aber eine Besiedlung einigermaßen zustande gekommen ist, dort steht es noch schlimmer. Dort wurde alles Land die Flüsse entlang in Arbeit genommen, und die abseits vom Wasser liegenden Hänge und Berge bleiben für immer unverwendbar. Man hätte die Parzellen nicht den Fluss entlang, sondern vom Fluss ins Land hinein zuteilen müssen, dann sähe es hier anders aus...« »Aber dort liegen doch Sümpfe...« – »Dann müssen sie eben trockengelegt werden.« – »Das kann doch ein Siedler gar nicht schaffen.« – »Das ist auch nicht seine Aufgabe. Aber ohne diese Vorarbeiten ist an eine ordentliche Besiedlung des Landes nicht zu denken.«

Und gleich daneben hört man: »Unsinn! Herrliches Land! Reichster Boden! Zuckerrüben, Zuckerfabriken, Schnapsbrennereien, Bierbrauereien, Tabakbau ... Land, soviel Sie haben wollen...« – »Für wie viele Menschen?« – »Mindestens für sechzigtausend.« – »Ach wo! Was reden Sie da! Für sechshunderttausend.« – »So für hundertzwanzigtausend mag es reichen«, entscheidet selbstherrlich ein Dritter. Jedenfalls bedeuten diese drei Zahlen, auch wenn man sie zusammenaddiert, für die hundert Millionen Zuwachs in Russland kein überwältigendes Ergebnis. Was aber die Behauptung betrifft, dass das Land hier erstaunlich ergiebig und für den Anbau von Zuckerrüben und Tabak besonders geeignet sei, so muss man das wohl doch bezweifeln, wenn man ihr den Einwand gegenüberstellt, hier habe »die Natur selbst noch nicht zur Ordnung gefunden«. Aber die anderen vertreten ihre Ansicht mit leidenschaftlicher Energie.

24. August

Fünfzehn oder zwanzig Werst vor Wladiwostok erreicht die Bahnlinie die Bucht und folgt dann die ganze Zeit ihrem Ufer. Es ist eine sehr große Bucht, eine der besten der Welt, von allen Seiten vor Winden geschützt und mit drei Ausgängen zur See. Das, was der spanischen Flotte in Santiago de Cuba zugestoßen ist, wäre hier völlig undenkbar.

Ein Nachteil des Hafens von Wladiwostok sind die Nebel und der Umstand, dass er von Ende November bis März zufriert. Aber gegen die Vereisung helfen Eisbrecher, und die Nebel kommen und verschwinden wieder. Daher sind weder die Nebel noch das Eis ein unüberwindliches Übel. Alles Übrige spricht für die Bucht von Wladiwostok, und Prinz Heinrich von Preußen, der jetzt hier auf Besuch ist, ließ ihr Gerechtigkeit widerfahren und sagte, dieser Hafen werde seinem Namen auch in Zukunft Ehre machen und stets der »Beherrscher des Ostens« bleiben.

Die Stadt wird nicht sofort und nicht mit ihrem schönsten Teil sichtbar. Aber selbst in den schmutzigen Vorstädten fühlt man etwas Mächtiges und Großes. Vielstöckige Häuser, Werke und Fabriken. Die Dächer bestehen fast durchweg aus verzinktem Wellblech, und das unterscheidet diese Stadt auffallend von allen Städten Sibiriens. Noch eindrucksvoller wirkt das Stadtzentrum, wo viele Gebäude stehen, reiche wie zierliche, massige wie leichte. Natürlich sind auch sie in der Mehrzahl Staatseigentum, aber es gibt auch viele Privatgebäude. Auf den Straßen sind Chinesen und Koreaner, Soldaten und Matrosen zu sehen. Auf der Reede ankern weiße Panzerschiffe, Zerstörer und Torpedoboote. Das Ganze trägt ein Gepräge des Besonderen, Einzigartigen und ist von allem bisher Gesehenen völlig verschieden. Die Ein-

Wladiwostock

wohner von Wladiwostok sagen auch mit Stolz: »Hier ist nicht mehr Sibirien.«

Auch hier herrscht das gleiche Baufieber wie in Blagowestschensk und Chabarowsk. Das Hotel »Zum Stillen Ozean«, das beste der Stadt, ist von allen Seiten von Neubauten umringt, an denen Chinesen arbeiten. Kein einziges Zimmer bietet Zuflucht vor dem Hämmern und Rattern, das mit dem ersten Sonnenstrahl ins Zimmer dringt. Wir finden keinen Schlaf bei diesem weithin hallenden Lärm und im hellen Schein der Augustsonne. Es ist ein besonderes, so ganz herbstliches Licht, das dem Herzen Ruhe und Frieden bringt. Wir wandern als sorglose Reisende durch die Stadt, schließen Bekanntschaften, essen und trinken und kosten die hiesigen Leckerbissen. Riesige handtellergroße Austern, Krabben, Keta-Lachs, Makrelen, dazu Auberginen und Tomaten – alles das, was der Bewohner des Südens kennt und liebt. Hier ist zwar noch nicht der richtige Süden, aber die Stadt ist doch ihm mehr verwandt als dem Norden. Abends, wenn der helle Mond wie über Wellen dahinschwimmt, in die bald dunklen, bald lichten Wolken taucht und dann über der Stadt aufleuchtet, wenn die Lichter der Stadt und der Reede den Berghintergrund täuschend zurücktreten lassen, erscheint alles bereits so gewaltig und mächtig, wie es dieser Hafen einst sein wird, der seine Laufbahn erst begonnen hat.

Wir gehen durch die Straßen. Matrosen, unsere und deutsche, elegante Stutzer, spazierende Damen und Offiziere kommen uns entgegen, Droschken und Privatequipagen fahren an uns vorbei. Wir befinden uns auf der Swetlanskaja, der Hauptstraße von Wladiwostok. Unter uns liegt die Bucht mit den Schiffen. Die Sonne geht unter, und Massen von Chinesen und Koreanern kehren von der Arbeit heim.

Die Chinesen haben flinke Bewegungen, sie tragen kurze blaue Jacken und weite blaue Hosen, die am Knöchel zugebunden sind. Die Füße stecken in Halbschuhen, die mit zwei Schichten dicken Filzes besohlt sind. Die untere Sohle reicht nicht ganz bis zur Spitze, und das erschwert es, das Gleichgewicht zu halten. Die Chinesen unterhalten sich lebhaft, kehlige Laute erklingen. Die langen Zöpfe des stets schwarzen, harten und strähnigen Haares hängen fast bis zum Boden herab. Wessen Haar zu kurz ist, der verlängert es durch ein Band.

Die Koreaner sind das Gegenteil der Chinesen. Sie tragen die gleiche, aber weiße Kleidung. Ihre Bewegungen sind von einer ruhigen Gleichgültigkeit; alles, was ringsum vor sich geht, scheint sie nicht zu kümmern. Der Koreaner raucht sein Pfeifchen, genauer gesagt, er hält das ellenlange Mundstück mit dem kleinen Pfeifenkopf zwischen den Zähnen und schreitet würdevoll einher. Er trägt keinen Hut, sondern hat das Haar auf dem Scheitel zu einer üppigen und komplizierten Frisur aufgebauscht, die wie die moderne Damenfrisur mit einer bunten beinernen Nadel zusammengehalten wird[13]. Sein Gesicht ist breit, von gelber Farbe, die kräftigen Backenknochen stehen hervor, die Augen sind klein, das Bärtchen und der Schnurrbart sehr schütter, nur aus wenigen Haaren bestehend; Koteletten fehlen fast völlig. Höher als mittelgroß und breitschultrig, erinnern die Koreaner mit ihrer weißen Kleidung, den ruhigen Bewegungen und dem gutmütigen Gesichtsausdruck sehr an jene typischen ukrainischen Bauern, die zum ersten Mal eine Stadt besuchen und hinter würdevoller Gesetztheit ihre Verlegenheit und vielleicht sogar etwas Angst verbergen.

Auch viele Japanerinnen sind zu sehen. Sie kleiden sich in schlafrockartige, fest um den Leib gewickelte Gewänder mit freiem Hals und einer riesigen Schleife am Rücken. Auch sie tragen keinen Hut, sondern eine Frisur, die sie einmal in der Woche aufbauen, wobei das Haar mit einem Härtemittel versteift wird. Sie gehen auf wenig Halt bietenden hohen Holzsandalen. Man fällt damit leicht um, und wir waren selbst Zeugen, wie eine Japanerin nicht Acht gab, das Gleichgewicht verlor und mit eingebogenen Knien hinstürzte. Die Japanerinnen sind klein und rundlich, ihre Gesichter sind völlig ausdruckslos. Die Männer sind nicht viel größer; sie tragen europäische Kleidung und steife Hüte, unter denen das starre schwarze Haar hervorsteht.

Die Chinesen sind Maurer, Träger und Hausbedienstete, die Japaner dagegen Handwerker. Die obere Klasse der Chinesen und Japaner hat auch hier den ganzen Handel an sich gerissen. Nur der Fuhrdienst ist in den Händen der Russen verblieben. Unter den Japanern sind zahlreiche gediente Soldaten, Reservisten, Reserveunteroffiziere und -offiziere.

»Diese Gelbgesichter haben eine vierte Dimension. Sie kommen überall durch und wir bleiben stecken. Sie wissen alles, es sind so viele und wir Russen laufen wie hypnotisiert dazwischen.« Ich lernte einen interessanten Gesprächspartner kennen. »Das ist hier alles in den letzten 15 Jahren passiert und heute ist der Chinese hier der Herr im Haus. Wenn sie heute weggingen, wir würden untergehen. Wie sie zum Beispiel unsere Gärtner verdrängten. Zuerst verkauften sie alles fast umsonst und seit sie alle Russen vom Markt gedrängt haben, kostet die Melone 1 Rubel und der Apfel 7 Kopeken. Ja, wir sind mit Port Arthur so stolz auf unseren unblutigen Sieg in der Mandschurei, aber es wird kein halbes Jahrhundert vergehen und mit genau so unblutigen Siegen erobert sich China ganz Sibirien und noch mehr.

Es ist schon spät. Die südliche Nacht überwindet rasch den schwindenden Tag. Im Westen steht der Himmel in Flammen, darüber schweben qualmende Wolken, zwischen denen hier und dort Stücke des goldgetönten sanften Himmelsblaus hervorblicken. Es ist windiges Wetter zu erwarten. Die Nacht ist wirklich eine echte Nacht des Südens, lebhaft erregt, dunkel und warm. Zahlreiche Lichter brennen, und die Swetlanskaja ist sehr belebt. Kutschen fahren eilig vorbei, die Fußgänger schlüpfen dazwischen durch, aus den Schaufenstern fällt das Licht in Bündeln auf die Straße, die bis zum Aufgang des Mondes noch dunkel bleibt. Alles scheint in einen bodenlosen, finsteren Abgrund gestürzt zu sein, in dem Lichter aufblinken. Dort unten liegt das Meer, dort oben ist der Himmel. Wo aber schweben diese Lichter? Zwischen Himmel und Erde? Ja, dort brennen sie auf den hohen Masten der jetzt nicht sichtbaren Panzerschiffe, unter denen auch drei deutsche Schiffe ankern. Prinz Heinrich gibt ein Souper, und Gastgeber wie Gäste trinken dabei fleißig und halten lebhafte Zwiesprache. Der Prinz soll die Absicht haben, bis Blagowestschensk zu reisen[14].

Bei dieser Gelegenheit einige Worte über das Wohltätigkeitsfest. Es wird jedes Jahr abgehalten und bringt bis zu zehntausend Rubel Reingewinn. Es dauert einen ganzen Tag. Die Besucher sind vorwiegend Chinesen. Sie kaufen leidenschaftlich die Lotterielose und schreien vor Vergnügen, wenn sie dem japanischen Feuerwerk zusehen. Sobald der am Himmel geplatzten Rakete eine Papierfigur entschwebt, laufen sie zu der Stelle, wo sie zu Boden gehen muss. Die aufgeblasene Papierhülle, die sehr naturgetreu einen schmuck gekleideten Chinesen darstellt, senkt sich langsam herab, und die Menge reckt schon die Arme empor, lacht fröhlich, schreit und kann es nicht erwarten, bis die Figur tief genug sinkt, damit alle zugleich sie packen können.

30. August

Diese Tage waren wir die ganze Zeit mit den letzten Vorbereitungen beschäftigt. Wir kauften Verpflegung und allerlei Reiseausrüstung ein. In den Mußestunden aber machten wir uns mit der hiesigen Gesellschaft bekannt. Ein Schauspiel- und zugleich Operettentheater ist bereits tätig, ein zweites wird fieberhaft fertiggebaut; dort werden Ukrainer singen. Auch ein Zirkus ist vorhanden. Wir haben das Theater und den Zirkus besucht. Was wäre darüber zu sagen? Die Künstler sind zwar im Allgemeinen schwach, aber es gibt auch Begabte darunter. Alles in allem haben die Künstler hier ein erträglicheres Leben als im Europäischen Russland. Sie werden von Publikum und Presse gut behandelt.

Abends traf ich mich mit einigen Ortsansässigen, und nach dem Abendessen lud mich einer von ihnen zu einer Spazierfahrt durch Stadt und Umgebung ein. Es wurde eine herrliche Fahrt. Mein lebhafter Begleiter, der gut beobachtet, sprach über alles Mögliche und zeichnete mit einer beneidenswerten Treffsicherheit die gegenwärtige Lage des Küstengebietes. »Dieses dunkle Gebäude dort ist das Militärkommando, und in dem auf der gegenüberliegenden Seite ist die Marine untergebracht. Beide sind einander Spinnefeind. Sie haben weiter keine Sorgen, als sich gegenseitig ein Bein zu stellen. Das wissen sowohl die Marine- als auch die Heeresleute. Wenn es zu einer Komplikation, zum Beispiel zu einer Mobilmachung, kommen sollte und es dann hier keine einigende Obrigkeit gibt, na… Und hier ist die Verkehrsverwaltung und daneben die Zollbehörde. Auch sie stehen mit gezückten Messern einander gegenüber. Auch hier gilt es ein für alle Mal: Wer den grünen Vorstoß trägt, ist ein Halunke, wer den blauen hat, ist unbedingt ein anständiger Mensch. Der eine will so, der andere so, und das Ergebnis ist, dass eine Angelegenheit von einem Rubel den Staat schließlich Hunderte kostet… Seitdem die Chinesen hierher gekommen sind, ist die eine Frage, die der Arbeitskräfte, gelöst, aber die andere bleibt noch immer offen: Wir haben nämlich kein Geld. Wir haben unsere Hoffnungen auf die Russisch-Chinesische Bank gesetzt, aber... Die Bank steht in kaufmännischer Hinsicht gut da, und trotzdem. .. Unternehmen, die sich hier entwickeln könnten, werden nicht gegründet. Man bekommt nämlich nur kurzfristigen Kredit, auf wenige Monate, und darauf lässt sich kein Unternehmen aufbauen, damit gerät man nur in Schwierigkeiten. Dabei könnte hier so viel geschaffen werden, aber dazu gehört eben auch viel Geld ... Wir sind hier nicht im Europäischen Russland, hier muss man das ganze Kapital beisammen haben; fehlt auch nur ein Zehntel, so geht alles in die Brüche. Und man bekommt keinen Kredit, – überhaupt keinen. Hier liegen Gold und Kohle, Blei- und Eisenerz, auch Steinsalz. Ebenso könnte man die Landwirtschaft auf die Beine stellen: Vieh und Zucker, Tabak und Bier würden Absatz finden. Warum auch nicht, wo doch eine Flasche Bier einen Rubel, ein Pfund Zucker fünfundzwanzig Kopeken kostet und auch Brot und Fleisch irrsinnige Preise haben. Holzschlag? Damit sieht es bei uns so aus: In einem Jahr macht sich der Holzschlag nicht bezahlt, und Unternehmer, deren Kapital für zwei Jahre reichen würde, haben wir keine. Sehen wir uns ein anderes großes Geschäft an, den Fisch. Eine solche Menge Fisch finden Sie an keiner anderen Küste der Welt. Drei Herbstmonate lang zieht der Keta in den Amur zum Laichen, zieht so zahlreich, dass man ihn mit bloßen Händen fangen kann. Und das ist doch immerhin ein Lachsfisch. Ihm folgen in ganzen Scharen die Haie und Pottwale. . . Vor zwei Jahren wurde in der Bucht ein Wal erlegt... Der gefangene Fisch kostet nur Kopeken. Aber um den Absatz in Schwung zu bringen, braucht man Kühldampfer und darüber hinaus in allen Hafenstädten Europas Kühlhäuser. Den Fisch einsalzen? Dazu gehört Salz, und das haben wir nicht. Das deutsche Salz kostet hier siebzig, das Sachalin-Salz fünfzig Kopeken. Aber beide taugen nichts. Das ist Siedesalz, es enthält daher Jod und sonstige Beimengungen, und die machen die Ware unverkäuflich. Wir brauchen Steinsalz... Die Japaner wollten sich der Sache annehmen, aber sie bringen ja nichts zustande. Alles, was sie vermögen, ist, den Fisch als Düngemehl in ihr Land auszuführen. Es dürften an die zwei Millionen Pud sein...«

1. September

Heute erschien die erste Nummer der Zeitung »Der Bote des Ostens«, der dritten in dieser Stadt. Die Redaktion der Zeitung ist offenbar sauber. Mehr als fünfhundert Abonnenten sind kaum zu erwarten, sind sogar das Höchste, folglich haben sich die Menschen nicht aus Gewinnsucht an dieses Werk herangewagt. Ich verbrachte den heutigen Abend in ihrem Kreise, und es war einer der schönsten, die ich hier erlebt habe. Die Gastgeberin, Frau M., ist zugleich Redaktionssekretärin. Sie gehört zu den selbstlosen Menschen, die einem Werk jene besondere Liebe entgegenbringen, zu der nur Frauen fähig sind. Sie widmen sich ihm mit der ganzen Zärtlichkeit und Aufopferungsfähigkeit der weiblichen Natur, sie erwärmen und leuchten, sie bringen Behaglichkeit, Geschmack und Energie hinein. Eine Genehmigung zu erwirken, noch rechtzeitig ein zufällig verspätetes Telegramm zu erhalten und damit die nächste Nummer interessanter zu machen, eine Nacht nicht zu schlafen, damit die Nummer pünktlich erscheinen kann, die Korrekturfahnen zu lesen und es sich bitter zu Herzen zu nehmen, wenn doch noch ein Fliegenkopf durchgerutscht ist – damit vergeht unmerklich ein Tag, ein Jahr nach dem anderen und schließlich das ganze Leben …

3. September

Ich kehrte gegen ein Uhr nachts aus der Gesellschaft heim, und um sieben Uhr fuhr mein Dampfer bereits aus der Bucht in die offene See hinaus. Ich reise bis zur Possjet-Bucht und von dort über Land nach Nowokijewsk, Krasnoje Selo und weiter nach Korea.

Es ist Morgen. Die Sonne steigt langsam hinter dem Hügelrand der Bucht empor, die noch milchiger, durchscheinender Nebel bedeckt. Unser kleiner Dampfer steht auf der Reede. Von allen Seiten kommen Boote mit den verschiedensten Reisenden herangefahren. Militärs mit ihren Damen, Japaner und Chinesen gehen an Bord. Da die Bootsführer wie auch die Träger und viele Passagiere Chinesen sind, schrillen ihre kehligen Laute lebhaft im erwachenden Tag. Die drohenden Gestalten der riesigen Panzerschiffe ragen stumm und starr mit ihren hohen weißen und schwarzen Bordwänden hoch. Das ganze Bild hat etwas typisch Südliches an sich, es sind die Farben, es ist der Morgen und die Vielfalt des Südens in Sprachen, Dialekten, Farben und Gewändern. Das Deck des Dampfers gleicht einer Bühne des Alltäglichen.

Wir fahren bereits. Die Ankerkette klirrt, wir sehen noch einmal auf die Stadt und die Berghänge, die die Bucht einfassen. Dahinter ragen immer mehr Gebirgsketten empor, die im klaren Blau des hellen Herbstmorgens herüberleuchten. »Wird es sehr schaukeln?«, fragt jemand. – »Nicht der Rede wert...« – »Na, sagen Sie das nicht. Draußen ist tote See.« Die Damen blicken erschrocken nach vorn, wo die offene See hinter der engen Ausfahrt verborgen liegt. Noch lange fährt unser Dampfer zwischen den Inseln das gewundene Ufer entlang. Stellenweise sind hohe Erdhaufen aufgetürmt, liegen Gebäude versteckt – lauter Batterien, Signalstationen und Befestigungen, die so stark sind, dass Wladiwostok, wenigstens von der Seeseite her, als uneinnehmbar gilt.

Nun kommen wir an der Insel vorbei, auf der Prinz Heinrich zwei Tage lang gejagt hat. Die Deutschen waren von der Jagd begeistert, die allerdings auch einzig in ihrer Art ist. In meinem Gedächtnis blieb die Zahl der erlegten Hirsche haften – es waren zweiundvierzig.

»Typisch deutsch, alles wahllos umzulegen. Wer soll das nun essen?« Das sagt ein Offizier mit Gardemanieren. Er wirft die Worte nachlässig hin. Dann fügt er noch leiser hinzu. »Lauter Lakaien. Ein einziger Graf war darunter, aber auch er hält mit einem unserer Schuhmacher kaum einen Vergleich aus. Es ist ja bei den Hohenzollern Tradition, sich nur mit minderwertigem Publikum zu umgeben.«

Das Frühstück ist vorbei, und nun greift bereits eine Welle der offenen See nach dem Schiff und trägt es davon. Eine zweite will es übernehmen, reicht aber nicht ganz hin, und der Dampfer legt sich schwerfällig auf die Seite, Wasser spritzt hoch, der Herzschlag stockt, aber der Dampfer hat sich bereits wieder aufgerichtet und erklettert den nächsten Wellenberg. Doch dieser weicht launisch aus, und wieder gleitet das Schiff mit Wucht in den Schlund hinab.

»Ist das richtig hoher Seegang?« – »Ja, hier hat ein Taifun getobt.« Noch nie hat sich jemand retten können, der in das Zentrum eines Taifuns geraten ist. Die ganze Kunst besteht darin, rechtzeitig sein Zentrum zu ermitteln und ihm auszuweichen. Die Deutschen, die in diesen Gewässern noch unerfahren sind, fallen dieser Geißel der hiesigen Meere öfter als die anderen zum Opfer. Ich werde nicht seekrank, im Gegenteil, ich bekomme einen Riesenhunger.

Um zwei Uhr befinden wir uns bereits in der letzten russischen Bucht, der Possjet-Bucht, und sofort hören das Schlingern und alle Schrecken der offenen See auf. Die Bucht liegt still da, leise plätschert das Wasser, leuchtet in allen Farben auf, und wir nähern uns rasch dem Ufer. Wir fahren an einer Insel vorbei, einem kleinen Felsblock, und von dort blicken uns Tausende von Kormoranen mit vorgerecktem Hals an, fliegen rauschend hoch und setzen sich wieder ganz nahe hin.

Wie viele würden dem sich nach Jagd sehnenden Weidmann zum Opfer fallen, wenn er ein Gewehr zur Hand hätte!

Der Dampfer wirft Anker. Ich gehe an Land. Die Bucht greift zu beiden Seiten mit Armen tief in das Land hinein. Ich reite die zwanzig Werst nach Nowokijewsk, und vor mir liegt die ganze Zeit die Possjet-Bucht. Mit verhältnismäßig unbedeutendem Arbeitsaufwand könnte man hier einen der besten und größten Häfen der Welt schaffen.

Unterwegs begegne ich immer wieder Gruppen fester Bauten. Dort sind unsere Truppen, Infanterie und Artillerie, untergebracht. Der Mittelpunkt dieser Truppen ist Nowokijewsk. Hier sieht man auf Schritt und Tritt, wie fieberhaft gebaut wird. Auch hier sind die Arbeiter Chinesen, Koreaner und Japaner. Nowokijewsk hat schon ganz das Aussehen einer kleinen Stadt. Hier gibt es Läden und Geschäfte, sogar eine Kaufhausfiliale von »Kunst und Albers«*. Die Militärstadt liegt weit ausgebreitet in der Ebene. An ihrem Ende lagert im Hof eines Hauses unsere Expedition. Hier stehen Zelte, und den Zaun entlang sind Pferde angebunden, kleine Koreanerpferde. Sie gehen immer wieder aufeinander los, und die koreanischen Pferdewärter schreien sie dann mit kurzen, scharfen Rufen an.

Ich traf unsere ganze Gesellschaft im Vorgarten beim Mittagessen. Der Tisch bestand aus Kisten mit darüber gelegten Brettern, das Essen wurde auf feldmäßigen Blechtellern, der Tee in Blechbechern gereicht.

Mit meiner Ankunft ist das wissenschaftliche Personal der Expedition vollständig versammelt. Aber wann wir aufbrechen, das wissen wir nicht. Die Pässe sind noch nicht ausgestellt, es fehlt auch an Leuten, wir haben keine Antwort auf unsere Anforderung von Reservisten, mit denen wir den Bestand auffüllen wollen, und außerdem fehlen uns auch noch Pferde. Wir haben Glück, wenn wir am Fünften aufbrechen können.

4. September

Im Hof, wo unsere Pferde stehen, herrscht undurchwatbarer Schmutz, und schmutzig ist es auch in den Zelten selbst. Dieser Schlamm und die Feuchtigkeit bringen es noch dahin, dass wir uns einen tüchtigen Rheumatismus zuziehen, bevor wir die Reise überhaupt begonnen haben. Wir essen nicht mehr im Vorgarten, sondern im Haus, wo bisher die Ausrüstung verpackt wurde. Auch jetzt liegt sie noch in ganzen Sta-

* Deutsches Ostasien-Handelsunternehmen.

peln da, und die Packer beklagen sich, dass wir ihnen im Wege sind. Aber wir haben keinen anderen Raum zur Verfügung; daher ist dieses Zimmer den ganzen Tag von Menschen überfüllt. Der Hauswirt ist verzweifelt und verlangt, dass der Fußboden neu gestrichen wird. Da wir nichts zu tun haben, machen wir uns miteinander bekannt. Hier haben sich uns noch einige weitere Expeditionsteilnehmer angeschlossen.

Alexander Iwanowitsch Sweginzew ist der junge Leiter der Expedition. Er trägt ein schmuckes Tirolergewand, dazu einen weißen, flachen und breitrandigen Korkhelm. Das steht seiner schlanken, hohen und wohlgebauten Gestalt sehr gut. Sein Haar ist kurzgeschoren, ein schwarzes Bärtchen kräuselt sich am Kinn. Er hat ein gutes, offenherziges Gesicht mit schönen, schwarzen Augen, die klug dreinblicken. Seine Manieren sind zuvorkommend, man merkt ihm den Wunsch an, nicht zu sehr in den Vordergrund zu treten. Er ist früher bei der Marine gewesen, hat Astronomie studiert und jetzt die astronomischen Messungen übernommen.

Nikolai Andrejewitsch Korf haben die Leser bereits kennengelernt. Er ist Sweginzews Stellvertreter, ein energischer und hitziger Mann, der sich mit der Beschreibung der Verkehrswege so viel Arbeit aufgeladen hat, dass er wohl auf Monate hinaus zu tun hat.

Dann gibt es noch die verschiedenen Fachgruppen. Mir unterstehen zwei, deren eine ich selbst leite. Mit mir arbeitet Borminski, während die andere von A. P. Safonow geführt wird, mit dem der Doktor geht.

Die geologische Erforschung und die Bodenuntersuchung hat der Bergbauingenieur S. P. Kischenski übernommen. Das ist ein Mann von etwa fünfunddreißig Jahren, ein bereits bekannter Forscher, der vorwiegend in völlig entlegenen, wenig besiedelten Gegenden, so zum Beispiel bei den Jakuten, an der Küste des Ochotsker Meeres, im Transbaikalgebiet und wer weiß wo sonst noch gearbeitet hat. Er erzählt sehr spannend, und wir hören ihm abends gern zu, wenn unser langer Tisch nur von zwei, drei Kerzen spärlich beleuchtet wird und draußen eintönig immer noch der gleiche trostlose Herbstregen rauscht. Kischenski beherrscht sein Fach offensichtlich sehr gut, aber alles Übrige kümmert ihn nicht viel. Zum Gehilfen hat er sich einen erfahrenen Herumtreiber von der Marine gewählt, der Korea bis in die letzten Schlupfwinkel hinein gut kennt. Als ausgezeichneter und leidenschaftlicher Jäger verspricht er, unseren Tisch mit Fasanen und Rehen zu versorgen, verbürgt sich aber auch für beste Beziehungen zu den Koreanern. Er sagt: »Man braucht nur ihren Gouverneur tüchtig zu schmieren, und dann kann man tun, was man will. Denn was der Gouverneur einmal befohlen hat, das gilt dem Koreaner als heilig. Wie der Chinese anerkennt und achtet auch der Koreaner die Obrigkeit. Sie ist für ihn eine Gottheit, und selbst wenn sie einen Unsinn oder etwas Ungerechtes anordnet – was einmal befohlen ist, bleibt unantastbares Gebot. Von selbst würde der Koreaner nichts hergeben und uns nirgends hinfahren. Die Gruppe des Forstfachmanns besteht aus vier Mitarbeitern, deren Leiter W. A. Tichow ist. Das ist ein ruhiger Mann von über fünfzig Jahren, ein guter Beobachter, sehr kenntnisreich und recht gescheit. Er stammt aus der Ukraine, liebt ukrainische Lieder und hat sich bis heute seine schöne Stimme erhalten.

7. September

Der Fünfte ist vorbei, heute ist der Siebente – wir können zufrieden sein, wenn wir am Neunten aufbrechen. Jetzt folgt Wolkenbruch auf Wolkenbruch, der Fluss ist aus den Ufern getreten, und da es in diesem primitiven Land keine Brücken gibt, benutzt der ganze Verkehr nur Furten. Aber von solchen kann jetzt gar keine Rede sein. Das Bächlein in unserer Nähe, in dessen Furt das Wasser sonst kaum bis an die Knie reicht, ist nun drei Sashen tief, und das Wasser steigt immer noch.

Heute waren wir alle beim russischen Grenzkommissar eingeladen. Der Kommissar ist ein sehr verbindlicher Mann; wir gingen sehr gern zu ihm, obwohl es in Strömen goss. Er wohnt in einem schönen zweistöckigen Haus. Außer uns war auch der Friedensrichter eingeladen, der zugleich das Amt des Untersuchungsrichters wahrnimmt. Er ist etwa fünfunddreißig Jahre alt, hat ein rundes, feingezeichnetes Gesicht und trägt eine Brille. Ich war sein Tischnachbar und brauchte das nicht zu bedauern. Er hat im Juni vorigen Jahres als erster die hiesige neu geschaffene Richterstelle übernommen und im Laufe dieses einen Jahres schon viel geleistet. Von den Koreanern ist er geradezu begeistert. Aber auch er ist bei ihnen ein gern gesehener Gast. Sie betrachten ihn als ihren Beschützer, und jeder seiner Besuche ruft wahre Ovationen hervor. Ich fragte ihn: »Sagen Sie mal, stimmt das, dass man den Koreanern fest und überlegen entgegentreten muss?«

»Um Gottes willen! Hören Sie doch nicht auf all diese chauvinistischen Lumpen. Sie sind es ja, die immer und überall das Ansehen Russlands untergraben und für die wir erröten müssen ... Wenn Sie reisen, lassen Sie Ihre Gewehre so wenig als möglich sehen. Mit schlichter Freundlichkeit können Sie bei den Koreanern alles erreichen.«

Es war schon finster, als wir uns bei dem gastfreundlichen Hausherrn bedankten und uns von ihm verabschiedeten. Gegen alle Gewohnheit blieben wir zu Hause noch bis Mitternacht im Gespräch beisammen. Plötzlich stürzte Kischenski herein. »Meine Herren, es brennt im Nachbarhof!«, stieß er hervor.

In der Nachbarschaft war ein Brand ausgebrochen, und wir hatten doch die Pferde im Hof! Sie konnten sich vor Angst losreißen und die Zelte samt deren Inhalt. aber auch uns selbst niedertreten! Wir liefen hinaus. Die Nacht war dunkel, kein Stern stand am Himmel, es regnete. Wir sahen, dass der Brand jenseits des Zaunes noch keinen großen Umfang angenommen hatte. Korf lief als erster hin, und ich folgte ihm. Die anderen eilten zu den Pferden, um sie loszubinden und auf die Straße zu führen. Zum Glück gelang es Korf, die schlafenden Hausbewohner rasch zu wecken, und noch ehe sie mithelfen konnten, begann er bereits die Flammen mit dem in einem Fass vorrätig gehaltenen Wasser zu löschen.

10. September

Heute brachen wir endlich um halb fünf nachmittags aus Nowokijewsk zur Grenze Koreas (Krasnoje Selo) auf. Der Weg führt die ganze Zeit die zahlreichen Windungen der Possjet-Bucht entlang, und am Horizont sind bald die zwar nicht sehr hohen, aber wild gezackten, kahlen Berge, bald das blaue Meer zu sehen. Im Westen steht erstarrt eine Wolkenbank. Sie bildet gleichsam eine zweite Gebirgskette, zeichnet sich scharf am Himmel ab und nimmt die phantastischsten Formen an. Herden noch nie gesehener Tiere ziehen mit vorgerecktem Hals dem offenen Ozean entgegen. Die Sonne lässt ihre letzten Strahlen auf diesem Wolkenhaufen spielen. Im Osten dagegen ist alles düster; am Meereshorizont erhebt sich eine blau flammende, rauchige Wand, aus der Türme in die Höhe ragen. Es sieht aus, als läge dort eine Küste, und die auf See fahrenden Schiffe scheinen davor zu ankern. Die Sonne erlischt, die Wand wird tiefblau, und jetzt blitzt das Wetterleuchten in ihr auf wie die Wachtfeuer einer Märchenfestung. Nachtkühle weht von dort heran. Näher zur Sonne aber herrscht Ruhe und Frieden. Dort scheinen die von der Sonne geliebkosten Wolken in ihren Strahlen dahinzuschmelzen, die als grünlichgoldene Spur am Himmel stehen. Ein leichter, durchsichtiger Nebel hüllt sanft die Berge ein. Er fließt in ihre Schluchten; die Berge schweben gleichsam in der Luft über dieser dichten und dabei doch milchig durchschimmernden Trübe. Noch können die Sonnenstrahlen die Nebelschicht durchdringen, aber schon verglühen sie in violetten Tönen am Fuß der Berge.

Unsere Reitergruppe hat sich in die Länge gezogen und windet sich als Schlange die eigenwillig gekrümmte Uferlinie entlang. Die Reiter tragen Gewehre, Dolche und englische Tropenhelme und sehen wie eine Illustration einer Zeitschrift im Stile von »Natur und Mensch« aus. Wir treffen bereits Koreanerfansen mit flachen Schilfdächern, die durch ein Netz aus Bastseilen zusammengehalten werden. Abseits der Fansen steht ein hoher Bretterschornstein. Die Öffnungen der Fenster und Türen sind mit Papier beklebt[15]. Aber das ganze Leben spielt sich jenseits des hohen Bretterzaunes ab, hinter dem der Koreaner sich, seine Familie und seine Lebensgewohnheiten vor den Blicken Neugieriger verbirgt. All das ist für uns noch ein Geheimnis, das uns aber sehr lockt. Neben jeder Fansa wächst Hanf, so hoch wie ein Reiter, oder Kauliang. Das ist eine Art grobkörnige Hirse. Die Pflanze selbst gleicht in ihrem Aussehen unserem Schilfrohr[16]. Es wird finster. Eine blasse Neumondsichel schwimmt am Himmel. Ihr Begleiter in diesen Breiten, das Sternbild des Skorpions, umrankt sie zart mit seinen wie Brillanten funkelnden Sternen. Immer dunkler wird es, und immer höher türmen sich die Basteien im Osten. Der Weg führt durch das Wasser einer kleinen Bucht, und die sich in weitem Abstand folgenden Reiter verschwinden nacheinander im schwarzen Wasser vor der dunkelblauen Wand. Das Wasser wird immer tiefer, schon sind die Lasten nass, die Pferde schwimmen. Der Soldat Bibik ist kopfüber ins Meer gestürzt und schüttelt jetzt fluchend das salzige Nass ab. Aber wir erreichen bald wieder das Ufer und traben flott weiter.

Das chinesische Dorf Hantschi ist ein illegaler Ausgang der Mandschu zum Meer. Es nimmt von Jahr zu Jahr an Größe zu und ist jetzt bereits ein Hafen, über den sich der gesamte Handel der Mandschurei abwickelt.

Nun ist es Nacht. Das Dorf schläft. Wir reiten seitlich daran vorbei. Jetzt kommen wir zu unserem Quartier, der Nikolai-Fansa in Saretschje. Wir werden gastfreundlich aufgenommen, und da ich vorausgeritten bin, sitze ich bereits in der sauberen, nur eine Quadratsashen großen Stube. Wände und Decke sind mit Tapeten beklebt. Türen führen in die Nebenräume, und jede Stube hat außerdem ihren eigenen Ausgang in den Hof. Dieser Ausgang liegt eine Eile über dem Erdboden und dient zugleich als Tür und als Fenster. Man kann ihn entweder mit einem dichten Laden oder aber mit einem papierüberzogenen Rahmen schließen. Dann scheint das Licht hindurch und zeichnet in das Dunkel der Nacht phantastische Verzierungen.

11. September

Ein herrlicher Morgen. Ich sitze im Hof und schreibe meine Eindrücke nieder. Vor mir steht die Fansa. Eine ganze Reihe fensterartige Türen, deren reich verzierte Gitterrahmen mit Papier beklebt sind, führen auf einen schmalen, nur eine Elle breiten Balkon hinaus, der sich nur eine Elle über dem Erdboden befindet. Die ganze Fansa ist geweißt. Ihr Dach ist flach, mit dünnem Schilf bedeckt und mit einem Netz überzogen. Eine Sashen von ihr entfernt steht der das Dach überragende schmale, aus vier Brettern zusammengefügte Schornstein. Durch ihn zieht der Rauch der Öfen ab. Sie sind sehr eigenartig gebaut. Alle Rauchzüge liegen unter dem Fußboden, der daher immer warm ist, obwohl in den Stuben selbst keine Öfen zu sehen sind. Da der ganze Bau sehr leicht ist und die Wandstarke nur zwei Zoll beträgt, glaube ich nicht, dass es in diesen Fansen im Winter warm sein kann. Aber davon werden wir uns selbst überzeugen, wenn die kalte Jahreszeit naht.

Der Hof ist unterteilt. In der vorderen Hälfte ist alles untergebracht, was zur Arbeit und zur Viehzucht gehört. Dort ist es schmutzig. Der andere Teil, in dem wir uns aufhalten, ist sauber; zur Linken liegt sogar ein kleines Blumenbeet. Die vielen roten und weißen Blumen erfreuen das Auge. Die Wände entlang hängen in Bündeln roter Pfeffer, gelber Mais, weißer Knoblauch, und hinter dem Zaun blickt die koreanische Weide mit ihren langen, spitzen, silbrigen Blättern hervor, auf denen grellrote Galläpfel leuchten. Im Hof sind Koreaner. Die russischen Koreaner tragen kurzes Haar, die Untertanen Koreas dagegen ihre auf dem Scheitel zusammengewundenen Frisuren. Ihre kindlich gutmütigen Gesichter sind breit, die Hautfarbe ist dunkel, die Augen sind gerade, aber schmal, die Lider gesenkt, als wären sie gelähmt.

Eine Kolonne nach der anderen zieht ab. Auch meine macht sich auf den Weg. Der Doktor und Safonow trennen sich nun von uns, da sie geradewegs auf Kjöngheung (chinesisch: Kygenfu) zu marschieren.

Mir tut es leid, mich schon jetzt von dem herrlichen Morgen und diesem behaglichen Winkel zu trennen und meine Arbeitslust unaus-

Bauer beim Pflügen

genutzt zu lassen. Ich bleibe noch hier. Ich nehme mir die englische Sprache vor. Man bietet mir gekochten Mais an. Die Zeit verfliegt unmerklich. Plötzlich ist es ein Uhr. Nun müssen auch wir aufbrechen. Die Pferde stehen schon längst gesattelt, und der riesige Bibik kann es kaum mehr erwarten, dass ich mich endlich auf den Weg mache.

Wir reiten von Saretschje durch das Tal des Pon-tschiang nach Krasnoje Selo. Ringsum liegen die Felder der Koreaner. Darauf wachsen verschiedene Sorten von Kolbenhirse[17], Hafer, Mais und Bohnen aller Art, vorwiegend Sojabohnen[18]. Nach drei Jahren Missernte ist dieses Jahr besonders reich gesegnet. Die Sonne scheint hell, der Herbsthimmel ist blau; schön gezackte, wenn auch niedrige Berge begleiten uns zu beiden Seiten. Dieses ganze Herbstbild erinnert sehr an ein Tal zwischen Sewastopol und Jalta auf der Krim. Aber hier ist es schöner, denn die ganze Zeit liegt das Meer als dunkelblaues Band am Horizont. Nur ein Stück davon ist zu sehen, aber das lockt erst recht, weg von hier in die ferne, liebe Heimat. Wann werde ich sie wiedersehen? Ich verscheuche diese Gedanken, beobachte das Barometer, schreibe mir seinen Stand auf und höre dazwischen unserem Dolmetscher P. N. Kim zu, der mir von den Tigern erzählt, die sich in diesen Bergen verborgen halten, von den druidenhaften Bauten auf den Berggipfeln[19] und von der Lebensweise der hiesigen Koreaner.

Dieser Landstrich wurde erst vor fünfzehn Jahren besiedelt[20]. Die ersten Koreaner hatten es besonders schwer. Hunger und die überall herrschende Unordnung ließen sie völlig verarmen, so dass ihre Frauen und Töchter sich ihren Unterhalt durch ein schändliches Gewerbe verdienen mussten. Doch jetzt hat sich bereits alles geändert, und die koreanischen Frauen werden als tugendhaft gerühmt. »In Korea selbst aber gibt es noch viele verdorbene Frauen«, wird mir erzählt.

»Dort ist doch vor fünf Jahren ein neues Gesetz erschienen«, erwidere ich.

»Was hat ein Gesetz schon viel zu sagen! Es kann ja gar nichts ändern. Dadurch ist es nur noch schlimmer geworden. Die Frauen treiben es heimlich und verbreiten Krankheiten …«

Den hiesigen Koreanern ist Land zugeteilt worden, und sie haben die gleichen Gemeindeordnungen, wie sie auch sonst in Russland gelten. Nur beklagen sie sich sehr über die Pflicht, die Wege instand zu halten. Auf eine Gemeinde von fünfzehnhundert Höfen entfallen reichlich zweihundert Werst. Früher haben sie zur Instandhaltung der Straßen durch Zahlungen beigetragen – sechstausend Rubel im Jahr. Aber neuerdings wurde die Naturalleistung eingeführt, die ihnen offenbar sehr zuwider ist.

Ab und zu rasten wir und unterhalten uns mit den Koreanern, die jetzt in großer Zahl auf den Feldern zu sehen sind, wo der Hafer gedroschen wird. In ihren weißen Gewändern erinnern sie wirklich an Schwäne.

Den Tumen aufwärts zum Pektusan

13. SEPTEMBER 1898

Ich lagerte bis heute mit Borminski an der Fähre von Krasnoje Selo am Ufer des schönen, majestätischen Flusses Tumen-ula oder, auf koreanisch, Tumenkang. Dieser Fluss bildet in seiner ganzen Länge die Grenze zwischen Korea und der Mandschurei. In der Nähe unseres Lagers steht ein Grenzstein, der den Punkt bezeichnet, wo die Grenzen von China, Russland und Korea aneinanderstoßen.

Wir befassten uns während dieser Tage mit der Überprüfung der Barometer, der genauen Ermittlung des Siedepunktes des Wassers, mit astronomischen Berechnungen, Untersuchungen des Flusslaufs und Geländeaufnahmen, da wir uns mit der Absicht tragen, für den Fluss einen günstiger gelegenen Ausgang zum Meer zu projektieren. Gegenwärtig wird infolge der entgegengerichteten Meeresströmung und der herrschenden Winde die Mündung derart mit Sand zugeschwemmt, dass Ein- und Ausfahrt stark behindert werden. Höchstwahrscheinlich mündete der Tumen einst in die Possjet-Bucht, denn auch heute flutet bei Hochwasser ein Arm gerade hier in ein altes Flussbett über und fließt im alten Lauf zur Bucht ab. Die Umleitungsarbeiten würden keinen großen Aufwand erfordern. Der durch völlig ebenes Gelände und weichen Boden führende Kanal würde viereinhalb Werst lang sein[21].

Was die astronomischen Arbeiten betrifft, so werden sie von Sweginzew erledigt, dem Tichow hilft. Das, was wir brauchen, erhalten wir von ihnen bereits fertig ausgerechnet.

Heute brechen Sweginzew, Tichow und Korf auf. Ich bleibe mit Borminski zurück. Wir reisen erst morgen.

Wir sind immerfort von freundlichen und gastlichen Koreanern umringt, die allerdings dazu neigen, uns für alles einen etwas höheren Preis abzufordern. Aber in welchem Lande wird das bei solchen Touristen, wie wir sind, nicht versucht?

Ich besichtigte die Schule des Dorfes Podgorskaja. Lehrer und Schüler sind Koreaner. Dem Lehrer geht es gar nicht gut, denn er erhält ein Monatsgehalt von fünfzig Rubel und steht sich dabei infolge der hiesigen Teuerung schlechter als ein koreanischer Bauer. »Trinken Sie Tee?«, fragte ich ihn, aber er lachte nur und winkte traurig ab. Tee kann er sich nicht leisten. Die Kinder sind sehr fleißig und haben alle eine erstaunlich schöne Schrift. Aber auch für die anderen Wissenszweige sind die Koreaner sehr begabt Das Schulgebäude ist geräumig und hell. Es wurde erst in diesem Jahr erbaut.

Wenn ich abends von der Arbeit heimgekehrt bin, werde ich sofort von zahlreichen Koreanern umringt. Der eine von ihnen, etwa fünfunddreißig Jahre alt, mit schwarzen Augen und kleinen Händen und Füßen, wurde vom Lehrer zu mir geschickt, weil er viele Erzählungen aus dem koreanischen Sagenschatz kennt. In der hier üblichen Hockstellung erzählt er hingerissen mit dem ganzen Schwung eines echten Künstlers. Der Dolmetscher Kim unterbricht ihn ab und zu, um sein Gedächtnis nicht zu überlasten, und übersetzt mir das Gesagte, und ich schreibe es nieder. Alle anderen Koreaner hocken daneben und hören ernst und aufmerksam zu. Wenn der Erzähler sich irrt, berichtigen sie ihn, und dann kommt es mitunter zu lebhaften Auseinandersetzungen. So habe ich bereits zehn Märchen und Erzählungen niedergeschrieben. Dieser koreanische Künstler hat meinen Vorschlag angenommen; er will mich durch Korea begleiten und mir helfen, alle Erzählungen zu sammeln, deren wir habhaft werden können.

Aus den Erzählungen geht übrigens deutlich hervor, dass es den russischen Koreanern weitaus besser geht als ihren Landsleuten in Korea. Sie sagen, wenn das Übersiedeln nicht verboten wäre, würde ganz Nordkorea nach Russland ziehen, besonders seitdem der Friedensrichter hier sei und die Koreaner nicht mehr ungestraft getötet und geschlagen werden dürften. Aber die Einwanderung ist streng untersagt, und alle, die sie versuchen, ob Koreaner oder Chinesen, werden wieder zurückgeschickt. Dabei begnügt sich die koreanische Obrigkeit mit einer Verwarnung und lässt die Leute wieder frei, während die chinesische sie an Ort und Stelle prügelt oder köpft. Darum sträuben sich die Chinesen mit allen Mitteln gegen eine solche Rücksendung, und es kommt oft zum Blutvergießen, wobei die Chinesen grimmig kämpfen und selbst die Sterbenden noch bemüht sind, ihre Verfolger zu verwunden. Solche Razzien auf insgeheim Eingewanderte werden gewöhnlich dann veranstaltet, wenn Morde oder Raubüberfälle vorgekommen sind und die Siedler die Schuldigen nicht verraten wollen. Doch allein schon die Drohung mit einer Durchsuchung bewirkt, dass die Verbrecher sofort ausgeliefert werden. So wurde kürzlich an zwei Russen ein Raubmord verübt, und die Chinesen führten den Mörder, einen Landsmann, selbst heran. Damit er nicht entfloh, schnitten die russischen Behörden ihm den Zopf ab. Schon das allein würde ihm in

China den sicheren Tod bringen, während er in Russland für den Mord höchstens zu Zwangsarbeit verurteilt wird.

Am Ufer des Tumen steht am Grenzmal eine Fansa, in der ein russischer Offizier und einige Soldaten wohnen. Etwas Trostloseres als dieses einsame Dahinleben kann man sich kaum vorstellen. Der junge und sympathische Offizier vertreibt sich die Zeit damit, ein Herbarium anzulegen und zu jagen. Die Jagd ist hier großartig, besonders jetzt im Herbst, wo die Vogelschwärme ziehen.

Wenn abends das Licht am Himmel erlischt, scheinen auf dem sanft violett gefärbten Fluss da und dort die Boote der koreanischen Fischer zu schlummern, und im Hintergrund glühen die Berge, die wie das Fell sprungbereiter Tiger gefaltet sind, in nicht wiederzugebenden Farbtönen. Dann erklingen am blassen Himmel immer wieder bald die zarten, kehligen Laute der Kraniche, bald das scharfe Schnattern der Enten oder der ferne Ruf der Gänse. Und im Wasser wimmeln Millionen von Fischen, vor allem aber Keta-Lachs.

Der letzte Abend am russischen Ufer. Ich höre mir Erzählungen über den Tiger und den Leoparden an. Der Tiger ist der Edlere. Bevor er jemanden anfällt, lässt er sich immer sehen, und oft spielt er mit seinem Gegner wie die Katze mit der Maus. Er springt vor, legt sich wieder hin, peitscht mit dem Schweif seine Flanken und starrt sein Opfer an. Wird er angeschrien, dann stürzt er sich auf den Feind. Der Koreaner nutzt das, indem er seinen Speer bereithält und dem Tiger herausfordernd zuruft: »Empfange meinen Speer!« Die Kunst besteht darin, den Speer so zu halten, dass der Tiger ihn mit den Zähnen packt, und dann – wozu eine große Kraft gehört – den Speer durch das zusammengepresste Gebiss des Tigers in seinen Schlund zu stoßen. Der Leopard dagegen fällt immer aus dem Hinterhalt an, springt von einem Baum oder Felsen herunter. Wird er verwundet, so stellt er sich tot, und wenn der vertrauensselige Jäger herantritt, stürzt er sich auf ihn. Beide aber fürchten Feuer und Lärm, und darum legen reisende Koreaner nachts Feuer an, und wenn ein Tiger auftaucht, sie aber mit ihm nicht kämpfen wollen, so machen sie Lärm, schreien und schlagen Pauken.

14. September

Sechs Uhr morgens. Der Tag erwacht träge. Im Westen stehen blaue Wolken; die Berge und die weite Flussniederung versinken noch im grauen Nebel. Aber der Osten ist bereits klar, dort glitzert friedlich der stille Fluss. Die fernen Berge schlafen im ersten Licht. Flöße mit Koreanern ziehen vorbei.

Wir machen uns reisefertig. Die Zelte werden abgebrochen, die Sachen verpackt. Ich teile hier meine Abteilung in drei Gruppen. Die eine geht geradewegs nach Hoirjong, die andere hält Richtung auf Kjöngheung, und ich marschiere zuerst zur Gaschkewitsch-Bucht an der Mündung des Tumen. Abends will ich die nach Kjöngheung abgesandte Gruppe wieder einholen, und drei Tage später vereinigen wir uns alle in Hoirjong.

Wir sind auf der Fähre. Ein Wind hat sich erhoben, Wolken überziehen den Himmel. Man fühlt den Herbst – es ist kalt. Die Fähre ist viereinhalb Sashen lang und kann bis zu dreihundert Pud oder siebzehn Pferde tragen. Sie ist vorn schmal, wird aber in der Mitte anderthalb Sashen breit. Zwei Koreaner stehen am Heck und bewegen die Ruder schraubenförmig im Wasser, ohne sie zu heben. Bei voller Belastung arbeiten acht Mann.

Am Ufer gegenüber liegt eine große Sandbank, an der sich der Hochwasserstand leicht feststellen lässt. (Wir maßen dreieinhalb Sashen.) Die Fähre kann nicht bis an das Ufer heran, und wir waten hin, wobei uns das Wasser noch nicht bis an die Knie reicht. Die Koreaner boten sich zwar an, uns hinüberzutragen, aber wir lehnten das entschieden ab.

Uns erwarten bereits zwei Karren, denen ein Ochse und eine Kuh vorgespannt sind. Die Karren haben zwei Deichseln, die Tiere tragen ein aus Stricken geflochtenes Kummet um den Hals und einen Ring durch die Nase, von dem zwei Leinen zwischen den Hörnern zum Karren führen. Mit diesen Leinen wird gelenkt. Ein solches zweirädriges Gefährt mit massiven Rädern trägt bis zu fünfzehn Pud; die Pacht beläuft sich auf eine Kopeke pro Pud und Werst. Das ist genau zehnmal teurer als der in anderen Ländern übliche Frachtsatz.

Wir begegnen Koreanern und wechseln bei ihnen Geld. Für unseren Rubel oder einen japanischen Dollar bekommen wir fünfhundert Käsch. Das Käsch ist eine Kupfermünze, deren Größe zwischen unseren Zwei- und Dreikopekenstücken liegt. Sie ist in der Mitte durchlocht und wird auf eine Schnur aufgefädelt. Wir wechselten nur sechs Rubel und wissen jetzt nicht, wohin mit dieser Last[22].

Unser Führer zur Gaschkewitsch-Bucht ist der Vorsteher einer russischen Koreanergemeinde. Ganz einfach, ohne all die Formalitäten, um derentwillen wir so viele Scherereien hatten, überschreiten wir die Grenze Koreas. Man sagt uns, so werde es auch weiterhin bleiben, wir würden ganz Korea durchwandern, ohne jemals nach dem Pass gefragt zu werden. Wir reiten am Haus des Grenzbeamten vorbei, und auf den Rat des Dolmetschers sende ich ihm meine koreanisch gedruckte Visitenkarte, in der ich mich als Reisender vorstelle. Am Fuß der grasbewachsenen Berge liegen malerisch verstreut die nun nicht mehr von Zäunen umgebenen Fansen. Wir erreichen bald den Pass, und von hier aus ist bereits die Gaschkewitsch-Bucht und davor der große See zu sehen.

Vor 29 Jahren war in dieser Bucht ein Dampfer von »Kunst & Albers« verunglückt. Die Passagiere konnten sich auf einem Beiboot nach Wladiwostok retten und überließen das auf eine Sandbank aufgelaufene Schiff seinem Schicksal. Als sie aber zurückkehrten, um die Fracht zu bergen, war diese verschwunden. Die Koreaner aus der Umgebung hatten alles auf ihre kindliche Art und Weise geraubt. Die Dinge, die sie nicht kannten, hatten sie ins Meer geworfen. Den Wodka hatten sie ausgetrunken und mit dem russischen Papiergeld ihre Fenster beklebt. Die Eigentümer beschwerten sich bei der koreanischen Regierung und der Kamni sowie ein Grenzbeamter bezahlten den Raub mit ihrem Leben. Im Dorf Kosani, wo vor vier Jahren die Grenzwache abgeschafft worden war, wurden sie hingerichtet. Wir kamen nun in dieses zwischen zwei hohen Hügeln verborgene, aus höchstens zehn Fansen bestehende Dörfchen. Die mit gelbem Lehm verputzten Fansen sahen sauber und freundlich aus. Wir hielten an einer der ärmsten an und baten um Unterkunft. Man lud uns sofort ein. Wir ließen Bibik hier, der uns das Frühstück bereiten sollte, und dann ritt ich mit Borminski und Kim zur Bucht.

Das ist eine reizende, malerische Gegend, die völlig einsam liegt. Nichts als Wasser, das im Westen von einzelnen spitzen grünen Bergen eingesäumt wird. Regungslose Stille. Wir stehen auf einer der beherrschenden Höhen, auf Jandi, wo noch vor kurzem ein Signalfeuer brannte. Mit solchen Feuern wurde Seoul von einer drohenden Gefahr benachrichtigt[23]. Jandi bedeutet übrigens »letzte Station«.

In dem Steinhaufen, auf dem einst das Signalfeuer angezündet wurde, haben sich unzählige Schlangen versteckt. Wir erlegten zwei verschiedene Arten. Die eine, dreiviertel Ellen lang, mit wenigen schachbrettförmig verteilten braunen Flecken, wird von den Koreanern die koreanische, die andere, ebenso lang und grau, die chinesische Schlange genannt. Beide sind giftig, ihr Biss ist tödlich; aber die koreanische beißt nur selten.

In der Nähe lag noch ein Haufen kleinerer Steine. Das war eine Gebetsstätte. Wenn ein Kind erkrankt, kommt die Mutter mit dem Geisterbeschwörer hierher, bringt Reis oder ein geschlachtetes Schwein mit und betet zum Himmel.

Auf dem Rückweg erfuhr ich verschiedene koreanische Höflichkeitsbezeigungen. Wenn man an einer Fansa vorbeireitet, verlangt es der Anstand, dass man absteigt oder wenigstens die Steigbügel loslässt. Auch einer Frau wird die gleiche Ehre erwiesen. Treffen sich zwei im Rang Gleiche, so müssen beide absteigen und sich voreinander auf den Boden hinbreiten. Als wir ins Dorf zurückkehrten, ließen wir daher die Steigbügel los. Unser gastfreundlicher Hauswirt erwartete uns schon vor seiner Fansa. Wir betraten zwei saubere, mit Lehm verputzte kleine Stuben, deren Boden mit Matten belegt war. Die Bodenfläche mochte eine Quadratsashen, die Höhe noch nicht eine Sashen betragen. Fenster waren keine vorhanden, nur eine Tür, die zugleich als Fenster diente. Eigentlich muss man beim Eintreten das Schuhwerk ausziehen, aber uns wurde das erlassen.

Wir trinken Tee und bewirten den Hausherrn. Dann setze ich mich zum Schreiben hin. Etwas später höre ich draußen unseren Dolmetscher Kim rufen und gehe zu ihm. Er steht vor einem sehenswürdigen Denkmal mit einem originellen chinesischen Dach. Das Denkmal ist von allen Seiten eingezäunt, so dass man zu ihm nur gelangen kann, indem man unter dem Zaun durchkriecht. Vielleicht ist das ein Mittel, jedermann zu zwingen, dem Helden, dem dieses Denkmal geweiht ist, die gebührende Ehrfurcht zu erweisen. Hinter dem Zaun erhebt sich auf einem Granitsockel ein mannshoher, eine Elle breiter und anderthalb Ellen dicker Marmorblock. Darauf sind in chinesischer Schrift alle Ereignisse verzeichnet, die zur Errichtung dieses Denkmals führten. Große Buchstaben verkünden: »Er siegte an diesem Orte.« Es ist das Denkmal des Helden Kim Kor. Seine Tat liegt schon vierhundert Jahre zurück. Kommandant der Grenzwache war damals Di Sun Sin. Kim Kors Nachkommen leben heute noch in Seoul und nehmen hohe Staatsposten ein. Kim Kor selbst aber stammte aus diesem Dorf, war ein gewaltiger Recke und tötete an dieser Stelle eine Unzahl von Hunghudsen, als sie die Grenzwache überfielen.

Die Koreaner, die mir das erzählten, versuchten dabei, sich die entsprechende kriegerische Haltung zu geben, aber sie blieben nach wie vor die gleichen gutmütigen Burschen.

Als wir zurückkehrten, setzten wir uns im Hof der Fansa hin. Da erschien ein hoch gewachsener, etwa fünfundfünfzig Jahre alter Koreaner mit einem angenehmen, offenen Gesicht. An seiner Schulter hing eine ausgezeichnete zwölfschüssige Winchesterbüchse. Er begrüßte uns fröhlich und ging dann gelassen, ohne jede Verlegenheit, in eine Ecke des Hofes, wo er Büchse und Jagdtasche ablegte. Das war Schin Pu Gi, ein in dieser Gegend berühmter Jäger. Man kennt ihn auch auf der russischen Seite, wo er Samson genannt wird. Eigentlich war er in Krasnoje Selo wohnhaft, jagte aber in Korea, weil in Russland die Hirschjagd verboten ist. Er hat in seinem Leben neun Tiger, einundzwanzig Bären, sieben Hirsche und eine Unzahl von Leoparden und Rehen erlegt. Leider war er wortkarg, und auf all unsere Fragen nach seiner Jagd gab er so knappe Antworten, dass wir aus ihnen nicht heraushörten, was er bei seinen Jagderlebnissen mit Tigern oder Leoparden gefühlt haben mochte. Nur eine seiner Antworten befriedigte uns doch. Wir fragten, ob er jemals in den Pranken eines Tigers oder Bären gewesen sei. Er wies nur stumm auf sein aufgerissenes Ohr und die blaue Narbe quer über die ganze Stirn. »Na und?« – »Ich habe ihn doch noch erlegt.« Mit diesen Worten stand er auf und ging weg. Er wollte nach dem ersten Schneefall im Oktober nach Tangon reisen. In der Nähe dieser Stadt halten sich zahlreiche Tiger auf. In dieser Gegend sind solche Büchsen wie die seine noch unbekannt, man jagt dort noch mit dem Speer oder der Luntenflinte.

Im Hof, wo wir gefrühstückt haben, sind jetzt viele Kinder zu sehen. Ihre Gesichter sind breit, dunkel gefärbt, die Augen in den schmalen Schlitzen kaum sichtbar. Manche laufen ganz nackt herum. Die meisten Gesichtchen blicken traurig und nachdenklich drein. Ich verteilte unter den Kindern den Zucker und das Gebäck, das ich bei mir hatte. Sie nahmen alles an und aßen es auf. Ich zählte fünfzehn Köpfe. Das waren die Kinder zweier Familien. Ich erkundigte mich, ob alle Koreaner so kinderreich seien. »Ja«, wurde mir geantwortet, »sie haben viele Kinder, manchmal sogar zehn oder fünfzehn.«

Im Tor stand ein Mensch mit einem Furcht erregenden Gesicht – ein leprakranker Aussätziger. Er wohnt im Dorf. Es gibt hier zwei Leprakranke. Ich frage, ob es viele davon in Korea gibt? Man antwortet: »Ja, viele. Manchmal finden sie sich zu Gemeinden zusammen.« Der Mann hat ein fast löwenartiges Gesicht. Die Krankheit ist unheilbar, man lebt damit 3, 5, 10, 20 Jahre. Die Kranken werden nicht deportiert. Wenn sie sterben, erkranken andere, aber nach Aussagen der Bewohner ist die Krankheit nicht ansteckend.

Als wir die Arbeiten in der Bucht beendet hatten, gingen wir zurück zur Fähre von Krasnoje Selo und dann von dort weiter nach Kjöngheung. Wir wollten im Dorf Koube übernachten. Auf dem See tummelten sich eine solche Menge Enten, Taucher, Gänse und Schnepfen, wie ich sie noch niemals gesehen hatte. Das ist noch einer jener stillen Winkel der Welt, wo kein Mensch das Wild stört. Nur ein oder zwei winzige Dörfer liegen da, das übrige weite Land ist unbewohnt, hier geht es Vogel und Wild gut, hier fühlen sie sich frei. In den mit üppigem Gras bewachsenen Bergen weiden Herden von Wildschafen und Rehen, und ihnen folgen ihre ständigen Begleiter, die Tiger, Leoparden, Wölfe und Bären.

Mit uns reiten ortsansässige Koreaner, und wir unterhalten uns über dies und jenes. Die Koreaner sind mit ihrem Herrscherhaus unzufrieden. Sie werfen ihm Eigennutz vor und dass es bereit sei, alles, selbst die Heimat zu opfern, wenn es nur ihm gut geht. Der Thronfolger sei ein völlig entarteter Mann, der nicht einmal mit seiner Frau etwas anzufangen wisse[24]. Dafür werden große Hoffnungen auf den unehelichen Sohn des Kaisers gesetzt, der in Japan erzogen wird. Er ist jetzt zweiundzwanzig Jahre alt und soll ein sehr kluger und gebildeter Mensch sein. »Er kennt alle ausländischen Schriftzeichen und beherrscht sowohl unsere Männer- als auch die Frauenschrift«, sagt man mir. Männerschrift heißen die chinesischen, Frauenschrift die für das Volk vereinfachten koreanischen Zeichen[25]. Die halbe Bevölkerung Koreas kennt die Frauenschrift, der Rest kann weder lesen noch schreiben.

Wir sprechen von den Bodenverhältnissen. Das Land ist hier frei. Es gehört dem, der es kauft. Nur gut verwertbares Land ist gefragt. Als Bodenmaß dient das Karri (Tagewerk), das sind achthundert Quadratsashen. Unsere Desjatine kostet hier bis zu zweihundertfünfzig Lan. Ein Lan entspricht zwanzig Kopeken, folglich beträgt der Preis für eine Desjatine in unserer Währung fünfzig Rubel. Das ist aber der Preis hier in der Provinz Nord-Hamheung. In den südlichen Provinzen ist er weitaus höher. Der Bruttoertrag einer Desjatine erreicht hundert Lan, also zwanzig Rubel. Angebaut werden Gerste, Hafer, Kolbenhirse und andere Hirsearten, verschiedene Bohnen, Fleidekorn und Lein. Der Acker wird fast nie brach liegen gelassen; stattdessen werden Bohnen gesät, eine Pflanze, die die Fruchtbarkeit des Bodens wiederherstellt. Die Saaten werden in Reihen angelegt, zwischen denen zwei Zoll tiefe Furchen liegen. Das ist als Schutz vor den reichen Regenfällen notwendig. Gesät wird Mitte April, und jetzt, Mitte September, ist die Ernte in vollem Gange. Großgrundbesitzer gibt es keine, die meisten Koreaner bewirtschaften nur zwei bis drei Desjatinen. Es kommt selten vor, dass ein Grundstück verkauft wird.

Der Weg führt durch das versumpfte Tal des Tumen. Manchmal erklettert er eine mehrere Dutzend Sashen hohe Felswand und wird dort so abscheulich eng, dass zwei Tragtiere einander nicht ausweichen können. Die Steigungen aber sind so steil, dass man sich nur mit Mühe im Sattel hält. Nachdem wir an die zehn Werst zurückgelegt haben, verabschieden wir uns von den gastfreundlichen Koreanern. Auch der Dorfvorsteher verlässt uns, wir bleiben allein.

Es wird dunkel. Ringsum stehen Berge, darüber ziehen die Wolken. Die bereits hinter dem Horizont verschwundene Sonne strahlt sie von unten blassrot an. Im Dämmerlicht sieht man noch immer Koreaner, die fleißig auf ihren Feldern arbeiten. Wir müssen uns beeilen, damit uns die Nacht nicht in unbekannter Gegend überrascht. Ich lasse meinen Passgänger traben, einen Falben der Wjatka-Rasse, der in diesem Land sehr groß wirkt. Da ich hinter mir das Stampfen von Pferdehufen höre, wende ich mich nicht um, sondern reite noch weitere zehn Werst an der Spitze. Als ich mich dann umsehe, ist nur noch der Dolmetscher Kim da. Borminski und Bibik sind weder zu sehen noch zu hören. Wir rufen und pfeifen eine Weile und kehren dann um. Nach fünf Werst gelangen wir zu einer Weggabelung. Ob sie etwa nach links ins Gebirge abgebogen sind? Aber es ist kein Mensch da, den man fragen könnte. Wir folgen dem linken Weg. Bald darauf stehen wir schon wieder vor einer Gabelung. Welche Richtung haben sie nun hier eingeschlagen? Wir wählen den rechten Weg. Und dann folgt eine Wegkreuzung nach der anderen. Es ist bereits ganz finster. Der Mond wird von Wolken verhüllt. Alles ringsum versinkt im trügerischen Dämmerschein, man fühlt sich wie am Rand eines bodenlosen Abgrunds. Und in diesem Abgrund sind unsere beiden Reisegefährten verschwunden, ohne die Sprache des Landes, ohne den Namen auch nur einer einzigen Ortschaft zu kennen, ohne zu wissen, wohin sie reiten und wo sie nächtigen sollen, zwei sorglose Menschen, die jetzt in ihren Sätteln schwanken und gedankenlos dahinreiten. Wir traben weiter in die unbekannte Tiefe des uns noch fremden Landes; wir schießen, pfeifen und rufen.

Ich weiß nicht mehr, wie viel Zeit damit verging, aber als wir schon alle Hoffnung aufgegeben hatten, erreichte uns von irgendwo aus dem Dunkel der kaum vernehmbare Ton unseres verabredeten Pfeifsignals. Wir atmeten erlöst auf und begannen noch besessener zu pfeifen, ich auf meiner Sirene, Kim auf einer gewöhnlichen Polizeipfeife. Endlich stießen wir auf ein Dorf und beschlossen, nicht mehr weiterzureiten, sondern hier zu warten und zu pfeifen. Die Koreaner im Dorf wurden munter und liefen herbei; zwischen ihnen und Kim entspann sich ein lebhaftes Gespräch. Dann hörte ich sie lachen und vergnügt rufen.

Endlich kamen unsere sorglosen Kameraden heran. »Wir dachten, wir ritten auf dem richtigen Weg«, lautete ihre Ausrede.

»Ausgezeichnet! Macht nur weiter so! Einmal kommt es noch so weit, dass wir uns überhaupt nicht mehr finden.«

Wie sollen wir in dieser Wildnis zu unserem Nachtquartier in Koube gelangen? Ein Koreaner bietet sich als Führer an. Im ganzen Dorf ist kein einziges Pferd vorhanden. Er setzt sich auf einen Ochsen und reitet uns voran. Es gebe hier viele Tiger und Leoparden, sagt er uns, wir sollten daher laut reden, schreien und pfeifen. Wir Russen lehnen das entschieden ab, denn in unserer Unerfahrenheit glauben wir nicht recht an diese Tiger und Leoparden. Aber der Koreaner und Kim glauben daran und unterhalten sich daher den ganzen Weg lang beinahe schreiend, wozu Kim zwischendurch auch noch Pfiffe ertönen lässt. Er übersetzt mir von Zeit zu Zeit, was der Koreaner ihm erzählt. Das Dorf hier heißt Sorboi, das bedeutet Tanne, denn früher habe hier ein prächtiger Tannenwald gestanden. Also mag das Kahlwerden der Gebirge vielleicht gar kein naturbedingter Vorgang sein. Auch die vereinzelten sehr starken und hohen Bäume erwecken den Eindruck, dass ein Wald hier recht wohl zu gedeihen vermag.

Wir gelangten bei Platzregen in Koube an. Koube war früher eine wichtige Stadt; sie spielte einst die Rolle, die jetzt Kjöngheung zugefallen ist. Später war sie ein Grenzfort, aber heute ist es nur noch ein Dorf, in dem hundert Fansen stehen. Die Fansa, in der wir abgestiegen sind, fällt dadurch auf, dass sie offenbar nur aus einem einzigen Raum besteht, weil keine Querwände, sondern nur Türen zu sehen sind. Ich bemerke eine halb nackte, von Kindern umringte Koreanerin, die sich kämmt, und weiter hinten blickt der schöne Kopf eines Steppenochsen hervor.

Am nächsten Morgen erkundige ich mich, wie hier das Vieh geweidet wird. Man sagt mir, jedes Tier bleibe für sich an eine Leine gebunden. Das Dorf besitzt rund hundert Rinder, fünfzig Pferde und an die zweihundert Schweine.

Iwan Afanasjewirsch ist mit seiner Vorausabteilung bereits aufgebrochen. Ich beende meine Eintragungen und mache mich ebenfalls auf den Weg. Ich verteile unter den Kindern Zucker und rechne mit den Quartiergebern ab. Für das Brennholz habe ich fünfzehn, für das von dreizehn Pferden verbrauchte Heu zwanzig und für ein Huhn auch zwanzig Kopeken zu bezahlen. Ich lege für die Unterbringung unserer Leute und Pferde noch einen japanischen Dollar dazu. Der Wirt ist sehr zufrieden. Er gibt mir noch ein halbes Bündel Käsch heraus. Ich bitte ihn, es für seine Kinder zu behalten. Er fragt erst seine Verwandten um ihre Meinung, sie beraten sich und erklären sich einverstanden. Die Hausfrau lächelt froh.

Was übrigens das Geld betrifft, so werden vorläufig russische und japanische Dollars angenommen, die, wie auch der Rubel, gleich fünfhundert Käsch gesetzt werden, obwohl der offizielle Kurs des russischen Dollars vierhundertachtzig, der des japanischen vierhundertfünfundsiebzig beträgt. Mexikanische Dollars, wovon wir einen ganzen Haufen mithaben und die man uns als gängige Münze bezeichnet hat, wollte bis jetzt niemand annehmen.

15. September

Von Koube bis Kjöngheung sind es dreißig Li, was fünfzehn unserer Werst entsprechen müsste. Aber wir stellen sowohl mit dem Schrittmesser als auch nach der Uhr nur zehn Werst fest. Der Weg ist außerordentlich malerisch. Er führt die ganze Zeit durch das weite Tal des Tumen. Dieser zweihundert Sashen breite, jedoch infolge der Sandbänke nicht schiffbare Fluss funkelt hell im Sonnenlicht. Die Berge zu beiden Seiten schieben sich manchmal näher heran, treten dann aber wieder zurück. Am linken Ufer, dem chinesischen, stehen die Berge in einem weiten Halbrund. Ihre letzten Reihen verschmelzen bereits am Himmel mit den Wolken. Sie sind voll friedlicher Ruhe. Der Herbst hat ihnen schon sein Siegel aufgedrückt. Gras und Busch sind verwelkt und leuchten im Sonnenlicht, das Berg und Fluss überflutet, wie kostbare Perserteppiche. Auf der glatten Wasserfläche sind Fischer in Einbäumen zu sehen; doch viele sitzen in geflochtenen Sesseln in Abständen von zwanzig Sashen das Ufer entlang. Wenn ein Fisch ins Netz gerät, schrauben die Koreaner es mit einer besonderen Vorrichtung hoch, so dass der Beute der Ausweg versperrt wird. Es soll hier sehr viel Fisch geben, vorwiegend Keta-Lachs. Der Fang müsste eigentlich Gewinn abwerfen; aber die Fischer führen ein armseliges Leben und schlagen sich von einem Tag zum anderen durch. Vielleicht ist die Ursache der koreanische Branntwein, der Suri (die Aussprache Suli haben die Russen von den Chinesen übernommen), vielleicht ist das weit verbreitete Bohnenspiel daran schuld; eines steht jedenfalls fest, dass dieses aussichtsreiche Gewerbe den Arbeitenden wenig Nutzen bringt.

Wir trafen einen weiteren Aussätzigen. Der Führer sagt, sie seien hier zahlreich und lebten frei im Kreise ihrer Familie.

Wir kamen durch die Dörfer Tjanschhai (vier Fansen) und Kamitschi (zwanzig Fansen), ritten zweimal die Uferfelsen hinauf, bogen dann noch um einen Bergvorsprung und erblickten endlich die Stadt Kjöngheung. Sie liegt in einem Winkel des Tales versteckt, etwas am Hang, und ist von einer anderthalb Sashen hohen und eine Elle starken Mauer umgeben. In Kjöngheung stehen hundertvierzig Fansen, die alle mit gelbem Lehm verputzt und mit dünnem, mit einem Netz aus Bastseilen zusammengehaltenem Schilf gedeckt sind. Neben jeder Fansa ragt getrennt für sich ein Schornstein hoch. Nur in der Mitte der Stadt erhebt sich das lange, einer Kaserne gleichende Steingebäude des Kamni, des Bezirksbefehlshabers und Grenzkommissars. Wie alle Städte Koreas hat auch Kjöngheung vier Tore, je eines nach Norden, Osten, Süden und Westen.

Der Kamni ist der oberste Beamte des Bezirks mit großen Vollmachten. Er bestätigt die Dorfvorsteher und den in der Stadt lebenden Adelsvertreter. Beide Ämter gelten als sehr ehrenvoll. Ihre Inhaber erhalten beim Festgelage die als besondere Auszeichnung geschätzten Teile des Schweines: die Hufe und die Rippen. Reiche Koreaner zahlen dem Kamni große Summen, um in solche Ämter eingesetzt zu werden.

Wir halten in der ersten Fansa an, wo schon die vorausgesandte Tragtierkolonne rastet. Es stellt sich heraus, dass wir nichts mehr an Lebensmitteln bei uns haben. Alle Konserven – Suppen und Fleisch in allen Formen – sind bereits nach Hoirjong vorausgegangen, und was wir an Kohl, Brot, Kartoffeln, Milch und Butter mitführten, ist verbraucht. Da alles das in Korea nicht zu haben ist, sind wir mit einem Mal für die drei Tage bis Hoirjong auf die landesübliche Verpflegung angewiesen. Uns stehen hier zur Verfügung: Hirsebrei, Mais, Hühner und Eier. Eigentlich genügt das vollauf, wenn man dazu noch Tee und Zucker hat. Alles Übrige ist nur ein überflüssiger und außerdem sehr kostspieliger Luxus, der die Expedition kompliziert, hemmt und verteuert. So zum Beispiel besteht meine Abteilung, mich eingerechnet, aus neun Mann, aber außer den neun Reitpferden ziehen mit uns noch fünf eigene und fünf gemietete Packpferde und drei Ochsenkarren, alle mit Gepäck und Proviant beladen. Außerdem liegen an zwei Orten Koreas weitere Lebensmittelvorräte für alle Gruppen bereit. Aufrichtig gesagt, ist dieser Aufwand überflüssig. Wenn man schon reist, dann muss und kann man sich auch ganz und gar den Quellen des Landes und seiner Ernährungsweise anvertrauen. Wer kein Hundefleisch mag, muß es ja nicht essen. Man kann Hühner- und Schweinefleisch essen, man kann schließlich auch jagen und für den Tisch Wild und Fische heranschaffen. Was für Mühe bereiten allein schon diese entsetzlichen Scherereien mit dem Gepäck, die daran schuld sind, dass wir niemals vor acht Uhr aufbrechen und keinen Tag mehr als dreißig Werst zurücklegen. Wäre nicht der Pektusan, der Gipfel des Tschang-pai-sehan, der im Umkreis von zweihundert Werst völlig unbewohnt ist und den ich erforschen muss, ich hätte das alles schon längst stehen lassen. Sobald ich den Pektusan mit seinem geheimnisvollen Drachensee hinter mir habe, löse ich den ganzen Tross auf und nehme keinerlei Vorräte mehr mit.

Kaum waren wir in der Fansa zur Rast eingekehrt, als ein Polizist im Auftrag des Kamni erschien und uns bat, unsere Pässe vorzuzeigen. Dabei bestand der sich in seiner Kleidung von den anderen Koreanern gar nicht unterscheidende Mann darauf, dass ich selbst zum Kamni ginge. Das bedeutete aber, dass ich ihm hätte Geschenke bringen müssen. Ich habe jedoch grundsätzlich auf jegliches Beschenken verzichtet, von den der Expedition zur Verfügung stehenden Präsenten nichts mitgenommen und nur auf eigene Kosten ein paar Kleinigkeiten gekauft, um sie denen zu geben, die mir persönlich einen Dienst erweisen. Die Behörden sollten, soweit ich darauf Einfluss hatte, nicht durch Geschenke erniedrigt werden.

Die Verhandlung endete damit, dass Borminski mit dem Dolmetscher hinging. Ich nahm mir meine Arbeit vor und übersandte nur meine chinesischen und koreanischen Visitenkarten mit der Entschuldigung, dass meine Besuchskleidung dem bereits aufgebrochenen Tross mitgegeben worden sei.

Borminski kehrte nach einer halben Stunde wieder. Der Kamni, ein kleiner Mann, empfing ihn in einer Fansa, die sich von unserer in nichts unterschied, und ließ ihn auf einem Stuhl Platz nehmen. Er bedauerte, dass wir nicht über Nacht blieben, entschuldigte sich wegen des Empfangsraumes, erwähnte, dass er in London gewesen sei, und überreichte für mich seine Visitenkarte mit der Aufschrift »Pak I Pjön, Kamni von Kjöngheung«. Er gehörte also einem angesehenen Geschlecht an, das vor fünfhundert Jahren mit dem der Li um den Thron gekämpft hat. Beide Familien stammen aus der Gegend von Kjöngheung, Li aus dem Dorf Sorboi, Pak aus Namboi. Diese Dörfer liegen drei Werst voneinander entfernt, siebzehn Werst westlich von Kjöngheung. In jedem stehen den Helden Li und Pak gewidmete Denkmäler, ähnlich jenem, das ich an der Gaschkewitsch-Bucht gesehen habe.

Auch die Familie unseres Dolmetschers Kim stammt aus dem Bezirk Kjöngheung. Er erzählte uns deren Geschichte. Ihre Heimatstadt war ursprünglich die alte Stadt Koube, in der wir heute genächtigt hatten. Kims Großvater war ein sehr reicher Mann. Aber eines Tages überquerte er in Handelsgeschäften den Tumen, das heißt, er überschritt die Staatsgrenze. Das wurde bekannt, und man verurteilte ihn zum Tode. Er floh. Sein Sohn wurde ausgepeitscht, man verlangte von ihm, er solle seinen Vater ausfindig machen, andernfalls drohe ihm selbst die Todesstrafe. Daraufhin verließ auch der Sohn mit den Seinen das Land. Sie schwammen und überquerten nackt den Tumen. Sein Vermögen wurde beschlagnahmt, in sein Haus zog der Kamni ein. Als aber dessen Sitz aus Koube verlegt wurde, verfiel es. Kims entferntere Verwandtschaft lebt auch jetzt noch in Korea, vorwiegend im Bezirk Kjöng, und da die Familienbande in Korea sehr fest sind, wird er hier als lieber Verwandter aufgenommen. Sippenbindung und Blutrache stehen in Korea in voller Blüte. Ein koreanisches Sprichwort sagt, das Leben eines einzigen Koreaners koste oft das tausend anderer. Diese Blutrache erbt sich von Geschlecht zu Geschlecht fort.

Als Kim vom Kamni zurückgekehrt war, teilte er uns unter anderem mit, dass er den Kamni um einen verständigen Wegführer gebeten habe, der imstande sei, über alles Auskunft zu erteilen. Der Kamni habe das versprochen und einen Mann bestimmt, der gut Russisch spreche. Dem aber sei aufs strengste verboten worden, die Wahrheit zu sagen. Er solle uns über alles falsche Angaben machen, nichts aus der Vergangenheit mitteilen und keine Legenden und sonstigen Überlieferungen erzählen. Der Kamni hatte sich noch folgendes ausgedacht. Immer wenn der Führer gefragt werden würde, was es denn Neues geben würde, sollte er antworten: Nichts weiter, als dass eine Hündin eine Katze geworfen hat. Doch das Schlimmste daran sei, dass dieser Führer die

Stadttor

Anweisung erhalten habe, uns für die weitere Reise ebensolche Begleiter auszusuchen. Kim habe das durch seine Verwandten erfahren und war jetzt wütend, »Das werde ich ihm eintränken!«, drohte er.

Wir wollen das Gefängnis besichtigen, ferner einen Schamanen besuchen, doch alles wird von dem anwesenden Polizisten unter höflichen Vorwänden abgelehnt. Daher lassen wir die Pferde füttern und brechen zwei Stunden später in Richtung Hoirjong auf. Unser neuer Wegführer ist halb europäisch gekleidet. Er trägt zwar eine karierte gelbe Jacke mit Metallknöpfen und einen steifen Hut, aber an seinen Füßen koreanische weiße, wattierte Socken und die leichten Pantoffeln, die der Koreaner beim Betreten einer Stube abzulegen pflegt. Der Führer ist ein hoch gewachsener, hagerer Bursche, der uns mit fröhlich zugekniffenen Augen anblickt und sich dabei mit seinem Landsmann unterhält. Ich frage ihn, ob er Russisch spreche, aber er schüttelt verneinend den Kopf.

Wir reiten die Stadtmauer entlang auf einem fürchterlich dreckigen, steil ansteigenden Pfad nach Süden. Durch eine tiefe Schlucht fließt ein Bach. Seine schwache Kraft wird von den Koreanern sehr klug ausgenutzt, indem sie ihn Hirsestampfen antreiben lassen. Das Wasser läuft dabei durch eine Rinne in einen dreiviertel Ellen langen hölzernen Löffel. Wenn er sich mit Wasser füllt, senkt sich sein lang ausgezogenes Ende, und das Wasser fließt ab. Dann richtet sich der Löffel wieder auf, und nun sinkt das andere Ende, an dem eine Stange angebracht ist. Sie stößt in einen mit Hirse gefüllten Mörser. Bei jedem Schlag wird ein Teil der Spreu losgelöst und davongeweht. Ich bemerkte etwa zehn solcher Stampfen, die dicht hintereinander errichtet waren. Sie arbeiteten ganz mechanisch, niemand war in ihrer Nähe. Obwohl die Kraft des Baches unbedeutend ist, wird sie auf diese Weise doch voll ausgenutzt. Damit das Getreide vor Regen geschützt ist, hat man über jedes dieser Geräte ein leichtes Dach gebaut.

Am Osttor befindet sich eine Pagode, in der der Kamni zweimal im Jahr einen feierlichen Gottesdienst hält. Er betet zum Himmel und opfert drei Schalen Reis; als Weihrauch dient das Harz des Balsambaumes, einer Styraxart. So erklärt uns Kim, während der Führer nach wie vor schweigt.

Wir legen fünf Werst zurück, und nun verwirklicht Kim seinen Rachegedanken. »Was gibt es bei Ihnen Neues?«, fragt er den Führer.

»Nichts weiter, als dass eine Hündin eine Katze geworfen hat.« »Sie sprechen nicht Russisch?«

»Nein.«

Borrninski lacht und sagt; »Ich habe doch selbst gehört, wie Sie Russisch sprachen.«

Der Führer schweigt verlegen.

»Na«, fährt Kim fort, »da reiten Sie zurück und richten Sie dem Kamni aus, dass sich bei uns in Russland ein viel größeres Wunder ereignet hat: Dort hat ein Floh einen Tiger geboren. Hier haben Sie hundert Käsch (zwanzig Kopeken), wir reiten allein weiter.«

Der Führer war fassungslos. Er kehrte zuerst um, folgte uns dann aber wieder. Wir hielten an und verlangten, er solle endlich verschwinden. Er fürchtete sich, allein zur Stadt zurückzureiten. Da in der Nähe das Dorf Dodori lag, schlugen wir ihm vor, dorthin zu reiten und dort zu übernachten, und legten noch hundert Kasch dazu. Er erklärte sich einverstanden, und wir setzten unsere Reise allein fort.

Der Weg führte zu einem Felsvorsprung hinauf, und wir bewundern zum letzten Mal das Tal des Tumen, denn nun biegen wir in das Tal des Nebenflusses Karnura ab und trennen uns für zwei Tage vom Tumen, da wir seinen Bogen in gerader Linie abschneiden. Wir lassen uns auf den Felsen nieder und sehen uns die Gebirgslandschaft an. Die Sonne steht schon niedrig, die kostbaren, mit dem Gold des Sonnenunterganges überstreuten Wiesenteppiche glühen auf, und der letzte Atemzug des klaren, friedlichen Tages scheint in der Luft zu verharren. Stille herrscht ringsum, die Natur, die Abendstimmung, der Fernblick in die Berge lullen wie eine zarte Musik die Seele ein. Mir ist, als sei ich schon einmal hier gewesen, als hätte ich schon einmal diese Fernen und ihre Farben gesehen, als erlebte ich noch einmal den Zauber erloschener Gefühle.

Koreaner aus dem Dorf Dodori setzen sich zu uns. Wir fragen sie aus. Sie erzählen uns, im Süden sei bereits der Bezirk Hoirjong zu sehen, ja, dort, gleich hinter dem Berg. Hinter einem anderen aber liege der See Chanschong-tseduti, an dem einst der Stammvater der Mandschudynastie Chinas gelebt habe[26]. Das stimmt nicht, und ich erwidere etwas erstaunt: »Aber die Grabmäler der chinesischen Kaiser stehen doch in Mukden.« – »Die Grabmäler schon, aber die Sippe stammt von hier, und die Chinesen leben auf Kosten des koreanischen Glücks. Ja, so steht es«, wird mir geantwortet. Dann erzählt uns ein älterer Koreaner in weißem Kittel und schwarzem, breitrandigem Haarhut, der sich kegelförmig nach oben verjüngt, eine andere hier verbreitete Legende. Dabei hockt er am Boden und raucht seine Pfeife mit langem Mundstück. Die anderen Koreaner kauern um ihn herum und hören aufmerksam zu. Manchmal berichtigen sie den Erzähler, manchmal holt er sich selbst bei ihnen Rat. Die Erzählung ist schlicht, der Glaube an sie von einer rührenden Kindlichkeit. All das ist für diese Menschen ebenso wahr, wie dass wir jetzt hier auf diesem hohen Felsen sitzen, den in den Flammen des Sonnenuntergangs wie glühendes Metall leuchtenden Tumen zu unseren Füßen, die Gebirgskämme ringsum, die sich weit in die Ferne hinziehen und dort hinten, wohin unser Weg führt, immer höher werden, bis ihre Konturen schließlich im Himmel verblassen. Auf den nahen Bergen aber liegen golden und violett schimmernde Teppiche, während die Täler tief unten bereits von Schatten bedeckt sind, in denen sich die friedlichen Koreanerfansen verbergen. Alles verharrt in regloser Stille, und nur ab und zu hallt durch die einschlummernde Luft das Gebrüll des riesigen koreanischen Stiers. Mitunter wirkt hier alles wie ein Traum, wie eine Verzauberung, die uns plötzlich in die unerforschliche Tiefe längst vergangener Jahrtausende hinübergetragen hat Oder es ist, als hätten wir ein Tor durchschritten und stünden nun vor neuen Horizonten, vor einem anderen Leben, von dem selbst uns jede Erinnerung entschwunden ist. Wie Kinder widmen hier die Erwachsenen ihre Mußestunden den Märchen, glauben an sie – fast könnte man sie um ihren unerschütterlichen Glauben beneiden –, glauben an Helden und Tote, an die Möglichkeit, ein Glück bringendes Grab zu finden, und suchen es ihr Leben lang. Der Tiger, der Leopard, der geringste Tausendfüßler – alles sind verzauberte Menschen. Fetischismus in vollster Blüte: Der Widerschein eines Berges oder ein Strahl aus dem Sternbild des Großen Bären befördern die Fruchtbarkeit der Frau. Selbst das Äußere der Koreaner ist häufig wie dunkle Asche mumiengleich.

Wie gemalte Ikonen zeigen die Gesichtszüge die Zeichen der Jahrtausende. Man hat Angst, sie könnten zerfallen, wenn sie mit frischem Wind in Berührung kommen.

Doch noch sind sie nicht zerfallen, noch hat sie die alles umfassende Zivilisation nicht gewandelt, und als Pionier eben dieser Zivilisation lausche und notiere ich begierig, was mir diese großen Kinder vertrauensvoll mitteilen.

Die Flammen des Sonnenuntergangs sind ausgebrannt. Im Dämmern des heranrückenden Abends verschwinden die zauberhaften Umrisse dieses Palastes der Natur, gebaut aus Bergen, Himmel, Fernen und den kostbaren Teppichen des Herbstes. Die Erzähler gähnen genussvoll im Vorgefühl des nahen friedlichen Schlafes.

»Mögen die Koreaner Geld?« – frage ich.

Der Brauch, sich zu verbrüdern, ist bei den Koreanern weit verbreitet und wird sehr geschätzt.

16. September

Es tröpfelt. Der Tross ist abgezogen, und ich sitze an der Tür der Fansa, die zugleich auch ein Fenster ist, und arbeite. Vor mir liegt ein Maisfeld, dahinter blickt das dunkelrote, schilfartige Jar-Buda hervor (eine Art Hirse, aus der die Koreaner ihr Brot backen), und dann folgt der noch höhere, ebenfalls einer Schilfpflanze gleichende Kauliang. Als wir heranritten, gerieten wir in ein sumpfiges Reisfeld, obwohl es für den Reisbau hier noch zu kalt ist und er nur schlechte Ernten ergibt.

Feuchter, vom Duft der Gräser gesättigter Wind streichelt mein Gesicht. Unsere Pferde kauen vor der Fansa friedlich ihren Mais. Etwas abseits kocht der Soldat Bibik, ein stämmiger Ukrainer, Mais für uns und brät in der Asche eine Wildgans. Unmittelbar vor der Tür ist ein leichtes Dach angebracht, unter dem ein Falke angekettet sitzt. Der Besitzer der Fansa pflegt mit ihm auf Fasanenbeize zu gehen, aber jetzt mausert der Vogel und ist zur Jagd nicht geeignet. Seine beste Zeit liegt zwischen Oktober und April. Ihm zur Hilfe wird noch ein Vorstehhund mitgenommen, der das Wild aufspürt und auch den Falken aufsucht, der seine Beute sofort mit einem Schnabelhieb tötet.

Der Besitzer unserer Fansa ist der Dorfälteste. Er ist ein sehr ehrwürdiger, sanfter alter Mann mit schon ergrauendem schütterem Bärtchen. Er will uns begleiten, entschuldigt sich aber, er könne nicht vor einer Stunde aufbrechen, weil er noch eine Gerichtssitzung habe. Über eine aus einem Nachbardorf entflohene Ehefrau soll das Urteil gesprochen werden. Ihr Mann hatte sie geschlagen, und sie floh, wurde aber hier festgenommen. Nun wird sie dem Gericht vorgeführt. Wir fragen, ob wir zusehen dürften. Nein, das gehe nicht an. Nach langem Verhandeln einigen wir uns doch. Der Dorfälteste wird zum Gericht gehen, und eine Weile später werde ich mit Kim die Fansa, in der die Tagung stattfindet, betreten und mitteilen, ich hätte eine Angelegenheit zu besprechen. Der Vorsteher wird sich entschuldigen, er sei gerade beschäftigt, und wird uns auffordern, unterdessen gleich in der Fansa zu warten. Wir führten das auch durch. Zuerst gingen wir spazieren. Im Dorf gab es keine Gassen; jede Fansa stand für sich, nur schmale Pfade verbanden sie untereinander. Wir sahen eine im Bau befindliche Fansa, von der nur der aus anderthalbzölligem Holz bestehende Rahmen bereits fertig war. Er wird mit einem dünnen Weidengeflecht überzogen und dann mit einem Gemisch aus Lehm und Stroh verschmiert. Das zugleich als Decke dienende Dach aber bekommt innen einen Lehmverputz, während außen auf das Geflecht zuerst eine Schicht Haferstroh gelegt wird, die noch einmal mit Lehm bestrichen, dann mit dünnem Schilf gedeckt und schließlich mit einem Netz aus Bastseilen überzogen wird. In der Fansa werden unter dem Boden die Rauchzüge angelegt. Sie verlaufen unter der ganzen Fansa bis zum hohen Holzschornstein, der etwa zwei Ellen vom Gebäude entfernt steht.

Nachdem wir uns den Bau angesehen hatten, gingen wir zur Fansa, in der das Gericht tagte. Aber wir kamen zu früh. Nur die Frau hatte man vorgeführt; ihr Mann war noch nicht erschienen. Wir wurden zum Bleiben aufgefordert. Die acht Richter und der Vorsteher, lauter alte Männer des Dorfes, waren bereits versammelt. Im Nebenzimmer saß die Angeklagte, eine kleine, hässliche und offenbar schon alte Frau, deren Gesichtsausdruck an einen von einem Habicht totgehackten Vogel erinnerte. Wir entschuldigten uns, dass wir nicht die Stiefel ausziehen könnten, und hockten uns wie die anderen längs der Wand hin. Ein Koreaner bot mir einen Sack als Sitz an. Ich wollte den Hut abnehmen, aber Kim sagte, ich müsse ihn aufbehalten.

Die Gesichter der Koreaner sind dunkel und breit, mit schütteren Bärten. Sie blicken freundlich und gutmütig drein. Es gibt auch hässliche unter ihnen, aber viele sind von sehr regelmäßigem, an italienische Gesichter erinnernden Schnitt. Ich möchte sie sogar schön nennen.

Wir saßen eine Weile, standen dann auf, bedankten uns und gingen wieder. Unser Quartierwirt konnte uns ja auch unterwegs von der Gerichtsverhandlung erzählen.

Wir trafen einen alten chinesischen Hausierer. Er trug zwei polierte gelbe Kasten, welche die Ware enthielten. Ich öffnete den einen, und wir sahen Bänder, Glasperlen, Holzkämme, Pfeifenmundstücke und japanische Streichhölzer. Im anderen lagen Baumwollstoffe, darunter auch roter russischer Kattun und Kaliko, koreanischer Nessel und ein gar nicht übler Pikee, aus dem sich die hiesigen wohlhabenden Leute Anzüge nähen lassen, »Ist das alles?«, fragte ich den Chinesen, nachdem ich seinen gesamten Vorrat und auch die Eier besichtigt hatte, gegen die er seine Waren eintauschte.

»Das Wichtigste hat er Ihnen nicht gezeigt«, sagte Kim, »den chinsischen Schnaps, den Chanschin, wie ihn die Russen nennen. Mit diesem Getränk macht er sein größtes Geschäft. In Korea ist der Verkauf von Branntwein frei und wird nicht versteuert.«

Ich koste den Schnaps. Er hat einen kräftigen Fuselgeruch und einen etwas bitteren Geschmack. »Er ist sehr stark«, behauptet Kim, »wenn man ein Streichholz daranhält, brennt er.« Ich mache sofort den Versuch, aber das Streichholz erlischt, »Du hast viel Wasser dazugegossen, mein Freund«, mäkelt der Dolmetscher. Der Chinese lächelt nur. »Das ist ganz billiger Schnaps«, antwortet er.

Der Dorfvorsteher ist schon vor uns zurückgekehrt Wir treffen ihn wie immer hockend, nachdenklich und traurig seine Pfeife schmauchend an. Die Gerichtsverhandlung ist beendet. Die Alte, die wir für die Angeklagte hielten, ist, wie sich nun herausstellt, nur eine neugierige Zuschauerin gewesen, Die wirkliche Schuldige war eine Frau von sechzehn Jahren. Man hatte sie in diesem Dorf festgenommen und ihren zwanzigjährigen Mann davon verständigt. Als er eintraf, begann die Gerichtssitzung. Der Mann wurde zu zehn Rutenhieben verurteilt, die er sofort erhielt. Dabei wurde er an den Beinen und am Kopf festgehalten, und der Vertreter des Vorstehers zählte die Hiebe. Sie genügten, um ihm die Haut in Streifen zu reißen. Während der Exekution fragte der Vorsteher: »Schmerzt es auch?« Und der Mann schrie aus Leibeskräften: »Es tut weh!« – »So, dann verlier das nächste Mal deine Frau nicht wieder und belästige die Nachbarn nicht mit deinen Privatangelegenheiten.«

Der Vorsteher bedauerte es sehr, dass wir das Ende nicht abgewartet und nicht der Exekution beigewohnt hatten, denn je mehr Zeugen anwesend seien, desto belehrender wirke die Strafe.

»Und der Frau ist nichts geschehen?« – »Das ist Sache ihres Mannes.« – »War sie bei der Bestrafung zugegen?« »Ja. Dann sind beide nach Hause gefahren. Er konnte nicht sitzen, sondern lag im Wagen, und sie lenkte das Gespann.« – »Wenn sie aber noch einmal davonläuft?« – »Dann wird die Strafe härter ausfallen. Aber sie wird nicht mehr davonlaufen.«

Wir reiten durch ein enges Tal. Es regnet wieder. Wolken haben die Berge verdeckt und sinken immer tiefer zu uns herab. Eigentlich ist das gar kein Regen mehr, sondern ein Wolkenbruch, und das Wasser schäumt nur so an unseren Regenmänteln herunter. Die Koreaner haben sich Mäntel aus Hanf umgehängt, der geschickt mit den Spitzen nach abwärts zusammengeflochten ist Sie sehen darin wie Stachelschweine aus.

Immer höher steigt das Tal, immer enger wird es, immer felsiger der Boden. Steinhaufen liegen umher. Das sind Felsbrocken, die aus den Feldern herausgelesen wurden. Aber die Felder liegen noch immer voll davon; alle unsere Pflüge würden hier zu Bruch gehen. Endlich erreichen wir den siebzig Sashen hohen Kapchamjeung-Pass. Der Weg klettert beinah senkrecht hinauf. Der Abend rückt heran, es wird ganz dunkel, und schließlich erklärt unser Führer, er gehe nicht mehr weiter, denn sein Pferd wittere »ihn«.

»Wer ist ›ihn‹?«

»Nachts soll man es nicht laut sagen – der Tiger. Hier reist kein Mensch in der Nacht, und auch am Tage wird diese Gegend nur in großen Gruppen durchritten.«

Wir zwingen den Führer beinahe mit Gewalt weiter. Schließlich gibt er nach. »Dann lasst mich wenigstens beten.«

Mit welcher Inbrunst er vor der geweihten Stätte betete! Er kroch ganz in sich hinein und verneigte sich endlos.

Aber dann reiten wir doch weiter, und nach zwei Stunden steigen wir wohlbehalten in ein tiefes Tal hinab.

17. September

Ich sitze in Kim-chi-bois Fansa im Dorf Bargain. Dicht an der Fansa jagt der jetzt zu einem großen Fluss angeschwollene Pansani-chansuri vorbei. Das Dorf liegt am Fuß des Kapchamjeung-Passes. Sprühregen und Nebel verhüllen die Schlucht, die an Schönheit keiner kaukasischen nachsteht.

Das Rauschen des Wassers begleitet die wundersamen Erzählungen der Bergbewohner. Etwa zehn Mann hocken zutraulich vor mir und erläutern alles ernst und eindringlich meinem Dolmetscher.

Wir behandeln eine sehr verwickelte Frage, die ihrer Religion. Buddhismus, Konfuzianismus, Schamanismus und Anbetung der Berge – alles das hat sich miteinander vermischt und bildet nun die Religion des einfachen Mannes in Korea. Ich stelle unzählige Fragen; ein halber Tag vergeht, bis endlich ein Ergebnis herauskommt, das man dem Papier anvertrauen kann.

Anwesend ist unter anderem auch der Wegführer aus Aodi, der ehrwürdige Greis Kim Ti-puang, ferner der Südkoreaner An Ku Guni aus der Provinz Pjöngjang. Wenn sie alle zustimmend nicken, dann übersetzt mir der vorsichtige und gewissenhafte Kim das Gehörte. Vieles ist auch ihm bekannt, aber er ist seiner Sache nicht sicher und fragt auf meine eindringliche Bitte hin immer wieder noch einmal zurück.

Das wesentliche Ergebnis all dieser Fragen sieht so aus: Der Mensch hat drei Seelen. Die eine gelangt nach dem Tode in den Himmel; sie wird von drei Engeln – die früher Seelen von Heiligen gewesen sind – in den Paradiesgarten getragen. Okonschante, der Herr des Gartens, befragt sie über ihr Erdenleben und bestimmt je nach ihrem sündhaften oder tugendhaften Wandel und ihrem aufrichtigen Geständnis, ob sie in den verlassenen Leib auf die Erde zurückzukehren, im Paradies zu bleiben oder in einen Tiger oder Hund, ein Pferd oder einen Esel, ein Schwein oder eine Schlange einzufahren habe. Es gibt Seelen, die zur ewigen Wanderung verdammt sind. Das sind die von Mördern und Zerstörern. Die zweite Seele bleibt im Körper und folgt ihm, ebenfalls von drei Engeln getragen, in die Erde zum Höllenfürsten Tibuan. Die dritte Seele bleibt in der Luft in der Nähe ihres Wohnsitzes schweben; sie wird nur von einem Engel getragen. Die Sorge der Lebenden um die erste Seele besteht darin, abzuwarten, ob der Herr des Paradieses ihr die Rückkehr in den Körper befiehlt. Das kann am dritten, fünften, siebenten, jedenfalls stets an einem ungeraden Tag geschehen. Ein Schamane, ein Wahrsager, aber auch ein einfacher Kalendermacher, der die Glückstage errechnet, setzt den Tag fest, an dem die Beerdigung erfolgen darf. Reiche Leute begraben ihre verstorbenen Verwandten oft erst drei Monate nach deren Tode. Die Leiche wird im

Prunkzimmer der Fansa aufbewahrt, Speisen werden dazugestellt, und dann wird die Stube zugemauert. Eine allzu frühe Beerdigung gilt überhaupt als unanständig und bedeutet eine Missachtung des Toten. Die Sorge um die zweite Seele läuft darauf hinaus, dass man für die Leiche einen Glücksberg als Grabstätte findet. Das Bergland von Korea besteht aus einer Unzahl frei emporragender Gipfel und Hügel. Sie alle dienen als Begräbnisstätten. Einen Glück bringenden Platz zu finden bereitet viel Mühe; die Leiche muss wiederholt ausgegraben und an einen neuen Ort überführt werden. Wir waren gestern im Regen solchen Geplagten begegnet, die einen völlig verfaulten Leichnam trugen. Er lag auf zwei Stangen, war in koreanisches Ölpapier gewickelt und verbreitete einen unerträglichen Gestank. Wir erkundigten uns, warum er überführt wurde. »In unserem Haus ist ein Kind erkrankt, und der Wahrsager hat befohlen, dessen vor sechs Monaten verstorbenen Großvater an einem anderen, gesegneteren Ort zu begraben. Heute ist gerade der Glück bringende Tag, an dem die Überführung stattzufinden hat«, lautete die Antwort. Ein für den Toten richtig gewählter Berg zieht alles Gute nach sich – Glück, Erfolg und Aufstieg. Man ist reich, weil man seinen Vater auf einem gesegneten Berg beerdigt hat; aus dem gleichen Grund kann man auch Minister werden.

Es gibt heilige Berge. Wer es versteht, sie für seine Ahnen herauszufinden, aus dessen Geschlecht wird einmal ein Held hervorgehen. Die Sorge um die dritte Seele (die Chinesen haben etwas Ähnliches: die Hauchseele) hört überhaupt nicht auf. Bald muss sie genährt werden, und der Geisterbeschwörer bestimmt, wann ein Schwein zu schlachten und Reis zu kochen und auf einen Berg mit einer Gebetsstätte – Steinhaufen unter einem Dach – zu tragen ist; bald ist ein Ahn gekränkt und muss mit einem Schwein und mit Reis wieder versöhnt werden. Diese Luftseelen sind überhaupt ein unruhiges Volk; die Koreaner haben allerhand Scherereien mit ihnen. Schelmisch und durchtrieben, wie sie im Leben waren, bleiben sie es auch nach dem Tode und sind somit ein getreues Abbild jener, die einst gelebt haben. Über Leben und Tod entscheidet Tibuan. Er hat eine Liste und lädt durch seine Untergebenen jene vor, die an der Reihe sind. Aber es stellt sich heraus, dass auch hier Schiebungen vorkommen können. So starb einmal ein gewisser Pak aus Mjöntschön. Der Enkel dieses Pak, der schon geraume Zeit vorher gestorben war und es verstanden hatte, sich in Tibuans Verwaltung ein Pöstchen zu ergattern, erkannte sofort seinen Großvater, ließ es sich aber nicht anmerken und sagte zu Tibuan: »Da muss ein Irrtum vorliegen. Wir haben Pak aus Tangtschin angefordert, und Pak aus Mjöntschön ist erschienen.« – »Richtigstellen!«, befahl Tibuan. Und so kehrte Pak aus Mjöntschön in seinen Körper zurück und erzählte später von dem Wiedersehen mit seinem Enkel.

Es regnet immer noch, und das Dach der Fansa hält nicht dicht. Unsere gestern unterwegs durchnässte Kleidung ist über Nacht nur noch feuchter geworden, die Streichhölzer brennen nicht mehr an. Ich erkundige mich, ob es lange her sei, dass in dieser Fansa ein Toter gelegen habe. »Vor zwei Jahren. Die Trauer ist erst vor kurzem aufgehoben worden«, lautet die Antwort. – »Wird der Tote noch umgebettet werden?« – »Ja.« – »Wie lange hat er in der Fansa gelegen?« – »Siebzehn Tage.« – »In welcher Stube?« – Man zeigt auf meine Liegestatt. – »Woran starb er denn?«, frage ich nun besorgt. – »An Blattern.« – »Etwa an schwarzen?!« Es wird lange verhandelt, dann teilt mir Kim mit, sie wüssten es nicht. Aber nun werden auch die schüchternen Koreaner unruhig und wollen wissen, warum ich mich nach ihrem Toten erkundigt habe. Ob er mir im Traum erschienen sei und, wenn ja, was er gesagt habe. Ich beeile mich, sie zu beruhigen und ihnen zu erklären, ich hätte das Gespräch nur deswegen darauf gebracht, weil wir ja kurz zuvor ganz allgemein vom Leben im Jenseits gesprochen hätten.

Als alles reisefertig ist, bedanken wir uns, nehmen Abschied und reiten weiter. Der Fluss tobt und rast. Kurze Wellen mit weißen Schaumkämmen jagen mit Schwindel erregender Hast dahin und versuchen einander einzuholen. Nebel und Wolken haben sich zerstreut, blauer Himmel blickt hervor, und schon will die Sonne aus den letzten Wolken hervorleuchten. Ringsum ein dichtes Gewirr von Bergen, die mit niedrigem Wald bewachsen sind. Man erzählt mir, hier habe einst hoher Wald gestanden. Auf welche Weise er verschwand, lässt sich auch heute noch beobachten. An vielen Stellen werden die Berghänge bereits umgepflügt. An anderen wird das Land erst dazu vorbereitet, indem man das Gesträuch niederbrennt. Solches umgepflügte Neuland fand ich hier selbst an sehr steilen Hängen. Weiter oben leben nur noch die Bergziegen und ihre ständigen Begleiter, die Tiger und Leoparden.

Nach zwei Werst überqueren wir den Fluss. Ein Genrebildchen: Morgen feiern die Koreaner ihr Erntefest, heute gedenken sie ihrer verstorbenen Verwandten und bereiten das Fleisch für das morgige Mahl zu. Gruppen von dreißig Mann sitzen auf beiden Flussufern, manche bis zum Gürtel nackt, mit kräftigem, muskulösem, bronzefarbenem

Körper. Alle haben Stücke frisch zerschnittenen Fleisches vor sich.

Der Ritt durch die Furt verlief recht unglücklich. Borminskis Pferd legte sich plötzlich mitten im Fluss hin; vielleicht war es gestolpert. Jedenfalls entschwanden beide unseren Blicken. Dann tauchten sie aber wieder auf und kehrten auf unser Ufer zurück. Borminski verlor keinen Augenblick seine überlegene Ruhe und begann sofort seine Notizbücher, den Pass, den Revolver, das Gewehr, das Barometer und den Schrittmesser abzutrocknen. Einer unserer Koreaner stürzte an einer tieferen Stelle. Das Pferd fasste zwar bald wieder Grund, aber der Mann wurde von der Strömung mitgerissen. Trotzdem gelang es ihm, auf das jenseitige Ufer hinüberzuschwimmen, sich dort an Zweigen festzuhalten und an Land zu klettern.

Schließlich kamen wir doch durch die Furt, aber unser ganzes Gepäck wurde nass. Darum schlugen wir Zelte auf und legten unsere Sachen zum Trocknen hin. Die Koreaner umringten uns und leisteten uns höflich und rücksichtsvoll Gesellschaft. Sie brachten uns (natürlich gegen Bezahlung) Garben von Mais, Hirse und Gerste. Als ich erfuhr, dass in den Bergen wilder Wein wuchs, bat ich um eine Kostprobe, und nun steht neben mir ein großer Korb mit kleinen, aber süßen blauen Weinbeeren.

Borminski ist Rehe jagen gegangen. Für alle Fälle nahm er die Schrotbüchse und die Winchester mit. Einer unserer Koreaner begleitet ihn, und ein Hiesiger führt sie. Aber Kim musste lange vergeblich zum Mitkommen auffordern. »Sie wollen nicht«, übersetzte er uns, »Sie haben vor dem Mann mit den zwei Gewehren Angst.« – »Sagen Sie ihnen, wir hätten eher Grund, vor ihnen Angst zu haben, denn wir sind nur fünf Russen, während sie uns an Zahl weit überlegen sind.« Als ich einen unserer Koreaner als Begleiter mitgab, erklärte sich endlich einer bereit.

Zwei Koreaner haben am Ufer ein Pferd zu Boden geworfen und beschlagen es. An einer anderen Stelle hockt eine Gruppe im Kreis und raucht Pfeife. Nackte Koreaner tragen unsere Sachen durch den Fluss. Das alles sind reizvolle Bilder. Ich hole meinen Apparat und nehme alle Gruppen auf. Kim erklärt ihnen, was ich mache. Die Koreaner lachen und wollen nun alle aufgenommen werden.

Dann verteile ich Zucker unter den Kindern. Da ist ein traurig dreinblickender kleiner Junge, der das Haar zu einem niedlichen Schopf gewickelt trägt – das Zeichen des Verheirateten. Ja, er ist wirklich bereits Ehemann.

Unser Lager liegt malerisch unter einer Baumgruppe, und ebenso malerisch sind Fluss und Landschaft. Jetzt kommt ein Mann in einem hohen schwarzen Haarzylinder heran. Das ist ein Angehöriger des Adels. Dort geht ein anderer, der zum Zeichen leichter Trauer eine weiße Mütze mit Eselsohren aufhat, wie man sie früher in den Schulen trug. Bei tiefer Trauer muss die ganze Kleidung von Kopf bis Fuß weiß sein. Weiß ist überhaupt die Nationalfarbe und besonders beliebt.

Heute Abend versammelten sich bei mir wieder Koreaner. Sie waren, mit dem Adligen an der Spitze, aus dem Nachbardorf gekommen. Er stellte sich als ihr Vorsteher heraus. Auf Kims Rat erwies ich ihm besondere Ehre, drückte ihm, wie auch er es tat, mit beiden Händen die Hand, setzte ihn auf unseren Reiseklappstuhl und schenkte ihm eine Kleinigkeit. Vor allem aber bewirtete ich alle mit Kognak. Es war nicht viel, aber es genügte, um ihnen die Zunge zu lösen. Der Adlige war mit der gegenwärtigen Lage unzufrieden.

»Früher erhielt man in Seoul die Amtsstellen für gutes Wissen, später wurden sie käuflich. Jetzt aber bekommt man überhaupt keine mehr. Andere Leute sind gekommen und haben alles an sich gerissen. Unser Land ist arm, wir hatten nichts weiter als diese Amtsstellen. Nun hat man sie uns genommen, was bleibt da dem Koreaner noch übrig?« Und dann fragte er: »Warum sind andere Völker reich, die Koreaner dagegen arm?«

Ich antwortete, auch die Koreaner besäßen in ihrem Land viele Naturschätze, es fehle ihnen aber an technischem Wissen. Ohne dieses könne man heutzutage nicht reich werden. Ich erläuterte das an Beispielen. So verglich ich unter anderem unsere Reise, bei der wir zwanzig Werst am Tag zurücklegen, mit der Eisenbahnfahrt, die während der gleichen Zeit tausend Werst überbrückt.

»Ja, auch wir bauen so eine Bahn, aber da wir unwissend sind, werden wir keinen Nutzen davon haben.«

Ich entgegnete, die Koreaner seien ein begabtes Volk und könnten, wenn sie sich einmal mit Technik befassten, ebenso rasch wie die Japaner Europa einholen.

»Nordkorea wird Kenntnisse von den Russen übernehmen«, sagte einer.

»Gern, wenn Korea das will. Wir Russen betrachten die Koreaner als unsere Brüder.«

»Wir wollen schon, aber wir wissen nicht, ob die anderen wollen.«

Nach dem Kognak sprachen wir von Sitten und Gebräuchen, Überlieferungen und Religion. Auf diese Weise wurde das bisher Gehörte überprüft, und ich konnte drei neue Erzählungen niederschreiben, die die buddhistischen Mönche als Säufer und sittenlose Menschen kennzeichneten. Der Abend schloss mit einer Besichtigung unserer Ausrüstung.

Übrigens stellte es sich heraus, dass der Adlige nur die chinesische Schrift, nicht aber die koreanische »Frauenschrift« kennt, was ihn, da er inmitten der Landbevölkerung lebt, zum Analphabeten macht. Aber es gilt als eines Edelmannes unwürdig, die Schrift des einfachen Volkes zu beherrschen. Die Koreaner behandelten den Adligen mit großer Achtung. Sie reichten ihm alles mit zwei Händen, und wenn ich ihnen etwas anbot, baten sie ihn erst um die Erlaubnis, es annehmen zu dürfen. Wenn er seine Pfeife ausgeraucht hatte, stopfte er sie wieder, und sein Sohn ging zum Feuer, um sie anzuzünden, wobei er die Pfeife vom Vater jedes Mal mit beiden Händen entgegennahm und sie ihm ebenso wieder reichte. Ich weiß nicht warum, aber diese lange Pfeife und der Duft des Tabaks brachten mir meine früheste Kindheit in Erinnerung, die ich im Hause meines Großvaters, eines typischen ukrainischen Landedelmannes und Grundbesitzers, verlebt hatte. Beim Abschied nahm der Edelmann meine linke Hand und begann mir aus der Handfläche mein Schicksal zu prophezeien. Ich würde neunzig Jahre alt werden. Das sei aus der Linie zu sehen, die zum Gelenk führt. Das Gleiche behauptet übrigens auf Grund der Handlesekunst auch Korf. Die Linie zum Mittelfinger verrate die geistigen Fähigkeiten, die desto reicher seien, je stärker ausgeprägt und verzweigt diese Linie sei. Komisch, auch das stimmt mit Korfs Behauptungen überein.

»Warten Sie, bis wir in Hoirjong sind«, sagt Kim. »Dort gibt es wirkliche Wahrsager. Die werden Ihnen alles erzählen.«

18. September

Halb fünf. Es ist noch finster. Am Feuer vor dem Zelt unterhalten sich die beiden wachhabenden Koreaner. Wie immer reden sie laut und geschwind, mit leidenschaftlicher Betonung; aber trotzdem klingen ihre Stimmen freundlich. Das Wasser rauscht eintönig und friedlich dazu.

Um halb sechs leuchten die ersten Strahlen über den Bergen auf. Hier im Tal liegt noch tiefer Schatten. Ein freundliches, schönes Bild, diese Berge, das kleine Tal, die da und dort verborgenen friedlichen

Fansen. Der Morgen ist klar. Alles schläft noch in der feierlichen Stille.

Als die Koreaner sich gestern Abend verabschiedeten, sagten sie: »Wir müssen gehen und uns zum Fest vorbereiten.« Aus ihren Stimmen klangen Feierlichkeit und Vorfreude. Erntefest... Feiertag ist überall Feiertag, das Herz bewahrt von Kind auf die damit verbundenen frohen Gefühle – ich konnte ihre Empfindungen durchaus verstehen.

Aus Anlass dieses Festes ist der Grundbesitzer Huon-sinog auf seinem Gut eingetroffen. Er kam gestern Abend an. Das Gut liegt uns gegenüber in einer malerischen Schlucht. Sein gepflegter Wald hebt sich scharf von dem Buschwerk ab und zieht sich hoch den Hang hinauf. Die Gerichtsboten dieses Adligen besuchten unser Lager. Wir erfuhren, dass ein Adliger selbst auf fremdem Boden das Recht besitze, Gericht zu halten und Strafen zu verhängen. Er dürfe einen Unbotmäßigen oder einen Trunkenbold auspeitschen lassen.

Gegen sechs Uhr erschienen die Dorfkinder. Sie sahen heute in ihren weißen, himmelblauen, rosaroten und grünen Jäckchen sauber und schmuck aus. Etwas später kam ein Erwachsener, dem zwei mit dem weichen koreanischen Papier gedeckte Tischchen nachgetragen wurden. Darauf standen zahlreiche winzige Schälchen mit folgenden Speisen: Gelbes, klebriges koreanisches Brot aus einer Hirseart, dazu geröstetes Bohnenmehl mit einem trockenen Gewürz aus Soja (schmeckt wie unser feingeriebener grüner Kräuterkäse, aber nicht so scharf), blaue Tomaten, gekochter Knoblauch, Rinderbraten mit Salzgurken, gesalzener Rettich, eine Soße aus Rindermagen, gekochter Fisch, eine Soße aus jungem Hund, warmer Schnaps (Suli) und süßer, etwas säuerlich schmeckender Kwass, ähnlich unserem Honigkwass.

Ich kostete von allem und bedankte mich. Ein Tischchen war für mich, das andere für Korf bestimmt. Aber Korf weigerte sich hartnäckig und sagte, er fühle sich nicht wohl und könne nichts zu sich nehmen. Nach langem Zureden brachte ich ihn dazu, wenigstens vom Rettich zu kosten.

Dann erschien der Edelmann, ebenfalls mit einem Tischchen. Während er herankam, erzählten die Bauern, dass der Adel eigentlich bereits seit 1895 durch einen kaiserlichen Erlass abgeschafft sei. Doch in so entlegenen Gegenden wie hier halte sich noch der alte Brauch, und die Bauern erwiesen dem Adel freiwillig die Ehre, auf die er einst Anspruch hatte. In großen Städten dagegen, vor allem in Seoul, werde der Adel gar nicht mehr beachtet und unterscheide sich in nichts von der übrigen Bevölkerung. Vordem bestanden vier Adelsklassen: Dorf-, Stadt-, Provinz- und Reichsadel. Der Reichsadel besetzte die höchsten Reichsämter, der Provinzadel die der Provinz, der Stadtadel stellte das Militär, der Dorfadel besaß keinerlei Vorrechte.

Wir packen auf und reiten weiter. In einem malerischen Winkel steht die alte, mit Moos bewachsene und mit Ziegeln bedeckte anheimelnde Fansa des Edelmanns. Das Dach ahmt die chinesische Form nach. Die Fansa umgibt ein Bretterzaun, an dem Kürbisse, gelber Mais, noch grüner Tabak und rote Pfefferschoten hängen. Ein farbenprächtiges Bild des Südens! Der Grundbesitzer zeigt uns seine Obstbäume. Das ganze Tal ist mit Steinen übersät, zwischen denen kümmerliches Getreide wächst. Aber die Kirschbäume sind vier Saschen hoch, und hier wächst auch wilder Wein, dessen Trauben süß und wohlschmeckend sind. »Einmal wird die Zeit kommen«, sage ich zu dem Besitzer, »da auch Ihre Täler mit grünen Gärten und Weinbergen bestanden sein werden und die Arbeit der Menschen zehnmal mehr Ertrag bringen wird als heute. Dann wird Korea reich sein. Aber um das zu erreichen, darf man nicht nach China fahren und seine fruchtlose Wissenschaft lernen, sondern muss dorthin reisen, wo man es versteht, Gärten anzulegen und den Bergen ihre Schätze zu entreißen. Dann erst kann Korea zu Reichtum gelangen. Bis dahin aber werden hier nur liebe, brave Menschen leben, die alle Hände voll mit ihren Verstorbenen zu tun haben, gute Menschen, die immer wieder von jedermann nur Unrecht erleiden müssen.«

Der Adlige, der es sich nicht nehmen lässt, uns zu begleiten, nickt herablassend. Er und sein Tal erinnern erstaunlich an sein Urbild, den Don Quijote de la Mancha, und dessen Heimat. Auch er ist eine hagere Bohnenstange, umringt von der etwas spöttischen Höflichkeit seiner Dorfnachbarn. Aber beim Abschied erweise ich ihm alle Ehren, steige vom Pferd und drücke seine Hand mit meinen beiden.

»Ich möchte Sie gern noch einmal wiedersehen«, sagt er gerührt.

»Wenn ich nicht kommen kann, sende ich meinen Sohn zu Ihnen«, antworte ich. Mit diesen Worten trennen wir uns.

Wir reiten durch das Tal, das je nach den einander folgenden Dörfern immer wieder auch seinen Namen ändert: Pa-i-san-chansuri, Marga-örr-chansuri usw. Es ist etwa zwei Werst breit, und sein steiniger Boden wird überall fleißig bearbeitet. Stellenweise sind auch die Hänge bebaut. Der Fluss ist von flachen Ufern eingesäumt; die Bewässerung würde hier keinerlei Schwierigkeiten bereiten. Aber sie wird nur beim

Reisanbau angewandt, für den es hier noch zu kalt ist und der daher nur spärliche Ernten bringt. Je weiter wir reiten, desto dichter folgen einander die Siedlungen, desto höher wird der Bodenpreis. Hier erreicht er bereits zweihundert Rubel für die Desjatine.

Am heutigen Festtag sind alle schön gekleidet. Mädchen schwingen sich auf Schaukeln, junge Burschen haben am Fluss ein Feuer angelegt und kochen sich etwas. Die Erwachsenen suchen die Gräber ihrer Ahnen auf. Von allen Hügeln der Umgegend leuchten weiß gekleidete Gruppen herüber. Alle Hügel sind hier Friedhöfe, Glücksberge. Wenn jemand zu Reichtum und Ansehen gelangt, natürlich weil er für seine Ahnen einen glücklichen Platz gefunden hat, dann kommt es vor, dass auch ein anderer seine Ahnen heimlich dorthin trägt. Aber wenn das der ursprüngliche Besitzer der Grabstätte erfährt, gibt es oft Mord und Totschlag. Die Toten ehrt man dadurch, dass man zu ihrem Grab Speisen und Branntwein bringt. Drei Gläser werden über das Grab gegossen, den Rest und die Speisen genießt man zum Andenken an den Verstorbenen selbst.

Aus einer Fansa sprang ein weiß gekleideter Koreaner hervor, streckte uns die Hände entgegen und rief auf russisch: »Guten Tag, guten Tag, komm in meine Fansa!« Er hatte in Russland gearbeitet. Ich schenkte ihm eine Zigarette und drückte ihm die Hand. Dann trennten wir uns wieder, denn sein ganzer russischer Wortschatz war mit diesem Satz erschöpft.

Wir wollen heute noch Hoirjong erreichen. Der riesige Bibik reitet dahin; er lächelt. Im Gouvernement Charkow geboren, ist er mit seinen Verwandten in die Gegend von Tomsk übergesiedelt, aber seine Aussprache ist ukrainisch geblieben.

»Das Gouvernement Charkow ist ein schönes Land«, beginne ich ein Gespräch.

»Schön wohl, aber Boden gibt es dort keinen.« »Wie gefällt Ihnen Korea?«

Bibik lächelt spöttisch. »Was ist da schon viel dran! Nichts als Berge und Schluchten. Bei uns im Gouvernement Tomsk sind die Felder so groß, dass man ihr Ende nicht sieht.«

»Aber die Häuschen sind hier so hübsch.« »Wieso hübsch?«, fragt Bibik zweifelnd.

»Jedes steht für sich, von Grün umgeben, jedes ist sauber.«

»Wo soll auch Schmutz herkommen, wenn es keine Schafe, kein anderes Vieh gibt als nur Ochsen.«

Gräber

»Sie haben viele Stuben«, fahre ich beharrlich fort, »während sich im russischen Bauernhaus alle Menschen in einer einzigen Stube zusammendrängen und auch noch die Kälber dort untergebracht sind.«

Bibik grinst nun schon ganz höhnisch. »Stuben! Die ganze Stube hier ist so groß wie bei uns ein Hühnerstall.«

Ihr hättet ihn sehen müssen, fast eine Sashen groß, dazu einen hohen amerikanischen Helm auf dem Kopf, und unter ihm das kleine koreanische Pferd, kaum größer als ein Esel. Er zieht den Mund breit und meint: »Eine dämliche Gegend, weiter nichts. Auch in China sieht es so aus.«

»Waren Sie dort?«

»Ja. Und hier bin ich auch schon gewesen.«

Bibik liebt Abenteuer. Er versäumt keine Expedition und lässt ihr zuliebe auch den einträglichsten Posten fahren.

Heute saßen wir zwölf Stunden im Sattel und legten hundert Li zurück. Auf dem letzten Pass hatten wir im fahlen Licht des erlöschenden Tages einen herrlichen Rundblick. Wohin wir auch sehen mochten, lagen Täler, von abenteuerlich gefalteten Gebirgszügen und Hügeln umringt. Täler und Berge waren auch hier wie mit wunderbar bunten samtenen Teppichen bedeckt.

Die Nacht kam, zuerst dunkel und bewölkt; dann aber setzte Nordwind ein, es wurde kalt, die Wolken verzogen sich, und ein heller Mond beleuchtete nun die in seinem silbrigen Licht schwer erkennbare Umgebung.

»Dort, das Weiße, das ist das Tor von Hoirjong.«

Aber alles ringsum schimmert weiß, überall vermeinen wir das Tor von Hoirjong zu sehen. Wir sind müde, alle wollen schlafen. Die Pferde, die den ganzen Tag kein Futter bekommen haben, fassen gierig nach allem, was ihnen unterkommt, nach Gras, Laub und Zweigen. Es ist erstaunlich, was die hiesigen Pferde alles zu verdauen imstande sind. Maisstängel sind für sie eine alltägliche Kost, und es ist noch eine große Gunst, wenn sie sie gehackt vorgesetzt bekommen. Man behauptet, die Koreanerpferde seien bösartig und würden von ihren Besitzern roh behandelt. Es ist wahr, sie werden oft mit dem scharfen Ruf »Gil« angeschrien. Trotzdem betreuen die Koreaner ihre Pferde genauso fürsorglich, wie es unsere Bauern tun.

»In diesen Bergen gibt es Riesenschlangen«, sagt unser Führer und zeigt ihre Größe: eine halbe Elle Durchmesser, mehr als eine Sashen lang. »Hat er sie selbst gesehen?«, frage ich den Dolmetscher. »Ja, aber nicht so große«, antwortet dieser und zeigt nun eine Länge von anderthalb Ellen und die Dicke einer Faust. Doch wie hier der Führer und die uns umringende Menge behaupten die Koreaner auch in anderen Gegenden hartnäckig das Vorkommen von Riesenschlangen und einer Art von Krokodilen, kurzen, dicken, vierbeinigen Tieren. Über diese Krokodile laufen zahlreiche Märchen um. Ihr Kopf sei menschenähnlich, sie liebten besonders schöne Mädchen. Solche Erzählungen bekommt man in jedem Dorf zu hören. Im Winter verschwänden die Krokodile, im Sommer lebten sie von Mäusen und Fröschen; sie seien sehr giftig. Am giftigsten sei aber die Schlange Kul-pämi (die in Löchern Wohnende). Sie lebe in ganzen Scharen, und wenn eine angegriffen werde, stürzten sich alle auf den Feind. Sie sei klein, höchstens eine Elk lang, und von erdbrauner Farbe.

So reden wir über dies und jenes und gelangen schließlich an das Tor von Hoirjong. Das ist ein weiß gekalktes, an die zwei Sashen langes Gewölbe. Von ihm zieht sich nach beiden Seiten eine vierzehn Fuß hohe Trockenmauer im Viereck um die ganze Stadt. Sie hat vier Tore, die nach den vier Weltgegenden hinausführen. Hinter dem Torgewölbe, das in einen Abgrund zu führen scheint, sieht man undeutlich etwas Silbriges schimmern. Ist es der Himmel oder ein klarer Fluss? Die

Phantasie malt bereits die bizarre Architektur einer orientalischen Stadt, doch da haben wir das dunkle Tor durchritten, das trübe Silberlicht verschwindet, und wir sehen Ackerland. Hundert Sashen weiter taucht etwas Graues vor uns auf. Aber auch das ist noch nicht die Stadt, sondern ein Denkmal für die ehemaligen Stadthauptleute.

Endlich erreichen wir die Stadt selbst, das heißt eine Gruppe ganz gewöhnlicher grauer, strohgedeckter Fansen, die aber hier, zu einem Haufen zusammengedrängt, hässlich und schmutzig aussehen. Wenn ich das Pferd quer stelle, versperrt es die ganze Gasse. Im Sattel reiche ich mit meinem Kopf bis zu den Dachfirsten. Die Gassen sind voll von übel riechendem Schmutz. Wir reiten an Kaufläden und dann an Reihen von Vorratsschuppen vorbei. Es ist erst acht Uhr, aber die ganze Stadt schläft bereits. Wo sollen wir nun hin? Wir klopfen an einer Fansa an und erfahren, dass für uns schon ein Quartier bereitstehe; wir sollten uns bei der Stadtobrigkeit erkundigen.

Der Dorfälteste, der uns geführt hat und die ganze Zeit um die Sauberkeit seiner Schuhe besorgt gewesen ist, geht zum Stadthauptmann und stapft nun durch den Schmutz, ohne viel an seine Füße zu denken. Seine ganze Gestalt ist demütig gebeugt; offenbar beherrscht ihn jetzt nur die einzige Sorge, ja nichts verkehrt zu machen und nicht in Ungnade zu fallen. Als erstes Gebot gilt, dass man in eine Stadt nicht hineinreiten darf, daher ist er abgestiegen. Zweitens darf man die Obrigkeit nicht ansehen, sondern muss ihr tief gebückt entgegentreten. Daher geht er schon jetzt mit gesenktem Kopf. Und trotzdem ist sein schüchternes Herz bange, denn das Dritte und Wichtigste zu erraten, was nämlich die Obrigkeit in diesem Augenblick denkt und wünscht, ist weder einem Koreaner noch sonst einem Sterblichen gegeben. »Ist doch ganz einfach«, meint Kim, »wenn man ihm Schläge mit Bambusstöcken zugedacht hat, dann bekommt er sie eben.«

»So eine Stadt!«, entrüstet sich Bibik und spuckt vor dem uns umgebenden Gestank aus.

Bald kehrt unser Führer in froher Stimmung zurück. Jetzt denkt er wieder an seine Füße und sucht sich vorsichtig die trockeneren Stellen aus. Ihm folgt ein Polizist mit einer grünen Schärpe. Er winkt und läuft auf uns zu. Wir reiten hinter ihm her, durchqueren fast die ganze Stadt und gelangen endlich zu unserem Quartier. Das ist eine große, behagliche Fansa mit drei Stuben. Der geheizte Fußboden strömt eine angenehme Wärme aus. Fast ein Dutzend Polizisten, die von irgendwoher aufgetaucht sind, helfen uns beim Absteigen und führen uns in die

Stuben. Nach dem ermüdenden Ritt wäre es schön, etwas zu essen und sich dann schlafen zu legen. Aber ich muss noch die Angaben des Barometers und Thermometers, alle gemessenen Entfernungen und Höhen, die Namen der Flüsse und Dörfer eintragen. Und dann kommen mein Tagebuch und die Märchen an die Reihe.

Der Lärm des Abladens ist verstummt, das Abendessen wird gekocht, im Nebenzimmer singt eine angenehme Tenorstimme ein orientalisches Lied. Wie der Farbenschmuck der Berge und Täler passt es so ganz zur gefühlvollen, aber unterdrückten und schüchternen Seele des Koreaners. Etwas Zartes, Klagendes, das Herz Ergreifendes liegt in dieser eintönigen Melodie. Einzelne Koloraturen und Tonfolgen sind völlig verständlich und sehr wirksam, aber alles zusammen verlangt nach einer Übersetzung für unsere Ohren, ist nur Material für den Komponisten, der sich mit der Musik des Ostens befassen wollte.

Doch dann kam Kim und erklärte, das sei gar kein Gesang, sondern ein Vorlesen. Hier pflege man singend vorzulesen, und ich hätte soeben einen der besten Vorleser der Stadt gehört.

19. September

Da wir heute in Hoirjong Tagesrast halten, hofften Borminski und ich, uns gründlich ausschlafen zu können. Aber wir kamen nicht dazu. Um sechs Uhr erklang in der Nähe ein melodisches, anschwellendes und wieder abnehmendes Klagen. Immer näher kam es, bis Hof und Stuben unseres Quartiers mit diesem seltsamen orientalischen Gesang erfüllt waren. Kim, noch ungewaschen, steckte den Kopf zur Tür herein und flüsterte aufgeregt: »Der Stadthauptmann!«

»Sagen Sie ihm, wir ließen uns sehr entschuldigen, aber wir lägen noch im Bett. Außerdem sei der Tross mit unseren Sachen noch nicht angelangt. Wir würden ihn später selbst aufsuchen.«

Doch gleich darauf kommt Kim noch einmal herein und berichtet, der Stadthauptmann habe, da so angesehene Fremde seine Stadt besuchten, es für seine Pflicht erachtet, sich nach ihrer Gesundheit zu erkundigen und zu fragen, ob sie auch mit dem Quartier zufrieden seien.

»Wir sind sehr zufrieden und danken herzlich.«

Eine Pause, dann rufen zehn oder zwölf Stimmen etwas in der Art unseres Hurras, und darauf setzt wieder der melodische Singsang ein. Wir sehen zum Fenster hinaus. Ein hoch gewachsener, schon älterer Mann sitzt in einer hohen Sänfte. Er trägt einen schwarzen Rosshaarhut, ein weißes Gewand und darüber eine violette Tunika. Die Sänfte hat einen erhöhten, mit Leopardenfell bedeckten Sitz. Zu beiden Seiten marschieren zwei Männer mit Hellebarden, eine bunte Laterne wird vorangetragen. Neben dem Stadtoberhaupt geht ein Junge. Das ist sein Adjutant; er gibt die Befehle an den obersten Gerichtsboten weiter. Der wiederum ruft sie seinen Untergebenen zu. Das ganze Gefolge des Stadthauptmanns besteht aus zehn Personen, die ihm in einer Reihe folgen.

Der Gesang verklingt, aber uns ist der Schlaf vergangen. »Was schreien sie denn dort in der Ferne?«, frage ich. – »Alle sollen den Weg frei machen. Wenn der Stadthauptmann kommt, muss man sich entfernen oder tief gebeugt zur Seite treten und vorbeigehen, ohne aufzusehen.«

Der Stadthauptmann trug übrigens eine riesige chinesische Brille. Alle, die ihm begegneten, mussten ihre Brillen abnehmen. Aber das ist auch sonst bei Begrüßungen üblich.

Nach dem Tee setze ich mich an die Arbeit. Die anderen, Bibik ausgenommen, gehen die Stadt besichtigen. Bibik meint: »Was gibt es da schon zu sehen? Bei uns im Gouvernement Tomsk …« Er erzählt nicht zu Ende, was es dort bei ihnen im Gouvernement Tomsk gibt, aber er braucht das auch gar nicht, es ist ohnehin alles klar. Daher legt sich Bibik schlafen und schnarcht den ganzen Tag.

Gegen zwei Uhr trifft der Tross ein, wir ziehen uns an und gehen zum Stadtoberhaupt. Einer seiner Beamten ist bei uns geblieben und führt uns nun zu seinem Chef. Uns folgen Kinder und Erwachsene, auch einige Koreanerinnen lassen sich sehen, die einen verschämt, andere aber mit sicherer Haltung. Da steht eine Frau mit großen Augen und einem völlig weißen, auch für unsere Begriffe schönen Gesicht. Ihre Augen drücken Selbstbewusstsein, ja sogar eine gewisse spöttische Überlegenheit aus. »Eine lustige Witwe«, sage ich zu Kim. Er erkundigt sich, und es stellt sich heraus, dass die lustige Witwe nichts weiter als eine Dirne ist. »Wie haben Sie das erraten?«, wundert er sich. »Sie war die Favoritin des vorigen Stadthauptmanns, aber der neue hat sich eine andere gewählt, und nun ist sie unzufrieden.«

»Aus welchen Kreisen gehen hier die Dirnen hervor?«

Kim gibt diese Frage an die uns umringenden Koreaner weiter. Es folgt ein langes Gespräch, Berichtigungen werden zugerufen, und schließlich übersetzt Kim: »Die Dirnen stammen aus allen Schichten der Gesellschaft.«

»Ich habe aber gelesen, dass die eigentlichen Tanzmädchen nur aus der Stadtbevölkerung hervorgehen, einem zwischen Adel und Bauern stehenden Stand«, entgegne ich.

Kim wendet sich noch einmal an die Menge, und ihm wird energisch folgende Antwort zugerufen: »Das ist nicht wahr. So etwas kann in jeder Familie vorkommen. Wenn das Mädchen drei Jahre alt ist, sagt der Wahrsager, der Schamane, wie ihr ihn nennt, seine Zukunft voraus. Da kann es sein, dass dem Mädchen ein früher Tod bestimmt ist, während es als Dirne weiterleben könnte. Darum wird es zu diesem Beruf bestimmt. – Aber das ist schon das Allerletzte«, setzt Kim hinzu, unterstreicht seine Ansicht mit einer entsprechenden Grimasse und gibt sie auch den Zuhörern bekannt. Diese verzerren nun auch ihre Gesichter, spucken aus und stimmen ihm laut zu.

Wir bekommen noch eine Dirne zu sehen, eine Frau mit einem ebenfalls weißen, aber unsympathischen Gesicht und einem schwammigen Körper. Sie steht ruhig da und unterhält sich friedlich mit den Menschen, die uns begleiten. Sie äußern keine Spur von Verachtung. Ich mache Kim darauf aufmerksam. »Aber gewiss doch«, antwortet er, »sie ist doch auch ein Mensch, sie kann ja nichts dafür.«

Wir kommen an einer ganzen Reihe von Denkmälern vorbei, die den früheren Stadthauptleuten geweiht sind, und gelangen dann zu einem Haus mit einem bizarren Ziegeldach im chinesischen Stil. Davor steht ein hoher hölzerner Torbogen mit einem riesigen Gong, auf dem der Zapfenstreich geschlagen wird. Dort oben erwartet uns der Stadthauptmann mit seinem Gefolge. Als er uns bemerkt, kommt er rasch in den Hof herunter. Vor uns öffnet sich das Mitteltor, durch das sonst nur der Stadthauptmann eintreten darf. Wir gehen durch den Hof und steigen die Treppe zu einem breiten Vordach hinauf. Etwas abseits liegen die koreanischen Ruten, zwei Ellen lange, biegsame Lineale mit Handgriffen. Hier werden die Strafen vollzogen. Der Stadthauptmann kommt uns entgegen. Wir reichen uns die Hände, er zeigt auf eine Tür. Wir betreten ein etwa anderthalb Quadratsashen großes Zimmer. In der Mitte stehen ein weiß gedeckter Tisch und vier Schemel, von denen zwei mit Leopardenfellen überzogen sind. Borminski und ich werden gebeten, darauf Platz zu nehmen, auf die beiden anderen setzen sich der Stadthauptmann und Kim. Das Gespräch beginnt mit der Frage, wie die lieben Gäste gereist seien und wie ihnen Land und Leute gefielen.

Wir loben das Land und die Leute und danken für die Gastfreundschaft. Wir sagen dem koreanischen Volk eine ruhige und sorglose Zukunft voraus, sobald es sich technisches Wissen angeeignet habe.

»Ja, Bildung ist nötig«, antwortet der alte Beamte. »Mein Sohn studiert bereits das dritte Jahr in Petersburg. Korea könnte leben, wenn ihm die anderen Völker nicht das Land wegstählen. Der Koreaner kann keinen Widerstand leisten, und doch wäre das eine große Sünde. Gott sei Dank, wir haben uns von den Chinesen befreit, aber jetzt reißen die Japaner alles an sich. Sie sind gierig, eigennützig und heuchlerisch[27]. Wir zahlen für ihren Dollar fünfhundert Käsch, und dabei ist diese Münze schon längst außer Kurs und wird in der ganzen Welt nur noch nach ihrem Silbergehalt bewertet. So wirft das bettelarme Koreanervolk den Japanern drei Millionen hin.« Er liebt die Japaner nicht. Wahrscheinlich wird man ihn deswegen davonjagen, aber er sagt offen seine Meinung. Die Vermutung, dass er bloß uns zuliebe heuchle, ist schon deshalb ausgeschlossen, weil in den Türen und an den Fenstern unzählige Menschen stehen, die alle aufmerksam zuhören. Das Leben spielt sich hier wirklich erstaunlich offen vor aller Augen ab. Alles ist darauf eingerichtet, einschließlich der Häuser, in denen man am einen Ende hört, was am anderen geflüstert wird, und deren Türen mit Papier bespannt sind. Versucht es, sie zu schließen, bald sind Löcher hineingebohrt, und wieder folgt ein Dutzend Augen jedem eurer Schritte.

Das Stadtoberhaupt stellt uns seine Kinder vor. »Das hier ist mein zweiter Sohn, er stammt von einer Nebenfrau.« Früher gab es auch in Korea einen Unterschied zwischen ehelichen und unehelichen Kindern, aber er wurde schon vor langer Zeit beseitigt. Darüber wird folgendes erzählt: Ein Minister hatte keinen ehelichen Sohn. Dem Brauch nach musste er somit jemand aus seiner Verwandtschaft adoptieren und ihm seine Rechte und sein Vermögen vererben. Seine Wahl fiel auf einen Neffen. An dem für die Feier bestimmten Tag, zu der sich im Haus des Würdenträgers alle angesehenen Männer und sogar der Kaiser eingefunden hatten, erschien auch der zehnjährige uneheliche Sohn des Gastgebers. Er trug viele scharf zugespitzte Stäbe in der Hand, gab jedem der Gäste einen solchen und sprach: »Stecht mir die Augen aus, wenn ich nicht der Sohn meines Vaters bin.« – »Du bist aber der Sohn deines Vaters.« – »Dann stecht mir die Augen aus, wenn mein Vetter der Sohn meines Vaters ist.« – »Nein, er kann nicht der Sohn deines Vaters sein.« – »Warum raubt ihr dann mir, dem Sohn, meine Rechte?« – »So will es das Gesetz«, wurde dem Knaben geantwortet. – »Wer schafft die Gesetze?«, fragte er. – »Die Menschen.« – »Seid ihr Menschen?« – Die Gäste blickten sich Rat suchend an und gaben dann zur Antwort: »Ja, wir sind Menschen.« – »Dann hängt es also allein von euch ab, dass dieses ungerechte Gesetz verschwindet«, erklärte der Knabe. Der Kaiser aber fügte noch hinzu. »Der Junge ist gar nicht dumm für seine Jahre. Wirklich, warum sollten wir dieses harte Gesetz nicht aufheben?« Es wurde geändert, und seitdem gibt es in Korea keine Kinder, die wegen ihrer unehelichen Abstammung benachteiligt werden. »Ja, so ist es«, sagen die ernsten Koreaner und nicken uns von den Fenstern und Türen zu.

»Stimmt es, dass der Adel in Korea abgeschafft ist?«, fahre ich nun fort, um die erhaltenen Auskünfte nachzuprüfen.

»Nein, er blieb erhalten, aber seit 1895 sind alle Stände gleichberechtigt.« »Und die Leibeigenen?«

»Die Leibeigenschaft wollen wir auch aufheben.«

Als man erfuhr, dass wir bereits zu Mittag gegessen hatten, wurden uns koreanische Leckerbissen gereicht: weiße und rote Bonbons aus Mehl und Zucker, eine Art Datteln und dunkelfarbene chinesische Lebkuchen, die sehr süß und aus mürbem Teig waren. Dann erhielten wir noch Tee und Kognak.

An der Flasche erkannte ich, dass das eine Gabe unserer Vorgänger war. Daher boten nun auch wir unsere Geschenke dar: fünfzig Zigarren, hundert Zigaretten und ein Rauchservice. Der Stadthauptmann sprach seinen herzlichen Dank aus. Ich fragte ihn durch den Dolmetscher, ob er bereit sei, sich fotografieren zu lassen. »O ja, gern. Ginge es an, dass Sie ihn mit seiner ganzen Familie einschließlich der Nebenfrauen, Konkubinen und der Dienerschaft aufnehmen?«, übersetzte mir Kim die Antwort. Borminski übernahm das Fotografieren, während ich mich wieder in unser Quartier entfernte. Als Borminski zurückkam, erzählte er, der Stadthauptmann habe sich zuerst allein und dann mit seinem gesamten Gefolge aufnehmen lassen, aber zwei seiner Frauen fehlten. Die eine hielt sich auf dem Gut auf, die andere fühlte sich nicht wohl. Am Abend wollte er uns wieder besuchen.

Kim hat einen neuen Führer gefunden, der viele Sagen kennt und gut vorliest. Wir kauften eine große, sieben Kapitel lange koreanische Erzählung, die wir unterwegs lesen werden. Jetzt sitzen der neue Führer und eine ganze Gruppe von Koreanern in meiner Stube, und ich richte wieder eine Menge Fragen an sie, vor allem, um die bisher erhaltenen Auskünfte zu überprüfen. Wassili Wassiljewitsch, unser chinesischer Dolmetscher, hat seine Verwandten besucht. Ich erkundigte mich, ob es gute Menschen seien. »Lauter Hunghudsen«, antwortete Wassili trübselig. Er fürchtet sich nämlich vor diesen Hunghudsen (Räubern) und bebt allein schon beim Gedanken, dass wir zum Pektusan, also mitten in ihr Reich, ziehen wollen.

Es dämmerte, und bald erklangen wieder die lang gezogenen Laute: Das Stadtoberhaupt war zu uns unterwegs. Als der Gesang im Hof zu hören war, ging ich hinaus. Wir begrüßten uns durch Händedruck, und der Beamte betrat unsere Stube. Dort setzten wir ihn auf den Klappstuhl und bewirteten ihn mit Kaviar, Schinken, Sardinen und vor allem mit Kognak. »Das ist unser Adelsvorsteher«, sagte der Stadthauptmann und zeigte auf ein Mitglied seines Gefolges, das ihn im Halbkreis umgab. Das war ein Mann in mittleren Jahren mit einem rundlichen Gesicht. Das lange Gewand glich der Kutte eines Dominikaners, Gesichtsausdruck und Haltung waren voll schmeichlerischer Unterwürfigkeit. Ich bot ihm Platz an, aber er wollte sich nicht setzen. Jedes Mal, bevor Kim ihm einschenkte, bat er zuerst den Stadthauptmann um Erlaubnis dazu. Dann verneigte sich der Adelsvorsteher, nahm das Glas, verdrehte ganz wunderlich den Hals und trank alles Dargebotene mit abgewandtem Gesicht aus. Auch die Speisen, die er mit beiden Händen in Empfang nahm, aß er in dieser Stellung. Den Übrigen hatte der Stadthauptmann das Trinken verboten.

Bevor wir uns trennten, begann das Stadtoberhaupt russisch zu sprechen. Er erzählte, dass er Wladiwostok besucht habe und mit der Eisenbahn gereist sei. »Ja, ich hatte Glück in meinem Leben«, belehrte er seinen Adelsmarschall, »ich habe mit den angesehensten Persönlichkeiten gespeist: in Wladiwostok mit dem Gouverneur, in Chabarowsk mit dem Generalgouverneur und in Kamen-Rybolow mit dem Polizeihauptmann.« Er bat uns, wir möchten bald eine Bahn bauen, und zeigte Muster von Steinkohle, die in einem zwei Werst von Hoirjong entfernten Berg gefunden wurde. Ich bot ihm noch Wermutwein an, aber er erwiderte gutmütig: »Für heute ist es genug. Aber lassen Sie mir die Flasche. Morgen werde ich mich langweilen und sie in Erinnerung an die lieben Gäste austrinken. – Das hier ist mein Adjutant«, fügte er hinzu und wies auf einen Jüngling. »Ich liebe ihn sehr, und er schläft immer bei mir.«

Nun wurden Süßigkeiten aufgetragen, Nussmarzipan und Karamellen. Aber der Stadthauptmann erklärte: »Nein, ich mag keine Süßigkeiten. Wir wollen lieber noch ein Gläschen trinken.« Er zwang auch

Kinder

mich, das Glas zu erheben, und ich sagte: »Ich trinke auf das Wohl des liebenswürdigen und gastfreundlichen Volkes von Korea. Ich wünsche ihm eine glänzende Zukunft und hoffe, dass ihm niemand bei seiner Entwicklung im Wege stehen wird.«

Alle Koreaner nickten mir daraufhin freundlich zu.

Als der Besuch sich verabschiedete, bot ich ihm noch einmal die Bonbons an, er möge sie für seine Kinder mitnehmen. »Hier stehen meine Kinder«, antwortete er und zeigte auf das sich vor der Tür drängende Volk, unter dem er nun die Süßigkeiten verteilte. »Süßes erlaube ich ihnen, aber sie dürfen in meiner Gegenwart weder Schnaps trinken noch rauchen. Nur dem Adelsvorsteher gestatte ich das Trinken, aber rauchen oder sitzen darf auch er nicht.«

Als das Stadtoberhaupt davonzog, war es bereits Nacht geworden, und der ihn begleitende lang gezogene Singsang, die riesige bunte Laterne und die weiß gekleidete Wache wirkten nun noch eindrucksvoller. Danach setzten wir uns an das uns gebotene koreanische Essen, dem sieben Vorspeisen vorangingen. (Im Süden werden neun gereicht.) Es bestand aus einer Hühnerbouillon, Braten mit Knoblauch und in Bohnenöl gebratenen Fleischstückchen. Statt Brot wurde Reis gereicht. Alles war essbar und schmackhaft.

20. September

Es ist erst sechs Uhr, aber schon guckt ein Dutzend Kinderaugen durch die Löcher. Leider sind die Kinder sehr schmutzig, und der von ihnen ausgehende Geruch ist oft unerträglich. Auch jetzt beherrscht er die ganze Stube. Da ist es besser, ich stehe auf und öffne die mit Papier beklebte Tür, damit etwas frische Luft herein kann.

Während das Gepäck reisefertig gemacht wurde, ging ich in die Stadt und fotografierte einige Kaufläden und Gassen, die Schenken, in denen Nudeln feilgeboten werden, und Frauen, die ihre Kinder in einem Bündel auf dem Rücken trugen. Oft schleppten zehnjährige Mädchen eine solche für sie kaum zu bewältigende, mit Lappen umwickelte Last. Durch die offenen Türen der Fansen waren halb nackte Frauen bei der Arbeit zu sehen. Vor einem Laden traf ich eine liebliche Frau. Sie trug die hier übliche Kleidung: einen weißen Rock mit weißem Gürtel und über die Schultern ein kurzes, offenes Jäckchen, das nicht bis zum Gürtel reichte und Rücken, Hüften und Brust frei ließ. Sie kaufte Watte ein und wartete, während diese gewogen wurde, mit einem Bündel Käsch in der Hand. In einem Hof bemerkte ich ein Zelt. Dort waren am Todestag eines Verwandten alle Bekannten auf Besuch gekommen, aßen und tranken und gedachten dabei des Verstorbenen. Vor den Läden saßen die Kaufleute, die Beine nach türkischer Art gekreuzt oder auch in der Hocke. Sie blicken genauso überlegen drein wie unsere russischen Händler. Auch sie verachten alles, ausgenommen das Geld. Schließlich erreichte ich das Südtor, durch das immer wieder Frauen mit hohen Wasserkrügen auf dem Kopf hereinkamen. Eine Menge Kinder und anderen Volkes folgte mir, alle waren freundlich, höflich und entgegenkommend. Immer wieder erklang zärtlich betont das Wort »Arassa« – ein Russe.

Um mit der Beschreibung Hoirjongs abzuschließen, wäre nur noch zu sagen, dass es tausend Fansen, sechstausenddreihundert Einwohner, hundert Ochsen, fünfzig Kühe, dreißig Pferde und tausend Schweine zählt. Wir konnten nur mit Mühe sieben Pud Gerste und fünf Eier kaufen.

Das Verpacken ist beendet. Einer unserer Arbeiter, der langbeinige, hagere Koreaner Sa Pagi, mit einer europäischen Jacke bekleidet, einen steifen Hut auf dem Kopf, sitzt bereits im Sattel und treibt die anderen durch lebhafte Rufe an. Endlich brechen wir auf und winden uns durch die engen Gassen zum Südtor. Eine blasse junge Koreanerin kommt uns entgegen. Sie trägt einen Krug auf dem Kopf und tritt ganz eigentümlich auf, um das Gleichgewicht zu hatten. Bibiks Gesicht zerfließt in einem seligen Lächeln. »Donnerwetter, die ist aber hübsch!«

Zwei Werst von Hoirjong entfernt stehen zwei Pfähle mit Querbalken. Sie tragen das Wappen der Stadt: zwei Wildgänse und dazwischen eine Heugabel oder ein Dreizack. Dieses Tor soll vor den Strahlen des bösen Berges schirmen. Der Dreizack spießt sie auf. Die Wildgänse aber sind die Wahrzeichen des Frühlings und der Wärme.

Über dem Tor vieler Pausen kann man folgende Inschrift lesen: Mögen der Frühling und der Sommer, die alle Freuden mit sich bringen, bald durch dieses Tor treten.

Nahe am Weg stehen die Grabmäler eines Sippenfriedhofs. Es sind dreiviertel Ellen lange und eine halbe Eile breite Marmortafeln. Beiderseits erheben sich aber noch zwei Steinplatten mit Reliefs menschlicher Gestalten. Das sind die Leibeigenen, die ihrem Herrn auch nach seinem Tode dienen sollen. Oft findet man auf solchen Friedhöfen einen hohen Pfosten mit dem Bild des Paradiesvogels darauf. Er ähnelt einem Kranich. Solche Denkmäler stehen auf Gräbern von Männern, die vom König ein auf rotem Papier geschriebenes Belobigungsschreiben erhalten hatten.

Fünfzehn Li von Hoirjong entfernt liegt das Dorf Pikori. Der Name bedeutet »das Dorf der Denkmäler«. Hier empfängt das alte Stadtoberhaupt nach Ablauf seiner Dienstzeit den Nachfolger und überreicht ihm das Dienstsiegel. Hier stehen auch zahlreiche, den ehemaligen Stadthauptleuten gewidmete Denkmäler, und auch später noch begegnet man solchen längs der Straße. Das eine trug eine Inschrift. Ich fragte, was sie bedeute. »Da steht geschrieben, welch Glück es sei, hier zu rasten und den Anblick dieses Tales zu genießen«, wurde mir geantwortet. Aber Kim fügte hinzu, diese Inschrift gehöre gar nicht zum Denkmal, sondern sei wohl von einem Koreaner angebracht worden, der hier vorbeigereist war.

»Und jenes Denkmal dort auf dem Berg?«, frage ich weiter.

»Das ist das Denkmal der tugendhaften Frau. Ein sehr angesehenes und verehrtes Denkmal, auf das sich die Einwohner dieser Gegend stets berufen, wenn sie ein Gesuch an den Kaiser richten.«

»Wodurch ist diese Frau so berühmt geworden?« »Sie war tugendhaft«

»Aber das ist doch das erste Denkmal dieser Art, dem wir begegnen. War denn das die einzige tugendhafte Frau, und wer hat ihre Tugend bezeugt?«, frage ich, nun schon ein wenig misstrauisch geworden. Da

Dame in Sänfte

wird mir die herrliche, im tiefsten Sinne altruistische Geschichte von der tugendhaften Frau erzählt.

Nach dreiundzwanzig Werst erreichen wir das ehemalige Fort Kopungsan. Es ist von einer grauen Steinmauer umgeben. Ihr hat die Zeit ihren Stempel aufgeprägt; sie ist zerfallen, von der ehemaligen Stadt sind nur noch dreihundert Fansen übrig. Pflanzen wuchern im Gemäuer und auf dem Ziegeldach, und dieser Zusammenklang von lebendigem Grün und grauem Gestein bildet am klaren Herbsttag einen anziehenden Gegensatz zu den vorherrschenden rötlichgelben oder goldfarbenen Tönen.

Aber wehe, wenn jemand diese Mauer besteigen und sich vertrauensvoll in ihrem Grün niederlegen wollte! Dort halten sich eine Unmenge Giftschlangen auf, die einen sofort beißen und deren Gift binnen weniger Minuten tödlich wirkt. So starb hier ein wunderschönes Mädchen, als seine Eltern es zur Heirat mit einem ungeliebten Mann zwingen wollten. Es zog sich sein Hochzeitskleid an und stieg über die Mauer. Niemand wagte es, ihm zu folgen, und es legte sich im dichten Grün nieder und ließ sich von den Schlangen töten.

Der Weg führt die ganze Zeit durch das malerische Tal des Flüsschens Tschon-kang-mun. Immer wieder die gleichen Berge, die gleichen Felder mit Mais und Kolbenhirse. Aber hier steht mehr Wald, und breite Weiden neigen sich zum reißenden, kristallklaren, kalten Fluss hinab. Unter ihnen stehen da und dort malerisch verstreut einzelne Fansen. Die koreanischen Jünglinge tragen Zöpfe und sind nicht nur in ihrer Kleidung von Mädchen nicht zu unterscheiden, sie blicken auch so träumerisch versonnen drein wie Mädchen. Wir nächtigen im achtzig Li von Hoirjong entfernten Dorf Tschongkor, in einer Schlucht, aus der kein Weg mehr aus dem Gewirr der Berge zu führen scheint. Der bläuliche Rauch des Lagerfeuers wirbelt fröhlich empor, die Flamme flackert und entreißt da und dort eine Gruppe der uns umringenden Koreaner dem Dunkel. Es hat sich sofort im Dorf herumgesprochen, dass mit uns ein Erzähler gekommen ist, und daher haben sich alle versammelt, um dem zwanzigjährigen Ehemann zuzuhören. Dieser trägt ein ganz fraulich wirkendes Gewand, ist schüchtern wie ein Mädchen und rezitiert nun seine Sagen. Ja, es herrschen noch Homers Zeiten beim koreanischen Volk, und man muss es einmal gesehen haben, wie ernst und hingegeben sie den Erzählungen folgen! Die besten Erzähler sind allgemein bekannt, und Kim trifft jedes Mal unfehlbar die richtige Wahl.

Die Märchen handeln von den Ahnen und vom Glück. Um es zu erringen, trägt der Koreaner seine Toten von einem Begräbnisplatz zum anderen, ändert fast jedes Jahr den Namen seines Dorfes und sucht im Kalender oder bei den Wahrsagern nach Glückstagen. Wilder Wein wächst an den Hängen, wilde Apfel-, Kirsch- und Pflaumenbäume stehen in den Tälern, Gold, Eisen, Silber, Blei und Steinkohle liegen in seinen Bergen, aber der Koreaner braucht das alles nicht, er sehnt sich nach den Märchen vom Glück. Sie sind ihm mehr wert als alles Geld und Ackerland.

21. September

Das Lager ist bereits abgebrochen, und die Hauswirte räumen eifrig den Hof auf. Wieder ist alles so freundlich und behaglich. Unzählige Kinder. Auch ein Aussätziger. Auf meine Frage, ob es hier viele seinesgleichen gebe, wird mir geantwortet: »Oh, sehr, sehr viele!« Aber sie leben im Kreise ihrer Familie, und niemand ekelt sich vor ihnen. »Man muss Mitleid mit dem Unglücklichen haben, er lebt ja nicht mehr lange.«

Das Mittagessen ist bereits um sieben Uhr früh fertig. Wir müssen uns daran gewöhnen, gleich am Morgen für den ganzen Tag auf Vorrat zu essen, denn wir bleiben mindestens zwölf Stunden im Sattel. Das ist die beste Art zu reisen: den ganzen Tag unterwegs, die ganze Nacht dem Schlaf hingegeben.

Der herrliche Morgen, die freundliche Sonne, die Täler und Berge sind alle gleich schön; das klare Wasser des Gebirgsflusses rauscht noch immer sanft dahin. Darüber aber breitet sich der zartblaue Himmel aus, und ich kann nicht erkennen, ob dieses weiße Wölkchen am Himmel oder auf einem Berggipfel dahinschmilzt. Am Hang liegt eine Grabstätte, und schon machen sich die fleißigen Koreaner an den Gräbern ihrer Ahnen zu schaffen.

Immer höher windet sich der Weg empor. Ab und zu begegnen wir kleinen Gruppen der zweirädrigen, von Ochsen gezogenen Karren, manchmal überholen wir solche. Sie sind mit Waren aus Russland beladen: Nessel und Kattun. Die uns Entgegenfahrenden haben chinesischen Branntwein auf den Karren. Auf der Passhöhe, drei Werst von unserem Nachtlager entfernt, steht eine Gebetsstätte. Vor einem Baum erhebt sich ein etwa eine Quadratsashen großer Bau. Unter seinem Ziegeldach lesen wir die Inschrift: Haus des Herrschers der Berge. Innen hängt gegenüber dem Eingang das auf braunem Papier gemalte Bildnis eines Greises mit weißen Brauen, weißem Bart und blassgelbem Gesicht. Er ist in ein grünes, rot gefüttertes Gewand, eine Art Kutte, mit blauem Kragen und gelben, blau eingefassten Ärmeln gekleidet. Unter dem grünen Gewand blickt ein blass elfenbeinernes Hemd hervor, die Füße stecken in chinesischen Pantoffeln. Der Greis umarmt mit einer Hand einen Tiger, der den Rücken krümmt und dem Mann in die Augen blickt. Das ist sein Reittier, auf dem er sein Berggebiet bereist. Auf dem Haupt trägt er eine kleine gelbe Blütenkrone; er sitzt in nachdenklicher Haltung auf einer Bank und blickt seinerseits den Tiger an. Das Bild wurde im Jahre 1898 im dritten Mond vom Maler Oh Chan Mud aus der Ortschaft Tcha-kor im Bezirk Hoirjong gemalt. Darunter steht die Inschrift: Der heilige Herr der Berge. Es wird von zwei roten Kattunvorhängen verdeckt, die beiden anderen Seiten der Gebetsstätte sind mit unzähligen Pferdehaaren behängt. Jeder Reisende, der hier vorbeikommt, reißt aus der Mähne und dem Schweif seines Pferdes Haare aus, hängt sie an die Wand und bittet um Schutz vor Tigern. Vor dem Bild stehen im Gebetshaus einige Steine, auf denen zu Ehren des Berggeistes Balsamharz verbrannt wird.

An der Außenwand entdecke ich russische Inschriften: 8. Mai 1889, Wetterhof; 25. Mai 1890, Wetterhof, Novius und Chrustschow; 26. Mai 1886, Dessano... (das Weitere ist unleserlich). Auch ich füge das Datum (21. September 1898) und meinen Namen hinzu.

Als wir elf Werst vom letzten Nachtlager entfernt waren, gerieten wir in ein wildes, fast unbewohntes Hochgebirge, durch das ein schmales Tal führt. Neun Werst weiter liegen die Ruinen von Alt-Musan. Nur die Mauer und ein paar Fansen sind erhalten.

Immer höher steigt der Weg. Ringsum ist nichts als Wald, durch den die Gipfel ferner Berge herübersehen. Aber der Wald ist minderwertig, entweder verdorrt oder angefault. Hier stehen vor allem Espen und Lärchen. Ab und zu trifft man Fichten, aber sie sind so selten, dass sie keine Erwähnung verdienen. Alles Übrige ist Abfall, der kaum noch zu Brennholz taugt.

Spät, schon fast in der Finsternis, erreichen wir den Tschapriong-Pass, den letzten vor Musan, steigen hinab und nächtigen im Dorf Schekschari-kor. Der Gasthof ist eine ärmliche Fansa. Im Wald heult trübselig der Wind, und das Rauschen hört sich an, als tobte draußen ein Unwetter. Man erzählt mir, ein Koreaner, der aus einer waldarmen Gegend stammte, sei von diesem ihm unbekannten Rauschen so beeindruckt gewesen, dass er vier Tage wartete, ob es nicht endlich verstummen würde. Aber hier rauscht es immer. Unsere armselige Fansa erinnert sehr an die Sakli, die Häuser der kaukasischen Gebirgsvölker.

Es ist kalt, das Thermometer ist auf vier Grad gefallen. Kein Heu, kein Stroh, weder Hafer noch Gerste ist zu haben. Wir sandten unsere Leute fünf Werst weit, und sie konnten mit Mühe zwei Pud Gerste und fünfundzwanzig Bündel Haferstroh auftreiben. Aber dafür gibt es auch eine angenehme Überraschung: Wir bekommen Kartoffeln. Wir reisen bereits seit zehn Tagen ohne Brot und Kartoffeln. Ich hätte nie gedacht, dass man schon nach so kurzer Zeit eine solche Sehnsucht nach ganz gewöhnlichen Kartoffeln empfinden könnte. Sonst esse ich sie fast gar nicht, aber heute fiel ich darüber her, als wäre es der seltenste Leckerbissen.

In der Frauenstube unserer Fansa ist eine reisende Adlige abgestiegen. Sie ist mit ihrem fünfzehnjährigen Leibeigenen unterwegs. Er wurde von seinen südkoreanischen Eltern verkauft, als dort eine Hungersnot wütete. Ich bekam die Frau am Morgen zu sehen. Ein breiter Gürtel, eine schmale Jacke, ein Glockenrock, alles blitzblank weiß – ja, ganz und gar eine Dame, wenn nicht unter dem Rock das koreanische Schuhwerk hervorblickte. Und dann dieser Gang mit nach außen gedrehten Fersen, als trüge sie die ganze Zeit einen Wasserkrug auf dem Kopf. Der Leibeigene führt ein schönes, sattes Pferdchen am Zügel, das ein sorgfältig verpacktes Bündel trägt. Daraus blickt ein europäischer Regenschirm hervor.

Ein anderer Reisender, ein junger Mann, ist ebenfalls sehr nett gekleidet. Ich frage Kim, was wohl sein Beruf sein mag. Kim geht hin, unterhält sich lange mit ihm und setzt sich dann mit verächtlich verzogenem Gesicht wieder zu mir. »Er wohnt ständig in Hoirjong. Sein ganzer Besitz, den er mit seinem jüngeren Bruder teilt, besteht aus zwei koreanischen Desjatinen. Sie werden von seinem Bruder bearbeitet, und davon lebt er.« – »Wie kann er denn davon leben?« – »Was braucht er schon viel? Wenn er nur Hirse hat, ist er zufrieden.« – »Aber dieses nette Gewand?« – »Ach, das kostet zwei Rubel fünfzig. Der Hut hält das ganze Leben. Und dann macht er so seine kleinen Kupplergeschäfte. Da kommt zum Beispiel ein reicher Bauer aus einem entlegenen Dorf oder auch ein Adliger vom Lande, der die Stadt nicht kennt. Den führt er durch alle Vergnügungsstätten, wo getanzt und gesungen wird.« – »Aber solche Geschäfte sind doch jetzt verboten.« – »Auf dem Papier. Papier ist geduldig. Leute von dieser Art jedoch verdienen sich damit ihren Unterhalt: Sie machen den Fremdling mit einer angeblichen Witwe bekannt, die in Wirklichkeit eine Straßendirne ist, und so führen sie den Dorfbären an der Nase herum. Der hat noch nie eine Stadt gesehen, und wenn er Musik und Gesang hört, die Frau tanzen sieht und sie ihm noch eigenhändig den Suli kredenzt, kann man ihm das ganze Geld aus der Tasche ziehen. Reist er weg, kommt bald ein anderer dran.«

»Hat er das selbst erzählt?«

»Wer wird denn so etwas von sich erzählen! Der Wirt hat es mir gesagt. Außerdem merkt man es auch so. Wenn ein Mensch ehrlich arbeitet, dann sagt er das auch. Wer sich aber ausschweigt, der muss doch ein unanständiges Gewerbe betreiben. In den koreanischen Städten lebt oft die halbe Bevölkerung auf Kosten der einfältigen Dorfbewohner. Jetzt hat er gewiss einen Bekannten aufgesucht, mit dem er früher einmal in der Stadt gezecht hat, und hat ihm einen Gruß der ›Witwe‹ ausgerichtet, die sich nach ihm sehnt. Da spitzt dann der Dorftrottel

Koreanischer Reisender auf Pony

die Ohren, außerdem ist seine Frau in der Nähe, und so gibt er dem Besucher, was er verlangt, nur damit er rasch wieder verschwindet. So rupft er einen oder zwei, und da reicht es ihm vorläufig. Jetzt ist er der Adligen auf den Fersen, vielleicht erbt er auch bei ihr etwas. Mit drei Glas Schnaps könnten wir ihm die Zunge lösen.«

»Meinetwegen. Geben Sie ihm ein Glas, er scheint noch immer zu frieren.«

Der Mann erhielt den Schnaps vorgesetzt und blühte sofort auf. Er trat vor meine Stubentür, machte einen damenhaften Knicks und sagte etwas. Ich verstand nur das Wort »danke«. Das Übrige übersetzte mir Kim: »Er sagt, er fühle sich geschmeichelt, von so angesehenen Fremden bewirtet zu werden. – Na, jetzt wird er seinen Leuten was vorschwindeln und so einen Haufen zusammenlügen, dass man drei Jahre braucht, um daraus klug zu werden.«

Kim unterhielt sich mit dem jungen Gecken, dessen Gesicht plötzlich strahlte. Er berichtete mir dann: »Ich sagte ihm, wir würden noch einmal nach Hoirjong zurückkehren und möchten wissen, ob er uns mit einer lustigen Witwe bekannt machen könnte. So viel wir wollen, hat er geantwortet.« Kim spuckte verächtlich aus und fügte hinzu: »Ein Taugenichts, wie er im Buch steht.«

22. September

Wir sind wieder unterwegs. Die Bergpfade liegen hinter uns, die Täler sind hier breiter, die Berge höher. Die Fansen liegen traulich in den Tälern verstreut, das Ackerland dagegen auf den kaum zugänglichen Hängen. »Wie bringt man die Garben von dort herunter?«, erkundige ich mich und erfahre, dass sie auf Schleppbalken zu Tal befördert werden.

Während der Rast sehen wir uns einen koreanischen Hakenpflug an. Er gleicht dem unseren und wird von einem Paar Ochsen gezogen. Früher haben die Koreaner ihre Landgeräte selbst hergestellt, jetzt werden immer mehr aus Japan eingeführt, wo man sie in besserer Qualität erzeugt.

Wir reiten weiter. Wieder begegnen wir in beiden Richtungen fahrenden Karren. Aus Musan bringen sie Birkenrinde, in die man die Toten bei der Überführung in ein anderes Grab zu hüllen pflegt, da die Knochen darin nicht faulen. Bei der Vorliebe der Koreaner, sich mit ihren Toten abzugeben, ist das ein bedeutender Handelsartikel.

Ich frage den Koreaner, der uns führt: »Wer hat den Himmel und die Erde erschaffen?« – »Die Erde schuf der Mensch, den Himmel Okonschante.« – »Und wer hat Okonschante erschaffen?« Es stellt sich heraus, dass das ebenfalls der Mensch getan haben soll. Hier stimmt etwas nicht. Als wir im nächsten Dorf anhalten, versammeln sich rings um uns Koreaner und beginnen lebhaft zu debattieren. Allmählich gewinnt ein ehrwürdiger Alter die Oberhand und erklärt: »Die Erde schuf sich selbst, den Himmel und den Menschen aber hat Okonschante geschaffen.«

In der Nähe steht ein Kloster verheirateter buddhistischer Mönche. Sie bauen Getreide an und leben in Gemeinschaft.

Als der Abend herankam, wurde Musan sichtbar. Es war ringsum von unbewaldeten, im Sonnenuntergang violett gefärbten Bergen umgeben. Der Wald hörte schon am letzten Pass auf. Musan bedeutet »das im Gebirge Verlorene«. Der Ort ist von zahllosen Berggipfeln umgeben, die die seltsamsten Formen haben. Da verschlingt ein Krokodil ein kleineres Tier, dort lauert ein Tiger sprungbereit mit gekrümmtem Rücken. Die im Abendlicht flammenden Wolken erhöhen noch die Wirkung dieser phantastischen Trugbilder, und schließlich verschwimmen die Grenzen zwischen den Bergen der Erde und den Wolkengebirgen ganz.

Die Dämmerung rückt rasch heran, bald wird nichts mehr zu sehen sein. Aber die Stadt ist schon nahe. Sie liegt anheimelnd am Hang eines kleinen Tales, von einer Mauer mit vier chinesischenToren umgeben. Davor stehen hölzerne Zauberpfähle, die die Strahlen des bösen Berges abhalten sollen. Ich erkundige mich, warum in den koreanischen Bergen keine Kloster und Tempel zu sehen seien, aber unser Führer ist müde und antwortet kurz: »Es gibt eben keine.«

In Musan. Was für eine herrliche Fansa man uns zugewiesen hat. Unter dem Ziegeldach befinden sich vier saubere kleine Stuben, die ganz mit grauem koreanischem Seidenpapier tapeziert sind.

Lärm und Geschrei, Jubel von Erwachsenen und Kindern. Nur rasch essen und dann – schlafen! Oh, wie angenehm wäre es, sich jetzt lang auszustrecken! Aber bevor ich mich hinlegen kann, ist noch viel zu tun. Da ist das wissenschaftliche Tagebuch, dann mein eigenes, da sind die Erzählungen, die astronomischen Messungen, da ist die englische Sprache, und dann will ich nach dem Abendessen noch den versammelten Koreanern zuhören. Vielleicht können sie uns etwas vom geheimnisvollen Pektusan, von den uns dort erwartenden Hunghudsen, Tigern und Leoparden erzählen.

Der Trossführer Iwan Afanasjewitsch meldet: »Fünf Pferde müssen neu beschlagen werden, zwei haben sich den Rücken aufgerieben, es fehlt an Graupen und Reis. Die Pferde sind übermüdet, außerdem müssen wir neue Karren auftreiben. Die Leute wollen ihre Wäsche waschen und auch selbst einmal baden, solange der Fluss noch nicht zu kalt ist«. – »Aber das Wasser hat doch bloß neun bis zehn Grad.« – »Das macht nichts, das halten sie aus.«

Kurz und gut, wir brauchen eine Tagesrast. »Einverstanden«, sage ich.

»Eine Tagesrast, ja?« Ich merke es Iwan Afanasjewitschs Stimme an, wie froh er ist. Nun, auch bei mir hat sich allerlei Schreibarbeit angesammelt. Wenn wir aber eine Tagesrast einschieben, dann habe ich morgen genug Zeit zum Essen und Schreiben, dann kann ich mich gleich jetzt hinlegen. Ich werde morgen die Gelegenheit nutzen, den hiesigen Bezirksbeamten aufzusuchen und mir bei ihm eine Anordnung zu erwirken, die uns den freien Durchzug bestätigt und alle Ortsbehörden bis zum Pektusan verpflichtet, uns behilflich zu sein.

Übrigens scheint der Pektusan doch näher zu liegen, als wir angenommen hatten. An Stelle von fünfhundert Li sind es nur dreihundert. Allerdings weiß niemand genau Bescheid, und auch das Li ist eine bisher unenträtselte Größe. Soweit wir festgestellt haben, ist es nur eine drittel und nicht eine halbe Werst lang. Aber weder Kaufleute noch Beamte, noch gewöhnliche Sterbliche sind bisher imstande gewesen, uns zu erklären, was denn nun eigentlich ein Li ist.

23. SEPTEMBER

Heute ist Tagesrast in Musan. Ich habe dem Stadthauptmann bereits meine Visitenkarten zugesandt und auch von ihm eine erhalten. Er lädt uns zu sich ein. Von diesem Beamten wird hier mit großer Achtung gesprochen. Vor allem betont man, dass er keine Bestechungen annimmt, unvoreingenommen seine Urteile fällt und ein Mann von Takt ist.

Meine persönliche Bekanntschaft mit ihm bestätigte das alles. Er ist achtunddreißig Jahre alt, trägt ein ziemlich dichtes schwarzes Bärtchen und hat schöne Augen mit einem Ausdruck von nachdenklicher und schüchterner Zärtlichkeit. Die Einrichtung seiner Fansa ist bescheiden. Stühle sind keine vorhanden; wir sitzen auf einem recht schlichten

Beamter

Teppich. Man setzte uns gekochtes Huhn und koreanische Nudeln vor. Aber alles das ist offensichtlich kein alltägliches Mahl. Tee und Süßigkeiten kamen nicht auf den Tisch. Beim Anblick unserer bescheidenen Geschenke wurde der Gastgeber sehr verlegen und bat, uns zu übersetzen, er werde sich bei ihrem Anblick stets unser erinnern. Er hatte bereits Anordnungen für unsere Weiterreise getroffen und gab uns auch die gewünschte Bestätigung mit. Bei dieser Gelegenheit sei bemerkt, dass die Straßen in seinem Bezirk geradezu ideal sind, wenn man sie mit denen in anderen Gegenden Koreas vergleicht. Sogar Brücken sind fast überall vorhanden.

Wir unterhielten uns über Politik. Seiner Ansicht nach taugten die Koreaner nicht zum Kriegführen. Sie seien ein sanftes, stilles Volk und gegenwärtig auf ihre Art recht glücklich, da sie es verstünden, sich mit Wenigem zufrieden zu geben.

»Geld macht nicht immer glücklich«, sagte er lachend. Seine weißen Zähne blitzten, die Augen sahen uns freundlich an. Die Japaner, fuhr er fort, seien gleicher Abstammung wie die Koreaner[28]. Aber sie hätten sich nachteilig entwickelt, seien heuchlerisch und habgierig. Geld besäßen sie freilich auch keines. Die »Arassa« dagegen seien ein starkes und mächtiges Volk. Der »Arassa« sei tapfer und fürchte sich vor niemandem. Er sei reich, und ganz Nordkorea lebe von dem, was seine Bewohner in Russland verdienten. Korea brauche keine Soldaten, wohl aber Güte. Nur gegen die Hunghudsen seien Soldaten nötig.

Ferner erfuhren wir, dass in der Stadt vierhundert Fansen stünden und fünfzehnhundert Einwohner lebten, die zusammen zweihundert Ochsen, hundert Kühe und hundert Pferde besäßen. Die Hälfte der Stadtbevölkerung befasse sich mit Landwirtschaft, die anderen seien meist Beamte und Händler, der Rest faulenze. Wir würden während unserer Reise zum Oberlauf des Tumen und Jalu auf viele Schwierigkeiten stoßen. Dort gebe es keine Unterkünfte, außerdem sei es kalt, und es strichen dort lichtscheues Gesindel, Hunghudsen, Tiger und Leoparden umher. Der Himmel möge uns beschützen.

Wir standen auf und verabschiedeten uns.

24. September

Der ganze Tag war mit intensiver Arbeit ausgefüllt. Ich schrieb und besichtigte die Stadt. Immer wieder die gleichen schmutzigen Gassen und kleinen Fansen. Winzige Kaufläden mit billigen Stoffen und den für den anspruchslosen koreanischen Haushalt erforderlichen Waren.

Gegen sieben Uhr besuchte uns der Stadthauptmann. Er ließ sich nicht in einer Sänfte tragen, ihm gingen auch keine Ausrufer voran. Er kam bereits nach den neuen Vorschriften und war ebenso bescheiden, still und entgegenkommend wie bei unserer ersten Begegnung.

Auf unsere gestrige Bitte hin brachte er das richtige Wegemaß. Nun habe ich endlich herausbekommen, was ein Li ist. Es enthält dreihundertsechzig Tiagatschi. Ein Tiagatschi aber entspricht 0,445 Sashen. Folglich ist ein Li einhundertzweiundsechzig Sashen, also ein drittel Werst lang. Wir triumphieren, denn nun steht es unzweifelhaft fest, dass wir richtig gemessen haben*.

Der Stadthauptmann überreichte auch uns Geschenke: chinesisches Papier mit den Inschriften »Das beginnende Licht« und »Der rote Felsberg«. Er sagte, diese Talismane brachten Glück. Er trank ein Gläschen Kognak und lehnte jede weitere Bewirtung ab. Wir fotografierten ihn, wünschten ihm alles Gute und verabschiedeten uns. Er verließ uns bescheiden, mit gesenktem Kopf, als dachte er über etwas nach. »Vielleicht wird das Volk von Korea einmal reich und gebildet werden, aber so glücklich wie jetzt wird es nie wieder sein.« Das waren seine Worte, die er uns traurig beim Abschied sagte.

Alles steht bereit. Von heute an bleibt die ganze Kolonne beisammen. Der Grund liegt darin, dass wir nun der chinesischen Grenze folgen, an der sich die Hunghudsen herumtreiben. Es ist Zeit, dass wir aufbrechen. Der Geruch, der von der Kinderschar ausgeht, wird einfach unerträglich.

Wieder liegt der Tumen vor uns, aber nun ist das ein höchstens fünfundzwanzig Sashen breites Flüsschen. Steile Felswände versperren uns oft den Weg im Tal; wir müssen über Seitenpässe ausweichen. Auf den Ufern wächst niedriger, herbstlich gefärbter Wald. Das Wetter ist prachtvoll, das Rauschen des Tumen hallt in die bläuliche Ferne hinaus zu den Bergen, die, wie in braune Samtteppiche gehüllt, schlafen und zu atmen scheinen.

Auf der gegenüberliegenden Seite am chinesischen Ufer liegt Ackerland. Dort arbeiten Koreaner, denen die Chinesen als Pacht sechs Garben von zehn abverlangen. Das weist auf eine große Landnot hin. Dabei muss man auch noch berücksichtigen, dass ein auf dem chinesischen Ufer arbeitender Koreaner stets Gefahr läuft, den Hunghudsen

---

* Ein Li entsprach zu unterschiedlichen Zeiten 345 Metern oder 500 Metern, was Garins Zweifel begründete.

in die Hände zu fallen, die ihn entweder umbringen oder von den Seinen Lösegeld erpressen. Und doch jagt ihn die Not auf das andere Ufer. »Wenn der tapfere Arassa käme, würde er die Hunghudsen davonjagen.« »Wir wünschen uns so sehr die Arassa herbei.« Diese leidenschaftlichen Worte kann man hier von jedem Einwohner hören.

Gleich als wir Musan verlassen hatten, wurde uns nahe gelegt, auf das chinesische Ufer hinüberzugehen, da es flacher ist, aber wir beschlossen, auf dem koreanischen zu bleiben. Doch nach zwei Schwindel erregenden Passbesteigungen zogen wir vor, es mit den Hunghudsen aufzunehmen, statt unsere Pferde aufs Spiel zu setzen. Der Pfad wand sich in einer Höhe von fünfzig bis sechzig Sashen über dem Tumen buchstäblich als Gesims die Felswand entlang und war höchstens zwei Ellen breit. Oft aber blieb an seiner Stelle nur noch eine Geröllhalde übrig, wo man über das noch feste Gestein balancieren musste. Schon der Fußgänger fühlte sich hier unsicher, das Lastpferd aber mit sechs Pud schwankender Last auf dem Rücken kam kaum noch vorwärts. Eines davon hatte bereits das Gleichgewicht verloren und war mit den Hinterbeinen in den Abgrund gerutscht. Wir hatten zwei Stunden zu tun, um es wieder auf den Weg zu bringen. Am schlimmsten sind dabei die Kurven, die die Koreaner gar nicht anzulegen verstehen. Entweder lassen sie die Pfade der beiden Felshänge im spitzen Winkel aufeinander stoßen, oder es fehlt überhaupt jede Verbindung, und es bleibt Pferd und Fußgänger überlassen, wie sie hinüberspringen.

Der Blick auf die Landschaft ist unbeschreiblich schön. Trotzdem mussten wir auf ihn verzichten und gingen, obwohl es bereits Abend wurde, doch auf das chinesische Ufer hinüber, wo wir in einer verlassenen Fansa das Nachtlager aufschlugen. Der Führer redete uns allerdings eindringlich zu, der Sicherheit halber auf dem koreanischen Ufer zu übernachten, wie es er und die anderen Koreaner dann auch taten.

Ich habe meine Messungen am Fluss beendet, gehe als erster auf das andere Ufer, setze mich hin und beobachte eine Gruppe koreanischer Frauen, die am Ufer auf die Fähre warten, ein langes und schmales Boot mit Auslegern an beiden Borden. Immer mehr Frauen kommen heran, die eine mit einem Sack, die andere mit einem Korb auf dem Kopf, aber fast jede mit einem Kind am Rücken. Die Wartenden helfen den Neuangekommenen vorsorglich, die Last abzusetzen. Alle sind wohlgebaut und bewegen sich mit viel Anmut. Die Gesichter können allerdings nicht hübsch genannt werden. Ihr Gewand gleicht sehr unserem Damenkostüm: Bluse, breiter Gürtel und Glockenrock. Die zierlichen Manieren, die Frisur – ganz wie eine Gruppe europäischer Damen. So benehmen sie sich auch und beachten uns, im Gegensatz zu ihren Männern, überhaupt nicht.

Die Koreanerinnen sind mit der Fähre weggefahren, und ich gehe zu der einsamen Fansa, die uns als Nachtquartier dient. Ich hatte den ganzen Tag in der geräuschvollen Gesellschaft von Koreanern zubringen müssen, vor deren Neugier es keine Rettung gibt. Schlafen, Essen und Arbeiten, alles geschieht vor den Augen einer Zuschauermenge. Aber so leben sie hier alle, und einem fremden Land kann man nicht seine eigenen Gepflogenheiten aufzwingen; man muss sich, ob man will oder nicht, dem Landesbrauch fügen. Nun bin ich seit langer Zeit wieder einmal allein mit der Natur. Es ist wie ein erstes Stelldichein, bei dem man Gefahr läuft, teuer dafür zu bezahlen. Ich sitze verträumt da. Aus der klaren Herbstlandschaft weht eine besondere Ruhe und Schwermut heran, als wären all diese Berge und die Fernen in ihrem Festgewand in Gedanken versunken und trauerten einer schöneren Vergangenheit nach. So lieblich ist dieser Winkel, in dem unsere Hütte steht... Ein ganzes Labyrinth getrennt emporragender Berge dreht sich in einem seltsamen Reigen ringsum, und dieses kleine Tal mit der Hütte und dem glitzernden Bach ist ganz darin verloren. Das Rauschen des Flusses scheint im Banne des Abends leiser zu werden, die schrägen Sonnenstrahlen reichen nicht mehr in das Tal hinab, gleiten empor und verlieren sich im blauen Dunst. Die Berge – ein zauberhaftes Farbenspiel! Hier leuchtet es in der Ferne grellpurpurn auf, dort erstrahlt ein prächtiges Violett, und im Westen stehen die Gebirgskämme am blassgoldenen Himmel wie Luftgebilde. Der Fluss aber spiegelt all diese Farben wider, und alles ringsum verharrt regungslos, alles ist vom Zauber der lebendigen Schönheit gebannt.

Dann aber bricht die Nacht fast plötzlich herein, die Berge erlöschen, Dunkel breitet sich darüber aus und beschattet auch den tief samtblauen Himmel. Es ist kalt, minus drei Grad. Für die Pferde wird das Futter gebracht. Die zehn oder zwanzig Koreaner, die damit beschäftigt sind, haben durch unsere Gegenwart Mut bekommen und eilen nicht zu ihrem Ufer zurück. »Bleibt immer hier«, schlagen sie uns naiv vor. »Das ist doch gar nicht euer Ufer«, erwidern wir. – »Doch, hier gehört uns noch ein hundertfünfzig Li breiter Streifen. Aber noch bevor wir die Grenzsteine aufstellen konnten, rissen die Hunghudsen das beste Ackerland an sich.« Sie meinen wahrscheinlich die fünfzig Werst breite neutrale Zone, die sich die Chinesen angeeignet haben[29]. Von diesen Koreanern erhalten wir die ersten Auskünfte über unser Reiseziel, den höchsten Berg der hiesigen Gegend, den Pektusan mit dem geheimnisvollen See, dem angeblich die drei großen Flüsse Tumen, Jalu und Sungari entspringen. Zweifellos ist der Pektusan ein Vulkan, denn ein Koreaner, der zehn Werst an diesem Berg vorbeiritt, hörte einen Lärm, der wie unterirdischer Donner klang. »Das sind die Wellen des Sees, die so rauschen«, erklärte er uns. »Der See liegt in einer tiefen Senke, man kann ihn nur sehen, wenn man den Gipfel besteigt. Aber das ist nicht möglich, denn versucht man es, erhebt sich sofort ein furchtbarer Wind, wenn sich auch ringsum kein Lüftchen regt, und der von ihm aufgewirbelte feine Bimssteinstaub blendet die Augen.«

»Wieso erhebt sich der Wind?«

»Der Drache, der im See wohnt, will nicht, dass man seinen Wohnsitz besichtigt.«

Gut, dass der Drache diesen Staub bereithält, sonst würden die neugierigen Koreaner ihn ebenso umdrängen, wie sie uns keine Ruhe ließen, als wir bei ihnen übernachteten.

»Entspringt der Tumen wirklich diesem See?«, frage ich weiter. »So wird es erzählt.«

Was bedeutet Tumen-kang? Tumen – »der unbekannt wohin Verschwundene«, kang – »der Fluss«.

»Wird die Umgebung des Pektusan von Menschen besucht?«

»Ja, man sammelt dort Ginseng, der kostbarer als Gold ist.«

»Wer sammelt? Koreaner?« »Nein, Koreaner nicht.«

25. September

Es ist kalt, zwei Grad unter Null. Ich sage Iwan Afanasjewitsch, er möge die Leute wecken. Er hat heute Wachdienst. Ihn tut jeder von uns ohne Rangunterschied der Reihe nach. Übermorgen Nacht bin ich mit Kim dran.

Wie sehr ich auch drängen mag, es wird doch sieben Uhr, ringsum lärmen noch immer die Koreaner, und das Gepäck ist noch nicht aufgeladen. Erwachsene und Kinder vom anderen Ufer sind dazugekommen und umringen uns wieder mit lauten Rufen. Nur Frauen lassen sich niemals sehen.

Heute ist der Horizont trüb, der Himmel bleigrau. Aber bald nimmt er wieder seine reine, herbstlich klarblaue Farbe an. Auch die Berge stehen im Morgenlicht blasser da, ihr mannigfaltiges Gelb leuchtet nur matt herüber. Es sind die Farben des Herbstes, sie gleichen denen einer schönen, nach einem glänzenden Fest ermatteten Frau. Immer deutlicher wird sichtbar, dass sie bald ihre einstmalige Schönheit verlieren werden. Aber bald wird die Sonne aufsteigen und diese traurigen Anzeichen wieder verhüllen, bald werden wir im Süden sein, ohne uns den Eindruck dieser letzten, reifsten Schönheit verdorben zu haben.

Die Koreaner drängen sich heran und starren uns mit offenem Mund an. »Kim, sagen Sie ihnen doch, dass die Männer uns immerfort anstaunen, während ihre Frauen uns keinen Blick gönnen. Umgekehrt wäre es uns lieber.« Ein einhelliges langes Gelächter.

Endlich brechen wir auf. Ich nehme in Gedanken Abschied von Korea, diesem poetischen Land... Drüben liegt China, die Wiege eines uralten Volkes. Aber hier jenseits des Flusses ist es das Reich der räuberischen Hunghudsen, das Reich des »Gelben Teufels«. Endlich im Land des »Gelben Teufels«! Ich betrat dieses geheimnisvolle Gebiet mit einem inneren Erbeben, aber ohne jede Furcht. Ich fühlte vielmehr eine ungeduldige Erregung, den Wunsch, nur rasch etwas Neues zu erleben.

Wir reiten also durch chinesisches Land. Drüben liegt das gebirgige Korea, diesseits aber ein fruchtbares, zwei bis drei Werst breites Tal. Auch hier ist die Ernte in diesem Jahr sehr reich, üppig stehen der hohe, rote Kauliang, stämmiger Mais, Kolbenhirse, andere Hirsearten und Sojabohnen. Ich sammelte an die dreißig verschiedene Samenarten.

Nach zehn Werst müssen wir wieder auf das koreanische Ufer zurück, gerade an der Stelle, wo der reißende und tiefe Tagaion in den Tumen mündet. Zwischen den beiden Flüssen erhebt sich eine hohe Felswand, und auch weiter den Tumen entlang abwärts stehen Felskämme.

Während der Tross über den Fluss gefahren wird, tritt ein Koreaner mit einem Leopardenfell zu uns. Er hat das Raubtier am vierzehnten Tag des achten Mondes, also vor einer Woche, erlegt. Das Fell ist ohne Schweif zwei Ellen lang. Wir erfahren auch, wie er den Leoparden niederschoss. In einem Nachbardorf saß eine Frau am Flussufer und wusch Salat (die Koreaner salzen ihn für den Winter ein und bestreuen ihn mit Pfeffer). Das war gegen zwei Uhr mittags; viele Menschen waren unterwegs. Trotzdem schlich sich der Leopard mit der nur ihm eigenen Frechheit heran und stürzte sich, wie er es meist tut, von hinten auf die Frau, deren Hals er umkrallte. Dann riss er die Fünfundzwanzigjährige in den Fluss. Nun begannen aber die Menschen zu schreien, das Raubtier ließ seine Beute fahren und schwamm allein auf das andere Ufer. Dort blieb es ungeachtet der Rufe stehen und beobachtete sein Opfer, das vom Fluss davongetragen wurde und das in seiner Gegenwart niemand zu retten wagte. Der Jäger fand Zeit, heimzueilen und seine Luntenflinte zu laden. Als er wieder zum Fluss kam, erschoss er das Tier. Die Koreanerin wurde zwar gerettet, liegt aber in hoffnungslosem Zustand darnieder. Nun schreibt das Gesetz vor, dass der Jäger das Fell dem nächsten Stadthauptmann, in diesem Fall dem von Musan, abzuliefern hat, der den Preis festsetzt und dabei einen Anteil für den Staat abzieht – ein völlig sinnloses Gesetz, das der Bevölkerung jegliche Lust nimmt, Tiger und Leoparden zu erlegen, denn die Ablieferung ihrer Beute, die Abzüge und alle sonstige Beamtenwillkür machen jeden Gewinn zunichte und überlassen dem Koreaner nur das Wagnis, von dem Raubtier zerfleischt zu werden.

Kim schrieb dem Stadthauptmann, ich bat ihn sehr, mir das Fell zu verkaufen und es zum Dorf Tanpai zu senden, der letzten Siedlung vor dem Pektusan.

Es ist heiß wie im Sommer, dreißig Grad in der Sonne. Sommerlicher Dunst überzieht Berge und Himmel. Vor uns liegt ein schmaler Pfad, der sich oben auf einer Höhe von dreihundert Fuß verliert und den wir nun hinaufsteigen werden.

Bibik hat sich wieder etwas geleistet. Die Pferde wollten nicht in die schmale Fähre, auf der es selbst dem Menschen schwer fällt, das Gleichgewicht zu halten. Eine Ewigkeit zerrten die Koreaner an den Zügeln und schrien die Pferde an, aber diese stemmten sich mit den Vorderbeinen dicht vor dem Boot gegen das Ufer und rührten sich nicht von der Stelle. Da kam Bibik herangeritten und sah sich die Geschichte an. Er stieg ab, trat vor das sich sträubende Pferd, packte seine Vorderbeine und stellte sie in das Boot. Da zog das Tier auch die Hinterbeine nach, und so wurde dann auch mit den anderen Pferden verfahren. Als die Koreaner Bibik begeistert ihre Bewunderung ausdrückten, wandte er sich ab, um ein Lächeln zu verbergen, und brummte: »Euch werd' ich's noch zeigen!«

Nun reiten wir wieder auf dem koreanischen Ufer. Viele Berge und gar kein Ackerland. Auf den Passhöhen trifft man ab und zu etwas Wald, aber er taugt nicht viel. Ordentliche Fichten sind nur auf den Ahnengräbern zu sehen. Ein erheblicher Teil Koreas ist mit solchen Gräbern bedeckt.

An einer Furt überquerten wir wieder einen wasserreichen Zufluss des Tumen, der jetzt nur noch ein zehn Sashen breites, über zahlreiche Schwellen sprudelndes Gebirgsflüsschen ist. Viermal mussten wir über Pässe. Der Abstieg führte oft über fast sechzig Grad steile Böschungen. Dass unsere Lastpferde dabei nicht draufgingen, ist wirklich ein Wunder. Als wir vierundzwanzig Werst zurückgelegt hatten, wurde es bereits Abend. Menschen und Pferde waren so erschöpft wie noch nie während der ganzen Reise. Wir konnten Tanpai nicht mehr erreichen und nächtigten auf einem Pass, von dem der Abstieg in der Dämmerung gar zu gefährlich war. Unter den drei hier stehenden Fansen war nur eine einigermaßen wohnlich, aber aus ihr war erst vor kurzem ein Toter hinausgetragen worden, und der Leichengeruch war noch deutlich zu merken. Wir schlugen daher Zelte auf, obwohl es sehr kalt war. Die Kälte tritt sofort ein, sobald die Sonne hinter den Bergen verschwunden ist.

Jetzt eben geht sie unter. Wieder breitet sich vor uns der Rundblick über das Gebirge aus. Aber heute ist der Sonnenuntergang so eigentümlich niederdrückend und traurig. Nur für einen Augenblick leuchten die Berge auf, schon flammt das letzte Purpurrot, der letzte wehmütige violette Widerschein des Wassers, und nun verlöschen die Lichter des Himmels und der Erde. Kaltes Dunkel verhüllt alles ringsum, man sehnt sich nach Wärme, nach einem behaglichen Zufluchtsort. Aber der wird uns nicht so bald zuteil werden.

Wir tranken ein Glas Tee und ordneten dann unsere Aufzeichnungen. Es fehlt an Brot, auch das Essen taugt nicht viel, und dabei müssen wir schwer arbeiten, sind den ganzen Tag im Sattel. Ich habe heute meinen Riemen um fünf Löcher enger geschnallt. Wenn ich meine Reisegefährten ansehe, merke ich deutlich, wie auch sie abgenommen haben, wie ihre Gesichter schmaler, ihre Gestalten schmächtiger geworden sind.

Am Nachmittag trafen wir einen wandernden Schmied. Wie der Koreaner es verstanden hat, unsere schwere Mühle durch die leichte Stampfe zu ersetzen, so ist auch an die Stelle unserer gewichtigen Esse ein spielzeughafter Kasten getreten, in dem sich ein Kolben bewegt. Ein Rohr verbindet den Kasten mit einem Topf voll glühender Kohlen. Der Schmied pumpt mit dem Kolben und facht die Glut an, in der ein Hufeisen oder geschmolzener Guss liegt. »Darf ich das Innere des Kastens sehen?« – »Jetzt nicht, wo das Eisen geschmolzen wird, nicht einmal, wenn der Ahn aus seinem Grab aufstände.« Dabei enthält der

Topf höchstens für einen Fünfer Eisen. »Darf ich wenigstens fotografieren?« – »Ja.« Und so mache ich Aufnahmen vom Schmied, von den Fansen und dem Fluss mit seinem Gebirgshintergrund. Über das Flüsschen führt eine Brücke. Sie ist buchstäblich aus Spänen gebaut, der Belag besteht aus Weidengeflecht, das mit Sand bestreut ist. Die Brücke ist nur eine Elle breit. Reiten ist ausgeschlossen, man muss das Pferd am Zaum führen. Wenn man hinübergeht, schwankt alles, und unten tobt und rast der Fluss über die Felsen.

Es ist das erstaunliche Merkmal des Koreaners, dass er es versteht, jedes Bedürfnis auf ein Minimum zurückzuführen. Er besitzt alles, aber alles in minimalster Dosis. Man braucht nur seinen Tisch anzusehen, eine halbe Elle hoch und ebenso breit, mit dem vollständigen Mittagessen und noch sieben Vorgerichten darauf. In so winzigen Schälchen bewirten unsere Kinder ihre Puppen. Genauso klein sind ihre Pferde. Das Rind ist größer; aber ich glaube, es erscheint nur im Vergleich zu den winzigen Pferdchen so. In Wirklichkeit ist das eine der Simmentaler ähnliche mittelgroße Rasse mit etwa siebzehn Pud Fleischgewicht, kleiner als unser ukrainisches oder das ungarische und italienische Vieh. Dabei trinkt der Koreaner keine Milch und genießt keine Butter. Alle Milch der Kühe kommt der Aufzucht der Kälber zugute.

Gegen Abend erreichten wir ein Hochland, und zum ersten Mal lag vor uns eine Fläche, die als Ackerland bezeichnet werden konnte: an die zehntausend ebene Desjatinen mit gutem Boden. Die Ernte ist hier allerdings bedeutend ärmer als auf dem chinesischen Ufer.

Ein seltsames, bescheidenes Völkchen, diese Koreaner, das auf nichts Anspruch erhebt und sich ohne viel Kummer damit tröstet, dass die Chinesen und alle anderen ihm sein Glück geraubt hätten.

26 .September

In der Nacht heulte in der Nähe ein Tiger[30]. Im Morgengrauen sah ich einen Wolf, der ohne Eile über das Feld lief. Ehe ich das Gewehr holen konnte, war er verschwunden. Es war ein kleines Tier, nicht größer als ein durchschnittlicher Hund, hager und von blaugrauer Farbe.

Bessedin erzählte uns gestern Abend lange vom Jäger Chlebnikow, den wir in Wladiwostok kennen lernten. Im Winter pflegt er allein, nur von seinem Hund begleitet, den Spuren des Tigers zu folgen. Oft zieht er eine Woche lang durch die Gegend, wobei er stets auf offenem Gelände nächtigt. Dazu gräbt er im Schnee ein Loch und schläft darin in einem Fellsack. Sein Hund legt sich auf ihn.

»Ich habe nur einen Bruder«, sagte er zu Bessedin, »aber in solchen Nächten ist mir der Hund sogar lieber als der eigene Bruder. Sobald er was wittert, stößt er mich, ohne zu bellen, so lange mit den Pfoten, bis ich wach bin. So konnte ich einmal, als sich ein Tiger heranschlich, rechtzeitig aus dem Loch kriechen, anlegen und in dem Augenblick schießen, da er gerade zum Sprung ansetzte. Ich benutze stets nur diese Gelegenheit zum Schießen, wonach ich höchstens zwei Sashen zur Seite springe. Selbst wenn ich gefehlt oder nicht tödlich getroffen habe, stürzt sich der Tiger niemals sofort auf den Jäger, sondern läuft einen Kreis von zweihundert Sashen, schleicht sich dann auf etwa zehn Sashen heran und duckt sich zum Sprung. Dann muss man wieder schießen und sofort zur Seite springen.«

Chlebnikow hat manchem Tiger auf diese Weise bis zu sieben Kugeln aufgebrannt, ehe er ihn erlegte. Unter siebenundzwanzig Fällen gelang es ihm nur zweimal, ihn gleich beim ersten Schuss ins Herz zu treffen. Dabei verwendet er stets Explosivgeschosse. Einem Tiger hatte er das ganze Eingeweide zerrissen, und doch lebte das Tier noch zwei Tage und wurde von den Einwohnern eines Dorfes getötet, als es, vor Schmerz wahnsinnig, in das Dorf eindrang und auf der Straße drei Ochsen zerfleischte.

Die Bären jagt Chlebnikow auf zweierlei Art. Dem braunen, der sich bei der Begegnung mit dem Menschen auf die Hinterbeine stellt, wirft er eine Eisenkugel mit Stacheln hin, die an den Spitzen Widerhaken haben. Der Bär schlägt mit voller Wucht nach der Kugel, und seine Tatzen sind nun durch die Widerhaken gefesselt. Dann kann man den Bären führen, wohin man will; er wird zwar brüllen, aber trotzdem folgen. Der schwarze Bär stellt sich nicht auf die Hinterbeine, sondern versucht, den Feind umzurennen; er ist sehr gefährlich, auf ihn muss man sofort schießen. Die Jagd auf einzelne Wildschweine ist eine Kleinigkeit. Stößt man aber auf eine Herde, dann steht ein Tier für das andere ein, und es bleibt dem Jäger nichts weiter übrig, als rasch einen Baum zu erklettern und sich dabei einen recht dicken auszusuchen, denn sonst sägen die Keiler den Stamm mit ihren Hauern durch.

Wir standen heute zeitig auf und legten uns auch wieder früh nieder, aber die gewohnten zwei Stunden Englisch nach dem Leitfaden zum Selbstunterricht konnte ich trotzdem einhalten.

Die Erhebungen vor uns scheinen jetzt niedriger zu werden. Dafür steigt die ganze Landschaft an und erreicht am Horizont die Höhe der von uns bisher überwundenen Berge, nur vereinzelte Gipfel überragen das Bergmassiv. Wir klettern hangauf, hangab, immer noch vom Tumen begleitet, der hier nur noch sechs Sashen breit ist. Die dreißig Werst oberhalb Musans fließt er in einem steinigen Bett. Riesige Felsbrocken starren daraus hervor, und dazwischen tobt der weiß, blau und grün schillernde Fluss. Die Felsen nehmen die wunderlichsten Formen an. Da steht ein riesiger Lehnstuhl, dort ragt ein abschreckend hässliches steinernes Haupt aus dem Wasser und sieht mit den Augenhöhlen einer Sphinx in die blaue Ferne der Berge hinaus.

Die Gegend ist plötzlich verwandelt. Verschwunden sind die ebenen Flächen, das Ackerland und die Häuser. Der Tumen schäumt in einer engen Klamm, deren Wände bis zum Himmel ragen und mit kleinen gelben, wie Gold leuchtenden Lärchen bewachsen sind. Darüber wölbt sich zartblau der Himmel. Eine weiße Wolke schwebt droben. Dieser Farbenakkord, das Weiß, Blau und Grün des Flusses, das matte Gold der Hänge, der blassblaue Himmel, der ganze Gegensatz zwischen dem wild dahinstürmenden Wasser und der Ruhe ringsum liebkost das Auge, bezaubert das Herz.

Das nächste Dorf ist das, wo der Leopard die Frau überfiel. Da ist die Fansa, in der sie lebte, da ist die Stelle, wo sie am Ufer saß. Das ganze Dorf hat sich versammelt und erzählt nun. Wir erfahren, dass der Leopard, nachdem er sein Opfer hatte fahren lassen, ohne die Rufe der Volksmenge zu beachten, auf dieses Ufer zurückkehrte. Hier, nur wenige Schritte entfernt, schoss ihn der Jäger nieder. Als die Koreaner uns das erzählt haben, verstummen sie wieder. Wir alle stehen noch unter dem Eindruck des Gehörten. Jemand von den Dorfleuten wirft lässig eine Bemerkung hin, ein anderer fügt etwas hinzu. Kim stellt gleichmütig eine Frage, ein Dritter mischt sich unlustig drein, noch ein Wort fällt – und plötzlich lebt Kim auf, seine Augen leuchten, alles schreit und ruft, und man staunt nur, dass in diesem Durcheinander überhaupt noch etwas zu verstehen ist. Man könnte meinen, sie stritten sich ernsthaft, wäre nicht der gutmütige Ausdruck, mit dem sie, nachdem sie ihr Wort gesagt haben, wieder einen Zug aus der Pfeife tun.

»So ist das also!«, übersetzt uns Kim froh erstaunt. »Das ist ja ein richtiges Märchen. Vor sieben Jahren warb ein Mann um die Hand dieser Frau. Er war arm, und der Vater wollte ihm seine Tochter nicht geben. Da sagte er:

›Einmal werde auch ich reich sein‹, und ging Ginseng graben. Als sich der Mann von dem Mädchen verabschiedete, sagte er zu ihm:

›Warte auf mich!‹ Sie schworen einander Treue. Aber der Mann wurde von Hunghudsen erschlagen. Es vergingen drei Jahre, und dann wurde das Mädchen mit einem anderen verheiratet. Doch in der Nacht vor der Hochzeit erschien ihr der Tote im Traum und sagte: ›Denk an deinen Schwur und warte auf mich!‹ Und nun ist er also gekommen und hat sie geholt, nicht er selbst, aber seine Seele, die in einen Leoparden gefahren war. Darum dachte der Leopard auch nicht an Flucht, als er den Jäger sah. Hätte das ein gewöhnliches Raubtier getan? Das wäre doch sofort davongelaufen.«

»Und was wird nun geschehen?« »Das ist noch ungewiss. Wenn die Frau gesund wird, dann lässt sie den Beschwörer kommen. Nach vierzig Tagen wird Okonschante der Seele des Leoparden seinen Willen kundtun. Vielleicht verwandelt er sie wieder in einen Leoparden oder auch in einen Tiger, einen Bären, einen Keiler oder eine Schlange, also ein Tier, das zu der Frau kommen kann, um ihr zu sagen: ›Nun ist es genug!› und ihre Seele zu sich in den Himmel nimmt. Oder aber Okonschante lässt die Seele des Mannes in einen Wurm fahren, und die Frau zertritt ihn auf dem Weg zur Arbeit. Doch es kann auch sein, dass sie, wenn sie am Leben bleibt, Okonschante gnädig stimmt. Sie geht mit dem Schamanen auf den Berg, wo die Pagode steht, und betet dort.« Kim schloss mit den Worten: »Kurz und gut, die Koreaner haben es bereits verstanden, die ganze Sache so zu verwirren, wie sie selbst im Gewirr ihrer Berge verloren sind.«

So wurde vor unseren Augen eine neue Legende geschaffen.

Nun liegt nur noch das Dorf Tanpai vor uns; dahinter werden wir keine Siedlungen mehr antreffen. Aber auch hier wirkt bereits alles urwüchsig wild. Die Felsen hängen über, der Fluss rauscht, niedriges Gestrüpp säumt ihn ein. Von jedem Felsvorsprung kann hier ein Leopard herunterspringen. Oder es knackt nur ein Zweig, das Pferd scheut, bäumt sich auf, und schon stürzen Ross und Reiter auf das scharfkantige Gestein ins Flussbett hinab.

Wir reiten in einer langen Reihe hintereinander. Die Hunghudsen schießen auf den Vordersten, der Tiger pflegt den Letzten anzufallen, der Leopard springt jeden an. Somit ist jeder Platz in der Kolonne gleich gefährdet. Hunghudsen, Tiger und Leopard sind die Mächtigen dieser Welt hier und machen einander ihr Recht streitig. Aber auch wir sind nicht wehrlos. Die Gewehre an der Schulter sind geladen, die Bajonette aufgesteckt. Alles ist fröhlich erregt. Wenn diese Stimmung nur anhielte, bis wir die eigentliche Wildnis, die wirklich gefährliche Gegend erreicht haben. Dass uns nur unsere Sorglosigkeit keinen Streich spielt! Bibik sagt ja bereits: »Es gibt gar keine Hunghudsen. Ich bin schon so oft durch diese Gegenden gezogen und habe noch keinen einzigen zu Gesicht bekommen.«

Wassili Wassiljewitsch, unser chinesischer Dolmetscher, teilt uns mit, vierzig Hunghudsen seien zum Pektusan gezogen. Er habe das in Musan von einem Landsmann erfahren. Alle verstummen; diese Nachricht wirkt etwas niederdrückend. Aber dann sagt Bibik: »Und wenn es vierzig sind, denen geben wir Saures ...« Seine Riesengestalt schwankt dabei auf dem kleinen Pferd. »Wenn's zum Schießen kommt«, fährt er fort, »wie viele legen wir dabei um? Und erst mit dem Bajonett! Vor dem fürchten sie sich wie der Teufel vorm Weihrauch.« Bibik lacht, die Worte des Dolmetschers haben nicht den geringsten Eindruck hinterlassen. Ich erhasche einen geeigneten Augenblick und bitte ihn, künftig solche Nachrichten nur mir allein mitzuteilen.

In einem Talwinkel steht eine Tigerfalle. Sie ist zwei Sashen lang und eine Elle breit. Die vier Wände bestehen aus rohen Holzbalken. Der Bau ist anderthalb Ellen hoch. An Stelle einer Decke liegen oben mächtige Steine. Der Eingang zur Falle steht offen, ihm gegenüber liegt, ebenfalls hinter einer Klappe, der Köder. Wenn der Tiger in die Falle kriecht, schlagen beide Türen zu, und das Raubtier kann sich weder bewegen noch den Köder fressen.

Immer eindringlicher werden die Anzeichen einer völlig verlassenen Wildnis. Der letzte Pass vor Tanpai. Von hier öffnet sich der Ausblick in eine ganz neue Landschaft: Im Westen liegt ein welliges, mit Wald bedecktes Hochland. Der Wald ist hier noch immer nicht viel wert. Stellenweise ist er gerodet und in Ackerland verwandelt, sonst aber wächst alles wild durcheinander, die großen und guten Stämme liegen vermodert da, das Jungholz würgt sich bloß gegenseitig ab, und man hat nicht den Eindruck, dass es heranwächst. Nur ganz selten trifft man einzelne besonders eindrucksvolle Lärchen, ferner Espen, Linden und Eichen.

Nur eine Tagesreise, aber welche Veränderung! Kein einziges grünes Blatt ist mehr zu sehen. Alles ist vergilbt, von der Eiche mit dem dunkelbraunen Laub bis zur goldgetönten Birke und Lärche. Noch tragen die Bäume ihr Laub, aber der erste Sturm wird es ihnen entreißen. Ich denke mit Sorge darüber nach, wie wir unsere Pferde füttern werden. Wie zur Antwort frisst mein Gaul mit größtem Genuss dieses welke Laub, benagt die Äste und kaut verdorrtes Unkraut. Ja, da es hier nun einmal keine Kamele gibt, kann man auf solchen Pferden getrost reisen.

Auf einem Gipfel stehen zwei Gebetsstätten. Die eine ist Okonschante, dem Herrn des Himmels, geweiht, die andere, auf dem jenseitigen Hang, dem Landesherrn. Hier wird zweimal im Jahr für den Kaiser gebetet. Unter den Wandzeichnungen in der ersten fällt besonders die des Storches auf, der hier als der Vogel des Paradieses gilt: weiß, mit schwarzen Flügeln und schwarzem Schwanz, roten Beinen und rotem Schnabel. Der Storch ist wirklich schön gemalt. Daneben blickt uns der unförmige Kopf eines Delphins an, wie man ihn in unseren Märchenbüchern zu zeichnen pflegt. Ich fotografierte die Gemälde und auch die Gebetsstätte gerade in dem Augenblick, als unser Führer auf meine Bitte hin noch einmal um eine glückliche Reise betete. Erst später wurde ich mir meiner Taktlosigkeit bewusst und entschuldigte mich bei ihm. Er antwortete nur: »Ich betete zum Himmel, weil Sie es wünschten, und schloss darum auch die Russen in mein Gebet ein.« Ich gestehe, ich fühlte mich durch sein Zartgefühl, seine Höflichkeit, aber auch sein diplomatisches Geschick, sowohl dem Himmel als auch mir gegenüber beschämt.

Heute früh war das Wasser gefroren. Das ist nicht sehr angenehm, denn unsere Gruppe ist leicht gekleidet. Die drei Soldaten haben nur dünne Mäntel, und ein kleiner Koreaner hat überhaupt nur seinen Rock. Da hier natürlich nur koreanische warme Kleidung aufzutreiben ist, sehen unsere Begleiter bald sehr bunt aus, tragen koreanische Kopfbedeckungen zu europäischen Röcken oder Hosen. »Macht nichts«, redet Bibik dem kleinen Koreaner gut zu. »Wir geben dir ein Gewehr, da halten dich die Weiber für einen Hauptmann.« Was die Soldaten betrifft, so weisen sie die warme Koreanerkleidung stolz zurück. »Aber ihr werdet doch frieren!« Bibik wirft verächtlich hin: »Sollen wir uns an diesen Zigeunerschweiß gewöhnen?«

Ein hiesiger Koreaner bestürmt Kim mit Fragen. Kim wiederholt mehrere Male ungeduldig seine Antwort, aber sie scheint dem Koreaner nicht zu genügen, und er dringt immer weiter in ihn. »Mein Gott, was sind die Leute hier neugierig!«, stöhnt Kim. Aber dann erhellt sich sein Gesicht, er erzählt mit vergnügter Miene dem Koreaner etwas, und dieser gibt nun endlich Ruhe. Kim reitet triumphierend zu uns und berichtet: »Er ließ und ließ nicht locker und wollte unbedingt wissen, warum wir zum Pektusan ziehen. Nur so, zum Spaß, habe ich ihm gesagt. Nein, ich solle ihm die Wahrheit sagen. Ich wurde ihn nicht los. Endlich fiel mir ein rettender Ausweg ein. Ich erzählte ihm: Unserem

Chef ist im Traum der Drache erschienen, hat verkündet, er steige am letzten Tag des achten Mondes zum Himmel hinauf, und hat gefragt, ob der Chef, weil der Platz nun frei werde, nicht die Gebeine seines Großvaters im See versenken wolle. Dann würde aus seinem Geschlecht der Kaiser von Frankreich hervorgehen. Bei den Koreanern gilt doch ein Platz, auf dem vorher ein Drache gesessen hat, als kaiserlich, als Glück bringend. Na also, darum trägt der Chef nun die Gebeine seines Ahnherrn dorthin. Der Mann war zufrieden gestellt, bedankte sich und ließ mich endlich in Ruhe.«

»Wie konnten Sie bloß so etwas sagen.«

»Ist doch besser so. Er selbst hätte sich was viel Schlimmeres ausgedacht. Ich bin doch vorsichtig gewesen, ich habe ja nicht den Kaiser von China oder Korea erwähnt, sondern den von Frankreich. Such ihn mal! Er hat noch gefragt, ob denn der Chef ihres Glaubens sei. ›Verrücktes Huhn‹, hab' ich ihm geantwortet, ›Kaiser möchte wohl ein jeder gern sein, und doch sind nicht alle Kaiser eures Glaubens.‹ – ›Ja, das stimmt‹, gab er zu.«

Der Koreaner, mit dem dieses Gespräch stattfand, war ein Einwohner Tanpais, des letzten Dorfes, zu dem wir nun hinabsteigen. Während der wenigen Stunden, die wir den Tumen nicht gesehen haben, ist er wieder merklich abgemagert. Er ist zwar noch immer ein reißender Bach, aber nur noch fünf Sashen breit und eine halbe Elle tief. Damit zerschlagen sich eigentlich sämtliche Hoffnungen, die wir auf den Pektusan-See setzten. Da ihm ja drei solche Flüsse wie der Tumen, der Sungari und der Jalu entspringen, hofften wir, er werde genügend Wasserreserven enthalten, die zur Regulierung des Tumen verwendet werden könnten, der voller Felsen und Sandbänke ist. Wenn er aber hier nur so ein bescheidenes Flüsschen ist, kann natürlich nichts daraus werden. Es bleibt also nur noch die Neugier des Reisenden und ein erdkundliches Interesse übrig. Der See ist nicht vermessen, seine Tiefe unbekannt, seine Ausflüsse sind nicht erforscht, folglich ist auch über den Ursprung der drei Flüsse nichts Genaues bekannt. Ferner ist da noch das Problem des Weges. Vor zweihundert Jahren hat ein Engländer das Gebiet des Pektusan von Osten her bereist. Unser Oberst des Generalstabes, Strelbizki, der den Pektusan bestieg, brach von Tanpai aus auf und kehrte auf dem gleichen Weg wieder zurück. Es wäre schön, eine andere Lösung zu finden und einen Weg einzuschlagen, den bisher noch kein Europäer betreten hat. Theoretisch müsste ein solcher bestehen, denn wenn vom Tumen ein Weg zum Pektusan führt, um wie viel eher muss es dann auch eine Verbindung zu dem bedeutend größeren Jalu geben.

Kim wird übrigens das Empfehlungsschreiben des Bezirkshauptmanns von Musan benutzen und gleich nach unserem Eintreffen eine Dorfversammlung einberufen. Freilich sagt er mit Recht: »Die kommen auch ohne jedes Empfehlungsschreiben angelaufen.«

So geschah es auch. Wir waren noch nicht aus dem Sattel, als bereits die gesamte Dorfbevölkerung vollzählig versammelt war. Die Feldarbeiten wurden einfach liegen gelassen. Unser Führer bekam nun alle Hände voll zu tun. Zuerst begrüßte er den Dorfvorsteher, wobei sich beide hinhockten und die Hände auf den Boden legten. In dieser Stellung sprachen sie lange miteinander. Dann standen sie wieder auf. Nun stellte der Dorfälteste ihm seine Dorfgenossen vor. Unser netter alter Mann musste sich immer wieder hinkauern, ein paar Sätze hinwerfen und sich wieder aufrichten; dann begann das Ganze noch einmal von vorn. Wenn er sich hinhockte, blickte sein Gesicht freundlich und schmeichlerisch drein, sobald er aber wieder stand, nahm es den Ausdruck beherrschter Würde an. Millionen von Schattierungen drücken diese Begrüßungszeremonien aus! Steht vor ihm ein Mann mit einem hohen Haarhut, ein Adliger, dann kauert er sich als erster hin. Man merkt das kaum; es sieht aus, als geschähe alles gleichzeitig. Aber wenn man näher hinsieht, erkennt man doch, dass gerade der als Erster die Erde berührte, der infolge des Rangunterschieds dazu verpflichtet war. Wer Trauer trägt, wird noch einmal befragt, wem er nachtrauere, und wieder hocken sich beide hin und beten für die Seligkeit des Verstorbenen.

Wir erhielten eine sehr schöne Fansa zugewiesen, und alles strömte in sie hinein. Fragen, Gegenfragen, endloser Wortwechsel. Aber dann spricht ein großer, würdevoller alter Mann. Ja, er kenne den Weg zum Pektusan und auch weiter zum Jalu. Er sei dort gewesen. Ob er unser Führer sein wolle? Allein fürchte er sich, aber er nehme seinen Freund mit. Der arbeite jetzt auf dem Acker, komme aber abends heim.

Abends ist die Fansa wieder voller Menschen. Aber kurz zuvor haben wir, oder eigentlich Kim, eine sehr wichtige Entdeckung gemacht. Tsoi Sa Pagi, unser hoch gewachsener Koreaner aus der Stadt Hätschu, Provinz Hoanghä, kennt eine Menge Märchen. Die Koreanerkolonie in Wladiwostok hat ihn sogar zum Leiter ihres Lesezirkels gewählt, weil er eine solche ausgesprochene Vorliebe für Märchen und für das Vorlesen hat. Wir unterzogen ihn sofort einer Prüfung.

Nun sitzt der große, langbeinige Mann im engen Rock, einen steifen Hut über der koreanischen Frisur, vor uns und erzählt das wunderschöne Märchen vom Sinn Tschom. Ich habe es zwar bereits aufgeschrieben, aber er bringt viele neue Details vor, die den Sinn des Märchens ganz wesentlich verändern. Die Einwohner von Tanpai sind auch zugegen und lauschen in der Fansa und im Hof mit offenem Mund. Als Sa Pagi endet, überschütten sie ihn mit Fragen, ob er auch dieses Märchen kenne, ob ihm auch jenes bekannt sei, und erklären dann nach langer Debatte, dass man einem so belesenen und kenntnisreichen Mann selten begegne.

Aber Sa Pagi hört sich ihre Urteile gar nicht an. Gleich nachdem er sein Märchen zu Ende erzählt hat, geht er in den Hof zu den Pferden. Den ganzen Tag ist er umhergelaufen, hat Hafer, Stroh und Lebensmittel besorgt und führt nun die Pferde zur Tränke.

Vor einer Woche kam er zu mir und bat um seine Entlassung, weil ich ihn einmal scharf angefahren hatte, ohne dabei auch nur ein einziges Schimpfwort zu gebrauchen. Ich entschuldigte mich und bat ihn, weiter bei uns zu bleiben. Nachdem der lange Sa Pagi auf diese Weise volle Genugtuung erhalten hatte, hob er noch energischer seine Beine, sprang zwischen dem Gepäck umher und übernahm jede Arbeit, die man ihm auftrug. Erst gestern sagte mir Kim, er werde noch erkranken, wenn ich ihm nicht eine Erleichterung verschaffte. Von heute an ändert sich aber sein Schicksal. Sa Pagi kommt zu meinem persönlichen Stab, und für die Pferde wird an seiner Stelle ein anderer Koreaner gedungen. Von nun an besorgt Sa Pagi die Einkäufe und erzählt mir seinen Märchenschatz.

»Jetzt müssen wir aber mit den Märchen Schluss machen«, meldet mir Kim. »Die alten Männer haben sich versammelt.«

Ich füge mich ergeben drein, und nun gehen wir daran, über den bevorstehenden Marsch Rat zu halten. Der Alte, der sich als Führer angeboten hat, ist überhaupt nicht erschienen. An seiner Stelle kam sein Freund, ein Mann von fünfundvierzig Jahren, groß, energisch und sehr selbstbewusst. »Sie wollen also mit uns zum Pektusan gehen?« – »Ja, ich habe auch Strelbizki dorthin begleitet.« – »Aber ich will nicht nur zum Pektusan, sondern dann weiter zum Jalu.« – »Dorthin führt kein Weg.« – »Der alte Mann hat doch gesagt, es gebe einen.« – »Der Alte weiß gar nichts. Dort liegt jetzt knietiefer Schnee, dort streifen die Hunghudsen umher, und bis zum Jalu sind es vierhundert Werst.« – »Wieso vierhundert, wo doch der ganze Jalu nicht länger ist?« – »Der

Weg hat viele Windungen.« – »Sagen Sie ihm, dass seine Worte viele Windungen hätten«, bitte ich Kim. – »Er ist nur bereit, uns zum ersten koreanischen Dorf auf diesem Weg zu führen, zweihundert Werst jenseits des Pektusan.« – »Also gibt es doch einen Weg?« – »Aber auch viele gefährliche Menschen.« – »Fragen Sie ihn, wie viele er getroffen hat, als er Strelbizki begleitete.« – »Zwei.« – »Na also. Im Winter haben nämlich die ›gefährlichen Menschen‹ dort nichts zu tun. Sie gehen im Sommer hin, um Ginseng zu graben, Jagd auf Hirschgeweihe zu machen und Gold zu schürfen. Alles das ist dort im Winter nicht zu haben, und es ist ja bereits Winter. Sagen Sie ihm, dass ich Strelbizkis Buch vor mir liegen habe.« Ich zeige auf das Buch. »Wieviel verlangt er für die Führung?« – »Vierzig Dollar.« – »Für vierzehn Tage Arbeit?« – »Strelbizki gab ihm zwanzig und ging nur bis zum Pektusan.« – »Aber Strelbizki führte einen großen Tross und eine Schafherde mit sich. Er brauchte sechs Tage bis zum Pektusan, und wir wollen den Weg in zwei Tagen zurücklegen.« – »Es ist ihm zu gefährlich. Für weniger kommt er nicht mit, und kein anderer wird uns führen.« Kim flüstert mir zu: »Sie haben sich verabredet.« – »Gut, dann gehe ich ohne Führer oder nehme mir einen Hunghudsen.« – »Jetzt sind keine Hunghudsen da.« – »Wo bleibt denn dann die Gefahr?« – »Wir können darauf nichts sagen, aber für weniger als vierzig Dollar gehen wir nicht.« – »Also dann Schluss. Ich nehme keinen Führer. Nun zu den Pferden. Wer ist bereit, sein Pferd zu vermieten und als Wärter mitzugehen? Welcher Lohn wird verlangt?« – »Zehn Dollar pro Pferd, und nur bis zum Pektusan.« – »Wieviel Pud trägt ein Pferd?« – »Vier Pud.« – »Ich zahle vier Dollar.« – »Sie wollen nicht.« – »Dann beladen wir unsere Reitpferde und gehen zu Fuß. Sagen Sie den Dorfalten, ich lasse ihnen danken und will sie nicht weiter bemühen.«

Der Führer aus Musan ist sehr erregt. Er spricht ein paar leidenschaftliche Worte, dann gehen alle fort. Kim übersetzt mir, was der Mann gesagt hat. Er hat den Dorfalten von Tanpai mangelnde Gastfreundschaft und Erpressung vorgeworfen. Es sei doch nur Koreas Vorteil, wenn angesehene Fremde es bereisten. Sie brachten viel Geld ins Land, und man sollte ihnen nicht jede Lust rauben, hierher zu kommen.

Vor Kummer nehme ich mir die englische Sprache vor. Borminski war mit Bessedin und Chopow auf das chinesische Ufer gegangen, um Wildschweine zu jagen. Sie lagen bis Mitternacht auf der Lauer, hörten zwar das Wild grunzen, bekamen aber kein einziges zu sehen.

27. September

Ich erwachte mit dem unangenehmen Gefühl, dass für die Weiterreise nichts geregelt ist. »Ja, Kim, was machen wir nun?« – »Nur Ruhe. Der Alte von gestern war wieder da und hat erklärt, er halte sein Versprechen und gehe auch ohne seinen Freund mit. Der Führer aus Musan hat sich die ganze Nacht mit ihm abgeplagt. Der Alte kommt also mit und feilscht nicht um den Lohn. Auch die Tragtierführer sind bereit, für jede Vier-Pud-Last fünf Dollar zu nehmen und uns bis zum Pektusan zu folgen. Ich bin froh, dass nicht der andere Mann uns führt. Mit ihm hätten wir wieder nach Tanpai umkehren müssen. Wenn er sagt, es gibt keinen Weg, wer kann das nachprüfen?«

Somit war mit einem Mal alles wieder in Ordnung. »Warum geht der Alte nicht bis zum Jalu?« – »Er hat kein Pferd.« – »Dann bekommt er eben eines von mir.«

Als der Alte kam, teilte Kim mir mit, er sei einverstanden.

Der ganzeTag verlief mit der Durchsicht und dem Umpacken unserer Lasten. Wir warfen alles weg, worauf wir verzichten konnten: Kisten und Gegenstände, die sich als wenig brauchbar gezeigt hatten. Da schleppten wir zum Beispiel zehn Pfund Streuzucker mit. Ich schenkte ihn unserer Begleitmannschaft. Auch die Patronen wurden verteilt. Alles in allem haben wir uns um drei Pud erleichtert. Der Rest muss bis zum Pektusan reichen.

Heute ist Rasttag, und die Gedanken eilen weit von hier weg. Jedes Werk vollzieht sich still und langsam. Blickt man sich nachher um, dann sieht man, wie viel zu leisten war, aber jetzt, wo man mittendrin steckt, ist es besser, nicht an das Ende zu denken.

Ich kann mich nicht satt sehen an den Koreanern, die im Hof unsere Ausrüstung verpacken. Wie höflich und wohlerzogen sie sind! Wie liebenswürdig zueinander und Fremden gegenüber, wie feinfühlig! Auch ihre so neugierigen Kinder sind von einer rührenden Zuvorkommenheit. Als ich eine Zigarette hervorholte, lief schon ein Junge Hals über Kopf davon, um alsbald mit einem brennenden Span zurückzukehren und mir Feuer zu reichen. Als ich sie heute fotografierte, machte ich am Schluss eine Handbewegung, die sie wohl als Aufforderung zum Verschwinden auffassten, und gleich waren alle fort. Wenn man ihnen ein Bonbon oder ein Stück Zucker gibt, nehmen sie es als Zeichen der Achtung stets mit beiden Händen entgegen.

Welche Verschiedenartigkeit der Gesichter! Hier ein Römer, dort ein Ägypter, und dieser da könnte mein Sohn sein. Aber der dort sieht

Reisegruppe

ganz wie ein Kalmük aus. Gutmütige, aus dem innersten Wesen heraus gute Gesichter. Ich erinnere mich an einen russischen Reisenden, der behauptete, die Koreaner liebten Prügel, man müsse ihnen hochmütig entgegentreten und sie von Zeit zu Zeit schlagen. Man schämt sich für solche Landsleute. Was für ein Vieh muss man selbst sein, um inmitten dieser kindlichen Menschen an Prügel zu denken!

Ich sah mir das Dorf Tanpai an. Eigentlich sind es zwei Siedlungen, die eine Werst voneinander entfernt liegen und zusammen zweiunddreißig Fansen zählen. Am Dorfausgang stehen Pfähle, die vor den Strahlen des bösen Berges schützen sollen. Die Landschaft ist hier flach; eine Werst bedeckt Ackerland. Der schmale Tumen fließt hellklingend über die Steine. Hier ist bereits Spätherbst, alles ist vergilbt und verdorrt. Ein spärliches Wäldchen am Horizont lugt herüber. Nur im Westen und Osten blicken Berggipfel hervor, im Norden dagegen, wohin unser Weg führt, sind keine zu sehen; aber dort schwillt gewissermaßen das ganze Land an und erhebt sich in Bergeshöhe. Tanpai ist ein Pionier der Zivilisation im Kampf gegen die Urwald-Taiga. Die Siedlung wurde vor zweihundertvierzig Jahren gegründet. Damals wurde auch der sehr schwierige Weg nach Musan gebaut, das damals noch Samsan (Drei Berge) hieß. Zu jener Zeit gab es hier noch kein Ackerland. Jetzt ist der Wald im Umkreis von etwa zwanzig Werst ausgerodet und stehen an die siebzig Desjatinen unter dem Pflug. Bei diesem Tempo wird der Pektusan in ein- oder zweitausend Jahren erreicht sein. Die Zahl der Fansen hat sich während der ganzen Zeit nicht verändert, die Bevölkerung nahm bald um ein Geringes zu, bald wieder ab; im Allgemeinen aber blieb alles beim alten. Vielleicht ist das der Hemmschuh, dass die Koreaner hier zum Anbau von Roggen, Hafer und Kartoffeln noch nicht übergegangen sind; und Reis und Mais bringen nur noch spärliche Ernten. Aber auch die Stadt Musan verändert sich nicht. Und was den Bezirk betrifft, so zählte er früher fünftausendsiebenhundert Fansen, während jetzt nur noch dreitausenddreihundert stehen.

»Was bedeutet das? Stirbt das koreanische Volk aus?«, frage ich. – »Ja, die Bevölkerung nimmt nicht zu. Viele sind nach China und Russland ausgewandert.« – »Was hat sich während der zweihundertvierzig Jahre hier Besonderes ereignet?«- »Gar nichts, außer den Räubereien der Hunghudsen.« Im vorigen Jahr waren mehrere Hundert dieser Räuber in das Land eingedrungen, und das ganze Dorf floh vor ihnen in die Berge. Früher gab es hier viele Tiger und Leoparden, jetzt nimmt ihre Zahl ab.

Vor zwanzig Jahren kam eine chinesische Kommission, um die Grenze festzulegen. Auch die Grenzmale wurden mitgebracht (ich sah sie noch, fünfunddreißig Steintafeln), aber nicht aufgestellt, und seither ließ sich niemand mehr sehen. Übrigens haben die Chinesen bei dieser Gelegenheit den Bruder unseres Führers am Pektusan verprügelt. »Warum?«, frage ich. – »Mein Bruder hat steif und fest behauptet, der Pektusan gehöre zu Korea. Da wurden sie zornig und schlugen ihn.«

Es wird Abend. Man hört das Rauschen des Flusses und den abendlichen Lärm des Dorfes: das Muhen von Kälbern, Ochsen und Kühen. Die Koreaner sitzen um mich herum im Hof. Alle Verhandlungen sind beendet. »Ja«, seufzt ein alter Mann, »ehe nicht die Russen kommen, werden wir vor den Hunghudsen keine Ruhe haben.« – »Die Russen werden nicht kommen«, erwidere ich. – »Doch, doch«, nickt der Alte überzeugt.

Ein Schlitten fährt vorbei. Hier gibt es keine Radfuhrwerke mehr, sondern alles fährt sommers wie winters auf Kufen.

Morgen beginnt der ernsteste Abschnitt unserer Expedition. Wir müssen mindestens zweihundert Werst durch ein Gebiet zurücklegen, das von Raubtieren und Hunghudsen beherrscht wird. Wenn aber Schnee fällt, was dann? Wie wollen wir dann unsere Pferde füttern?

Alles ist heute schon so weit vorbereitet, dass wir morgen um vier

Uhr früh aufbrechen können. Ich gebe noch immer nicht die Hoffnung auf, unsere Tagesleistung auf vierzig Werst zu steigern. Bisher haben wir im günstigsten Fall vierunddreißig geschafft, wobei wir aber einen Teil der Nacht zu Hilfe nahmen. Hier ist nun an ein Reisen während der Nacht gar nicht zu denken, und die Tage werden immer kürzer.

Soeben sah ich mir noch einmal die Karte an. Wir haben erst dreihundert Werst, ein Fünftel unseres Weges, zurückgelegt.

28. September

Drei Uhr morgens. Eine sternhelle, klare Frostnacht. Ganz hoch am Himmel steht das letzte Mondviertel und leuchtet klein und traurig herab. Die Sonne wird es noch hoch über dem Horizont überraschen.

Diesmal waren wir es, die die Hähne weckten, und nun fühlen sie sich beschämt und bemühen sich, durch angestrengtes Kikerikirufen die verlorene Ehre wiederherzustellen. Unser Lagerfeuer brennt trübe, Funken sprühen, und der weißliche Rauch verliert sich im Dunkel der Nacht.

Es gelang uns doch nicht, vor halb sechs aufzubrechen. Die gesamte männliche Bevölkerung gab uns das Geleit. Sie sagten zum Abschied: »Wir wünschen den Russen viel Glück. Die Russen sind glücklich. Wenn sie kommen, legt sich der Wind und scheint die Sonne. Mögen sie uns oft besuchen, dann werden wir satt, gekleidet und vor Hunghudsen geschützt sein.«

Was übrigens die Hunghudsen betrifft, so kehrte der Bruder eines unserer Pferdewärter gestern von einer Reise zurück und erzählte, sie seien jetzt sehr zahlreich; sie sammelten die Heilwurzel Chuanso-tsuri. Jetzt, wo das Gras verdorrt ist und ihr Kraut allein noch grünt, ist sie besonders leicht zu linden. Allerdings setzen die Sammler oft ihr Leben aufs Spiel, denn diese Jahreszeit ist sehr trügerisch, und der erste Schneefall deckt die ohnehin kaum merklichen Pfade zu, so dass jede Orientierung verloren geht.

Die Landschaft steigt an, der Wald wird dichter. Die chinesische Seite, auf der wir dem Tumen folgen, ist ein etwa dreihundert Sashen breites Tal, das spärlich mit Lärchen bewachsen und mit hohem, dürrem Gras bedeckt ist, nach dem die Pferde unterwegs gierig schnappen. Ein Weg ist nicht vorhanden; hier führt nur ein Fußpfad. Aber mehr ist auch nicht nötig, man kommt überall gut durch, über die Bäche sind sogar Brücken gebaut. Das sind Spuren der chinesischen Grenzkommission, die vor zwanzig Jahren hier arbeitete. Sie zog damals vom Pektusan den Tumen abwärts.

Vier Werst hinter Tanpai folgt die allerletzte Siedlung Purgun-pau. Acht Werst weiter erhebt sich siebenhundert Fuß über dem Tal der Berg Trynsani, der bei den Koreanern als heilig gilt. Er hat eine eigentümliche Form und sieht einem menschlichen Oberkörper ohne Kopf und Arme ähnlich. Auf seinem Gipfel ist eine etwa dreißig Sashen im Quadrat messende völlig ebene Fläche. Die Koreaner erzählen, dort liege eine riesige Steinplatte mit einem Schachbrett, auf dem die Helden der Sage in Mußestunden spielten. Der Berg ist vom Pektusan aus zu sehen, ebenso der östlich davon gelegene Punpoktoui, der einem riesigen, dem Himmel zugewandten Gesicht gleicht. Die Koreaner sagen, diese beiden Berge empfingen die Strahlen des Pektusan und seien darum ebenfalls heilig. Über den zweiten Berg führt ein Weg nach Konsan und Tanpai.

Unser Weg folgt immer noch dem Tal des Tumen, der hier nur noch ein klarer, rauschender Bach ist.[31] Die Landschaft ist fast ausschließlich mit Lärchen bestanden, deren dichte, goldgelbe Nadeln malerisch den zwischen den Ästen hindurchblickenden sanftblauen Herbsthimmel umrahmen.

Zwanzig Werst hinter Tanpai bekam ich auf einem Pass zum ersten Mal den Pektusan und den Sjöpeksan (Kleinen Pektusan) zu sehen. Danach wird er öfter sichtbar, und hier, wo ich jetzt schreibe, achtunddreißig Werst von Tanpai entfernt, ist er zum Greifen nahe. Der spärliche und zum Teil niedergebrannte Wald hindert nicht die Aussicht. Erst jetzt kann ich mir von diesem Berg ein klares Bild machen. Er ist kreisförmig, aber natürlich ist nur die eine Seite zu sehen, und die Phantasie muss die Rundung ergänzen. Der Durchmesser ist gewaltig, die Koreaner schätzen den Umfang auf hundertsiebzig Li, den des Sees auf achtzig. Wenn das stimmt, muss dieses Gebirge wirklich von überwältigendem Eindruck sein.

Zwei Ansichten des Pektusan waren besonders malerisch. Gestern beim Sonnenuntergang war er ganz in grünlichweißen Schimmer getaucht. Heute vor Sonnenaufgang zeichnete er sich im Morgennebel als eine riesige, dem Himmel entgegenstrebende Kuppel aus milchigem Bernstein ab. Auch jetzt wirkt er sehr majestätisch. Seine Schluchten sind mit Schnee bedeckt, so dass er weiß leuchtet. Im Sommer dagegen ist er schwarz, und nur sein oberer Rand aus Bimsstein sieht etwas heller aus.

Wir nächtigten mitten in der Wildnis am Fuß eines Berges, den die Koreaner Chansou-an, rote Erde, nennen. Wahrscheinlich enthält er Zinnober. Viele Löcher sind in ihn hineingegraben. Dicht daran rauscht der Tumen, über den sogar eine Brücke führt, die wohl auch für die chinesische Kommission gebaut wurde. Die Pferde kamen gut über den Fluss, und wir fanden viel trockenes Holz. Zum Schutz gegen die Beherrscher dieser Gegend, die Tiger, Leoparden und Hunghudsen, legten wir fünf Feuer an.

Ja, die Hunghudsen! Heute ritten wir an einer aus Zweigen errichteten Hütte vorbei, vor der frische Menschenspuren zu sehen waren. Die Asche des Lagerfeuers war noch warm. In der Hütte fanden wir zwei Bündel der Chuanso-Heilwurzel im Werte von etwa dreißig Rubel. Offenbar waren diese unglückseligen Hunghudsen, zwei Mann, vor uns geflohen. Ebenso ergriff ein Leopard die Flucht, den Borrninski sah. Bisher trafen wir nur einige Rehe, aber vorläufig haben wir kein Jagdglück.

Abend. Diese Nacht habe ich Wachtdienst. Um neun Uhr gaben wir, um mehr Schrecken zu erregen, ein paar Schüsse ab. Ich stellte mein Tischchen ans Feuer und nahm mir vor, mir die Zeit mit Englischlernen zu verkürzen. Ich war, aufrichtig gesagt, furchtbar schläfrig. Die koreanischen Pferdewärter halfen mir aus der Situation. Sie meinten, wir sollten uns alle schlafen legen; sie hätten ja doch keine warme Kleidung, müssten auch auf die Pferde Acht geben und könnten daher ohnehin nicht schlafen.

Ich ließ mir das nicht zweimal sagen, zog meine auf Wache stehenden Leute ein und legte mich hin.

Forschungen im Gebiet des Vulkans Pektusan

29. September 1898
Die Koreaner weckten mich um drei Uhr. Also war im Reich der Hunghudsen, Tiger und Leoparden alles glücklich verlaufen. »Was sollen sie auch hier?«, sagte Bibik verächtlich. »Wir werden während der ganzen Reise keinen Einzigen treffen.« – »Aber man schreibt und redet doch davon.« – »Wenn schon!«

Heute sind die Gewehre wieder in den Schutzhüllen versteckt und die Bajonette abgenommen. Nur Borminski gibt die Hoffnung auf Jagdglück nicht auf und reitet mit schussfertiger Flinte voraus.

Ich wäre gern mit ihm geritten, fotografierte aber zuerst die Landschaft und suchte mir dann ein Plätzchen zum Schreiben aus. Jetzt sitze ich allein in der Totenstille des herbstlichen, an vielen Stellen durch Brand verwüsteten Waldes unter dem wunderbar hellblauen Himmel. Etwas Braunes schlüpft im Dickicht vorbei. Ein Reh oder ein Leopard? Einerlei. Der bedrohliche Zauberbann dieser Gegend ist bereits gebrochen und die typisch russische Sorglosigkeit kam zum Vorschein: Russland, Europa, Asien, Pektusan – schließlich ist die Erde überall eine Kugel.

Gestern war Bibik etwas zurückgeblieben. Er schoss auf eine Krähe, und da fiel Kim aus dem Sattel. »Ich dachte, die Hunghudsen hätten mich erschossen«, sagte er, als er wieder aufstand. Bibik aber brummte vor sich hin: »Zwei auf einen Schuss.«

Wald und immer wieder Wald. Lauter Lärchen, nur hier und da eine Birke. Früher trafen wir auf den Hängen auch Eichen. Was ich bisher zu sehen bekam, war alles minderwertiges Holz. Nur ganz vereinzelt findet man mächtige Lärchen, die ausgezeichnete Schiffsmaste liefern würden. Aber solcher Wald ist selten und beweist nur, dass die Naturbedingungen für ihn durchaus gegeben sind, dass es also nur auf eine vernünftige Forstwirtschaft ankommt, um hier binnen hundert Jahren vorbildliche Wälder erstehen zu lassen. Jetzt ist das alles nur Gerümpel, fast durchweg angesengt, verbrannt und vertrocknet. Oft erstreckt sich viele Sashen weit dichtes Gestrüpp, das sich aber gegenseitig abwürgt und dabei verdorrt. Dann folgen ganze Wersten mit Jungwald, aber auch der ist teils trockenständig, teils niedergebrannt.

Trostlos sehen die geknickten Wipfel und die astlos wie Pfähle emporragenden Stämme aus. Auf meine Frage, wann der Wald hier niedergebrannt sei, wird mir geantwortet, es sei schon lange her. Der Wald ist gestorben, nun entsteht hier eine Waldblöße.

Wir legen noch zwanzig Werst zurück, und der Tumen verschwindet. Schon am letzten Lagerplatz war er nur noch eine halbe Sashen breit. Er verschwand in Richtung zum Pektusan am Ponga-See, der etwa hundert Sashen lang und noch weniger breit ist, in einer kleinen Schlucht. Daher also sein Name: der verschwundene Fluss. Dieser See und seine versumpfte Umgegend sind demnach das Quellgebiet des Tumen, nicht der Drachensee auf dem Pektusan.

Bevor ich meine Abteilung wieder eingeholt hatte, schoss Borminski auf einen Bären, den er aber wegen der zu weiten Entfernung nicht traf. Der Bär war schwarz und mittelgroß; er naschte gerade Blaubeeren, die hier im Überfluss vorkommen. Außerdem hatte Borminski zwei einzelne Ricken und ein Rehrudel gesehen. Wild gibt es hier also genug, und es ist nicht vergrämt, denn hier hat noch niemand gejagt. Borminski fleht mich an, ihm einen Tag für die Jagd freizugeben, und die Koreaner versprechen ihm, alles Wild, Tiger und Leoparden, Bären und Rehe, heranzutreiben. Dazu brauche man nur den Wald in der Windrichtung anzuzünden und sich auf bereits niedergebrannten Grund zu stellen. Dann laufe das Wild ganz von selbst dem Jäger entgegen.

Ich lade die Maler ein, sich mit mir diese unberührte Natur hier anzusehen. Dort zum Beispiel, an der Wegbiegung, steht noch vom Brand verschonter Urwald. Riesige Bäume ragen empor und der mildblaue Himmel leuchtet durch ihr goldgelbes Laub. Andere Riesen haben bereits ihr Leben beendet und ruhen friedlich auf dem Boden. Smaragdgrünes, mit gelben Lärchennadeln überstreutes Moos bedeckt sie. Hier herrscht die Stille der Ewigkeit, und der traurige Thujabaum, der da und dort zu sehen ist, passt gut zu dieser Friedhofsruhe.

Was mögen die Wipfel so erregt flüstern? Wir entfernen uns von ihnen. Weit vorn sind die Rufe der koreanischen Pferdewärter zu hören. Sie schreien ihre winzigen Pferdchen an. Menschen des Ostens in östlichem Gewand, der Kälte halber weiblich wirkende Häubchen auf dem Kopf, gutmütige, schlichte Menschen, die jeden Busch furchtsam anblicken und scheu auf jedes Geräusch horchen.

Hier aber steht eine ganz heimatliche Taiga: eine Gruppe uralter Tannen. Lange, grünlich schimmernde Flechten hängen zottig von ihnen herab. Es riecht nach Kellerfeuchtigkeit; das Pferd tritt vorsichtig auf und sinkt doch in einen verfaulten Baumstumpf ein.

Nun folgt eine Schlucht in gelben, braunen und schwarzen Farbtönen, über die sich zierliche, hohe Lärchen beugen. »Der Lieblingsaufenthalt des Herrn«, sagen die Koreaner, die den Tiger an solchen Orten niemals beim Namen nennen. Man fühlt auch, dass das wirklich ein vom Herrn der hiesigen Gegend bevorzugtes Versteck ist; man erwartet jeden Augenblick, dass er aus dieser gleich ihm gefärbten Schlucht hervorspringt, sich hinlegt, sich wie eine Katze leckt und mit dem langen Schweif seine Flanken peitscht.

Dann aber stehen verdorrte und verbrannte Bäume vereinsamt in einer weißlichgrauen, von der Sonne durchglühten Wüste. Nicht einmal Gras wächst auf dem feinen, glitzernden Bimssteinstaub. Auf ihm sind deutlich die Fährten der verschiedensten Tiere zu sehen: da die Hufspuren eines Gebirgsbocks, dort die Tatzen des ihm nachschleichenden Raubtiers. Ein Gewirr von Fährten, viele bereits mit Lärchennadeln überstreut.

Wir nähern uns dem Hauptziel unserer Reise, dem Pektusan, der höchsten Erhebung (achttausend Fuß über dem Meeresspiegel) des Tschang-pai-schan-Gebirges, das als mächtige Schwelle die ganze Mandschurei von West nach Ost durchzieht[32].

Wie ich bereits erwähnte, hatten vor uns zwei Europäer den Pektusan besucht, im siebzehnten Jahrhundert ein Missionar und im Jahre 1894 unser Oberst Strelbizki[33]. Der Missionar zog vom Westen her jenen Nebenfluss des Amnok (oder Jalu) entlang, an dessen Mündung das auch heute noch bestehende, koreanisch Mau-örr-schan, chinesisch Linkiang genannte Dorf liegt. Der Missionar kehrte auf dem gleichen Wege wieder zurück. Oberst Strelbizki kam vom Osten her auf dem Weg zum Pektusan, den auch wir gehen. Er bestieg den Gipfel und suchte sogar das Ufer des Sees auf, der dreizehnhundert Fuß tief in der Krateröffnung liegt. Man kann mit voller Bestimmtheit behaupten, dass Oberst Strelbizki der erste Mensch war, dessen Fuß das Ufer dieses heiligen Sees betreten hat. Das geht daraus hervor, dass der Missionar nicht so weit vorgedrungen war, die hiesigen Einwohner aber, Chinesen wie Koreaner, vor diesem »Wohnort eines Drachen« eine derartige Scheu empfinden, dass ihnen nicht nur der Gedanke, ihn aufzusuchen, völlig fern liegt, sondern dass sie sich auch niemals nahe zum Gipfel des Pektusan heranwagen. Die periodisch wiederkehrenden vulkanischen Erscheinungen auf dem Gipfel – Wirbelwinde, aus dem Krater aufsteigende Dämpfe oder Wolken von Bimssteinstaub, unterirdischer Donner – werden alle von der hiesigen Bevölkerung als Beweis dafür aufgefasst, dass dort wirklich ein Drache lebt. Daher beeilen sich die gelegentlich vorbeikommenden chinesischen oder koreanischen Jäger, diesen Ort, der ihnen Furcht einflößt, so rasch wie möglich wieder zu verlassen. Oberst Strelbizki hatte die Absicht, vom Pektusan zum Amnok zu gehen, musste aber nach Tanpai umkehren, da seine Wegführer ihm kategorisch erklärten, westlich des Pektusan gebe es weder Wege noch Siedlungen. Auch mein Führer, der sich anfangs verplappert hatte, wollte dann von einem Weg nichts mehr wissen. Aber ich gebe die Hoffnung nicht auf. Einerlei, ob ich auf den Weg des Missionars aus dem siebzehnten Jahrhundert gerate oder einen neuen finde, ich kehre auf keinen Fall um. Schlimmstenfalls marschiere ich einfach nach der Kompassnadel.

Diesen Entschluss verheimliche ich aber vorläufig noch meinem Führer, um ihm keine Angst einzujagen.

Abgesehen von dem für jedermann verlockenden Gedanken, Orte aufzusuchen, die noch nie ein Europäer betreten hat, besteht, wie schon erwähnt, die eigentliche Aufgabe der Expedition darin, den Ursprung der drei größten Ströme dieses Erdenwinkels zu erforschen: des Tumen, der nach Osten in das Japanische Meer fließt, des Amnok, der im Südwesten ins Gelbe Meer mündet, und des Sungari, der nach Norden zum Amur führt. Der Legende nach entspringen alle drei dem geheimnisvollen See auf dem Pektusan, wobei ein Zufluss des Sungari unmittelbar aus dem Kraterspalt als mehrere Tausend Fuß hoher Wasserfall in die Ebene hinabstürzen soll, der Tumen und Amnok dagegen an Quellen beginnen sollen, die aus dem See hervorsickern.

Oberst Strelbizki äußerte eine Vermutung, die durch unsere Forschungen bereits bestätigt wurde, dass nämlich der Tumen nicht am Pektusan selbst seinen Anfang nehme, sondern den südlich gelegenen Sümpfen entspringe. Das stimmt, und zwar liegt sein Ursprung im zwanzig Werst vorn Pektusan entfernten, etwa hundert Sashen im Durchmesser großen Ponga-See. Was die beiden anderen Flüsse betrifft, so werden wir nun bald erfahren, wie es damit steht. Heute nächtigen wir bereits am Fuß des Pektusan.

Immer noch der gleiche, kaum sichtbare Pfad durch Schluchten und Wälder. Oft, wenn wir einen Windbruch umgehen müssen, verlieren wir ihn und suchen dann lange diese schmale, nur eine halbe Elle breite, tief in den Grund getretene Spur, auf der das Pferd nur im

Schritt zu gehen vermag. Ja, das ist wirklich noch der Pfad des Urmenschen.

An einer Gabelung bittet der Führer, den zurückgebliebenen Tross abzuwarten. Wir bleiben vor einer aus Zweigen gebauten Hütte stehen. Das ist die Wohnung von Hunghudsen.

So, Hunghudsen? Aber wo stecken sie denn eigentlich?

Und nun steigen aus einer tiefen Schlucht zwei zerlumpte Chinesen herauf. »Hunghudsen«, flüstert man mir erschrocken zu. Aber ich bin ja froh, ihnen endlich zu begegnen. Wie stünde ich denn da, wenn ich nach der Heimkehr gefragt würde: »Haben Sie Hunghudsen gesehen?« und mit Nein antworten müsste! Nun kommen sie heran. Was tut es schon, dass sie so abgerissen und armselig sind. Der eine Alte hat ein vom Opiumrauchen verwüstetes, blasses Gesicht. Sie tragen weite Chinesenhosen, kurze Jacken, Zöpfe und auf dem Rücken Reisesäcke, ganz wie unsere sibirischen Landstreicher.

»Rasch den Fotoapparat her! Ja, dort, dort neben die Hütte sollen sie sich hinstellen... Da, nehmt das Gebäck, die Zigaretten, aber bleibt um Gottes willen stehen und rührt euch nicht! Ein Messer guckt aus dem Sack? Aber ja doch, drehen Sie den Mann so, dass das Messer gut auf das Bild kommt! Wassili Wassiljewitsch! Mein Gott, wo steckt er denn bloß! Fragen Sie die beiden, wohin sie gehen.«

»Nach Hause«, übersetzt mir der Dolmetscher.

»Wieso nach Hause? Seit wann haben Hunghudsen ein Zuhause?«

»Sie sind Jäger, und hier im Wald, einige Li entfernt, steht ihre Fansa.« »Was jagen sie, und auf welche Weise?«

»Sie jagen alles Wild mit Fallen und Schlingen.« »Haben sie Gewehre?«

»Nein, aber Pfeile, mit denen sie auf Hirschjagd gehen.« »Wozu brauchen sie dann dieses Messer?«

»Zum Graben nach Wurzeln.«

»Woher kommen sie?«

»Vom Amnok, wo sie Verwandte besucht haben.«

»Wie? Vom Amnok? Also gibt es einen Weg dorthin?« Wassili Wassiljewitsch erkundigt sich und übersetzt mir dann: »Diese Abzweigung führt dorthin.«

»Wer benutzt denn diesen Weg?«

»Sie sagen, Chinesen und Koreaner gingen ihn. Die Koreaner suchen ihre Verwandten in Tanpai auf, die chinesischen Händler reisen zum Amnok oder über den Pektusan nach Gina.«

Was war das? Da befanden wir uns ja beinahe auf einer Hauptverkehrsstraße! Und andere schrieben[34]: »Wir gerieten in eine Gegend, aus der kein anderer Weg zu führen schien als der, auf dem wir gekommen waren.«

Ja – schien! »Warum haben Sie uns diesen Weg zum Jalu nicht gezeigt?«, werfe ich dem Führer vor. Er schweigt. Als wir die Chinesen nach Hunghudsen fragen, antworten sie, es gebe keine.

Ich habe meinen Entschluss gefasst: Vom Pektusan sende ich alle überflüssige Last zurück und gehe nur mit kleinem Tross zum Amnok. Dort aber löse ich meine Begleitung auf.

Die Koreaner fangen wieder ihr altes Lied an: »Der Amnok ist am gefährlichsten. Dort schießen sie vom chinesischen Ufer herüber. Und in der Mandschurei gibt es so viele Hunghudsen.«

»Nun aber Schluss damit! Ich interessiere mich wohl für Märchen, aber nicht für solche.«

Ich nahm von den beiden »Hunghudsen« sehr freundschaftlich Abschied. Doch auf ihre Frage, wohin ich nach Besteigung des Pektusan zöge, antwortete ich, wir würden hierher zurückkehren und den uns von ihnen gewiesenen Weg zum Jalu einschlagen. Wann das sein wird? In etwa drei bis vier Tagen.

Es war noch hell, als wir uns unserem Lagerplatz näherten. Die Gegend, in der wir anhielten, heißt Burtopoi. Das bedeutet »Sackgasse«. Hier stand eine große Jägerhütte, ähnlich jenen, wie sie im Gouvernement Ufa an entlegenen Heu- oder Holzschlägen üblich sind. Wir fanden alle Platz darin.

Rings um mich herum schlafen die Koreaner, unsere drei Soldaten, Borminski, Kim und Iwan Afanasjewitsch. Die Koreaner hatten vorige Nacht Wache gehalten und waren sehr müde; daher lösten wir sie heute ab. Ich bin an der Reihe, sitze da und schreibe im Tagebuch, gehe aber ab und zu ins Freie. In der Hütte brennt ein offenes kleines Feuer. Der Rauch zieht nur langsam durch die Dachöffnung ab, breitet sich als blaugraue Wolke im Raum aus und beißt die Augen.

Um elf Uhr weckte ich Iwan Afanasjewitsch und legte mich schlafen. Gegen halb drei wachte ich wieder auf, rief ihn und befahl, die Leute aufstehen zu lassen. Wir zündeten nun ein größeres Feuer an und hängten den Teekessel darüber, und jetzt sitzen alle ringsum, die Schultern vor der von außen eindringenden Zugluft hochgezogen. Die Koreaner sind nun schon ganz mit uns vertraut und sprechen ohne jede Schüchternheit über alles. So erzählen sie auch von den früheren

Expeditionen und beklagen sich ein wenig über die Rücksichtslosigkeiten, die damals vorgekommen sind.

30. September – 2. Oktober

Auf zum Pektusan! Wir brachen um sechs Uhr auf, gerade in dem Augenblick, als die Sonne aufging. Auf einer Anhöhe hielten wir an und bewunderten das zauberhafte Panorama dieses Morgens.

Im Osten ragen in einem weiten Rund die Berge hoch, alle von einem bläulichen Schleier überzogen. Durch ihn hindurch sieht man schon den blassroten Widerschein der Sonne. Alles ist noch in Halbdunkel gehüllt, nur der Pektusan wird bereits angestrahlt und leuchtet purpurrot. Nach der Reihenfolge, in der die einzelnen Berge aufleuchten, ließe sich ihre ungefähre Höhe bestimmen. Nun werden zwei weitere Berge von der Sonne erfasst und kleiden sich in ein rötliches Violett. Jeder Berg trägt sein eigenes buntes Gewand, nur der Pektusan, der König der Berge, ist in einen Purpurmantel gehüllt. Aber diese Märchenpracht nimmt bald ein Ende, die Sonne tritt ganz hervor, und der nun unmittelbar angeleuchtete Pektusan wird wieder zu einer unansehnlichen, schmutziggrauen, von den weißen Streifen des in den Schluchten liegenden Schnees durchzogenen Fläche. Wie alle Berge Koreas hat auch er abgerundete Formen; ihm fehlen die wilden Felswände des Kaukasus. Alles sieht hier genauso friedlich drein wie das bisher von uns durchzogene Land. Viel schöner als der Pektusan ist eigentlich der lange Berg dort, der wie ein am Boden liegender toter Sagenheld aussieht. Da sind die Stirn, die etwas breite Nase, der scharfe Mund, die Brust im Harnisch, die Beine. Daneben liegt der Helm. Oder der vom Pektusan angestrahlte heilige Berg dort, der wie ein Oberkörper ohne Kopf wirkt. Ja, selbst der Kleine Pektusan ist malerischer, weil sein Kegel ganz zu übersehen ist, während der große hier am Fuß unübersichtlich und zerflossen erscheint.

So wird die Poesie des ersten kurzen, aber sehr gewaltigen und ganz eigenartigen Eindrucks rasch durch eine ganz alltägliche und gar nicht sehenswerte Prosa abgelöst.

Wir steigen gleichgültig hinauf. Der Wald wird lichter. Auch das smaragdgrüne, harte Gras, das allein noch nicht vom Frost vernichtet wurde, verschwindet. An seine Stelle tritt Moos, das einen weiten, weichen Teppich bildet, auf den unsere Pferde lautlos treten, um darin für immer Hufspuren zu hinterlassen. Die Wagenfurchen der Expedition von 1894 sehen heute noch ganz frisch aus. Wie schön diese Moosflächen sind, tiefgrün und grau, dunkelrot oder zartlila, mit grauen und weißen Perlen bestickt. Die Feder ist nicht imstande, ihre Schönheit zu beschreiben, auch die Fotografie vermag sie nicht wiederzugeben. Es gehört der Pinsel eines Künstlers dazu, und ich erinnere mich an Korowins herrliches Bild von der Tundra bei Archangelsk, allerdings mit anderen Moosarten, als wir sie hier sehen.

Immer höher und höher! Hier stehen keine Bäume mehr, auch das Moos ist verschwunden, feiner Bimssteinsand bedeckt den Boden, nur hier und dort lässt sich noch eine Zwergbirke sehen. Mitunter erhebt sich ein Wind, wirbelt dieses feine Pulver auf und schleudert es uns entgegen. Es sticht das Gesicht und die vorgehaltenen Hände, aber auch die Augen schmerzen, denn der Sand greift sie an und entzündet die Lider. Vom Sattel aus hat man den Eindruck, als reite man über die Dünen einer Küste, sieht man aber näher hin, dann merkt man den Unterschied. An der Küste arbeitet das Meer, hier hat das Feuer gewirkt. Der schmutziggraue Sand hier ist leicht und ausgeglüht, während das Meer den Sand nur schleift, ohne seine Zusammensetzung zu verändern. Hier fand eine chemische, dort an der See nur eine mechanische Bearbeitung statt. Alles ist hier von diesem Bimssteinpulver bedeckt. Wind und Wasser tragen es von einer Stelle zur anderen, und darum ist die ganze Oberfläche zerwühlt und bildet Schluchten und Dünen.

In einer solchen Schlucht, die zwar kein Wasser führte, in der aber doch mit Bimsstein vermischter Schnee lag, hielten wir an, um uns zur Besteigung des Gipfels vorzubereiten. Mit Hilfe des Brennholzes, das wir mitführten, kochten wir Tee und wärmten uns Erbsensuppenkonserven. Dann wurden das Boot, die geologischen und astronomischen Instrumente, die Seile und das Lot zur Vermessung des Sees ausgepackt. Alles andere bleibt hier und wird von den Koreanern bewacht. Sie sollen mit ihren Lastpferden auf die Ausrüstung warten, die ich nach Tanpai zurückschicken will: alle Zelte, einen Teil der Instrumente und noch manches andere. Nach der Rast brachen wir zum Gipfel auf. Mitten im Aufstieg drehe ich mich um und sehe, dass alle neun Koreaner, die zur Bewachung des Lagers zurückgelassen wurden, uns nachfolgen. Sie berichten, sie hätten auf der Stelle unseres letzten Nachtlagers Rauch aufsteigen sehen, hätten die Nähe von Hunghudsen vermutet und daher ihre und unsere Pferde im Stich gelassen. Nun machen sie mir bittere Vorwürfe, dass ich die Hunghudsen gestern nicht erschossen oder wenigstens verhaftet habe.

»Aber das waren doch gar keine Hunghudsen!«

»Doch, doch, das waren welche! Wären sie hier ansässig gewesen, dann hätten sie den koreanischen Namen Schadarjong gekannt« – den Namen der Ortschaft am Oberlauf eines Nebenflusses des Jalu, wohin wir gehen wollen –, »sie kannten aber nur das chinesische Man-jong. Dabei halten sich vierzig Hunghudsen hier in den Bergen versteckt. Nun gehen die beiden hin und sagen ihnen, wo wir sind. Sie haben es ihnen schon verraten, denn dort brennt ja das Lagerfeuer der Hunghudsen, und wir sitzen auf dem Pektusan wie in einer Mausefalle.«

»Was können vierzig Mann in dieser Jahreszeit im Wald suchen? Was sollen sie essen? Es naht doch der Winter mit Regen und Schnee, wo wollen sie da schlafen?«

»Wir werden Ihnen die ganze Wahrheit sagen, dann wissen Sie, was die Hunghudsen jetzt hier suchen. Im Frühjahr hat eine Bande von dreiundzwanzig Mann zwei Koreaner gefangen und in eine hier in der Nähe stehende chinesische Fansa entführt. Man folterte sie dort, und sie gestanden, dass sie zu Hause Geld hätten. Die Räuber wollten den einen Mann nach dem Geld schicken, den anderen aber als Geisel zurückhalten. Die beiden stammten aber aus verschiedenen Dörfern. Daraufhin bürgte der Besitzer der Fansa dafür, dass jeder Koreaner fünfhundert Lan zahlen werde, und beide wurden freigelassen. Die Gefangennahme war im vierten Mond erfolgt, im siebenten sollten sie das Geld bringen, und nun geht der achte zu Ende, und von den beiden ist noch immer nichts zu sehen. Darum gehen die Hunghudsen nicht fort, warten noch immer auf das Geld und wollen sich an allen Koreanern rächen, die ihnen in die Hände fallen. In diesem Jahr fand bereits ein Raubzug gegen Tanpai statt, und die gesamte Einwohnerschaft musste sich vier Wochen lang in den Wäldern verbergen. Wenn wir jetzt umkehren, werden wir gewiss von den Hunghudsen gefangen.«

»Woher sollen denn die Hunghudsen wissen, dass ihr allein heimkehrt und nicht mit uns geht?«

»Sie wissen alles. Ganz bestimmt sehen sie uns jetzt und hören auch, was wir sprechen. Uns werden die Hunghudsen hier erschlagen, dann werden sie nach Schadarjong Nachricht geben, wo ihrer noch mehr sind, und dort wird man euch umbringen.«

»Also wäre es am besten, wenn wir alle miteinander nachTanpai umkehrten?«

Die Koreaner nicken erfreut. »Ehé ehé!«

Ich sehe sie an und bemitleide sie sehr wegen der Leiden, die ihnen ihre quälende und erniedrigende Angst bereitet. Man darf dabei auch nicht vergessen, dass es keine reine Freude für sie ist, mit uns zu reisen. Denn dort oben auf dem heiligen Berg, in dem vor aller Augen verborgenen See lebt doch der böse, schreckliche Drache, der bald donnert, bald Wolken emporschleudert, bald solche Winde entfesselt, dass man von ihnen umgeworfen wird. Wenn man ihn reizt, wer weiß, was er noch alles anstellt. Ein solches wildes und eigenwilliges Geschöpf kann ja durch die geringste Kleinigkeit erzürnt werden.

Unsere Koreaner stehen ganz verwirrt da. Wir einigen uns dahin, dass der chinesische Dolmetscher Wassili Wassiljewitsch und der kleine Koreaner mit ihnen gehen werden. Der Koreaner trägt europäische Kleidung, die Hunghudsen werden ihn also von fern für einen Russen halten, Wassili Wassiljewitsch aber ist ihr Landsmann und kann sich mit ihnen verständigen.

Die Koreaner beruhigten sich wieder und kehrten um.

Da wir nur beschränkte Vorräte mit uns führen und deshalb innerhalb von zwei Tagen das Unternehmen abgeschlossen sein muss, teilen wir die Arbeit zwischen uns auf. Borminski geht mit Iwan Afanasjewitsch, Bibik, Bessedin, Chapow und Sa Pagi zum See, während ich den Gipfel besteige und den Kraterrand entlang bis zum vermutlichen Ursprung des Jahe und Sungari gehe. Abends wollen wir uns wieder am letzten Lagerplatz treffen.

Wir trennen uns. Borminski biegt mit seiner Gruppe und zwei Packpferden nach links, also nach Westen, ab. Ich schlage mit Kim und dem Führer die nördliche Richtung ein.

Ich konnte fast bis zum Gipfel des Pektusan im Sattel bleiben. Nur in den Schluchten, in denen harter Firnschnee lag, hatten wir Schwierigkeiten. Hier glitten Mensch und Pferd aus. So war ich, schon nahe dem Gipfel, an einer Stelle unvorsichtig auf einen solchen vereisten Schneehang geritten. Als ich nun nach einem Ausweg suchte, blickte ich mich um. Mein Herz stockte. Während ich den Hang hinaufstieg, war ich mir der errungenen Höhe gar nicht bewusst geworden. Jetzt aber, wie ich so hinuntersah, begriff ich einfach nicht, wie das Pferd mit mir im Sattel hier heraufgelangt war, an all den Steilhängen vorbei, die nun als tiefe Abgründe unter mir gähnten und auf mich und das Pferd lauerten. Zunächst einmal sprang ich aus dem Sattel, glitt aber sofort aus und rutschte ab. Hätte ich mich nicht an den Zügeln festhalten können, wer weiß, wie tief ich hinabgefahren wäre und ob das bloß mit blauen Flecken oder Knochenbrüchen geendet hätte. Dann versuchte ich, das Pferd zu wenden. Das gelang nicht, der Boden war zu glatt. Ich zog mir die Stiefel aus und wollte barfuß über den Schnee, aber auch damit hatte ich keinen Erfolg. Als letzter Ausweg blieb uns nur übrig, einen Graben durch den Schnee zu ziehen. Kim und der Führer arbeiteten an der gegenüberliegenden Seite der Schlucht, ich ihnen entgegen. Diese Arbeit nahm eine ganze Stunde in Anspruch.

Aber dann standen wir endlich auf dem Gipfel, und der wilde Pektusan öffnete vor uns das von spitzen Felsen umringte Rund seines Kraters. Das Bild, das sich uns überraschend darbot, war hinreißend, geradezu erschütternd. Dort, anderthalbtausend Fuß unter uns leuchtete der zwei Werst lange grüne See wie ein kostbarer Smaragd, umringt von schwarzen Burgzinnen und Ruinen. Die verrußten Wände stiegen senkrecht hoch und endeten in bizarren Zacken. Eine zauberhafte, unwandelbare Stille lag über diesem See, ein völlig fremdes Leben war aus ihm herauszufühlen. Ja, gerade dieser Eindruck eines anderen Lebens war besonders nachhaltig. Es schien, als würden im nächsten Augenblick dort unten die Bewohner dieser Burgen festlich gekleidet ins Freie treten, bunt geschmückte Boote unter Musikklängen über den See fahren, als spielte sich wie in einem Märchen, einem Traum, ein fernes, vergessenes Leben ab. Zugleich aber war ich mir durchaus bewusst, dass dieser Erdenwinkel das Sinnbild des absoluten Todes war. Strelbizki konnte am Ufer des Sees keine Spur von Leben feststellen. Er fand nur einen einzigen Knochen, den wohl ein Raubvogel hatte fallen lassen.

Der Tod … Der Vulkan ist gestorben, und dieser klare See ist nichts weiter als sein prachtvolles Grabmal, diese senkrechten, wie in Trauer schwarz verrußten Basteien sind die Mauern seines Grabes. So ragen sie nun drohend empor und hüten das Geheimnis dieser Stätte. Ich bewundere die bizarren Umrisse des Kraterrandes. Da steht ein riesiger Bär mit gesenktem Kopf, als lauschte er. Dort erhebt sich ein spitzer Turm. Und der Felsen drüben ist das herrliche Bildnis einer Frau, wie sie einem in sehnsüchtigen Träumen erscheinen mag. Sie stützt sich mit der einen Hand auf den Felsrand und blickt zum See hinab. Ihre Gestalt vereinigt in sich den Frieden der Ewigkeit und die Anmut des lebendigen Augenblicks – als wäre sie, in Gedanken versunken, von Mitleid, Zweifel und Schwanken erfasst, durch einen Zauber für immer in diesen geheimnisvollen Winkel einer noch nicht fertig erschaffenen Welt gebannt worden.

Unten ballt sich etwas zusammen, der See wallt auf, und nun rast eine Wolke mit furchtbarem Heulen auf uns zu. »Hinlegen, das Gesicht zu Boden!«, ruft der Führer. Ich bücke mich, blicke aber, solange es noch geht, weiter die Wolke an, dieses Gewirr aus kleinen Steinsplittern, Staub und Dampf, das aus dem plötzlich aufkochenden See emporgeschossen ist. Wir werden von diesem heißen Gemenge umhüllt; dann aber steigt eine zartweiße Wolke hoch über den erloschenen Krater zum Himmel hinauf und nimmt die abenteuerliche Form eines Drachen an. Der alte Führer, der einen Augenblick hinaufgesehen hat, senkt sofort den Kopf, faltet die Hände und beginnt sich hin und her zu wiegen. »Was hat er denn?«, frage ich. Der Mann wirft nur ein paar Worte hin. »Er betet«, erklärt mir Kim, »und er sagt, das sei der Drache, wir sollten ihn nicht ansehen und lieber weggehen. Wenn er zornig wird, ergeht es uns übel.«

»Sagen Sie ihm, ich bäte den Drachen vielmals um Entschuldigung, aber ich müsse unbedingt seinen Palast fotografieren.«

Der Alte hat sein Gebet beendet, ist nun ruhiger und zuckt ergeben die Schultern. »Der Drache ist den Russen gegenüber gnädig. Die Russen haben Glück. Uns Koreaner würde er dafür totschlagen. Aber auch die Russen haben dem Drachen geopfert[55]. Der Mann, der mit der Schafherde hierherzog, ließ hier einen Hammel schlachten.«

»Erklären Sie ihm, dass es bei uns nicht üblich ist, Opfer darzubringen.« »Hier herrschen die Gesetze des Drachen.«

Wieder ist alles still. Unten leuchtet der See, weit ringsum aber liegen goldgetönte Lärchenwälder, und über ihrem Gelb und dem weißen Pektusan wölbt sich das wolkenlose Türkisblau des Himmels und wirkt noch tiefer blau im Gegensatz zu dem Gold der Ferne. Wieder blicke ich in die Tiefe, wo dieser Wundersee liegt. Wieder fühle ich die Berückung eines zaubergebannten Lebens, und wieder wirbelt ein Ausbruch empor.

Nachdem ich die erforderlichen Geländeaufnahmen gemacht und vor allem die vermutliche Lage jener Felskluft bestimmt habe, der, wie die Eingeborenen behaupten, ein Nebenfluss des Sungari entspringen soll, gehe ich daran, die Quellen der beiden anderen Flüsse, des Tumen und Amnok, zu studieren. Der Gipfel gewährt eine weite Sicht. Hier liegt die Wasserscheide der drei Flüsse, von hier fließt der Amnok nach Westen, der Tumen nach Osten und der Sungari nach Nordost. Alle Schluchten in der Richtung des Amnok sind zu sehen. Zum Teil beobachtete ich sie bereits auf dem Weg hierher und stellte fest, dass sie kein

Wasser führen. Ähnliche Gräben ziehen sich auch in der Richtung zum Tumen hin, und auch sie sind trocken. Somit besteht kein Zweifel mehr darüber, dass die Quellen des Amnok und Tumen keine unmittelbare Verbindung mit dem See haben. Es bleibt nur noch übrig, die des Sungari zu erforschen. Wir brechen zu jener Stelle auf, wo sich angeblich der Felsspalt befindet.

Es ist bereits ein Uhr. Wir gehen. Alle fünf Minuten speit der Krater neue Wolken aus, die Windstöße werden immer heftiger, der Boden bebt. »Wozu gehen wir hin, wenn ich sage, dass dort der Felsspalt liegt?«, murrt der Führer. – »Hat er ihn selbst gesehen?«, frage ich Kim. Nein, selbst hat er ihn nicht gesehen, aber seine Freunde jagten in jenem Wald dort und sahen das Wasser aus einem tiefen Spalt von oben herabstürzen. »Dann müssen wir hin«, antworte ich.

Unterwegs hallen unter unseren Schritten im Fels verborgene Hohlräume. Wir sind schon drei Stunden unterwegs und bewundern die ganze Zeit den See und die Landschaft, fotografieren sie und visieren die sich uns neu eröffnenden Geländepunkte.

Der letzte Aufstieg. Dort vorn soll der Felsspalt liegen. Das Herz klopft vor Anstrengung und gespannter Erwartung. Das Pferd habe ich schon längst dem Führer übergeben, der uns langsam folgt und kaum noch zu erkennen ist. Es ist kein Felsspalt da...

Auch hier erhebt sich die gleiche drohende und unnahbare Zinne wie im übrigen Kraterrund. Der Pektusan ist von hier aus ganz zu übersehen, er bildet überall die gleiche kahle Wand. Ich nehme das Fernglas und bemerke tief unten, wo der Führer mit dem Pferd geht, Wasser. Wenn also auch kein Felsspalt vorhanden ist, so doch Wasser. Wo, in welcher Höhe entspringt es? Um das festzustellen, müssen wir hinunter. Zur Quelle führt nur ein sehr gewagter Abstieg über einen Grat dieser riesigen Bastei. Es ist besser, weder hinauf- noch hinabzublicken. Noch besser wäre es freilich, gar nicht erst hinunterzuklettern. Aber der Abend rückt heran, es wird kalt, die furchtbaren Wirbelstürme aus dem Krater werden immer heftiger, Wolken steigen auf und bedecken den See.

Lebe wohl, du schöner See! Für immer bleibst du in meinem Herzen bewahrt als eines jener herrlichen Traumbilder, die kaum von der Wirklichkeit zu unterscheiden sind. Obwohl ich nur wenige Augenblicke in deiner Nähe verweilte, bist du mir schon vertraut geworden, liebe ich deine Stille, deine wilden Ausbrüche, scheint es mir, als kennte ich dich schon lange.

Ich bin kein Freund von Steilhängen. Mit dem Mut eines Feiglings, mit dem Mut der Verzweiflung, die Zähne zusammengepresst, steige ich wie ein nur noch um sein Leben bangendes Tier die Felsen hinunter. Das Gestein ist fest, seine Vorsprünge liegen bequem schrittweit voneinander entfernt – aber wie schwer fällt es, an die Felswand geklammert, diesen Schritt zu tun! Die Beine wollen nicht von der Stelle. Weiter, weiter, du Unglückseliger! Ja, hier blickst du der Gefahr ins Auge! Was sind dagegen die Hunghudsen, die Tiger und Leoparden? Nein, das hier sind die wirklichen Beherrscher dieser Gegend, diese Felsen und Sturmwinde, die dich jeden Augenblick dort hinunterschleudern können, diese heranrückende Nacht, die bald die Abgründe verhüllen wird, so dass du nicht mehr weißt, wohin du zu treten hast, deren Frost dich unter dem dünnen Mantel erstarren lassen wird. Wo mögen Borminski und seine Begleiter sein? Rasch, rasch weiter!

Als bis zum flachen Hang nur noch dreißig Sashen übrig bleiben, gehe und springe ich bereits wie ein kühner, geübter Bergsteiger sorglos und froh von Stein zu Stein. Hopp! Der letzte Sprung. Ich stehe auf den Beinen, auf festem Boden, kann bleiben oder gehen, bin wieder lebendig und gesund. Mein Gott, bin ich wirklich dort oben gewesen?! Von hier unten erinnert der kahle Gipfel des Pektusan noch mehr an eine riesige Burg, deren drohende Basteien und runde Türme das ganze Vorgelände beherrschen. Aber jetzt ist keine Zeit zum Bewundern. Ich muss, solange es hell ist, die Besichtigung der Schluchten abschließen.

Was rauscht denn da? Ah, hier tritt also das Wasser hervor! Das Barometer her! Der Höhenunterschied beträgt sechzehnhundertdreißig Fuß. Wir befinden uns also dreihundertdreißig Fuß unter dem Wasserspiegel des Sees.

Das könnte seine Tiefe sein. Ein unterirdischer Gang führt vom Seegrund ins Freie, und das Wasser stürzt als malerisches Bächlein steil in die Tiefe. Von dieser Schlucht zieht sich dann durch den gelben Wald ein dunkler Streifen weiter nach Nordost in die unübersehbare Ebene hinaus. Steht man dem Sungari zugewandt, so windet sich weiter rechts noch ein solcher Streifen durch die vergilbten Wälder und vereinigt sich mit dem aus unserem Graben. Da unser Weg dort drüben liegt, gehen wir hin, um auch diese Schlucht zu besichtigen. Nach drei Werst erreichen wir diesen zweiten Quellbach. Er ist bedeutend stärker als der erste. Auf Grund der in früheren Jahren erworbenen Erfahrung schätze ich, dass er fünfmal mehr Wasser führt.

Die Sonne ist verschwunden, über allem liegen die Schatten der Nacht; nur zwei, drei Gipfel sind noch beschienen. Die letzte Wegstrecke haben wir sehr unglücklich gewählt. Wir kletterten eine halbe Stunde lang auf eine Anhöhe, von der wir wieder umkehren mussten. Nun ist es bereits ganz finster.

»Der Wegführer sagt, er kennt die Gegend hier nicht.«

»Das ist schlimm. Aber wenn es so ist, dann müssen wir hier übernachten. Wasser und Futter für die Pferde ist da, hier stehen ein paar Bäume, also wird es auch an Holz nicht fehlen.«

Ich führe mein Pferd zum Bach. Seltsam, seit drei Tagen stolpert es in einem fort, als wäre es blind. »Es ist auch blind«, behauptet Kim. Wir untersuchen das Pferd und überzeugen uns davon, dass das arme Tier wirklich nichts sieht. Ich lasse es unter den Bäumen stehen, wo es genug Futter findet, und wir richten gleich hier in der Schlucht unser Lager ein. Die ganze Arbeit besteht freilich nur darin, dass wir mit den Messern Äste abhacken, sie mit der Hand entzweibrechen, Fallholz sammeln und ein Feuer anzünden. Kim sucht nach Blaubeeren. Sie sind zwar schon ganz zusammengeschrumpft und beinahe trocken, aber immerhin sind sie etwas zu essen und besser als gar nichts. Auch ich nehme einige Beeren zu mir. Aber ich habe sie nie gemocht; sie schmecken mir auch heute nicht. Ich will weder essen noch trinken, so müde bin ich. Jetzt brennt das Feuer, es ist warm, es sitzt sich so schön davor. Ich freue mich sogar darüber, dass die Dunkelheit hereingebrochen ist, denn sie ist ein durchaus berechtigter Grund, hier sitzen zu bleiben und sich nicht vom Fleck zu rühren. Im Gebirge umherzusteigen ist doch sehr anstrengend, die Luft ist dünn, und dazu kommen noch die eisigen Winde. Wie mag es Borminski gehen?

Es ist erst sechs Uhr und trotzdem schon finster. Aus dem Vulkan wirbeln noch immer dunkle Wolken empor. Der Wind fegt heran und zaust uns; wir können uns vor ihm nicht retten. Rauch, Flammen und Funken schlagen uns ins Gesicht, fliegen dann zwar vorübergehend von uns weg, kehren aber bald um und fallen wieder wütend über uns her.

Immer dunkler wird es. Ich zittere vor Kälte. »Kim, wir müssten das Pferd festbinden.« – »Lassen Sie es doch weiden. Wo soll denn das arme blinde Tier hinwollen?«

Kim und der Alte legen sich hin, und ich übernehme die Wache. Ich suche das Pferd auf, es frisst gierig. Ich gebe ihm noch zwei Stunden Zeit, dann werde ich es anbinden. Das Schlimmste ist, dass ich keine Zigaretten mehr habe.

Wie lange werde ich noch auf den Tag warten müssen? Ich blicke auf die Uhr; es ist halb sieben. Seit sich die beiden hingelegt haben, ist erst eine halbe Stunde vergangen.

Was macht Borminski jetzt? Wahrscheinlich sitzt auch er wie ich irgendwo fern vom Lager. Aber er hat dort weder Wasser noch Holz. Der Wassermangel ist kein Unglück, denn es war mit Sa Pagi verabredet, dass er die Pferde ins Lager zurückführen werde. Aber wenn die Menschen das Lager nicht mehr erreichen, werden sie es ohne Holz schlecht haben. Ja, ich habe die Zeit falsch geschätzt und mich über die Entfernungen im Gebirge getäuscht.

Nässe? Regen? Das ist schlimm. Ich muss die anderen wecken.

Die beiden standen auf, fällten zwei junge Lärchen und bauten daraus etwas Hüttenähnliches. Dann legten sie sich wieder hin und waren sofort eingeschlafen. Aber der Regen fällt frei durch das Gezweig herein und durchnässt alles ringsum. Allmählich saugt sich das Gras voll Wasser, kleine Rinnsale fließen in den Mantel und die Stiefel, schon sind Hals und Hände nass, der scharfe Wind wird immer heftiger, und obwohl das Feuer brennt, will das Frieren kein Ende nehmen. Nein, ich muss aufstehen und wenigstens ein paar Zweige sammeln. Ich muss, aber ich bin außerstande, auch nur einen Finger zu rühren, als wäre ich mir selbst fremd und eine für mich untragbare Last. Trotzdem gelingt es mir mit vieler Mühe, diese Last näher ans Feuer zu rücken. Jetzt haben es Gesicht und Füße heiß, wahrscheinlich werde ich mir die Stiefel versengen, aber der Rücken friert immer noch. Ja, das Pferd muss auch noch festgebunden werden. Ach, gerade steht Kim auf und will das erledigen. Vielen Dank, ich bin ja soo müde...

Das habe ich allerdings bloß geträumt. Ich bin vor dem Feuer eingeschlafen. Nun erwache ich vor unerträglicher Kälte. Es gießt, und das Feuer ist fast ganz erloschen. Ich blicke auf die Uhr: zehn.

»Kim, stehen Sie doch auf! Wir gehen hier alle zugrunde.« »Ich habe Kopfschmerzen.«

»Dann wecken Sie den Führer. Ich gehe mit ihm in den Wald nach Holz und dann zum Pferd.«

Aber kein Pferd war zu sehen. Kim meint; es habe sich hingelegt und wir könnten es jetzt in dieser Finsternis nie finden. Wir sammelten also Äste und fachten das Feuer wieder einigermaßen an. Der Regen wollte schon aufhören, aber plötzlich begann es zu schneien. Unser Wegführer stimmte ein Klagegeheul an, und Kim hörte ihm betreten zu. »Was hat er denn?«, fragte ich.

»Er sagt, der Drache sei sehr erzürnt, und er fürchte, wir gingen zugrunde, da nun der Schneefall eingesetzt hat. Er wird nicht so bald aufhören. Morgen wird der Schnee so hoch liegen, dass wir, selbst wenn wir die Nacht überstehen, ohne Weg und Steg trotzdem verloren sind.«

»Sagen Sie ihm, mir sei im Schlaf der Drache erschienen und habe verkündet, er werde aufhören zu zürnen, wenn ich ihm mein Pferd gäbe.« Der Führer fragt aufgeregt, was ich darauf geantwortet hätte. Ich beruhige ihn, ich hätte mich einverstanden erklärt. Der Alte nickt zufrieden, nach wenigen Minuten hört der Schnee auf, und über uns wölbt sich ein völlig klarer Himmel. »Der Drache ist nicht mehr böse!«, erklärt der alte Mann erfreut.

Das Feuer brennt hell. Aber nun rückt wieder eine Wolke heran, und schon regnet es aufs neue. Trotzdem behauptet der Alte überzeugt, das gehe bald vorüber, denn der Drache sei ja versöhnt. Beide, Kim und der Führer, schlafen ein, obwohl sie beinahe in einer Pfütze liegen.

Die Wolke zieht vorüber, über mir leuchten Sterne, und trotzdem regnet es weiter. Der Wind scheint noch schlimmer geworden zu sein, er schneidet wie mit Messern und jagt mir den Rauch ins Gesicht. Das Feuer ist nun kleiner geworden und gibt einen Teil des Bodens frei. Ich scharre die Asche mit den Füßen weg und lege mich auf die trockene und warme Stelle. Nachdem ich Kim zum Wachtdienst geweckt habe, schlafe ich sofort ein.

Als ich wieder die Augen öffne, ist es ein Uhr. Das Feuer brennt hell. Kim und der Führer schlafen nicht. Der Himmel ist klar, wenn auch dunkel. Der Große Wagen steht so niedrig, dass man ihn greifen zu können glaubt. Noch fünf Stunden bis zum Tageslicht! Aber ringsum wird allmählich alles wieder trocken. Der Alte frohlockt: Der Drache scheint eingeschlafen zu sein. Doch der lästige Wind zaust uns unverschämt nach wie vor. Wenn ich bloß etwas zu rauchen hätte! Essen oder trinken mag ich nicht.

Wir haben die Ursprünge der drei Flüsse nun doch erforscht. Aber der See ist nur ein schönes Spielzeug und außerstande, der Schifffahrt irgendwelchen Nutzen zu bringen. Das liegt nun auf der Hand. Ob ich nach dem Pferd sehe? Ich gehe hinaus. Es ist nirgends zu erblicken. Dort am Wald erklingt ein scharfes Miauen. Endlich höre auch ich die Stimme des Herrn, wenn ich ihn selbst auch nicht sehen kann. Aber vielleicht schleicht sich durch dieses Gebüsch ein Leopard heran? Es ist besser, ich kehre zum Feuer zurück. Hier steht ein fester Baum. Wenn ich ihn mit dem Messer umzusägen versuche, habe ich gewiss zwei Stunden zu tun. Mir wird von der Arbeit warm werden, und die Zeit wird auch vergehen.

Schritte. »Wer kommt?« – »Ich«, antwortet Kim. »Was machen Sie denn hier?« – »Ich will den Baum umlegen.« – »Geben Sie mir das Messer und legen Sie sich schlafen. Ich bin bereits ganz munter ...« – »Aber Sie hatten doch Kopfschmerzen.« – »Sie sind vergangen.« – »Nun, auch meine Halsschmerzen sind weg. Machen Sie hier weiter ...«

Wie schön wäre es jetzt zu Hause im warmen Bett, denke ich und kehre wie ein Verurteilter widerwillig in mein Gefängnis zurück, wo mir die Flamme ins Gesicht schlägt und der Wind meinen Rücken mit Messern bearbeitet und alles ringsum, die Erde und die Kleidung, nass ist. Aber das sind doch nur lächerliche Kleinigkeiten, diese einzige Nacht hier. Ich müsste mich schämen, überhaupt davon zu reden, wenn ich an die Entbehrungen denke, die Nansen durchzuhalten hatte.

Ich bin so erschöpft und müde, und vor mir liegt noch so viel Arbeit. Weder Verdienst noch Ruhm ist mir zuteil geworden ... Nein, etwas habe ich doch erreicht, doch.., doch! Was denn? Nun, der Ursprung des Sungari und der anderen Flüsse ist geklärt ... Wir werden einen neuen Weg gehen, den noch kein Europäer betreten hat. Aber auch hier war sein Fuß noch nicht gewesen, auch hier vor dem vermeintlichen Felsspalt stand zum ersten Mal ein Mensch. Mag der Drache noch so zürnen, wir haben ihm sein Geheimnis entrissen.

Es tagt. Ich erwache. Kim teilt trübselig mit: »Das Pferd ist verschwunden.« »Mein Gott, wie kalt es ist! Nun ja, es ist verschwunden. Was kann man schon dagegen tun?«

»Wo ist der Führer?«

»Er hält nach dem Weg Ausschau.«

Kim entfernt sich, und ich bleibe allein. Das ist ein banges Gefühl mitten in dieser Nässe. Alles ist feucht, der Sattel, die Decke, ich selbst bin es auch. Brr! So eine Schweinerei! Ich erhebe mich, aber die Beine halten mich nicht, es zieht mich wieder zu Boden. Doch ich muss Holz holen, denn das Feuer geht aus. Während ich Äste breche, blicke ich um mich, aber kein Pferd ist zu sehen ... Ich erinnere mich seiner. Was für ein unglückliches Tier ist das gewesen, blind und ergeben ... Wenn es vom Tiger überfallen worden ist, hat es eigentlich gar nichts verloren. Und doch tut es mir leid.

Kim kehrt zurück, sagt düster: »Das Pferd ist fort«, legt sich hin und ist schon eingeschlafen.

Die Sonne geht auf. Wo steckt denn der Führer? Ich setze mich an das Tagebuch, aber die Hände sind steif, und steif sind auch die Worte, schwerfällig, ungefüge; ein Satz übertrifft den anderen an Scheußlichkeit.

Seltsam, warum ich keinen Appetit habe. Es ist acht Uhr, ich habe doch seit vierundzwanzig Stunden nichts mehr gegessen.

Die Sonne steigt höher. Es ist noch immer windig, aber Sonne und Feuer wärmen und trocknen gut.

Die Natur ringsum schläft noch. Der Pektusan mit seinen uneinnehmbaren Zinnen blickt so kahl und trübselig herüber. Immer noch jagen Wolken aus ihm hervor, und selbst hier fühle ich die durchdringende Kälte dort auf dem Gipfel. Vor meinen Augen breitet sich wieder das gelbe Tuch der Wälder aus, das in der Ferne von blauen Bergen umrahmt wird. Alles ist von einem trüben Dunst überzogen, als wäre es nicht ausgeschlafen, als hätte es gleich mir seit vierundzwanzig Stunden keinen Bissen zu sich genommen.

Ein Ruf! Fünf Pferde steigen den Hang herab, und davor geht Borminski. »Alles in Ordnung?«, schreie ich hinüber.

»Ach wo – die drei Soldaten fehlen.«

»Wieso?« Ich spritzte auf.

»Als wir vom See auf den Kraterrand zurückkehrten, wurden wir von der Nacht überrascht. Wir verloren den Weg. Wohin wir uns auch wandten, überall stießen wir auf Abgründe. Wie stiegen hinauf und wieder hinunter, dann begann es zu regnen, und wir wurden ganz nass. Vor allem aber hinderten uns die Pferde. Ohne sie hätten wir uns doch noch irgendwie zu helfen gewusst.«

»Was für Pferde?«

»Die Packpferde, die mit uns waren ...«

»Wieso sind sie nicht ins Lager zurückgegangen? So war es doch verabredet.« »Ja, dieser Sa Pagi … Entweder hat er falsch verstanden oder sich gefürchtet, allein zu gehen. Als wir hinaufstiegen, war er plötzlich mit den Pferden da ... Die haben uns den Rest gegeben ... Ich war völlig erschöpft. Der Pelzmantel war mit Wasser vollgesogen, ein Gewicht, als trüge ich hundert Pud auf den Schultern. Unmöglich, hinaufzusteigen, die Beine wollten nicht mehr. Ich konnte nur noch bergab gehen. Da gerieten wir wieder an einen Abgrund, mussten wieder auf den Grat zurück. Ich merkte, dass ich die anderen aufhielt. Alle zwei Schritte fiel ich hin und konnte kaum noch aufstehen. Ich dachte: Wenn schon ich draufgehen muss, sollen wenigstens die anderen nicht umkommen, und sagte zu ihnen: ›Wartet hier. Ich versuche den Abstieg und rufe euch von unten zu, wenn ich einen Weg gefunden habe. Falls mir etwas zustoßen sollte, übernimmt Bessedin die Führung. Wenn ihr zu erschöpft seid, dürft ihr die Pferde im Stich lassen.‹ Ich stieg also hinunter, endlos... Ich weiß nicht, wieso ich überhaupt heil geblieben bin, als ich heute bei Tageslicht den Hang sah.«

»Was für Anweisungen haben Sie für die Suche nach den Leuten gegeben?«

»Ich sandte Iwan Afanasjewitsch nach ihnen und bin jetzt selbst losgeritten. Iwan Afanasjewitsch ging zu unserem ersten Lager im Burtopoi. Dort brannte es, der Feuerschein war von oben zu sehen. Sollten die Soldaten das letzte Lager nicht gefunden haben, werden sie gewiss zum Burtopoi gelangen.«

»Geben Sie mir eine Zigarette, und dann wollen wir weiter.«

»Ach, Nikolai Georgijewitsch, ich habe doch nicht an Zigaretten gedacht. Ja, Rotwein und etwas Zwieback habe ich mitgenommen.«

»Aber Sie rauchen doch selbst?«

»Jetzt habe ich weder geraucht noch gegessen, noch geschlafen.«

»Was taten Sie denn die ganze Nacht?«

»Ich schlug im Lager die Glocke, ließ das Feuer flammen, solange noch Holz da war, und dann steckte ich die Laterne auf eine Stange. Weil sie aber nur nach einer Seite offen ist, drehte ich sie wie ein Leuchtturmfeuer rundherum ... Auch ich habe das Lager nur nach dieser Laterne gefunden ... Der Sturm tobte so heftig, dass die Schüsse schon auf wenige Schritte Entfernung nicht mehr zu hören waren ... Die Koreaner liefen davon ... Für die Pferde gab es weder Futter noch Wasser. Holz war auch keines da ...«

»Hier haben wir Wasser, Holz und Futter.« Ich zeigte auf meine letzte Lagerstätte, von der wir uns bereits entfernten. »Wir müssen unser Lager sofort hierher verlegen, denn wir brechen nicht auf, bevor wir nicht alle Leute gefunden haben.«

»Ich denke, sie leben nicht mehr«, meinte Borminski mit stockender Stimme und verstummte dann in drüben Gedanken. Erst jetzt fiel mir auf, wie sehr er sich im Laufe dieser Nacht verändert hatte. Sein Gesicht war faltig geworden und eingefallen, sein starrer Blick und die ganze Haltung waren die eines verdorrten, altersschwachen Greises.

»Nun hören Sie auf! Drei Soldaten kommen nicht so bald um.« – »Sie müssen erfrieren.«

»Es sind doch nur zwei Grad unter Null.«

»Das genügt, wenn man durch und durch nass und erschöpft ist. Die Streichhölzer wollten auch nicht mehr brennen ...«

»Schön. Wenn sie zum Weitergehen zu müde sind, dann halten sie an, und wenn sie kein Feuer anmachen können, werden sie sich durch Ringkampf warm zu halten versuchen. Kim, der Wegführer und ich waren doch auch nass und wurden wieder trocken, kamen wieder zu Kräften und holten neues Holz ...«

»Ja, Sie hauen hier welches ...«

»Ach was, so kalt ist es gar nicht. Gut, wenn sie kein Holz haben, werden sie weitermarschieren. Machen Sie sich keine Sorgen, der Mensch hat ein zähes Leben ... Wie sind Sie ins Lager geraten?«

»Das weiß ich nicht mehr. Ich stieg in eine Schlucht hinab, sah mich um und rief dann hinauf: ›Geht rechts herum!‹ Die Soldaten antworteten noch, und dann war von ihnen nichts mehr zu hören. Ich legte mich hin und dachte: Gut, wenigstens sind sie mich als Bürde los. Es lockte mich zu schlafen, obwohl ich wusste, dass das mein Verderben wäre. Ich war trotzdem schon eingenickt, als ich plötzlich Steine zu mir herabrollen hörte. Das war Sa Pagi. Er redete mir zu, weiterzugehen. Ich sagte, ich könne nicht mehr. Aber dann brachte er mich doch auf die Beine. So gingen wir nun, legten uns zwischendurch wieder hin und setzten dann den Marsch fort. Plötzlich sah ich die Laterne. Das letzte Mal lag ich keine zehn Sashen vom Lager entfernt. Ich ging hin und fragte: ›Sind die Soldaten eingetroffen?‹ – ›Nein!‹, antwortete Iwan Afanasjewitsch. Ich wandte mich zum Zelt um und rief: ›Nikolai Georgijewitsch, die Soldaten sind verloren gegangen! – Nikolai Georgijewitsch ist auch nicht hier.‹ – Na, da brach ich völlig zusammen ... Ich dachte, Sie wären ebenfalls erfroren.«

»Zu dritt?«

»Warum nicht? In so einer Nacht? Wie wird das noch ausgehen? Wir müssen uns doch alle erkältet haben.«

»Nun, als wir gestern aufbrachen, hatte ich heftige Halsschmerzen, ich konnte kaum noch schlucken. Und jetzt ist alles wieder gut ... Aber wir wollen rascher gehen!«

Da ist das Lager. Es ist völlig zerstört. Außer Wassili Wassiljewitsch sind alle entflohen. Die Zelte sind abgerissen, die Sachen liegen durcheinander. Iwan Afanasjewitsch war bereits im Burtopoi gewesen und mit der Nachricht zurückgekehrt, dass die Soldaten dort seien. Hurra! Er schickte ihnen Schnaps und Essen und ist nun in die Berge geritten, um die beiden von den Soldaten im Stich gelassenen Pferde zu suchen. Wassili Wassiljewitsch kann über die Umstände, unter denen sich die Soldaten von den Pferden getrennt haben, keine Auskunft geben. »Wir brechen jetzt von hier auf und ziehen uns zum Burtopoi zurück«, entscheide ich, »aber zuerst geben Sie mir eine Zigarette.« – »Ich habe Tee gekocht«, erwidert Wassili Wassiljewitsch. Er trägt jetzt ein Chinesenmützchen mit einer roten Quaste und hat den Zopf zusammengerollt. – »Schön, her mit dem Tee!« – »Ich habe auch Suppe gekocht.« – »Her mit der Suppe!«

»Gestern habe ich dreimal versucht, etwas zu essen«, erzählt Borminski, »aber ich musste mich jedes Mal erbrechen.« Er ist wieder guter Dinge. »So habe ich also doch richtig gehandelt, dass ich Iwan Afanasjewitsch zum Burtopoi sandte.« Er spricht und verschlingt dabei die Suppe.

Ich nehme nur drei Löffel zu mir, und schon wird mir übel. »Geben Sie den Tee her.« Im Tee ist irgendein Fett. Ich zwinge mich, ihn zu trinken, muss mich aber sofort übergeben.

Der Chinese, Sa Pagi und der verkrüppelte kleine Ta Ani verpacken die Lasten. »Sind die Pferde getränkt?«, frage ich. – »Es ist kein Wasser da.« – »Dann schmelzen Sie Schnee. Lassen Sie das Packen, Sa Pagi, nehmen Sie Schnee und schmelzen Sie ihn im Kessel!«

Iwan Afanasjewitsch kommt herangeritten. »Nein, die beiden Pferde sind nicht da. Das Schlimmste ist ja, dass sie die Lasten haben. Ohne sie hätten sie es leichter, aber so ... Und der Graue ist ja auch blind.«

»Welches war das andere Pferd?«

Der kleine Schimmel, das klügste Tier. Er hat ein Glöckchen am Hals, da kann das blinde es hören ...«

»Packt auf, wir reiten!«

Immer noch die gleiche Kälte. Unbezwingbar ragt vor uns der majestätische Pektusan in den Himmel. Heute ist er ganz verschneit. Ich lasse dem alten Führer sagen, der Drache sei doch ein Mordskerl, er habe uns ganz tüchtig gezaust. Der Koreaner antwortet, das hätten wir dafür abbekommen, dass wir das Boot zum See brachten. Ich bitte Borminski, mir alles von Anfang an zu erzählen, und er tut es, während wir uns reisefertig machen.

»Wir kamen also zum See ...« – »War der Abstieg leicht?« – »Es ging über Felswände hinunter. Zuerst fast senkrecht, dann etwas flacher. Ja, das Lot verloren wir unterwegs ... Ich hielt nach einem geeigneten Stein Ausschau. Unten am Ufer lag einer, so an die drei Fäuste dick. Schön, denke ich mir, ein Stein ist da, und klettere hinunter. Die anderen folgen mir. Das Boot wurde zerlegt, den Korkbelag hängte ich mir um die Schultern.« – »Wurde Ihnen nicht schwindlig?« – »Nein, ich werde nicht so leicht bergkrank.« – »Und die anderen?« – »Niemand. Iwan Afanasjewitsch klettert wie eine Katze. Unter Chapow geriet ein Stein ins Rollen. Ich höre ihn ›Achtung!‹ rufen, drehe mich um – der Stein rast auf mich zu. Ich stehe da, den einen Fuß hier auf dem Fels, den anderen dort. Was nun? Ich kann nur den Körper zur Seite neigen. Ich versuche es, beuge mich nach links, drehe dabei dem Stein den Rücken, und schon bekomme ich einen Schlag auf die Schultern, über die der Kork hing. Ich konnte mich aber festhalten. So gelangten wir zum See hinab. Dort bauten wir das Boot zusammen. Der Stein, den ich von oben als drei Fäuste dick geschätzt habe, stellte sich als ein fünf Sashen langer Felsbrocken heraus. Wenn man von unten hinaufblickt, versteht man nicht, wie uns der Abstieg überhaupt gelingen konnte. Der See lag ganz klar und fast ohne Wellenschlag da. Vom Hang stürzt eine kleine Quelle zu ihm herab. Während wir das Boot herrichteten und ein Lot vorbereiteten, erhob sich ein Sturm, dass wir uns kaum noch auf den Beinen halten konnten. Kiesel flogen uns ins Gesicht Als erster versuchte Iwan Afanasjewitsch die Fahrt. Vergeblich. So sehr er sich mit dem Rudern Mühe gab, es trieb ihn immer wieder ans Ufer. Dann kehrte er zum Lager zurück, und ich bestieg mit Bessedin das Boot. Es war gerade wieder windstill geworden, und wir konnten so an die zwanzig Sashen hinausfahren. Aber dann brauste ein Windstoß heran, das Boot schlug voll Wasser, und auf dem kleinen See gingen die Wellen drei Fuß hoch. Doch dank dem Kork hielt sich das Boot trotzdem über Wasser ...« – »Welche Temperatur?« – »Sieben.« – »Und die Luft?« – »Drei. Wir wurden ganz durchnässt, die Beine wurden steif, Rudern war ausgeschlossen. Gegen derartigen Wellengang kommt nicht einmal ein Dampfer auf, er trug uns einfach ans Land. Wir gaben nicht nach, jeder versuchte der Reihe nach hinauszufahren, immer mit dem gleichen Ergebnis: Das Boot füllte sich mit Wasser und wurde ans Ufer geschleudert. Der See muss sehr tief sein, das ist deutlich zu sehen. Nur dicht am Ufer ist er seicht, aber dann geht es überall sofort steil in die Tiefe. Die Umrisse habe ich aufgenommen.« – »Sind die Instrumente heil geblieben?« – »Ja, alle.

Mitten in der Arbeit blickten wir auf – die Sonne war kaum noch zu sehen. Wir waren nass und durchfroren und hatten auch alles getan, was geleistet werden konnte. Wir zogen das Boot an Land, legten es kieloben, verbargen darunter die Lotleine und kletterten zurück.« – »Kann das Boot nicht in den See getrieben werden? Haben Sie beobachtet, ob der Wasserspiegel steigt oder sinkt?« – »Den Ufermarken nach müsste er um etwa eine halbe Sashen gesunken sein, folglich müsste der See austrocknen. Aber das mag auch eine durch den Wellenschlag verursachte Täuschung sein, denn es fließen ja Quellen von den Felswänden herab.« – »Hat der See einen Ausgang durch eine Kluft?« – »Als ich im Boot hinausfuhr, sah ich deutlich, dass im Nordosten keine vorhanden ist. Im Westen liegt eine Bucht, in die ich keinen Einblick hatte ...« – »Ja, ich stand im Osten gerade dieser Bucht gegenüber. Sie ist, wie der ganze See, von Steilhängen umringt.« – »Dann gibt es also keinen Ausfluss. Der ganze See macht überhaupt den Eindruck eines Spielzeugs der Natur, freilich eines recht gefährlichen. Was aber die Wasserversorgung der Flüsse betrifft ...«

»Davon kann gar keine Rede sein. Ist auch nur eine Hand voll Wasser[36].«

Alles ist verpackt, und wir verlassen den unfreundlichen Berg. Kälte und Widerspenstigkeit weht von ihm herüber. So ein verrückter Drache! Treibt Schabernack, wo und wie er kann. Schon wieder quellen Wolken aus dem Krater, und selbst hier noch macht der Windstoß uns wanken.

»Der Rückweg den Hang hinauf war sehr schwer«, fährt Borminski leise fort, ganz von seinen Erlebnissen überwältigt. »Wir bezeichneten eine Felsspitze, die auf halbem Wege liegen sollte. Als wir aber zu ihr gekrochen kamen, stellte es sich heraus, dass wir noch kein Fünftel zurückgelegt hatten. Plötzlich schob sich eine Wolke an den Rand und wurde in den Krater hinuntergezogen. Der See wurde ganz schwarz, er verschwand, und auch wir waren in Dunkel gehüllt. Ich dachte schon daran, unterwegs anzuhalten, doch es fand sich kein geeigneter Platz. So kletterten wir also weiter und rasteten alle drei bis vier Sashen. Ich stieg als Letzter. Die Leute vor mir lösten Steine aus dem Hang. Einer traf mich so stark am Knie, dass ich beinahe abgestürzt wäre. Als wir endlich oben auf dem Kraterrand standen, war ich völlig ausgepumpt. Die Beine zitterten, mir war, als hätte ich überhaupt keine Lunge mehr, sondern atmete mit dem ganzen Körper. Dabei war mir schwindlig – am liebsten hätte ich mich hingelegt und wäre eingeschlafen, gern bereit, gleich an Ort und Stelle zu sterben, nur um nicht weitergehen zu müssen. Da setzte aber der Regen ein, wir waren im Nu bis auf die Haut nass, und vom Hinlegen konnte keine Rede mehr sein ... Und wenn ich hundert Jahre alt werde, diese Nacht vergesse ich nicht... Die Finsternis, der Regen, das Geheul ringsum, dass man die eigene Stimme kaum hörte, mein Gott, was war das bloß! Ich dachte: Es ist aus mit uns!«

Unterdessen ist der Abend angebrochen, und wir werden wieder von der Dämmerung überrascht. Um das Maß voll zu machen, verlieren wir auch noch den Weg, weil der Führer eine Abkürzung gewählt hat, und geraten in die Quellschluchten des Tumen. Wir stolpern dahin, die Pferde stürzen, Lasten gehen verloren. Wir suchen sie zusammen und wollen mit den völlig erschöpften Tragtieren wieder hier in der Wildnis übernachten, aber da hören wir auf zwei Signalschüsse ganz in der Ferne die Antwort und schlagen, uns nach den Sternen orientierend, die Richtung dorthin ein. Immer näher klingen die Schüsse, schon hören wir pfeifen, bald bemerken wir Feuerschein, und dann stehen wir am Rand der Burtopoi-Schlucht. Tief unten liegt unser Lager. Wir steigen hinab. Dort ist es warm, am Feuer sitzen die Soldaten und Koreaner. Ich muss ihre Erzählungen anhören und Gericht halten.

Warum haben die Koreaner unser Lager verlassen? Es gab dort weder Holz noch Futter, noch Wasser. Schuld ist eigentlich der Führer, der diesen Platz wählte, weil er nicht wusste, wo es am Pektusan Wasser gibt. Aber das kann man ihm nicht gut vorwerfen, und somit hat niemand schuld. Dann kommen die Soldaten dran. »Dass ihr die Pferde im Stich gelassen habt, war ganz richtig. Aber warum nahmt ihr ihnen nicht wenigstens die Lasten ab, warum habt ihr sie nicht angebunden? Taten euch die armen Tiere nicht leid?«

Bessedin antwortet: »Gestatten Sie, dass ich das erkläre... Als Herr Borminski uns zurief, wir sollten rechtsherum gehen, taten wir das auch. Wir gingen und gingen, und dann standen wir wieder vor einer Schlucht. Was sollten wir tun? Wir kehrten um, stiegen wieder auf den Grat hinauf, versuchten es in einer anderen Richtung und fanden wieder keinen Ausweg. Da schlugen wir Ihren Weg ein. Pawel kannte ihn, er war ja tagsüber zu Ihnen gegangen. So erreichten wir die Schneeschlucht, durch die sie der Führer gelotst hat, schlugen Stufen und kamen glücklich mitsamt den Pferden hinunter. Da waren wir aber schon ganz ausgepumpt, und als wir in einer Schlucht auf Gras stießen, ließen wir die Pferde weiden und setzten uns zur Rast hin. Uns wurde sofort kalt, wir waren ja durch und durch nass. Wir begannen einen Ringkampf, um uns warm zu machen. Wieviel Zeit damit verging, wissen wir nicht. Als wir aber nach den Pferden sehen wollten, waren sie nicht mehr da. Wir suchten sie vergeblich. Es war ja auch stockfinster, der Wind heulte, nichts war zu sehen und zu hören. Auch die Sachen, die wir abgelegt hatten, konnten wir nicht mehr finden. Wir wurden wieder ganz steif und brachen auf. Wohin sollten wir? Im Wald brannte es, wir wussten, das war unser ehemaliger Standplatz im Burtopoi, der wahrscheinlich durch das nicht vollständig gelöschte Lagerfeuer in Brand geraten war. Ich habe einen Kompass. Wenn ich auch nicht lesen kann, aber nach dem Kompass und den Sternen zu gehen, das verstehe ich. So marschierten wir weiter. Als es zu dämmern begann, standen wir am Burtopoi. Wir stiegen hinunter, holten uns von einem brennenden Baumstumpf Feuer, brachen Äste ab und zündeten einen Holzstoß an. Dann kamen die Koreaner und später Iwan Afanasjewitsch.«

»Na schön. Ihr seid tüchtige Burschen. Hat sich niemand erkältet?«

»Wir hatten Glück.«

»Dann schlaft euch jetzt aus.«

»Wollen Sie kein Abendbrot?«, erkundigt sich Iwan Afanasjewitsch.

»Nur etwas Tee, und dann gleich schlafen.«

Es ist warm in der Hütte. Sie ist nicht ganz abgebrannt, nur eine Wand ist verkohlt. Eigentlich müsste ich noch untersuchen, wer das Lagerfeuer nicht gelöscht hat. Aber die Fragen führen zu keinem Ergebnis. Als Letzte waren die Koreaner aufgebrochen. Nun sitzen sie alle hier und erzählen sich die Erlebnisse der beiden letzten Tage. Sie bitten mich furchtsam um Verzeihung dafür, dass sie zum Burtopoi zurückkehrten, nachdem sie sich überzeugt hatten, dass hier keine Hunghudsen waren. Ich mache ihnen das nicht zum Vorwurf. Wenn wir an einer Stelle gelagert hätten, wo es Wasser, Pferdefutter und Holz gab, wäre das freilich anders zu beurteilen gewesen. »Ja, ja, gewiss«, stimmen die Koreaner zu.

Aber auch unserem treuen, ausdauernden Führer muss ich recht geben. Dieser alte Koreaner mit dem kindlich gutmütigen Gesicht und einem sanften, verträglichen Charakter ist ein tapferer Tigerjäger und ein angesehener Pfeilschütze. Er hat für seine Treffsicherheit vom Kaiser ein Belobigungsschreiben erhalten, und wenn er stirbt, wird man über seinem Grab eine hohe Stange mit einem Paradiesvogel oder einem Drachen errichten. Während seines Lebens wird er mit dem Ehrentitel Dischandari (der gelobte Schütze) angesprochen. Ich erkläre daher: »Ich sagte dem Dischandari, wir würden noch am gleichen Tag wieder aufbrechen. Darum wählte er einen Lagerplatz, der für unseren weiteren Weg am günstigsten lag. Hätte er gewusst, wie alles kommt und dass wir uns hier länger aufhalten werden, dann hätte er gewiss den Platz gewählt, an dem wir jetzt sitzen.«

Der Dischandari ist verlegen und von meinen Worten sehr gerührt. Ich blicke in sein schönes Gesicht, sehe die Verzagtheit in seinem Blick und bitte Kim: »Sagen Sie ihm, dass er die Beine eines Hasen, die Augen eines Wolfes, das Herz eines Tigers und die Seele einer Frau hat. Mit Recht nennt er sich Dischandari.«

Kirn übersetzt, und die Koreaner jubeln. Der Dischandari wird zum Helden, alle reden von seinen Ruhmestaten. Kim hört zu und teilt mir dann lachend mit: »Sie sagen, jedes Ihrer Worte sei wie Gold. Sie verstünden alles und wüssten von jedem, was er denkt. Wenn ihre Obrigkeit ebenso weise wäre, dann stünde Korea nicht schlechter da als die anderen Staaten. Aber die Beamten seien nicht klüger als sie selbst und wüssten nichts weiter, als sie gleich den Hunghudsen auszuplündern und zu schlagen.«

Das Gespräch geht auf das Ergebnis unserer Erkundung über. Die Koreaner sind sehr enttäuscht, dass aus dem See kein Gewässer entspringt. Niemand hatte es zwar gesehen, niemand war dort gewesen, aber es wurde doch von Geschlecht zu Geschlecht so überliefert. Was nun den Jalu (Amnok) betrifft, so werden wir morgen und übermorgen über seinen Ursprung Klarheit gewinnen, wenn wir an die Erforschung der Süd- und Westhänge des Pektusan herangehen. Ich erzähle den Koreanern, dass der Pektusan ein Vulkankrater ist, zeige ihnen Lavastücke und erkläre ihnen unsere Instrumente. Trotz der späten Stunde folgen sie mir mit Interesse, und auch unsere Leute hören aufmerksam zu.

Dann kommen wir auf den geheimnisvollen See selbst zu sprechen. Gibt es dort Leben? Borminski und seine Gefährten erzählen, sie hätten viel Blaubeeren gefunden und auch einen Vogel gesehen. Ich frage den Dischandari, was das für Spuren auf den Geröllhalden des Vulkankraters seien. Wahrscheinlich Regenrinnsale?

»Nein«, übersetzt Kim. »Im sechsten und siebenten Mond, wenn die Bremsen lästig werden, ziehen die Hirsche zum See hinunter, wo es keine Fliegen gibt. Das sind ihre Spuren. Der Dischandari und andere Jäger schießen sie auf dem Rückweg ab. Er selbst hat auf diese Weise fünf Hirsche erlegt und für das Junggeweih jedes Mal zwei- bis dreihundert Rubel erhalten. Den Preis setzte die Obrigkeit fest, die ihm dabei die Hälfte stahl.«

»Wenn man aber zum See hinabstiege und dort dem Wild auflauerte?«

»Das wäre freilich etwas ganz anderes. Während die Hirsche den Hang hinaufklettern, könnte man sie alle erlegen, und dabei ziehen sie in Rudeln von dreißig bis fünfzig Stück.«

Es ist schon zwei Uhr nachts. Ich schlage den Koreanern vor, unsere Pferde zu suchen, und biete für jedes Tier, das sie wieder fänden, fünfzehn Rubel. Sie sind einverstanden und machen sich sofort fertig. Auch die Soldaten schlagen vor, nach ihren verlorenen Sachen zu forschen. Da sie sich vorige Nacht ausschlafen konnten, brechen auch sie gleich auf.

3. Oktober

Sieben Uhr, heller Sonnenschein, warmes, windstilles Wetter. Heute kann ich mich endlich wieder einmal waschen. Die Hände sind zerkratzt und an mehreren Stellen aufgerissen. Das ist die Folge der Nacht, in der ich Äste für das Lagerfeuer brach.

Iwan Afanasjewitsch hat alle Hände voll mit dem Umpacken unserer Sachen zu tun. Wir gehen von hier bereits ohne schweres Gepäck weiter. Das Boot ist am See geblieben, die Zelte schicke ich mit den Koreanern zurück. Sie sind beschädigt und außerdem sperrig und unpraktisch.

Durch den Wald schallen Rufe. Unsere beiden verloren gegangenen Pferde, das graue blinde und der Schimmel, tauchen am Waldrand auf, und ihnen folgen froh die weiß gekleideten Koreaner. Voran geht, mit dem Glöckchen am Hals, der kluge Schimmel. Ihm folgt, wie der blinde Volkssänger seinem Führer, das graue. Ein rührendes Bild. Sie tragen noch immer die Lasten auf dem Rücken. Die Koreaner fanden sie in einer flachen Mulde, in der Gras wuchs und Schnee lag. Aus den Spuren war zu erkennen, dass der Schimmel seinen blinden Kameraden zur Tränke auf die Schneedecke und dann wieder zum Gras zurückgeführt hat. Als die Koreaner sie fanden, wieherte der Schimmel leise, während das blinde Pferd seine gleichmäßige, trübsinnige Ruhe behielt. Um in diese Mulde zu gelangen, mussten die beiden einen hohen Steilhang hinunterklettern, und wie der Schimmel dem blinden

Gefährten beigebracht hat, wohin er treten solle, das bleibt für immer ihr ureigenstes Geheimnis. Es legte aber den Grund zu einer rührenden Freundschaft: Die beiden Tiere sind unzertrennlich. Der Schimmel ging nun sofort zur Tränke, und der Graue folgte ihm. Sie konnten mit Trinken kaum mehr aufhören. Dann trat der Schimmel kühn vor einen Sack Hafer hin und zerrte daran. Wieder folgte der Graue. Wir schütteten ihnen Hafer auf, und nun haben sich ihnen alle koreanischen Pferde zugesellt. Der Graue bewahrt die stoische Ergebenheit des Blinden, der Schimmel aber legt die Ohren zurück und fletscht die Zähne, sobald ihm ein fremdes Pferd zu nahe kommt.

Mein Pferd wurde nicht gefunden; vielleicht hat man es auch gar nicht gesucht. »Eines hat sich der Drache geholt, diese beiden aber trug er selbst ins Tal. Die Pferde hätten allein niemals herabgefunden. Der Drache sendet sie dem Leiter der Expedition und zugleich auch viel Glück. Ja, großes Glück erwartet ihn«, behaupten die Koreaner. Mit welch tiefer Überzeugung das gesagt wird, sogar mit etwas Neid!

Nach dem Frühstück ritt ich mit Borminski los, um den Ursprung des Amnok zu erforschen. Wir kehrten noch bei Tageslicht zum Burtopoi zurück. Alle in der Richtung zum Amnok verlaufenden Gräben und Schluchten waren trocken. »Der Amnok entspringt dort«, sagt der Führer und zeigt auf den Kleinen Pektusan, der fünf Werst südlich des großen liegt.

Den Rest des Tages verbringen wir in behaglichem Nichtstun. Auch die Soldaten kehren zurück. Sie haben vieles wieder gefunden und unterwegs einen kleinen schwarzen Bären gesehen. Sie schossen zwar auf ihn, trafen aber nicht.

Die Koreaner machen sich reisefertig. Auch wir setzen den Weg morgen bei Tagesanbruch fort. Daher essen wir heute früh zu Abend und gehen dann schlafen.

Sa Pagi erbietet sich, ein Märchen zu erzählen, das auf die hiesige Gegend Bezug hat. Während das Essen gekocht wird, sitzen wir um das Feuer und hören nach den überstandenen Aufregungen friedlich dem langbeinigen, halb europäisch gekleideten Sa Pagi zu, der die landesübliche Damenfrisur trägt.

Er hat sein Märchen beendet. Ich schließe die Augen, und wieder funkelt mitten in den phantastisch wilden, fast senkrechten Wänden des Kraters tief unten der smaragdene See, der mit dem Pektusan und der ganzen Umgebung einen so überwältigenden Eindruck macht, dass ich ihn nicht vergessen kann. Ich stehe wieder dort oben und blicke in den nahen blauen Himmel und die grenzenlose, zartgoldgelbe Ferne der Urwälder. Ich sehe wieder diesen weißen Berg mit den gleich mittelalterlichen Burgtürmen emporragenden Felszinnen vor mir. Ich blicke wieder zum stillen See in die Tiefe, wo die schwarzen Wände wie Straßen einer verzauberten Stadt zu Palästen hinzuführen scheinen. Dann folgen die Ausbrüche des noch nicht ganz erstorbenen Vulkans, diese erregenden, spannenden Erscheinungen in einem Erdenwinkel, der die Schaffensperiode noch nicht überwunden hat. Und die Jagd hier! Hirsche und Tiger und der noch blutdürstigere Leopard. Hier hat es der Bär nicht eilig, beim Anblick eines Menschen seine geliebten Blaubeeren im Stich zu lassen und die Flucht zu ergreifen, hier ziehen Rudel von Gämsen, Antilopen und Steinböcken durch das Felsgewirr. Hier ist alles urwüchsig wild, steht das Gras so hoch wie ein Reiter, wachsen die Wälder unberührt. Hier gibt es Fasane, Schwäne, Gänse und Enten. Hier wächst der beste, kostbarste Ginseng, die berühmte Heilwurzel, die mit Gold aufgewogen wird.

Dieses unberührte Land wartet noch auf seine Aimards und Coopers. Es sei im Voraus erwähnt, dass die Jäger sich hier zu Gruppen von mindestens zwanzig Mann zusammenschließen müssen, da die räuberischen Hunghudsen, wie es sich später herausstellte, eine unbestreitbare Tatsache sind. Aber dieses Land wartet auch noch auf seine Maler. Welchen eigenartigen Zauber werden sie in dieser wilden, phantastischen Schönheit Asiens finden! Allein schon der Sungari, dieser funkelnde, trügerische, verschlagene, aber stets herrlich schöne Fluss mit seinen malerischen Ufern! Hier stürzt er als kristallheller Wasserfall unter dem blau strahlenden Himmel in das grenzenlose Meer der goldgelben Wälder herab.

Die Koreaner haben gepackt und verabschieden sich. Ich gebe ihnen die versprochene Prämie und bezahle die zusätzliche Wartezeit. »Also«, sage ich zum Schluss, »jetzt sind wir mit dem Drachen gut Freund, nicht wahr?«

»O ja, ja«, nicken sie froh, »das Wetter ist ja so schön geworden.«

Still und düster erhebt sich der jetzt ruhig gewordene Pektusan in das wolkenlose Blau. Unwillkürlich blicke ich ihn mit Achtung an. Einen mächtigen Gegner achtet man immer. »Der Drache wird wohl heute im Boot spazieren gefahren sein und daran seinen Spaß gefunden haben«, fable ich. Die Koreaner lachen. »Und ihr habt keinerlei Beschwerden gegen uns? Vielleicht hat jemand von uns euch im Dorf Unrecht getan?«

»Nein, niemand.«

»Darf ich fragen, ob sie mit dem Dolmetscher zufrieden waren?«, bittet mich Kim.

»Ja, fragen Sie!«

»Wir sind zufrieden, wir sind mit allem sehr zufrieden.«

»Und nun fragen Sie, ob ich sie vielleicht erpresst, ob ich Bestechungsgelder eingesteckt habe.«

»Nein, nein, niemand hat etwas genommen!«

Jeder Koreaner tritt vor mich hin, faltet seine Hände und winkt mir einen Gruß zu. Ich danke ihnen. Sie machen noch einen letzten Versuch, mich zur Umkehr zu überreden. Ich erwidere lachend: »Reitet nur allein weiter und haltet unterwegs nicht an. Die Pferde sind nicht schwer bepackt, da könnt ihr im flotten Trab am frühen Morgen zu Hause sein, ehe die Hunghudsen erwacht sind.«

»Ja, ja«, nicken sie zustimmend.

Mann für Mann verschwindet mit seinem kleinen Pferd im Wald. Die letzten Strahlen der Sonne. Wieder steht der Pektusan in Flammen. Wo mag mein armes Pferd sein?

Aber allzu sehr bedaure ich den Verlust doch nicht. Es sah ja nichts und wäre an einem Steilhang doch noch mit mir abgestürzt.

Der Weg über den Tschang-Pai-Schan bis zum Mittellauf des Amnok

4. Oktober 1898

Gestern brachen wir auf einem Weg, den wohl noch kein Europäer betreten hat, nach Westen auf, zum Oberlauf des Jalu, zum Dorf Schadarjong. Der Name bedeutet: Westliches Dorf. Es liegt hundertachtzig Li oder sechzig Werst vom Pektusan entfernt.

Wir legten nur vierzig Li zurück und nächtigten in einer chinesischen Jagdhütte, deren Ofen und die erhöhte Liegestatt mit den darunter durchführenden Rauchzügen die halbe Fläche einnahmen. Die Jäger hatten hier ihre Spuren hinterlassen, wir sahen unter anderem abgetragene Chinesenschuhe und eine Messerklinge. Das war ein Unterschlupf der Hunghudsen – wir befanden uns nun in ihrem Herrschaftsgebiet.

Heute ließ ich den Wachthabenden bereits um zwei Uhr nachts wecken, und um vier, noch bei völliger Dunkelheit, stiegen wir schon den ermüdend steilen Weg zum Tadynwo-no-Pass hinauf. Von hier ist nun der ganze Westrand und ein Teil des Nordrandes des Pektusan zu überblicken.

Der Krater des Pektusan ist von einer gewaltigen Felsnadel verdeckt, die sich düster vom Himmel abhebt. Aber eine ihrer Kanten gleicht der Gestalt einer Frau. Leicht vorgeneigt sitzt sie da und blickt zum See hinab. Eine Sappho oder Lorelei. Ihre Haltung, ihre Gestalt ist voll Schönheit, Leid und Zärtlichkeit und steht in krassem Gegensatz zu dem düsteren Felsgewirr ringsum. Sie ist auf ewig hierher in die Einsamkeit gebannt, sie blickt für immer zu dem wie die Augen der Lorelei grünen, furchtbaren See hinab, sie ist für alle Zeiten allein unter dieser wolkenlosen, blauen Weite des Himmels vor dem Hintergrund der goldgetönten Lärchenwälder. Bevor ich an meine Arbeit gehe, sehe ich zu ihr hin, und es scheint mir, als könnte ich ewig so dastehen, vom gleichen Gefühl ergriffen, das jene gebeugte Gestalt dort beherrscht. Von welchem Gefühl? Warum blickt sie so, was sieht sie? Es muss ein Geheimnis sein. Als sie es enthüllte, traf sie ein strafender Zauber und verwandelte sie zu Stein. Aber Jahrhunderte werden vergehen, und einmal bannt jemand den Fluch; die Frauengestalt wird sich aufrichten und der Welt ihr großes Geheimnis verkünden …

Kein Bildwerk hat mich jemals so erschüttert, hat so sehr alles Gute in mir geweckt, alle schönsten Träume, alle Kräfte meiner entschwundenen Jugend wieder aufleben lassen. Ich fühle mich jung, ich stehe da, voll unermesslichem Durst nach einem besseren Leben für alle, voll schmerzhafter Sehnsucht und einer wachen Gewissheit, dass einmal die Zeit kommt, wo das Leben der Menschen anders werden wird, ebenso herrlich wolkenlos wie dieser duftige, klare Herbstmorgen.

Auch als ich bereits mit meiner technischen Arbeit beschäftigt war, fiel mein Blick ab und zu in diese Ferne, in der die dunkle Felsnadel mit der rätselhaften Gestalt emporragte, und jedes Mal vergaß ich meine Arbeit und starrte, von neuer Erregung gepackt, hinüber, als erblickte ich im Bildwerk eines großen Künstlers alles, was meine Seele jemals im Leben an Schönem empfunden hat... Sie schien mir eine Verkörperung des neuerstandenen Glaubens an alles Gute im Menschen zu sein, mächtig wie die Natur selbst. Wie sehr bedaure ich es, dass mir nicht die Gabe eines Bildhauers, eines Malers eigen ist. Welch ein Reichtum an Landschaftsbildern, Farbtönen und Gestalten ringsum, welch ein zauberhaftes Leben! Alles wirkt so neu, so ganz von allem bisher Gesehenen verschieden, und hier, in diesem urtümlichen Siedlungsgebiet der Menschheit, fühlt man so recht deutlich die ganze Tiefe und Weite des Abgrunds, den die Menschheit durchwandert hat, zugleich aber auch, wie unzerreißbar fest dieses Urtümliche mit allen Errungenschaften unserer Tage verbunden bleibt.

Aber zur Sache. Ich kann mir gut vorstellen, mit welchem Ärger und welcher Ungeduld ein eiliger Geograph mein Tagebuch durchblättert, um aus dem Haufen unnützen Zeugs die für ihn notwendigen Angaben herauszufischen. Ich bitte um Verzeihung und beeile mich, über das Quellgebiet des hier entspringenden Sungari-Nebenflusses zu berichten. Diese Gegend nennt sich O-ribi-mori – die fünf Quellen. Aus diesen von uns untersuchten fünf Quellen entsteht der Nebenfluss des Sungari. Zwei davon fließen vom Pektusan als große, tränenklare, unermüdlich rauschende Wasserfälle herab. Zwei weitere entspringen am Fuß des Berges und nehmen unterwegs an Stärke zu, ohne dass irgendwelche Zuflüsse sichtbar wären. Der Fünfte beginnt erst im Hochland des Tschang-pai-schan. Elf Werst vom Gipfel entfernt vereinigen sie sich und bilden hier einen bereits ansehnlichen, sehr reißenden Gebirgsbach, der etwa eine Sashen breit und ebenso tief ist.

Wer sich eingehender über die genaue Lage dieser Quellbäche unterrichten will, den verweise ich auf die von mir entworfene Karte aller von mir durchwanderten Landschaften.

Ganz eigenartig ist diese Gegend, in der die Zuflüsse des Sungari ihren Ursprung haben. Bald fließen sie inmitten gewaltiger Felswände und stürzen als rauschender Wasserfall herab, bald verbergen sie sich im hohen Gras in einem kaum zwei Ellen breiten Spalt. Blickt man aber hinein, so ist man gebannt: Darunter wölbt sich eine mit bläulichem Licht erfüllte Höhle aus schwarzem Gestein, an die hundert Fuß tief und ebenso breit. Nur ein schwacher Schimmer beleuchtet das dunkle Gewölbe und den in der Tiefe donnernden Fluss. An einer anderen Stelle verschwindet er in einem finsteren, wie von Menschenhand errichteten Tor.

Wir steigen vom Tadynwo-no-Pass über den Nordhang des Tschang-pai-schan in die Mandschurei hinab. Lärchen und riesige Tannen, von grünlich gelben Flechten behangen, begleiten uns. Die Bäume sind zwanzig bis fünfundzwanzig Sashen hoch, ihr Stamm ist so dick, dass er von einem Mann nicht umfasst werden kann. Hier steht viel herrlicher, vom Brand ganz verschonter Wald. Von mannshohem Gras bewachsene Lichtungen liegen dazwischen. Manchmal treten die Tannen zurück, und es öffnet sich ein märchenhaft lieblicher Waldwinkel. Dort zum Beispiel liegt solch eine friedliche Wiese mitten im Steilhang. Dunkle Tannen mit silberweißen Stämmen wechseln mit vergilbten Grasflächen ab. Bald drängen sie sich dicht zusammen, bald stehen sie einzeln über die Wiese verstreut, dort aber, am hell rauschenden Bach, bilden sie wieder eine trauliche Gruppe. Dort entspringt eine heiße Quelle, und die Koreaner kamen früher hierher, um den Rheumatismus zu heilen. Jetzt aber sind die Hunghudsen so lästig geworden, dass niemand mehr die Reise wagt.

Auf einem Felsvorsprung tauchte für einen Augenblick ein stattlicher Rehbock auf. In der Hütte, in der wir genächtigt hatten, fand ich ein Rehgehörn, nahm es an mich und legte, um nicht als Hunghudse zu gelten, einen mexikanischen Dollar dafür hin.

Hinter einer Biegung tritt der Wald zurück und macht einer weiten Prärie Platz. Am Fuß des Berges sehen wir eine chinesische Fansa und vor deren Tor einige Chinesen. Hunghudsen? Da unser Pfad dorthin führt, erreichen wir sie nach einer Viertelstunde. Wir sind vier Mann: Borminski, Kim, der alte Führer und ich. Nur Borminski hat seine

Jagdflinte bei sich, alle anderen Schusswaffen befinden sich beim Tross, der vorausgezogen ist.

Als wir näher herangekommen sind, erkennen wir unseren Dolmetscher Wassili Wassiljewitsch, der mit drei Chinesen verhandelt. Er ist vom Tross zurückgeblieben, um Kartoffeln einzukaufen, die hier angebaut werden. Wie erstaunt bin ich aber, als ich unter den drei Chinesen auch die beiden sehe, die ich vor wenigen Tagen fotografiert und denen ich etwas Backwerk geschenkt habe!

»Sie wollten doch nach Tanpai zurück?« Mit diesen Worten empfangen uns die Chinesen. »Wir haben es uns anders überlegt«, antworte ich.

Es stellt sich heraus, dass wir in ihrer Fansa genächtigt haben. Ich sage ihnen daher, dass ich das Gehörn an mich genommen und dafür einen Dollar hinterlegt habe. Der ältere Chinese lacht und winkt fröhlich ab. »Das kostet doch überhaupt nichts!« Er schenkt mir noch ein Gehörn, und sein Sohn bringt mir freudig und dankbar zwei Rebhühner. Ich will mich erkenntlich zeigen, aber unser Geld ist beim Tross. Nach langem Überlegen schenke ich ihm die einzige Waffe, die ich bei mir habe, einen Dolch mit Gürtel, eine ausgezeichnete Arbeit aus englischem Stahl. Die Begeisterung des jungen Mannes kennt keine Grenzen. Er lacht, drückt den Dolch an Herz und Gesicht und schwingt ihn durch die Luft. »Er ist sehr, sehr dankbar«, übersetzt Wassili Wassiljewitsch. »Für ihn als Jäger ist das das kostbarste Geschenk.«

»Sagen Sie ihnen, dass wir am Pektusan ein Pferd verloren haben. Sie sollen es suchen und behalten.«

Wassili Wassiljewitsch blieb noch wegen der Kartoffeln zurück, wir aber ritten weiter, und die Chinesen blickten uns noch lange nach. Als der Dolmetscher uns eingeholt hatte, teilte er mit, dass eine Bande von etwa vierzig Hunghudsen uns seit unserem Aufbruch aus Musan auflaure. Jetzt seien sie nach Tanpai geritten, in der Annahme, wir würden dorthin zurückkehren. Das hatte der alte Chinese erst im letzten Augenblick mitgeteilt. Er tat das widerwillig, wie unter einem Zwang, vielleicht durch unsere Freundlichkeit gerührt.

Eigentlich glaube ich all diesen Schauermärchen nicht recht, aber desto besser, wenn die Hunghudsen unsere Spur verloren und die falsche Richtung eingeschlagen haben.

Da wir heute sehr früh aufgebrochen waren, hielten wir gegen zwölf Uhr an, um die Pferde zu füttern und dabei auch selber etwas zu uns zu nehmen. Wir suchten uns eine mit mannshohem Gras bewachsene Mulde aus. Als wir das Lagerfeuer anlegten, hätten wir beinahe einen Steppenbrand verursacht. Das verdorrte Gras flammte wie Pulver auf, und wir mussten alle fest zupacken, um es wieder zu löschen.

Wir waren gerade mit dem Imbiss fertig, da kamen zwei jener Chinesen heran, die wir vorhin getroffen hatten: der junge und ein alter, aber nicht sein Vater. Sie setzten sich zu uns. Der junge blickte froh und begeistert drein. Ich fragte, warum sie gekommen seien. Es stellte sich heraus, dass sie nach Manjong unterwegs waren, um Kolbenhirse einzukaufen. Manjong ist der chinesische Name für das Dorf Schadarjong, zu dem auch wir wollten. Sie zogen also den gleichen Weg, und das kam mir doch seltsam vor. »Sie sagen, es gibt dort jetzt keine Hunghudsen, die sind hinter uns zurückgeblieben. Sie kennen den Weg sehr gut«, übersetzte Wassili Wassiljewitsch.

Da unser alter Dischandari sich hier oft nicht zurechtfindet, erhob ich gegen diese Begleitung keinen Einspruch. Außerdem bewies mir die kindliche Anhänglichkeit und Freude des Jungen und sein von Dankbarkeit überströmender Blick deutlich genug, dass er keine bösen Absichten gegen uns haben konnte.

Wir brachen nach dem Imbiss auf und ritten wieder durch Wald. Hier standen Lärchen, Tannen und Zirbelkiefern – ausgezeichnetes Bauholz, wie ich es noch niemals gesehen habe, obwohl ich am Ural, in Sibirien, im Norden Russlands und auf der Krim so manchem unberührten Wald begegnet bin. Ich hätte nie gedacht, dass ein Urwald so prächtig gedeihen könnte.

Als wir wieder einmal den Pfad verloren hatten, halfen uns die Chinesen, ohne deren Hilfe wir wer weiß wohin, jedenfalls aber nie nach Schadarjong gelangt wären.

Dann kamen wir zu einer Weggabel etwa dreißig Werst vor dem Ort. Die Chinesen bestanden energisch darauf, dass wir den rechten Weg einschlugen. Er sei besser und führe an chinesischen Fansen vorbei. Der Dischandari erwiderte, er kenne diesen Weg nicht, er und alle Koreaner gingen stets nur den linken. Die Chinesen lobten aber ihren Weg so eifrig, schimpften so sehr auf den koreanischen, dass ich schließlich doch ihrem Rat folgte, umso mehr, als der Dischandari zugeben musste, dass sein Weg für Pferde schlecht gangbar sei. »Also dann los!« Wir bogen nach rechts ein. Eine Viertelwerst danach trafen wir auf eine Fansa. »Hier treffen wir alle fünf Werst auf eine«, teilte uns der junge Chinese mit.

Aus der Fansa schaute ihr Besitzer heraus, eine Missgestalt, wie man sie selten zu sehen bekommt. Ein richtiger Orang-Utan. Sein weibisches, völlig unbehaartes Gesicht, sein verlebter, zynisch-spöttischer Blick, das lückenhafte Gebiss, alles wirkte zugleich abstoßend und komisch. Das Urbild eines Scheusals. Aber ich bringe meinem ersten Eindruck von Menschen stets ein gewisses Misstrauen entgegen, besonders wenn er schlecht ist. Ich unterdrücke ihn immer. So tat ich es auch diesmal. Ein armer Jägersmann, redete ich mir ein. Was konnte ihn denn sonst veranlasst haben, in dieser Wildnis zu wohnen?

Ja, ich sehe hier nur eine Wildnis, aber für ihn ist es doch die Heimat, ohne die er vielleicht nicht leben kann. Nachts rauscht die Taiga wie das Meer, am Morgen steht sie feierlich still im diamantklaren Herbstmorgen da. Ein Ast knackt, und dieser Laut hallt im ganzen Wald wider. Ein Specht hämmert, ein Rebhuhn flattert rauschend hoch, eine Falle mit einem gefangenen Eichhörnchen schnappt zu, und dann brüllt wild und zornig der Herr der hiesigen Lande, ein Tiger, der in ein Fangeisen geraten ist... Das waren so meine Überlegungen, und ich überredete mich schließlich dazu, in dieser Missgestalt nichts weiter als einen vom Schicksal benachteiligten Menschen zu sehen, der sich in den Schoss der Natur zurückgezogen hat, um hier seine Hässlichkeit und die Menschen, um alles zu vergessen und mit der Natur allein zu bleiben. Ich fragte, ob er verheiratet sei.

»Nein«, war die Antwort. »Aber auch er sagt, das hier sei der bessere Weg.«

Ich blickte das missgestalte Ungeheuer an, und es nickte mir lässig zu. Dann warf es ein paar Worte hin, und ein widerliches Lächeln verzerrte seine Züge noch mehr.

Wir ritten weiter, aber das widerliche Scheusal ging mir die ganze Zeit nicht aus dem Kopf. »Was meinen Sie, Wassili Wassiljewitsch, war das ein guter Mensch, und verdienen unsere Begleiter Vertrauen?«

»Ich weiß es selbst nicht genau. Aber ich denke, er war gut. Er hat ja eine Fansa, baut Kartoffeln an, sät Rettich. Er erzählte, hier gebe es jetzt keine Hunghudsen. Vor drei Tagen jedoch sind sie bei ihm gewesen und haben ihm alles weggenommen.«

Der Dischandari reitet düster wie die Nacht dahin. »Er sagt, man führe uns in eine Falle«, flüstert mir Kim zu. »Wir hätten den linken Weg wählen sollen.«

Ich glaube nicht an diese Falle. Sie mag wohl nur in der Phantasie des schüchternen Koreaners bestehen. Aber andererseits trage ich die

Verantwortung für die mir anvertraute Gruppe und fordere daher alle auf, vorsichtshalber die Gewehre zu nehmen.

Sogar die Soldaten holen sie sich nur widerwillig von den Packpferden. Borminski aber, der sich bisher nie von seiner Winchesterbüchse trennte, reicht sie jetzt zum Trotz Wassili Wassiljewitsch, der sie sich im Futteral um die Schulter hängt. »Wenn es nötig sein wird, dann nehme ich sie«, sagt er.

»Aber in dem Augenblick, wo Sie das feststellen, ist es bereits zu spät. Stellen Sie sich doch vor, eine Salve kracht, und alles eilt vor Furcht davon in den Wald ...«

»Dazu wird es ja nie kommen!« Borminski wirft das lässig, in einem Ton hin, als schämte er sich für mich. »Außerdem kann ich einfach nicht. Da soll ich mich mit dem Gewehr abschleppen und dabei noch die Richtung visieren und das Gelände zeichnen ...«

Ich schweige gekränkt

»Gut, ich nehme das Gewehr. Aber dann müssen Sie mich von der Arbeit befreien.«

»Einverstanden. Geben Sie den Kompass und den Schrittmesser her.«

Borminski überreicht mir schweigend die Instrumente, holt sich von Wassili Wassiljewitsch seine Büchse und reitet beleidigt abseits. Aber auch ich bin böse. Meinetwegen, denke ich, dann will ich eben zu den Barometermessungen und astronomischen Beobachtungen zusätzlich auch noch diese Arbeit übernehmen.

So reite ich nun voran und skizziere unseren Weg. Mich wundert, dass wir anstatt nach Westen immer weiter nach Norden abbiegen. Als wir zwei Werst zurückgelegt haben, erkläre ich schließlich, dieser Weg möge wohin auch immer führen, jedoch niemals nach Schadarjong. »Dischandari, zeigen Sie, wo Schadarjong liegt!«

Der Dischandari zeigt nach Südwesten.

»Fragen Sie die Chinesen, ob das stimmt.« »Ja, das stimmt.«

»Warum führen sie uns also in diese Richtung?«

»Weil es Räuber sind und sie etwas mit uns vorhaben«, wirft Bibik hin.

»Der Dischandari sagt, er könne für diesen Weg keine Bürgschaft übernehmen«, raunt mir Kim zu.

Der Abend rückt rasch heran; es gießt, und wir haben keine Zelte. »Also zurück zur letzten Fansa!«

Das Gesicht des Koreaners strahlt, aber die Chinesen protestieren verzweifelt. »Fünf Li weiter steht eine große, schöne Fansa.«

Ganz unbewusst verschweige ich meinen Entschluss, morgen den Weg der Koreaner einzuschlagen, und sage: »Gut, morgen gehen wir zu dieser Fansa, aber heute kehren wir um.« Die Chinesen widersprechen noch, aber ich höre nicht mehr hin. Dann sagt der alte Chinese etwas und verlässt uns, während der junge mit uns kommt.

Es ist bereits finster, als wir die Fansa des hässlichen Einsiedlers erreichen. Der junge Chinese geht hinein und fragt, ob wir einkehren dürften. Er kommt bald wieder und öffnet das Tor. Wir dürfen also. Als erster reitet Bibik in den Hof und reißt dabei den einen Torpfosten um. »Teufel noch mal, was die hier für Klamotten aufstellen«, knurrt er. »Und so was nennt sich ein Tor!«

Die Inneneinrichtung der Fansa entspricht in ihrer geheimnisvollen Verdächtigkeit vollauf ihrem Besitzer. Ein niedriger, höchstens eine Elle hoher Ofen nimmt mit der erhöhten, von Rauchzügen geheizten Liegestatt den halben Raum ein. Ein Feuer brennt darin und beleuchtet unruhig flackernd die dunklen Wände. Darüber ist ein großer Kessel eingemauert, aus dem Wasserdampf aufsteigt. Der Hausbesitzer hockt vor dem Ofen, ohne uns zu beachten. Der Feuerschein spielt seltsam auf seinem Gesicht, Schatten huschen in der halbdunklen Fansa hin und her. Sie ist schwarz, verrußt; auf Wandbrettern und an Haken hängen Eichhornfelle, Messer, eine Pistole, zerrissene Chinesenschuhe, Knochen und sonstiges Gerümpel. Hell scheint der Ofen ein Messer an, das mit einer Blutkruste überzogen ist

»Eine richtige Räuberhöhle, wie es sie nur in Märchen gibt«, sagt Bessedin.

Das Gesicht des Wirtes im Wechselspiel der Flammen verdiente es, von einem guten Maler festgehalten zu werden. Es lässt verborgene Gedanken ahnen. Während er ins Feuer starrt, spielt ein schadenfrohes, verächtliches Lächeln um seine Lippen und macht ihn einem Satan ähnlich. Kim erzählt mir nach den Worten des Dischandari seine Geschichte. Das ist ein ehemaliger Hunghudsenhäuptling. Alle Fansen hier sind nichts weiter als Unterschlupfe der Räuber. Ihre Besitzer beklagen sich zwar, dass sie von den Hunghudsen misshandelt würden, bleiben aber weiter hier und halten für alle Fälle stets Verpflegung für zwanzig Mann bereit, kochen Hirse, Suppe aus Eiweiß und Nudeln. Der Besitzer dieser Fansa kauft den Hunghudsen ihre Beute ab – Raubgut, Falle und Ginseng-Wurzeln – und verschachert sie weiter. Wir sollten nicht darauf achten, dass er so ärmlich aussehe, er habe Gold und Silber, sei aber geizig. Er besitze auch Land, das Koreaner gegen Ablieferung der halben Ernte bearbeiteten. Die Koreaner fürchten ihn wie das Feuer, er ist Herr über ihr Leben, er wird mit sklavischen Verbeugungen empfangen, er nimmt sich alles, was ihm gefällt, auch Frauen.

Also gewissermaßen ein Urkeim jener Feudalherren, die jetzt von ihren Nachkommen so in den Himmel gehoben werden. Aber dieser hier wird nicht mehr der Stammvater einer Feudalsippe werden, denn wie Herbstfrost die nicht zeitgemäßen Blüten niederschlägt, wird der Gang der Zeiten auch in diesem verlorenen Winkel solche verspätete, auf den Fluren der Menschheit längst überlebte Keime vernichten.

Wie dem auch sein mochte – der edle Feudalherr und seine märchenhafte Räuberhöhle flößten uns doch einen heilsamen Schrecken ein. Sogar Borminski erklärte, wir dürften hier nicht schlafen. Allerdings legte er sich im nächsten Augenblick hin und begann sofort zu schnarchen. Doch die anderen blieben wach, und ich besichtigte mit den Soldaten die Fansa und den Hof. Wie es sich für einen Feudalherrn geziemt, bildete seine Höhle eine Burg, die vor den Kugeln der Hunghudsen zuverlässig geschützt war. Der kleine Hof und das Gebäude waren von einem zwei Sashen hohen, oben zugespitzten Palisadenzaun umgeben. Die ganze Festung war kreisförmig auf einer gerodeten Lichtung angelegt. Wir waren somit vor Gewehrfeuer geschützt und brauchten nur Wachen aufzustellen für den Fall, dass die Hunghudsen sich zu einem Sturm entschließen sollten.

Vier Wachtposten bürgten für unsere Sicherheit: die drei Soldaten und ein Koreaner. Alle anderen, Borminski, Iwan Afanasjewitsch, die beiden Dolmetscher (der chinesische und der koreanische), der Koreaner Sa Pagi und ich, saßen in der Fansa. Besser gesagt, wir waren bald wach, bald schliefen wir. Was die Chinesen betrifft, den Wirt und unseren jungen Begleiter, so schliefen sie keinen Augenblick und waren die ganze Zeit auf der Hut. Ich hielt bis zwölf Uhr Wache, weckte dann Iwan Afanasjewitsch und schlief ein. Als ich zufällig erwachte, sah ich den jungen Chinesen neben mir sitzen. Er starrte meinen Mauserkarabiner an; seine Augen funkelten rätselhaft. Ich überlegte, dass er im Fall einer Gefahr die Waffe früher als ich zur Hand hätte, schob den Karabiner näher zu mir heran und schlief wieder ein.

Als ich noch einmal wach wurde, hob das Scheusal von Hauswirt gerade die Hand zu dem einzigen an der Wand hängenden Lämpchen, um Öl nachzugießen. Unwillkürlich bewunderte ich diese höllischen und zugleich steinzeitlichen Gesichtszüge dieses Tiermenschen, der noch nicht die Freude an einem primitiven Öllämpchen und dem Bewusstsein, dass er es in der Hand hielt, verloren zu haben schien. Doch augenblicklich kam mir der Gedanke, dass seine Freude nur daher rührte, weil er bei einem Überfall die Lampe sofort löschen und uns im Dunkeln sitzen lassen konnte. So sparsam wir sonst mit unseren Kerzen waren, befahl ich jetzt doch, eine anzuzünden und neben den Wachhabenden zu stellen.

Borrninski brummte verschlafen: »Kein Mensch wird uns überfallen.« – »Nein«, stimmte ich zu. – »Na also. Warum quälen wir uns dann ab?«, warf er ärgerlich hin. – »Wenn wir beide allein wären, könnten wir schlafen. Es ist kein Unglück, wenn wir uns einmal eine Nacht um die Ohren schlagen. Morgen sind wir im Dorf in Sicherheit, da werden wir uns ausschlafen.«

Um fünf schien es zu dämmern. Da wir für die Pferde keinen Hafer mehr hatten und sie die ganze Nacht im Hof zurückhielten, führten wir sie jetzt, von vier Mann bewacht, auf die Waldwiese hinaus, wo sie etwas spärliches erfrorenes Gras fressen konnten. Um sieben Uhr brachen wir auf; zuvor verzehrten wir Hirsebrei und zwei Rebhühner. Auch die Chinesen frühstückten. Sie hatten sich eine Brühe aus Eiweiß und Hirse gekocht. Zehn Mann von meiner Statur hätten nicht die Hälfte dessen bezwingen können, was sie zu sich nahmen. Auch die Soldaten waren keine schlechten Esser, auch Borminski leistete viel darin, aber sogar er bemerkte: »Wieso platzen sie nicht? Dabei bestehen sie nur aus Haut und Knochen.« – »Sie essen sich für drei Tage im Voraus satt und können dann dreihundert Li marschieren«, erklärte uns der Dischandari. »Es bedeutet nichts Gutes, dass sie so essen.«

Als es Zeit war abzurechnen, rief ich Wassili Wassiljewitsch und bat ihn, den Besitzer zu fragen, was er für die Hirse und die Übernachtung verlange. Was wir geben wollten, lautete die Antwort. Ich zahlte für alles zusammen zwei Dollar. Unter Koreanern gilt das als ein sehr guter Preis, und sie wehren sich lange, diese Summe anzunehmen. Aber unser Feudalherr nahm die beiden Dollar und warf sie von einer Hand in die andere. Er blickte sie mit solcher Verachtung an, dass selbst Mephisto ihn um diesen Gesichtsausdruck beneidet hätte, und sagte: »Das ist alles? Und die schlaflose Nacht? Und der umgerittene Torpfosten?« – »Also wie viel will er denn?« Er wandte sich ab und schwieg verachtungsvoll. »Genügt noch ein Dollar?« – »Ist immerhin etwas mehr.« Ich legte einen Dollar dazu. Doch diesmal konnte er sich das Vergnügen nicht versagen, das Geld liebevoll zu betrachten und sich an seinem Klang zu weiden. Er hockte dabei an der Wand – der geizige Ritter in seiner ganzen abscheulichen Vollkommenheit. Aber zugleich war er so typisch, dass ich nicht umhin konnte, ihn zu bewundern und zu fragen, ob ich ihn fotografieren dürfe. »Von mir aus«, warf er verächtlich hin. Ich stellte ihn vor seiner Fansa auf. Die Pfeife im Mund, folgte er gleichgültig, mit verborgener Schadenfreude meinen Vorbereitungen. Er schien zu sagen: Fotografiert nur, erfindet all eure Geräte und Maschinen, aber auch ich weiß etwas, wovor eure Erfindungen und Kenntnisse wie Schall und Rauch verschwinden werden. Ja, erfindet nur, solange ihr noch Zeit dazu habt ... Wäre er allein gewesen, hätte er gewiss ein so höllisches Gelächter angestimmt, dass ein zufällig vorbeikommender Koreaner weit in den Wald davongeflohen wäre. Mit welchem Ausdruck er mich ansah, als ich seine riesige Pistole betrachtete! Der junge Chinese führte mich in den Schuppen und zeigte mir dort eine große Handkanone, ein sehr langes Gewehr mit einer faustgroßen Mündung. Fünf Mann tragen dieses Ding und schießen damit. »Wozu liegt das hier?«, erkundigte ich mich. – »Gegen ungebetene Gäste ...« »Und wenn diese Gäste das für sie vorbereitete Geschenk einfach mitnehmen?« – Das Gesicht des Chinesen wurde ernst und unruhig. Mit einem einschmeichelnden Lächeln erklärte er, er spreche doch von Tigern.

Ich wäre noch stundenlang bereit gewesen, diese längst in die Vergangenheit gehörige Type zu beobachten, aber wir mussten weiter. Wir schlugen den linken, den Weg der Koreaner ein. Die Überraschung der beiden Chinesen, des Fansabesitzers und des jungen, war deutlich genug. »Sagen Sie dem Chinesen, er solle mit uns kommen«, befahl ich. Er warf dem Hausherrn ein paar Worte hin und folgte uns ergeben, nachdem alle Versuche, uns zur Umkehr zu bewegen, erfolglos geblieben waren. »Was hat er dem Fansabesitzer gesagt?« – »Er solle seinem Reisegefährten weitergeben, dass er diesen Weg eingeschlagen hat.« – »Warum ist sein Gefährte nicht bei uns geblieben?« – »Er erkundete, ob es auf dem anderen Weg böse Leute gebe. In diesem Fall wäre er umgekehrt.« Das hatten die Chinesen auch gestern behauptet, und ich glaubte ihnen ein wenig, weil der junge mich dabei mit den Augen eines treuen Hundes ansah und meine Hand streichelte, blieb aber doch misstrauisch.

»Der Chef hat mir nicht geglaubt«, sagte er nun traurig und vorwurfsvoll, als wir losritten. – »Ich glaube dir«, erwiderte ich, »aber dieser Weg führt näher am Fluss vorbei, den ich besichtigen muss.«

Der Weg war wirklich abscheulich; er führte durch Fallholz, Windbruch und Moor. Alles Schöne lag nun hinter uns – der Pektusan mit dem verborgenen Zaubersee, die Gebirgslandschaften, die herrlichen Wälder und die märchenhafte Schönheit der Zuflüsse des Sungari. Als ich hier in der Wildnis diese verborgenen Schönheiten zu sehen bekam, die durch ihre Unberührtheit nur noch eindrucksvoller wirkten, fühlte ich mich wieder in die Kindheit zurückversetzt, zu den Erzählungen Coopers, denen meine Phantasie einst vollen Glauben schenkte. Wahrscheinlich stellte ich mir damals alles genauso vor, wie ich es jetzt sah, und darum erschien mir alles gleichzeitig so vertraut und doch auch bezaubernd neu, nie gesehen, nie geahnt. Aber nun lag das alles hinter uns. Der Dischandari sagte soeben: »Dreht euch um und nehmt vom Pektusan Abschied, ihr seht ihn zum letzten Mal.«

Wir sahen alle hinüber und waren wieder von dem Anblick ergriffen. Ganz verschneit erhob sich vor uns noch einmal der gewaltige, majestätische Vulkan. Die blendend weiße Schneedecke hatte alle Felsvorsprünge und auch die Bärengestalt über dem See und das herrliche, in die Tiefe blickende Frauenbildnis überzogen. Alles lag feierlich still da, alles funkelte im Diamantschmuck der Schneekristalle. Der Dischandari aber erklärte: »Heute hätten wir weder auf den Pektusan hinauf- noch wieder hinuntergefunden. Alle Hänge und Pässe sind dort mit Schnee zugeweht, es gibt keinen Weg mehr. Davor fürchtete ich mich so sehr, aber unser Chef hat großes Glück. Der gestrige Regen fiel dort oben als Schnee.«

Wir hatten wirklich viel Glück, dass wir, aus Petersburg hierher unterwegs, gerade noch den letzten Tag erwischten, an dem ein Aufstieg möglich war.

Der Weg führt immer tiefer zum Fluss hinab. Jetzt ziehen wir durch heimatlichen Laubwald. Es duftet nach Espen, nach dem feuchten, modernden Laub, das zu unseren Füßen raschelt. Klarer Spätherbst herrscht hier, und die Leere des entlaubten Waldes erweckt bange Trauer. Nichts Lebendiges ist mehr zu sehen, kein Tier, nicht einmal ein Vogel. Alles stirbt oder versinkt in langen Winterschlaf.

Der Weg wird immer schlechter, und Wassili Wassiljewitsch übersetzt mir die leidenschaftliche Schilderung des jungen Chinesen, welch einen schönen Weg er uns geführt hätte.

Am Fluss betreten wir wieder herrlichen Wald. Hier wachsen viele Eschen mit einem Umfang von beinahe zwei Sashen, prächtige Edeltannen und ab und zu auch Lärchen. Aber auf den Kämmen stehen die schlanken Lärchen oft allein. Und welch wunderbare Zirbelkiefern! Hier könnte dieses wertvolle Holz bereits den Fluss hinabgeflößt werden.

Wir erreichten in der Dämmerung unser Marschziel, das Dorf Schadarjong, das fast ausschließlich von Koreanern bewohnt wird. Wie froh betrachteten wir endlich wieder das friedliche Bild des Dorfabends, die Getreide- und Maisschober, wie erlöst vernahmen wir das Brüllen des Viehs!

Die hiesigen Einwohner hatten noch nie Europäer gesehen. Aber mit welcher Gastfreundschaft wurden wir empfangen! Man führte uns sofort in die beste Fansa, man setzte uns Hühner, Kartoffeln, Hirse und Rettich vor. Das Dorf zählt rund dreißig Fansen; sie liegen etwa zwei Werst verstreut in einem schmalen Tal. Hier stehen fünf oder sechs chinesische Fansen, sie gehören den Grundbesitzern, deren Land die Koreaner gegen Abgabe der halben Ernte pachten.

»Sind Hunghudsen hier?«, erkundigen wir uns. »Nein, sie sind zum Pektusan abgezogen.«

»Tun sie euch viel Leid an?«

»Oh!« Dieser hoffnungslose, ergebene Seufzer sagt genug. Die Hunghudsen sind hier die Herren, sie kommen und verlangen alles: Geflügel und Hirse, ein Kalb, einen Ochsen, sogar Frauen – und alles wird ihnen widerspruchslos hingegeben, nur um das eigene armselige Leben zu retten.

Welch ein Genuss war das, wieder im Warmen zu sitzen, sich auszuziehen, die Wäsche zu wechseln und sich in einem Bett auszustrecken! »Also droht uns hier von Hunghudsen keine Gefahr?« »Nicht die geringste.« »Gut. Dann halten heute die Koreaner Wache: Ta Ani und Sa Pagi. Alle anderen legen sich nach dem Essen hin.« Wir schliefen, wie wir, glaube ich, noch nie geschlafen haben.

5. Oktober

Ein furchtbares Donnern und Krachen lässt mich die Augen öffnen. Dunkle Nacht ist ringsum, von oben rieselt etwas herunter, es ist der Lehmputz. Gewehrsalven?! Ja, ein lautes, heftiges Knattern; immer wieder kracht es, und dann folgt ein zorniges, summendes Surren, das sein Opfer zu suchen scheint. Wieder Salven, hell knallende und dumpfe... Bum... Bum.

Hunghudsen?! Wo ist mein Gewehr? Wo sind die Hunghudsen? Sind bereits alle Einwohner der Fansa umgelegt, bin nur ich allein durch ein Wunder am Leben geblieben? Schießen sie durch die Papiertüren zu uns herein? Es ist so finster, dass man die eigene Hand nicht vor Augen sieht. Eine Kerze anzünden? Aber dann verrate ich mich ja... Einerlei, sie finden mich doch... So endet also alles... Nun, einmal muss ja alles zu Ende gehen... Zu spät, zu spät... Nun bleibt nur übrig, mutig und anständig zu sterben.

Borminskis leise Stimme: »Leben Sie?« – »Ich suche mein Gewehr... Da ist es... Zünden Sie kein Licht an! Haben Sie Gewehr und Dolch bei sich?«

»Ja.«

Es raschelt in der Nähe. »Wer ist da?« »Ich. Kim.«

»Wo sind die Soldaten?« »Auch hier.«

»Alle?«

»Bessedin fehlt.«

Kim packt jemand bei seinen langen Haaren. »Wer ist das?« Keine Antwort. »Er schweigt und streichelt mein Knie«, erklärt Kim. »Jetzt spricht er.«

Es stellt sich heraus, dass das der Dischandari ist. Er berichtet, der Besitzer der Fansa sei bereits tot.

»Wo sind denn die Koreaner?«

»Sie sind in den Wald geflohen.«

»Kriecht zur Tür und geht beiderseits hinter der Wand in Deckung«, befehle ich. Ich knie links von der Tür, Borminski rechts. Wir bohren ein Loch durch das Papier. Die Salven hören nicht auf, aber offenbar werden wir von der anderen Seite beschossen, und die Hauptmauer der Fansa fängt die Kugeln auf. Nur oben im Strohdach blitzt es manchmal auf. Dann rieselt etwas herunter.

»Wie viele schießen denn?«

»Oh, viele, sehr viele«, antwortet Kim bedrückt. »Mindestens zweihundert.« »Vierzig«, stellt der Dischandari richtig. »Das ist die Gruppe, die nach Tanpai gegangen war. Sie haben zwei Kanonen. Das, was dort durch das Strohdach blitzt, sind die Kugeln.«

Wie spät ist es? Ich zünde für einen Augenblick ein Streichholz an: halb fünf. Es wird bald hell werden. Wenn wir nur bis zum Tagesanbruch durchhielten, um uns orientieren zu können! Die Schüsse kommen immer noch von hinten. Was ist mit den Pferden? Ich werfe einen Blick in den Hof. Da stehen sie, völlig gleichgültig gegenüber dem Geknatter ringsum. Die Bomben der Handkanone explodieren manchmal und versprühen als Funken in der Finsternis.

»Zuerst schossen sie auf dieser Seite, dann zogen sie sich auf die andere zurück.«

»Nein. Von hier schossen sie nicht. Das waren die Bomben, die über das Haus flogen, hier explodierten und Schüsse vortäuschten. Sie sitzen im Hinterhalt im Wald und knallen von dort.«

Nichts ist zu sehen, und gestern Abend haben wir die Umgebung nicht genau erforscht. Aber bis zum Morgen ist es nicht mehr lange. Ach, wenn wir bloß bis zum Tagesanbruch durchhalten könnten! Es wäre schlimm, wenn sie auf diese Seite herüberkämen und durch die Papiertüren schössen. Offenbar nahmen sie irrtümlich an, wir befänden uns am anderen Flügel der Fansa, denn was hätte sie daran gehindert, hierher zu kommen? Wald steht hier wie dort. Mir ist kalt, und ich merke, dass ich noch nicht angezogen bin. Jemand reicht mir mein Fellhemd.

Ein Geräusch im Nebenzimmer. »Wer ist dort?« »Bessedin.«

»Woher kommen Sie?«

»Sa Pagi hat mein Gewehr genommen. Ich hab' ihn gesucht, er ist verschwunden. Ich dachte, Sie seien bereits im Wald und erwiderten von dort das Feuer.«

»Still! Es kommt jemand.«

Dicht vor uns sprechen mehrere. »Was sagen Sie?«

»Es ist alles still, alle müssen entweder tot oder entflohen sein.«

»Niemand schießt ohne ausdrücklichen Befehl!« Die Stimmen sind nun in unserer unmittelbaren Nähe. »Was reden sie nun?«

»Sie wollen schießen.«

Ich reiße die Tür auf, und wir geben eine Salve ab.

»Da lief einer vorbei! Ein Zweiter kroch auf allen Vieren ... Dort, dort!« Borminski läuft hinaus, schaut um die Ecke, aber dort ist niemand.

»Nun, jetzt wissen sie, dass wir am Leben sind, und werden nicht mehr hierherkriechen. Ihre Schüsse sind aber offenbar zu schwach, um die Rückwand zu durchschlagen.«

»Warum ist es so hell?«

»Die Fansa brennt.« Borminski eilt wieder ins Freie und kehrt bald zurück. Die Fansa brennt hinten, aber der Wind weht zum Glück in entgegengesetzter Richtung. Trotzdem greift der Brand um sich. Im Wald versteckt, wollen sie uns, wenn wir aus dem Haus springen, im Licht der Flammen wie Rebhühner abknallen. Die Salven sind verstummt. Sie warten auf unser Erscheinen. Die Schurken wollen nichts riskieren. Oh, wenn ich sie wenigstens zu Gesicht bekäme, um mein Leben so teuer wie möglich zu verkaufen! Ein Zorn wallt in mir auf, Bilder der Vergangenheit erstehen greifbar vor mir. Ach, wenn es doch bald hell würde!

Es dämmert. Vor uns liegt eine kleine Mulde. Es ist klar, dass wir dort hinüber müssen. »Sind alle bereit?«

»Ja.«

»Geben Sie mir die Zigaretten, die Uhr und die Tabaksdose.« Ich ziehe die Stiefel an und verstecke darin Uhr und Dose, Streichhölzer und drei Päckchen Munition. Dann laufe ich voraus, die anderen folgen gebückt. Wir erreichen rasch die Mulde. Zwar wird auf uns eine Salve abgegeben, aber wir bleiben alle unverletzt. Jetzt antworten wir auf die Schüsse, denn nun können wir etwas sehen: Die Flämmchen der Luntengewehre sind unser Ziel.

Nachdem wir das Feuer eröffnet haben, hören die Schüsse aus dem Wald sehr bald auf. Nun ist es bereits hell, und wir können die Gegend überblicken. Wassili Wassiljewitsch, ein Chinese und Ta Ani lassen sich sehen. Sie saßen die ganze Zeit in einer Grube. Unter Borminskis und meiner Leitung werden nun die Pferde in die Mulde geführt. Zwei unserer Pferde sind erschossen worden, zwei verwundet. Der Schimmel, der Führer des Blinden, hat eine Kugel in die Stirn erhalten. Das blinde Pferd lebt, kommt mit uns und schnauft wie immer qualvoll.

Nachdem wir die Pferde überführt hatten, retteten wir unsere Sachen. Es war höchste Zeit; die Flammen hatten bereits das ganze Dach erfasst.

Nun ist alles beisammen. Es ist Tag. Die Fansa brennt ab. ihr Besitzer ist von zwei Kugeln verwundet worden. Eine hat ihn ins Bein, die andere in die Lende getroffen. Wassili Wassiljewitschs Pelz ist durchschossen, aber unser chinesischer Dolmetscher hält sich großartig, als geschähe alles so, wie es geschehen musste, als wäre alles schon seit Jahrmillionen vorausbestimmt. »Ich dachte, ich käme nie wieder heim«, sagt er. Und doch hat er gemeinsam mit dem jungen Chinesen die Pferde und Sachen herangebracht.

»Ich habe das Gewehr gefunden!«, ruft Bessedin erfreut. In seiner Nähe liegt Sa Pagis Halbpelz und chinesischer Baumwollstoff. Sa Pagi floh also vor den Räubern, aber sie holten ihn ein und entführten ihn. Warum lief er an der Fansa vorbei, statt zu uns? Es war doch allen befohlen worden, sich bei mir zu versammeln. Warum schoss, warum schrie er nicht? Die Gegner hatten zu der Zeit noch keinen Schuss abgegeben; sie eröffneten das Feuer erst, als Sa Pagi in ihre Hände geraten war. Sie dachten, wir würden ins Freie eilen und sie könnten uns im Schein des Lagerfeuers und der brennenden Fansa abknallen.

Der arme Besitzer hat für seine Gastfreundschaft schwer büßen müssen. »Sagen Sie ihm, dass er allen Verlust ersetzt erhält.«

»Er antwortet, er habe nur die Pflicht der Gastfreundschaft erfüllt. Er will kein Geld, bittet aber, ihm zu helfen.«

Helfen? Wir haben nur eine kleine Apotheke mit Chinin, Hoffmannstropfen, einigen Medikamenten mit seltsamen Namen, Karbolwasser und Mullbinden. »Die Kugeln müssen raus.« »Wir sind aber keine Ärzte, wir können das nicht.« Die Soldaten wiegen die Köpfe: »Er stirbt ja doch, er hat einen Bauchschuss.«

Wie primitiv egoistisch man ist! Ich denke die ganze Zeit nur: Welch ein Glück, dass niemand von uns getroffen wurde, dass wir noch immer acht Pferde haben!

Die Koreaner kehren aus dem Wald zurück. »Ja, alle Völker haben großes, großes Glück. Nur die Koreaner haben ihr Glück verloren, nur die Koreaner haben kein Glück.«

Der Dischandari sagt: »Gestern hatte ich ein Pferd, und heute liegt es tot da. Gestern war unser Wirt gesund, der reichste Mann im Dorf, und heute liegt er im Sterben, ist sein ganzes Hab und Gut niedergebrannt, ist seine Familie die ärmste von allen.«

Welch natürlicher Adel, welch erhabene Schlichtheit geht von diesem Sterbenden aus! Sein von einem schwarzen Bart umrahmtes Gesicht mit den großen Augen blickt streng drein. Da beginnt er zu weinen. Wem weint er nach? Dem entfliehenden Leben, dem verlorenen Reichtum, der Vergänglichkeit alles Irdischen? Niemand weiß es. Feierliche Stille herrscht ringsum. Die Frau des Sterbenden hat sich über seine Beine geworfen und weint Tränen echten Leides, ohne zu jammern oder zu schreien. Der zwölfjährige Sohn, der uns gestern an Stelle des abwesenden Vaters empfing und zuerst für Hunghudsen hielt, steht nun wieder blass und bebend vor uns. Ich rufe ihn zu mir, und er hört aufmerksam zu. »Er soll mir seinen Namen und den seines Vaters nennen. Wir werden alles den chinesischen Behörden melden, damit Truppen hierhergesandt werden. Ihm und seiner Mutter schicken wir dreihundert Dollar. Sie sollen nach Korea zurückkehren. Dort wird er aufwachsen, eine gute Frau finden und glücklich sein.«

»Ist er ein Wahrsager?«, fragt der Junge und zeigt auf mich. »Wird mein Vater am Leben bleiben?«

»Okonschante hat seinen Willen noch nicht kundgetan. Hier, er soll dieses Geld verstecken, das ist Gold. Er und seine Mutter werden es gut gebrauchen können, bis das andere eingetroffen ist.«

»Er sagt, wir sollen ihm kein Geld geben. Die Hunghudsen werden es erfahren und wieder hierher kommen.«

»Es hat doch niemand das Geld gesehen. Er soll es verstecken.«

Laute Rufe schallen vom Dorf herüber. Das sind die tapferen Bewohner, die zurückgekehrt sind und nun ihre ängstlicheren Verwandten aus dem Wald herbeirufen. Oft wiederholt jemand laut und hartnäckig immer wieder den gleichen Namen. Und plötzlich meldet sich der Gerufene ganz nahe im Gebüsch. Er hat die ganze Zeit das Rufen gehört, antwortet jetzt endlich, lässt sich aber noch nicht sehen. Es spielt sich eine umständliche Verhandlung ab, bis endlich einer nach dem anderen aus dem Waldesdickicht auftaucht. Allmählich werden wir von einer Menge umringt. Alle sind wieder ruhig und freundlich. Sie haben erfahren, dass die Hunghudsen uns folgen und somit sie in Ruhe lassen werden. Die Räuber ziehen der anderen Bande entgegen, die am Jalu raubt und plündert, um sich mit ihr zu vereinigen und uns zu vernichten. Sie schätzen die Bande auf vierzig Mann, aber ihr helfen auch noch all diese Feudalherren, denen die Koreaner die Hälfte ihres Einkommens und sogar ihre Frauen abtreten. Die Pistolen stammen ebenfalls von den Feudalen her.

Ich habe mich nun durch bittere Erfahrung davon überzeugt, dass ein Koreaner niemals lügt und, wenn er etwas berichtet, sich nie durch Hintergedanken von der Wahrheit ablenken lässt. Es steht fest, dass die Hunghudsen uns seit unserem Aufbruch aus Tanpai auf der Spur waren, aber bisher stets durch falsche Auskünfte irregeführt wurden. Nur ein einziges Mal war es ihnen gelungen, uns einzuholen. Das war in jener Nacht, als wir beim geizigen Ritter abgestiegen waren. Dort wagten sie keinen Überfall und zogen es vor, uns einen Hinterhalt zu legen, völlig davon überzeugt, dass wir ihren Weg einschlagen würden. Die Nachricht, dass wir dem koreanischen Weg folgten, erhielten sie zu spät. Sie konnten erst gegen drei Uhr morgens das Dorf erreichen und hatten somit wieder fast eine ganze Nacht verloren. Nun war aber ihre Geduld zu Ende, sie hofften nicht mehr, uns zu überraschen, und entschlossen sich, uns trotz des nahenden Tages zu überfallen. Unser Lagerfeuer und die Pferde, aber auch chinesische Mittelsmänner unter den hiesigen Feudalherren wiesen sie unfehlbar auf die richtige Fansa hin. Zu unserem Glück führte ihr Weg am anderen Hang vorbei. Wären sie unserem gefolgt, dann hätten sie das Feuer mitten in unsere Tür eröffnet. Wahrscheinlich hat ihnen der geizige Ritter gesagt, dass wir nachts wachen, und darum hüteten sie sich, die Fansa gleich zu überfallen. Da wir alle schliefen, hätten sie uns in aller Ruhe abschlachten können.

Das beweist, wie feige diese Hunghudsen sind, wie sehr sie sich von ähnlichen Räubern im Kaukasus unterscheiden, wo während des Baues der Bahn nach Batumi fünf Vorarbeiter meines Abschnitts ermordet wurden. Auch dort gaben die Räuber zuerst mehrere Salven ab, stürmten aber dann die Hütte und stachen die nieder, die noch am Leben waren. Genauso hätten auch die Hunghudsen vorgehen können. Aber sie setzen nie etwas aufs Spiel und lauern ihrer Beute stets nur im Hinterhalt auf, mögen das Tiger, Leoparden und Bären, Koreaner oder reiche Chinesen sein.

Der Charakter unseres Gegners war uns nun also klar. Gefährlich sind lediglich Hinterhalte und Nächte. Unser Vorteil lag jetzt darin, dass wir der Bande wieder voraus waren. Wir brauchten nur den Hügelkamm zu ersteigen, während sie einen Umweg von zehn Werst zurücklegen mussten. Dabei hatten wir diese Nacht immerhin etwas geschlafen, sie aber nicht. Wir besaßen Pferde und kamen, abwechselnd im Sattel oder zu Fuß, mindestens doppelt so rasch wie sie weiter. Daher säumten wir nicht lange, aßen in der Eile ein paar Konserven und brachen sofort auf. Wir hatten nun vier Lasten weniger, aber außerdem mussten wir auch die anderen Pferde erleichtern, damit alle im Sattel sitzen, der Dischandari und Ta Ani aber zu zweit reiten konnten.

Zuerst versuchten wir Ochsen zu mieten. Aber die Koreaner erklärten, sie würden sie nur unter Gewaltandrohung hergeben. Zu einem solchen Mittel zu greifen lag mir natürlich völlig fern. Es blieb also nur übrig, uns bis zum Äußersten zu entlasten. Wir ließen in Schadarjong alle unsere Konserven und sonstigen Vorräte, ferner die ausgezeichneten Schlafsäcke, Taschen und Zeltbahnen, unsere Koffer und unser persönliches Eigentum zurück. Ich ging als Vorgesetzter mit gutem Beispiel voran, und so flogen Halbpelze, Stiefel, warme Jacken, Lederzeug, Wäsche und alle überflüssige Kleidung auf einen Haufen. Einiges war ja auch verbrannt. Von den Instrumenten waren das Barometer, der Schrittmesser und der Kompass übrig geblieben.

Was sollte mit dem Abgelegten geschehen? Mochten die Koreaner es an sich nehmen und aufbewahren. »Das können wir doch nicht. Die Hunghudsen werden kommen und uns alles wegnehmen.« – »Dann gebt es ihnen.« – »Ins Feuer damit! Nichts sollen die Verdammten erbeuten«, schlug Bibik vor. Aber dazu konnte ich mich nicht entschließen. Die schönen Sachen verbrennen? Nein, man muss auch vor Gegenständen Achtung haben. Das war der eine Grund. Der andere aber war, dass diese Sachen die Räuber hier aufhalten würden und wir unterdessen einen weiten Vorsprung gewinnen konnten.

Um acht Uhr brachen wir auf, alle im Sattel, jeder Reiter ein Gewehr auf das rechte Knie gestützt. Da wir einige Hundert Sashen den rechten Berghang entlangziehen mussten, wo sich die Hunghudsen verbargen, befahl ich der Sicherheit halber, zwei Salven abzugeben. Borminski, der seine ganze Sorglosigkeit wiedergewonnen hatte, widersprach: »Wozu denn? Wir wissen ja nun, dass sie niemals am Tage angreifen.« Aber ich gab nicht nach, und so schossen wir die Salven zum bewaldeten Hang hinüber. Dann ritten wir durch die Furt und verschwanden im Wald am linken Flussufer. Um zu zeigen, wie rasch wir vorankommen konnten, legten wir die Strecke über das offene Gelände im flotten Trab zurück, wobei wir einander in einem Abstand von zehn Sashen folgten. So hatte ich es einst beim Bau der Batum-Bahn gelernt. Das war mir nun wieder eingefallen. Bei einer so langen Kolonne war es schwierig, uns alle zugleich in einen Hinterhalt zu locken und umzulegen.

Doch als wir im Wald waren, mussten wir wieder in Schritt fallen. Vor uns wand sich ein schmaler Pfad, voll gestopft mit dem Waldabfall von Jahrhunderten. Außerdem zweigten immer wieder Pfade ab, die zu nahe gelegenen chinesischen oder koreanischen Fansen führten. Sie standen jetzt verlassen da, von hohem Gestrüpp umwuchert, und die einst bearbeiteten Felder wurden wieder vom Wald zurückerobert. Die Raubtiere und die Raubmenschen konnten auf ihr Werk stolz sein.

Der Dischandari fand sich in diesen Pfaden nicht zurecht, und hätten wir nicht drei Koreaner getroffen, von denen sich zwei für zwanzig Dollar bereit erklärten, uns zum Jalu zu führen, wäre uns wohl nur die Umkehr übrig geblieben. Unsere neuen Führer verpflichteten sich, nicht hinter den Pferden zurückzubleiben. Aber sie gingen sogar rascher, denn weder Mensch noch Pferd kam hier anders als im langsamen Schritt durch. Um in eine einigermaßen sichere Gegend zu gelangen, mussten wir mehr als hundert Werst zurücklegen, hinter uns die Hunghudsen, die uns angegriffen hatten, vor uns die Bande, die der ersten entgegenzog.

Siedler

Um ein Uhr erreichten wir ein kleines Koreanerdorf, das bereits jenseits des Tschang-pai-schan lag. Auch hier waren wir die ersten Europäer, die sich sehen ließen, und die Einwohner erschraken zuerst, nahmen uns aber dann sehr gastfreundlich auf. Wir kochten fünf Hühner mit Kartoffeln und Kohl, dazu Hirse, und die Pferde bekamen so viel Hafer, wie sie fressen konnten. Um drei Uhr zogen wir weiter.

Die Dorfbewohner teilten uns mit, die Jalu-Hunghudsen seien gestern vierzig Werst von hier entfernt gewesen; die Koreaner zögen daher heute Nacht in die Berge, um ihnen zu entgehen. Vor uns lagen wieder zwei Wege: der koreanische, der durch eine völlig unbewohnte Wildnis führte, und der chinesische, den entlang die Fansen der Feudalherren standen. Hier bot sich nun einem Krieger die Gelegenheit, die Entscheidung des Feldzuges herbeizuführen, nämlich, einige Werst auf dem koreanischen Weg weiterzureiten und dann nach dem Kompass durch den Wald zum chinesischen hinüberzuwechseln. Die Dorfbewohner hätten dadurch unwillkürlich unsere Verfolger irregeführt, und diese hätten versucht, uns auf dem chinesischen Weg zu überholen. Wir aber könnten uns in einen Hinterhalt legen und sowohl die vom Jalu wie die vom Pektusan herankommenden Banditen niederschießen. Da ich aber nicht nach Kriegslorbeeren strebe und meine ganze Sorge nach der Erledigung der wissenschaftlichen Aufgaben nur darauf gerichtet war, die mir anvertrauten Menschen ungefährdet heimzuführen, teilte ich meine Überlegungen zwar mit, bestand aber trotz der eindringlichen Bitten Borminskis und der Soldaten darauf, ohne jeden Aufenthalt weiterzureiten.

Bald wurde es finster, und unsere Führer verloren den kaum sichtbaren Pfad aus den Augen. Iwan Afanasjewitsch holte aus seiner Tasche einen Kerzenstummel hervor. In seinem Licht zogen wir weiter, bis er niedergebrannt war. Dann zündeten die Koreaner Birkenrinde an. Nun marschierten wir im hellen Fackelschein wie am Tage. Die Gestalten der Koreaner verdeckten das Licht vor unseren Verfolgern. Wo mochten sie jetzt wohl sein? Es goss wieder wie mit Kannen; gewiss waren sie überzeugt, dass wir nicht nachts dort durchkommen konnten, wo sich kaum jemand am Tage zurechtfand, und schliefen in der Burg eines ihrer Feudalbarone.

Um drei Uhr nachts stiegen wir zum koreanisch-chinesischen Dorf Tasnuchan hinunter, das am Sagibudon-Muri, einem Nebenfluss des Jalu, liegt. Wir hatten in zwölf Stunden fünfzig Werst zurückgelegt. Pferde und Menschen wankten vor Müdigkeit, Borminski bat mich mehrmals wie ein kleiner Junge, ich möge doch endlich anhalten und das Nachtlager aufschlagen. »Ich falle aus dem Sattel«, wiederholte er störrisch. Ich gab nicht nach. »Wir binden Sie fest.« Ich selbst fühlte zwar gar keine Müdigkeit, aber mir war klar, dass sich eine Rast nicht vermeiden ließ. »Nun, meine Herren Krieger, welche Fansa ist vom militärischen Standpunkt aus am besten gelegen?«, fragte ich, als wir vor dem Dorf standen. Ich wünschte, die Fachleute hätten dem Kriegsrat beiwohnen und bewundern können, wie eifrig und sachgemäß die drei Reservisten diese Frage erörterten. Schließlich wurde eine einsam inmitten eines freien Feldes stehende Fansa gewählt. Wir ritten hin, weckten leise den Besitzer und beruhigten ihn. Dann gaben wir den Pferden Hafer. Ein Lagerfeuer zündeten wir nicht an und verhängten die Türen der Fansa so, dass kein Lichtstrahl nach außen fiel. Dann baten wir die beiden Koreaner, am Wachtdienst teilzunehmen, und verboten jedermann, die Fansa zu verlassen.

Bessedin, Chapow und die beiden Koreaner hielten gut gedeckt Wache, Bibik kochte eine Brühe, Borminski schlief, ich schrieb im Tagebuch, und die anderen hatten mit den Pferden zu tun, ausgenommen Iwan Afanasjewitsch, der Tee bereitete und dazu den letzten Zucker nahm. Der ganze Vorrat hatte sich im letzten Regen aufgelöst. Somit gingen wir nun völlig zu koreanischer Kost über. Ich wiederhole noch einmal, dass wir damit hätten beginnen müssen. Wer hier seine Gewohnheiten bewahren und seine Geschmacksrichtungen befriedigen will, reist am besten gar nicht erst hierher. Er wird nur viel Geld ausgeben und seine Absicht doch nicht durchführen können.

6. Oktober

Wir brachen bereits um sechs Uhr auf. Die Jalu-Hunghudsen waren auf dem chinesischen Weg vorbeigeritten. Nun mochten sie ihren Freunden vom Pektusan begegnen und nach Belieben alle chinesischen Begrüßungszeremonien aufführen.

Wir ritten bis in den Abend hinein. Die Gegend ist wieder wie durch einen Zauberschlag gewandelt. Wir befinden uns im Tal des Sagibudon-Muri, das nur dreihundert Sashen breit ist. Aber wohin man auch blickt, überall findet man nur besiedeltes und bearbeitetes Land. Von hier bis zum Amnok stehen alle Viertelwersten Fansen; die Felder versprechen eine ausgezeichnete Ernte. Der Urwald ist verschwunden, die mit dem braunen Samt des Herbstes bedeckten Berge Koreas drängen sich in vereinzelten hohen Gipfeln an den Fluss heran. Über uns leuchtet in friedlicher Ruhe der klare Himmel, ein Adler schwebt dort oben, himbeerrote Weinranken hängen über die Felswände herab.

Auf den Feldern arbeiten Koreaner und Chinesen. Große, satte Ochsen ziehen lässig die reiche Ernte auf Schlitten vom Feld zur Scheune. Goldgelber Mais türmt sich zu Bergen, riesiger Kauliang liegt in Bündeln, die Kolbenhirse steht in Puppen, und außerdem gibt es hier noch Hafer, verschiedene andere Hirse- und auch Bohnenarten, rote und weiße Radieschen, Kohlrabi, gelbe und rote Kürbisse und roten Pfeffer, und auf Leinen sind in Reihen Tabak, Zwiebeln, Knoblauch, Kartoffeln und Kohl zum Trocknen aufgehängt. Besonders die reichen Chinesenfansen sind mit alledem im Überfluss versehen.

Vor jeder Fansa steht eine kleine Steinpagode. Sie enthält Gemälde auf Papier und einen Stapel von Gebeten, für jeden Monat ein anderes. Vor der Pagode aber erheben sich zwei rotgestrichene Pfosten. Ebensolche stehen auch vor dem Tor, durch das der Hof und die rückwärtige Fansa mit ihren breiten, mit kariertem Papier verklebten Fenstern, roten Mustern und Schriftzeichen zu sehen sind. Das Dach ist steil, Fenster und Türen sind unterschieden, die Stuben sind groß. Im Hof und auf der Erdanschüttung des Fundaments entlang hängen in Bündeln roter Pfeffer, Tabak aller Farben, Rettich, Kürbisse und Kohlrabi. Die Gesichter der Besitzer sehen ruhig und zufrieden drein.

Unser Wassili Wassiljewitsch wird von Chinesen angerufen, er spricht mit ihnen und sagt uns dann erfreut: »Sind alles gute Menschen, keine Hunghudsen!« Die Koreaner steigen ab, hocken sich mit dem Dischandari hin und nicken zustimmend.

Dann schreiten unsere beiden jungen koreanischen Führer wieder munter voran. Immer weiter, immer weiter reiten wir.

Hier erholt sich die Seele von den Schrecken der Urwälder, wo, wie Überbleibsel aus vergangenen Zeiten, noch Räuberhauptmänner und Feudalbarone mit aller grausamen Willkür über das Leben und Eigentum ihres Sklaven, des Koreaners, herrschen.

Die Koreaner sind ein ehrliches, edles, kluges und kultiviertes Volk. Der wilde Räuber aber tut mit ihnen, was er will, genauso wie sein Verwandter, der Tiger, und vernichtet die ihm verhasste Kultur. Die Spuren dieser Vernichtung sind auf Schritt und Tritt zu sehen: Einzelne Koreanerfansen und selbst ganze Dörfer stehen verlassen da. Die Banden sind nicht stärker als zwanzig bis dreißig Mann, und gegen sie alle zusammen würde eine Schützenkompanie genügen. Aber da diese fehlt, wird das ganze Gebiet Hunderte von Werst weit terrorisiert und jede Kultur zum Stillstand verurteilt. Der unglückliche Koreaner ist ein Sklave des chinesischen Grundbesitzers, ein Sklave des Hunghudsen; er arbeitet über seine Kräfte, um hierher eine allgemein menschliche Kultur zu verpflanzen. Dafür wird er zurückgesetzt, geschlagen, gefoltert, gehängt, und doch antwortet er seinen Feinden mit einer kindlichen Sanftmut, einer grenzenlosen Geduld, einer unter solchen Bedingungen unverständlichen Menschlichkeit und zarten Zuvorkommenheit. Man könnte meinen, dieses Volk sei gar nicht hier aufgewachsen, sondern in einer Schule der Menschenliebe erzogen worden, die ihm für ewige Zeiten die Gesetze der höchsten Humanität eingeprägt hat. Man möchte die Koreaner am liebsten beweinen, aber ihre Lebensfreude ist unverwüstlich, und als sie nach dem Überfall aus dem Wald gelaufen kamen, waren sie wieder so sorglos froh wie der Morgen ringsum. Alle versammelten sich am Lager des Sterbenden oder suchten das verstreute Hab und Gut zusammen.

Vorige Nacht kamen wir zu einer Koreanerfansa. Ihr Besitzer wollte uns zuerst nicht aufnehmen und wies auf den beschränkten Raum hin. Nachdem wir ihm jedoch erklärt hatten, wir dürften kein Aufsehen erregen, da wir von Hunghudsen verfolgt seien, antwortete er: »Ich dachte lediglich an die Bequemlichkeit meiner hohen Gäste. Wenn es aber so steht, so gehört meine Fansa ihnen, und ich werde ihr treuer Wächter sein.« Ihr hättet hören müssen, wie viel angeborener, echter Edelmut aus seinen Worten klang. Ich wüsste keinen einzigen

Fall während meiner ganzen Reise zu nennen, wo ein Koreaner sein Wort nicht gehalten hätte. Man wird einfach nicht müde, die Vorzüge dieser sanften Menschen aufzuzählen. Jeder, der unter ihnen lebt, wird sie ohne Zweifel ebenso lieb gewinnen, wie wir sie in unser Herz geschlossen haben.

Das friedliche Bild des kleinen Tales, der goldgetönte stille Sonnenuntergang, die hohen Berge mit den himbeerrot aufglühenden Weinreben, alles scheint in einen Weihetempel des Lebens zu führen, wo eine sorglos zärtliche, vertraute Melodie erklingt und uns lockt, hier zu ruhen und uns wieder des Lebens zu freuen. Das Herz erholt sich von den überstandenen Schrecken und wendet sich neuen Empfindungen zu.

Ich fühle mich müde. Wir könnten zwar noch eine Strecke weiterreiten, aber ich sehne mich nach Rast. Ich möchte ein Glas Tee trinken, möchte mich auf einige Stunden nicht unter dem Zwang der Reisebeschwernisse fühlen. Das Tal ist allseits von samten schimmernden braunen Bergen umringt und hat die regelmäßige Form einer Helling. Die Abendschatten liegen bereits über dem Tal, der Fluss leuchtet violett auf und zieht sich hin in die Ferne, wo am Steilhang eine große Fläche inmitten des Herbstlaubs herüberleuchtet – der Acker eines fleißigen Koreaners.

Ein Chinese reitet in einem sauberen Gewand von seiner blauen Lieblingsfarbe vorbei und hält seine kleine Tochter vor sich im Sattel. Die Schellen seines Pferdchens klingen hell, er umarmt liebevoll das Mädchen und spricht mit ihm. Er ist jung, schlank, mit intelligenten Gesichtszügen; seine ganze Gestalt hat etwas Verweichlichtes an sich. Jemand von uns gab einen Schuss auf Wild ab, und nun neigt er sich besorgt und zärtlich über sein Kind und beeilt sich, es zu beruhigen. Wassili Wassiljewitsch unterhält sich lange mit ihm und verkündet uns dann: »Ein sehr, sehr guter Mensch. Und reich.« Bei ihm sind alle Menschen gut.

Wir kommen nun zum Haus des reichen Chinesen. Es steht schmuck da mit seinen roten Schriftzeichen, roten Verzierungen und roten Torpfosten. Nach einer halben Werst steigen wir zur Nacht in einem zur Hälfte von Chinesen, zur Hälfte von Koreanern bewohnten Dorf ab. Hier folgen die Dörfer dicht aufeinander, das ganze Tal ist bis zur Mündung eine einzige Siedlung. Der Dischandari redet uns eindringlich zu, bei seinem entfernten Vetter abzusteigen. Er ist ebenso sympathisch wie der Dischandari, aber seine Fansa ist baufällig und klein, ganz vom Rauch durchtränkt, der auch jetzt aus den Rauchzügen durch die Ritzen im Fußboden hervorquillt. Alles das ist uns schon wohl bekannt. Es ist immer noch einer Nacht unter freiem Himmel vorzuziehen, aber Wassili Wassiljewitsch versichert, wir würden bei den Chinesen eine weitaus bessere Unterkunft finden. Dazu kommt, dass wir ihren Alltag noch gar nicht richtig kennen gelernt haben. »Jawohl«, meint auch Bibik, »bei den Chinesen ist es besser. Sie haben alles. Die Pferde bekommen Futter und können sich ausruhen, die Fansen sind schöner, und zum Essen gibt es Kohl und Kartoffeln, Zwiebel und Knoblauch – ja, sie haben alles. Aber sie wachen auch darüber, es ist ihnen nicht einerlei, wenn etwas verloren geht.«

Ich muss gestehen, dass der abstoßende erste Eindruck, den die durch Hunghudsen und Feudalherren vertretenen Chinesen auf mich machten, nach der Begegnung mit den fleißigen Talbewohnern, deren Gesichtern die ehrliche Arbeit ihre besondere Prägung verliehen hat, bereits überwunden ist. »Das hier ist ein anderer Chinese«, stellt auch Bibik fest. »Einer mit Frau.« Ja, die Frau ist die Bürgin der Kultur. Endlich bekomme ich die erste Chinesin zu sehen. Sie trägt die Frisur, mit der man sie immer darzustellen pflegt, und hat auch die absichtlich verkrüppelten kleinen Füße. Aber sie steht, ihre Pfeife in der Hand, von einigen Männern umringt, sicher vor dem Tor ihrer Fansa, und man merkt deutlich, dass sie hier das Regiment führt.

Wie zahlreich die Chinesen sind. Aus jeder Fansa treten sieben bis acht Mann heraus. »Das sind Arbeiter«, erklärt Wassili Wassiljewitsch. »In dieser Gegend streifen Hunghudsen umher, und da darf man nicht weniger Leute halten.«

Wir geben seinem Drängen nach und nächtigen bei Chinesen.

Nach den kleinen Fansen der Koreaner macht das geräumige Zimmer des großen chinesischen Hauses, in dem wir absteigen, auf uns einen sehr starken Eindruck. Das Anwesen besteht aus zwei Häusern, einem an der Straßenfront, durch das ein Tor in den weiten Hof führt, und einem zweiten im Hof selbst, etwa acht Sashen dahinter. Borminski und mir wurde ein großes Eckzimmer im Vorderhaus eingeräumt. Die Öfen gleichen den koreanischen, aber die Rauchzüge verlaufen nicht unter dem ganzen Fußboden, sondern nur unter einer zugleich als Liegestatt dienenden Erhebung. Darauf standen zwei etwa eine halbe Elle hohe Tischchen, auf denen Bücher lagen. Auch die Wandregale enthielten Bücher, und an der Wand war eine Art Schreibpult zu sehen. In einem Regal wurden chinesische Lampen und dicke rote Kerzen aufbewahrt. Alles in allem erinnerte dieses hohe, dunkel getönte Zimmer sehr an die Studierstube des alten Doktor Faust.

Uns empfing ein junger Lehrer mit feinen Gesichtszügen, der sich höflich verneigte und dabei die Hände an die Brust drückte. Es stellte sich heraus, dass der Hausherr in Geschäftsangelegenheiten verreist war und seine erst zwanzig Jahre alte Frau, durch unser Erscheinen etwas erschreckt, über Nacht bei Verwandten bleiben wollte. Uns wurde aber versichert, den hohen Gästen stehe alles zur Verfügung. Erst später erfuhren wir, dass man uns für eine Art von Hunghudsen gehalten hatte und Hausherr und Hausfrau es darum vorzogen, den nicht ungefährlichen Empfang solcher Gäste lieber dem Lehrer anzuvertrauen.

Doch jetzt war alles großartig, und wir freuten uns, als hätten wir noch nie etwas Besseres gesehen, als gehörte alles uns. »Sehen Sie doch, was für schöne Ställe sie für ihr Vieh haben! Und nun führen sie es in den Hof und machen unseren Pferden Platz.« – »Sie bereiten Häcksel und sagen, sie würden die Pferde zur Tränke führen.« – »Sehen Sie sich bloß die Küche, die Tische an.« – »Wie viele Arbeiter gehören zu diesem Anwesen?« – »Sechzig. Der Besitzer beschäftigt sich mit Holzhandel und betreibt eine Schnapsbrennerei.«

Wir gingen zur Brennerei, die in einem einstöckigen Flügel untergebracht war. In dem sauberen Raum standen mehrere Kessel, durch die Fugen des Fußbodens waren die Keller und die Feuerung zu sehen. Alles war sauber, ordentlich und geräumig. »Was macht der Besitzer mit dem gebrannten Schnaps?« – »Er tauscht ihn gegen Bohnen und Hirse ein. Es ist ja nicht jeder bereit, selber Schnaps zu brennen.«

Zum Abendessen bekommen wir chinesische Nudeln aus Buchweizenmehl, und Bessedin kocht aus dem gleichen Mehl noch Schmalzklößchen. Wir werden sie mit Stäbchen aus der mehligen, nach Schmalz und Zwiebeln duftenden Brühe fischen und diese dazu trinken. Mit einem Wort, wir essen heute das, was jeder anständige Mensch gern und oft auf seinem Tisch sehen möchte. Dann legen wir uns in dem uns zur Verfügung gestellten Raum schlafen, nur von einem Posten bewacht, der ebenfalls in der Stube bleibt.

7. Oktober

Heute geht es wieder weiter. Wir ziehen noch immer durch das gleiche, von Koreanern und Chinesen besiedelte Land. Die Koreaner sind arm, die Chinesen reich. Das Gebiet gehört zu China, und die Koreaner sind in die Berge verdrängt, wo sie den Felsen, dem Wald und Gestrüpp Zoll für Zoll das Ackerland entringen. Von zehn Garben müssen sie vier den Chinesen abliefern und auch deren Felder pflügen.

Gegen sechs Uhr abends erreichten wir neun Werst hinter Linkiang (oder Mau-bur-schan) endlich den Amnok. Wie der Dischandari es vorausgesagt hatte, trafen wir hier chinesische Flachboote, die von der Amnokmündung Salz herangebracht hatten. Das aus Meerwasser gesottene Salz ist dunkel und kostet achtzig Kopeken das Pud. Doch die hiesige Bevölkerung kauft es nicht in bar, sondern tauscht es gegen Bohnen ein. Die Boote fahren zur Zeit des Hochwassers hierher und kehren im Frühjahr, mit Getreide, Steinkohlen, auch mit insgeheim gewaschenem Gold beladen, zurück. Die Steinkohle lagert zehn Werst entfernt. Dort gibt es auch Eisenerz. Die Kohle ist bröcklig und sieht wie Koks aus. Die beste Sorte liefert eine dreißig Werst den Amnok abwärts und ebenso weit vom Fluss entfernte Grube, in deren Nähe ebenfalls Eisenerze vorkommen. Die früher von der chinesischen Regierung betriebenen Kupfergruben sind jetzt aufgelassen. Das Eisenerz aber verarbeitet, wer dazu Lust hat. Es wird nur Gusseisen in kleinen Mengen geschmolzen. Gold führen alle Schluchten. Räuber, vorwiegend Hunghudsen, waschen es. Darum sind diese Banden den ganzen Amnok entlang zahlreich. Sie stellen auf den Berggipfeln immer Wachtposten auf, die ihre Spießgesellen durch einen Schuss herbeirufen, sobald sie eine Gewinn bringende Beute erspähen. Dann lässt alles die Arbeit liegen, greift zum Gewehr und geht auf Jagd, einerlei, ob das Wild ein Tier oder ein Mensch ist.

Ich erkundigte mich, ob die chinesischen Schiffer bereit seien, uns zur Mündung des Amnok zu fahren. Aber mir wurde geantwortet, sie blieben den ganzen Winter hier, um Handel zu treiben. Daraufhin wollte ich so ein Boot kaufen, aber nur ein Schiffer war geneigt, es herzugeben, wofür er fünfhundert Dollar verlangte. So viel wollte ich nicht anlegen.

Die Schiffer hatten einen Laden eröffnet, in dem Weizenmehl, chinesischer Zucker, Kerzen, Kohl, Kartoffeln, Fisch und Pfefferkuchen angeboten wurden. Natürlich kauften auch wir ein. Das Mehl kostete vier Rubel das Pud, der Zucker – gelber Streuzucker – fünfzig Kopeken das Pfund, die Talglichter ebenso viel, die kaum genießbaren Pfefferkuchen sechsundzwanzig Kopeken und die Steinkohle fünfzig das Pud. Wie man sieht, die Preise eines Petersburger Luxusrestaurants, die Qualität aber ist unvorstellbar schlecht. Kein Wunder, wenn jedes Boot bei einer Fracht von fünfhundert Pud flussaufwärts und ebenso viel zurück einen Reingewinn abwirft, der bis zu tausend Rubel beträgt. Die Schiffer erklären die hohen Preise durch geringe Nachfrage und kleinen Umsatz.

Offenbar musste ich auf den Gedanken verzichten, im Boot flussabwärts zu fahren. Nichts zu machen!

Aber wir ließen uns wenigstens auf das andere Ufer hinüberbringen, das wir erst bei völliger Dunkelheit erreichten. Ein Chinese führte uns zum nächsten Dorf Chodianpe. Als dessen koreanische Einwohner den Lärm hörten, flohen sie samt ihren Familien und dem Vieh in den Wald. Wir riefen lange nach ihnen und schworen, wir seien friedliche Menschen. Zuerst schwiegen sie, dann zeigte sich ein Koreaner. Er sprach mit Kim und rief etwas in den Wald hinein, und sofort waren wir von unzähligen weißen Gestalten umringt, die uns froh zunickten.

»Das ist ihr Dorfältester, er regiert über fünfhundert Fansen.« Mit diesen Worten wurde mir ein junger Mann in einer weißen Damenbluse, einen Damenhut auf dem Kopf, vorgestellt. Er hockte sich hin und stellte uns fünf Fansen zur Verfügung. Wir begnügten uns mit einer und erkundigten uns, ob wir Hafer, Hühner, Eier, Stroh und Hirse bekommen könnten. Alles war vorhanden, sogar Reis. Aber Kohl, Kartoffeln und Zwiebeln gab es nicht.

Wir essen Hühnersuppe und danach Reisbrei, der mit dem unangenehm aromatischen chinesischen Streuzucker gesüßt ist. »Die Koreaner lieben die Arassa«, wird uns gesagt. »Die Arassa lieben die Koreaner«, antworte ich. –

»Wenn ihr dem Vorsteher rechtzeitig Bescheid gegeben hättet, wäre das ganze Dorf zum Empfang solch angesehener Gäste gekommen.«

Die angesehenen Gäste sind schmutzig wie Kohlenträger, bedanken sich, bitten, man möge sich nicht weiter bemühen, und legen sich schlafen. Obwohl das gefährliche Gebiet längst hinter uns liegt, suchen sich die Soldaten noch immer jede Nacht die taktisch am günstigsten gelegene Fansa aus. Selbst der sonst phlegmatische Chapow sagte anerkennend, als wir heute an einer Fansa vorbeiritten: »Das ist eine gute Stellung mit freiem Schussfeld.«

Von Mau-Örr-Schan-Schan den Amnok abwärts nach Widschu

8. Oktober 1898

Wir halten heute Tagesrast und verhandeln mit den Koreanern wegen Weiterfahrt auf einem Boot. Das ganze Dorf ist für diesen Tag in unsere Fansa übergesiedelt, hat hier Platz genommen und sieht uns friedlich zu, wobei manche ihre Arbeit fortsetzen. Ein alter Mann schnitzt mit seinem Messer, ein junger Koreaner mit einem klassisch griechischen Gesicht, einen Falken auf der Faust, ist unterwegs zur Jagd, bleibt aber dann fast den ganzen Tag vor uns stehen.

Der Dorfvorsteher hielt gleich im Hof seine üblichen Gerichtssitzungen ab.

Ich wusste zuerst gar nicht, was er dort trieb, aber als ein interessanter Fall verhandelt wurde, rief mich Kim hinaus. Der Vorsteher kauerte, und ebenso hockte der Angeklagte vor ihm. Es war ein in ein tadellos sauberes weißes Gewand gekleideter Mann, der einen Damenhut auf dem Kopf trug; darunter sah eine Haarbinde hervor. Eine solche Binde galt ursprünglich als ein Ehrenzeichen, aber jetzt kauft sie sich jeder, der das Geld dazu hat. Bei dieser Gelegenheit sei bemerkt, dass man in Korea mit Auszeichnungen nicht viel Umstände macht. Die Belobigungsschreiben für die »verdienten Schützen«, die Dischandari, werden oft nachgemacht; in Nowokijewsk ist damit eine ganze Fabrik beschäftigt. Heute wird weder der Dischandari-Titel noch die Haarbinde verliehen, aber die gefälschten Schreiben werden gekauft, und die Binde tragen fast alle.

Der junge Verbrecher war angeklagt, auf chinesischem Boden Ginseng gegraben, den besten verkauft und nur den schlechten der koreanischen Regierung abgeliefert zu haben. Das Beweisstück lag nun in Moos und Birkenrinde gewickelt vor dem Dorfvorsteher. Man behauptet, die Ginseng-Wurzel sehe einem Kind sehr ähnlich. Die Wurzel hatte wirklich die Farbe menschlicher Haut, aber sonst konnte ich nicht die geringste Ähnlichkeit feststellen. Sie glich eher dem handtellergroßen Körper einer blassen Spinne. Anzumerken ist, dass der angeklagte Koreaner ein ständiger Bewohner des Chinesischen Reiches war. Der Vorsteher schrie ihn kreischend an, beschimpfte seine Abstammung, warf ihm ein Staatsverbrechen vor[40], drohte, ihn dem Gou-

Verurteilter erhält Stockhiebe

verneur auszuliefern, und verlangte ein Geständnis. Da der Angeklagte hartnäckig leugnete, wurden ihm die Arme oberhalb der Ellbogen am Rücken gefesselt, und an den Armen wurde er an einen Querbalken gehängt Der Körper des Unglücklichen wand sich im Krampf, die Ellbogen reckten sich hoch, das Gesicht lief rot an. Wahrscheinlich wollte man ihn noch weiter peinigen, aber da ich vermutete, dass die Behörde sich nur uns zu Ehren solche Mühe gab, bat ich, den Angeklagten in meiner Gegenwart nicht anzurühren. Er wurde sofort in das Gefängnis abgeführt und ging mit dem gleichen seltsamen Lächeln fort, mit dem er sich das Geschrei des Vorstehers angehört und den Beginn der Folter durchgehalten hatte.

»Fragen Sie den Dorfvorsteher, ob das chinesische Land dem Kaiser von Korea untertan ist.«

»Der Angeklagte ist Koreaner.«

»Aber chinesischer Staatsbürger.« »Sein Bruder wohnt hier.«

»Wenn nun auch der Kaiser von China verlangt, dass der Ginseng dem Staat abgeliefert wird, wie soll sich dann ein Koreaner verhalten, der chinesischer Staatsbürger ist?«

Der Vorsteher lachte. »Er soll eben keinen Ginseng suchen.«

»Was für eine Strafe steht darauf, wenn man Ginseng verbirgt?«

»Die Todesstrafe. Doch der Vorsteher hofft mit Folter und Rutenhieben ein Geständnis zu erzwingen. Der Angeklagte liefert die Wurzeln aus, und dann ist alles in Ordnung.«

»Wenn er aber wirklich nicht mehr gefunden hat?« »Alle behaupten, dass er mehr gewonnen hat.«

»Warum hat er dann die Wurzeln an andere verkauft?« »Weil er von ihnen mehr bezahlt bekam.«

»Und warum zahlt die koreanische Regierung für eine Ware weniger, als sie wert ist?«

»Sie verlangt von uns eine bestimmte Menge. Wo sollen wir sie hernehmen? Darum lauern wir schon lange den Wurzelsuchern des anderen Ufers auf.«

Dieses ganze Gesetz strotzt von empörender Willkür, Unlogik und Beschränktheit. Und dabei beruht auf ihm einer der größten Posten der Staatseinkünfte.

Wassili Wassiljewitsch und Kim plagten sich den ganzen Tag damit, ein Boot aufzutreiben, und fanden schließlich drei Werst flussaufwärts ein altes, morsches Fahrzeug, das fünf Sashen lang, eineinviertel Sashen breit war und fünfundsechzig Dollar kostete. Vier Chinesen boten sich für fünfzig Dollar und volle Verpflegung als Matrosen bis Widschu an. Es war ein langwieriger Handel, aber endlich waren wir uns einig, und nun brauchte nur noch das Geld ausgezahlt zu werden. Alle gingen zum Ufer, um sich unser Schiff anzusehen. Es erinnerte in Bau und Größe an jene Fahrzeuge, auf denen Jason und Odysseus in See gegangen sein mögen. Das schmale Deck war die Bordwand entlang durch eine drei Bretter hohe Reling geschützt. Im Aufbau befanden sich vier Kajüten, eine fünfte für die Matrosen am Heck. Das Schiff sah wie ein Sarg aus, dessen schwarze Farbe bereits stark abgescheuert war. Wir nannten es »Großmutter«. Man versprach uns, sechzig Werst am Tag zurückzulegen. Ob wir da die Pferde einholen werden?

Der Rest des Tages war der Beschaffung der Reisevorräte gewidmet. Wir kauften für neunzehn Dollar eine alte Kuh. Haut, Blut und alle Innereien mussten dem Verkäufer zurückgegeben werden. Die Art, wie hier das Vieh geschlachtet wird, ist abscheulich. Um das ganze Blut zu gewinnen, wird das Tier langsam abgestochen. Zuerst erfolgt ein oberflächlicher Schnitt in den Hals, dann wird ein Teil der Haut losgelöst, und man dringt allmählich zur Schlagader vor. Eine halbe Stunde bereits dauerte die Exekution der armen gefesselten Kuh, bis man mich rief und ich den Befehl gab, das Tier sofort zu töten. »Sie sagen, das

Blut sei noch nicht ganz ausgeflossen«, wurde mir erwidert. – »Einerlei, töten Sie das Tier endlich!«

Von den Chinesen am anderen Ufer kauften wir Kolbenhirse, Kartoffeln, Kohl und verschiedene Kleinigkeiten, die nicht auffallen, aber zusammen doch eine ganze Menge kosten: eine Axt, eine Säge und Strohmatten (diese sind allerdings ausgezeichnet, zwei Ellen für einen Dollar). Alles zusammen, das Boot, die Matrosen und die Vorräte, belief sich auf hundertsiebzig Dollar, und dazu kamen noch die Auslagen für die Pferde, die wir für die Strecke von Widschu bis Port Arthur, vielleicht aber auch schon früher brauchten, wenn die »Großmutter« die spitzen Steine der Stromschnellen nicht durchhielt.

10. Oktober

Wir fahren den zweiten Tag auf der »Großmutter« und nächtigten auch an Bord. Die Koreaner brachten einen mit einer Matte zugedeckten Topf voll glühender Kohlen, und es wurde warm. Aber wir waren nicht außerhalb aller Gefahr, denn wir befanden uns noch immer im Herrschaftsbereich der Hunghudsen. Als wir uns schlafen legten, bauten wir an der der chinesischen Seite zugekehrten Bordwand aus unserem Gepäck eine Deckung auf.

Heute hatte ich bis zwölf Uhr nachts Wachtdienst. Bis zehn schien der Mond, so war die Wasserfläche deutlich zu übersehen. Aber die Hunghudsen hatten wohl kein Boot, um herüberzufahren; sie hätten nur schießen können. Doch dank den Schießscharten, die wir in der Bordwand angebracht hatten, wären sie nicht heil davongekommen.

Gestern fuhren wir an einem chinesischen Dorf vorbei, das eine Woche zuvor von Hunghudsen überfallen worden war. Sie forderten eine Kontribution von sechshundert Dollar, die ihnen von den Einwohnern auch gezahlt wurde. Danach wollten die Räuber auf das koreanische Ufer hinüber, wurden jedoch von einem Boten nach Schadarjong zurückgerufen. Das Gebiet dieser Bande liegt zwar bereits hinter uns, aber wir müssen noch durch die Bereiche vieler anderer Horden, und auch die erste kann uns wieder einholen, da wir ja eine Tagesrast gehalten haben und zudem der Amnok einen sehr gewundenen Lauf hat, so dass man wohl rascher fährt, der Weg aber doch länger ist.

Der Morgen heute war herrlich. Die Sonne stand noch hinter den Bergen, alles lag in den grauen Schatten des ersten Dämmerlichts, nur zwischen zwei Gipfeln flammten im Gewölk die Strahlen des unsichtbaren Himmelskörpers. Das Licht war sanft, die Wolken schillerten in den zartesten Halbtönen. Es war wie ein von Bergen eingerahmtes Bild des größten Malers – der Natur. Dann stieg die Sonne empor, der Fluss leuchtete auf, und die bunten Kiesel seines Grundes strahlten an der Oberfläche in den wundersamsten violetten, zartgrünen und blassroten Ornamenten wider – alles vom blassen Dunst des Morgens gedämpft.

An beiden Ufern verlieren sich die helleren Streifen der abgeernteten Felder im braunen Samt der Hänge. Unzählige Fansen stehen im Tal und über die Hügel verstreut. Eine gleicht der anderen; ein Größenunterschied von einer Elle oder anderthalb fällt schon als Seltenheit auf.

Heute Morgen kamen viele Koreaner aus dem Nachbardorf heran. Ein alter Mann brachte uns ein Dutzend Eier und einen Zettel. Darauf begrüßte er uns und drückte sein Bedauern aus, dass unser Weg den Amnok entlang so gefährlich sei. Er trug ein langes weißes Gewand und hatte um den Kopf ein weißes Tuch gewunden; er wirkte mit seinem dunklen Gesicht und den schwarzen Augen wie eine biblische Gestalt. Auch eine Gruppe von Chinesen hatte sich hinzugesellt. Sie trugen runde Mützen mit Flügeln, ähnlich der Kopfbedeckung, mit der man Merkur darzustellen pflegt; ihre Gesichter waren glatt rasiert und wiesen oft typisch römische Züge auf. Ihnen standen nun wir mit unserem klassischen Boot als moderne Argonauten gegenüber. Wie nah erschien uns die Zeit des Altertums, wie einfach und verständlich alles das, was damals geschah und erst später im Laufe der Zeiten mit malerischen Ornamenten ausgeschmückt wurde.

Der Alte nahm kein Geld an, und ich war sehr froh darüber, denn dieser eine Dollar hätte den ganzen Eindruck verdorben.

Lebt wohl, Freunde! Wir umfahren einen großen Berg, unser Boot hüpft bereits zwischen den gewaltigen Felsblöcken der weiß schäumenden Stromschnelle, und ein chinesischer Riese, unser tüchtiger Kapitän, stemmt sich mit dem ganzen Körper auf das Steuer und ruft den Matrosen Befehle zu. Sie stehen vorgebeugt und legen sich in die Ruder, und wir eilen, fliegen in eine uns noch unbekannte Ferne. Der Schwung des Bootes, die mannhaften Gestalten der chinesischen Seeleute drücken Kraft, Kühnheit und unerschütterliche Ruhe aus. Der koreanische Märchenerzähler, ein winziges Männlein, drückt sich furchtsam an die Kajütenwand und wartet mit weit aufgerissenen Augen ab, was werden mag. Wir durchfahren die gefährlichste Stromschnelle. Und schon sind wir am weißen Schaum, an dem quirlenden Wasser und den spitzen

Steinen vorbeigerast, und unsere »Großmutter« wendet im rechten Winkel und geht rechtzeitig der nächsten uns auflauernden Felskante aus dem Wege, an der viele Boote gescheitert sind. Die chinesischen Matrosen am Ufer, auf das wir nun zufahren – sieben Boote ankern dort –, rufen unserem Kapitän einmütig und froh ihre Anerkennung herüber. Der aber, ein bezopfter Riese, hat das Steuer bereits seinem Gehilfen übergeben, hockt sich hin und vergnügt sich wie ein kleiner Junge mit der Trillerpfeife, die ich ihm geschenkt habe. Dann geht er in seine Kajüte und bringt mir als Gegengabe einen Rettich.

Was vermag ein Lichtbild dort wiederzugeben, wo alles auf zarteste Farbtöne und Schattierungen, Haltung und Gesichtsausdruck ankommt? Aber gerade diese kaum einzufangenden eigenartigen, feinen Abstufungen in der Natur und bei den Menschen schaffen hier eine nicht wiederzugebende Anmut und Schönheit, den Zauber einer Gefühlswelt, friedlich und ruhig wie eine längst verflossene Zeit, wie eine Melodie, die man niemals satt bekommt. Manchmal singt ein Chinese vor sich hin, und aus zwei, drei Tönen hört man plötzlich dieses uns allüberall umgebende, liebkosende Motiv heraus. Dann aber erklingt daneben die rauere Stimme des Nordens, wo der weiße Pektusan steht, wo die gelbe Ebene der Lärchenurwälder den Himmel umrahmt, wo der schöne Fluss unter der Erde sprüht und tost wie Blitz und Donner am Himmel, wo das Reich der Hunghudsen, Tiger und Leoparden ist.

Der klare Herbsttag schmiegt sich an die Berge und lauscht dem Rauschen des Wassers, dem Gesang des Windes, dem Knarren unserer Nussschale. Jeder von uns hat seine Arbeit. Bibik kocht das Mittagessen, Chapow schläft nach dem Wachtdienst, Wassili Wassiljewitsch spricht mit den Chinesen, Kim hört sich die Märchen des Koreaners an, Borminski visiert die Uferlinie, die Berge und die Mündungen von Zuflüssen und trägt sie in die Skizze ein, misst die Tiefe und vermerkt die Dorfnamen. Ich führe mein Barometerprotokoll, beschäftige mich mit der englischen Sprache, setze mein Tagebuch fort und schreibe die Märchen auf. Bessedin und Ta Ani reisen mit den Pferden auf dem Landweg. Iwan Afanasjewitsch aber hilft Borminski bei den Vermessungen. Was die Chinesen betrifft, so rudert und isst jeder von ihnen für zehn. Manchmal schießen wir auf Enten und Gänse, aber, aufrichtig gestanden, ohne jeden Erfolg. Ich bin stets froh darüber, wenn ein Schuss danebengeht. Mag der Vogel nur rasch in seinem Flug davoneilen, der so sehr seinen Lebensdurst und seine Lebensfreude ausdrückt!

Hier im Süden sind die »Arassa« weniger bekannt, und wir werden oft für Japaner gehalten, die allerdings auch noch niemand gesehen hat.

11. Oktober

Die zweite Nacht auf dem Wasser. Ich verbrachte sie allerdings in einer Fansa und war dadurch sehr im Nachteil, denn die Nacht war warm, und es hätte sich sehr gut auf dem Boot geschlafen. In der Fansa dagegen erzeugte der geheizte Fußboden eine drückende Schwüle, ich wurde von Schaben gebissen, hinter einer Querwand weinte ein Kind, und ein neunzigjähriger Greis stöhnte und hustete die ganze Nacht. Als wir gestern die Fansa betraten, saß er beim Essen. Er wandte sich nicht einmal nach uns um. Als hätte er das einzig wahre Wesen des Lebens erkannt, saß dieser altersschwache Leib, der nur noch aus einem Magen zu bestehen schien, vor seinem Mahl, starrte es an und verschlang es gierig wie ein Tier. Ich dachte, er sei taub, aber als uns sein Enkel (der Sohn ist schon vor langer Zeit gestorben) heute ein Huhn verkaufen wollte, krächzte er: »Das Huhn wird nicht verkauft!«

Neben mir schliefen Chinesen und Koreaner, wie üblich nackt. Ihre bronzefarbenen Körper waren mit unzähligen Schaben bedeckt, und manchmal machten sie im Schlaf eine Bewegung, einen schwachen Versuch, sich ihrer Peiniger zu entledigen, aber gleich darauf setzten sie trotz der erstickenden Hitze ihren tiefen Schlaf fort.

Am Abend war die Fansa voller Koreaner. Wir sprachen über Politik und über verschiedene große und kleine Tagesfragen. Ich überprüfte die Auskünfte, die ich früher erhalten hatte. Schon hier ist ein gewisser Unterschied zwischen den Süd- und Nordkoreanern zu bemerken. Die Südländer sind dunkler, ihre Augen blicken strenger drein, funkeln manchmal auf, die Rede fließt flink und leidenschaftlich dahin. Aber sie sind ebenso gastfreundlich und wohlgesinnt. Sie sagen: »Es kommt eine neue Zeit. In Korea fasst eine neue Zivilisation Fuß. Wir müssen ebenso leben wie die anderen Völker. In zwanzig Jahren werden uns unsere Großväter nicht mehr wiedererkennen.« Heute Morgen beobachtete ich, wie die Koreaner sich frisieren. Sie kämmen sich einmal im Monat. An den anderen Tagen bauen sie nach dem Schlaf den zu einem Knoten zusammengedrehten Haarschopf nur mit den Händen auf dem Scheitel auf. Die Gecken reiben sich das Haar mit einer aus Öl und Wachs gekochten Salbe ein, der aromatische Kräuter, vor allem Nelken beigemengt werden. Jeder Koreaner besitzt

Koreaner beim Abendessen

einen der kleinen Spiegel, die von chinesischen Händlern angeboten werden. Und die Mädchen? Sie sind unschön und klein; ihr Gang, bei dem die Füße schräg einwärts gestellt werden, entbehrt jeder Anmut. Aber so geht Arm und Reich; offenbar ist das so üblich und gilt als guter Ton.

Sechs Uhr. Es ist noch nicht hell, aber auch im Dämmerschein hat man weite Sicht. Der stahlblaue Wasserspiegel verstärkt das Licht und lässt das jenseitige Ufer hervortreten. Meine Fansa birgt sich am Fuß eines grauen Felsens, grüne Tannen klettern inmitten der gelben und braunen Farbtöne den Hang hinauf. Alles steht in dieser blassen Beleuchtung so plastisch da wie ein bis in die kleinsten Einzelheiten durchdachtes Gemälde. Hinter einer Flussbiegung aber rauscht eine neue Stromschnelle über die Steine. Das Wasser kocht, quirlt und brandet gegen die steil emporragenden Felswände, so dass man keinen Fluss mehr vor sich zu sehen glaubt, sondern eine wilde Meeresküste mitten in einem Sturm, in dem kein Schiff Rettung zu finden vermöchte. Unsere »Großmutter« tanzt über die Wellen, knarrt und beklagt sich über das Alter, fleht darum, man solle ihr endlich die verdiente Ruhe gewähren, aber der standhafte Koloss, unser Kapitän, reißt mit aller Macht das Steuer herum, und das Boot windet sich zwischen den unter Wasser verborgenen oder drohend hervorstarrenden Klippen hindurch. Manchmal kommen wir den Uferfelsen so nahe, dass es scheint, die Strömung habe uns erfasst und es gebe keine Rettung mehr. Aber ein scharfer, wilder Ruf des Kapitäns, die vier wie aus

Bronze gegossenen Matrosengestalten legen sich mit aller Kraft in die Ruder. Wir rasen in Schwindel erregender Fahrt über das tosende Wasser. Doch wie froh und gutmütig, wie kindlich lachen und zwinkern uns die vier Chinesen zu, wenn die Gefahr vorbei ist! Tapfere, starke Männer sind das, weitaus mutiger als ihre Landsleute, die Hunghudsen. Diese Feiglinge schleichen sich nur nachts, hinter Bäumen versteckt, heran, unsere Matrosen aber kämpfen im hellen Tageslicht Brust an Brust mit einem gefährlichen und ungezügelten Feind, den sie übrigens mehr als einen Freund lieben. »Dort in Widschu«, sagen sie, »wird man euch auf einem richtigen, zehn Sashen langen Segelboot übers Meer fahren. Die Matrosen dort sind mit uns nicht zu vergleichen, sie sehen immerfort dem Tod ins Auge.«

Ein typisches Bild: Eine Gruppe chinesischer Matrosen zieht ein Boot flussaufwärts. Es mögen an die zwanzig Mann sein, aber aus der Ferne sehen sie wie runde Knäuel aus, so tief gebückt kommen sie heran, stemmen sich mit den Beinen gegen den Boden und greifen mit den Händen nach Halt an Steinkanten. Alles an ihnen drückt äußerste Anspannung aus. So werden sie sich noch hundert Werst weiterschleppen und täglich höchstens fünf bis sechs Werst zurücklegen, wobei sie das Boot vor jeder Stromschnelle entladen und danach wieder beladen müssen. Kein Wunder, wenn ein Pud Mehl vier Rubel und ein Pud Salz achtzig Kopeken kostet! Diese Matrosen werden von den Bootsbesitzern für vierzig Dollar Jahreslohn gedungen. Wenn sie den Bestimmungsort erreicht haben, gehen sie in die Wälder, um dort Holz für Flöße zu schlagen. Im Frühjahr reist dann das Boot, mit Getreide beladen und von zwei Matrosen gelenkt, ohne Hindernisse flussabwärts, während die anderen auf Flößen zurückkehren.

Auch sie haben ihre »Dubinuschka«*, ein kurzes, schwermutiges Lied. Die Melodie steigt zuerst an, sinkt dann ab und verhallt: »Gangil Hejleh-leh! Gangil Hejleh-Ich!« Etwas Ergebenes, hoffnungslos Geduldiges klingt in diesem Gesang.

Das Leben des Koreaners ist schwer.

Allerdings fällt das auf den ersten Blick nicht auf, und von fern gesehen, macht es sogar einen Eindruck von Freude und Zufriedenheit. Von Feldern umgeben steht so eine anheimelnde, malerische Fansa da, Der Koreaner ist Herr seines Bodens, kennt keine wechselseitige Bürgschaft, zahlt für die Desjatine Land vierzig und für die Fansa dreißig

* Das Lied der Wolgaschlepper.

Kopeken Abgaben, tauscht seinen bescheidenen Bedarf an Waren – Salz, Spiegel, Bänder für ein Festgewand, Baumwollstoff – gegen Kolbenhirse, Mais oder Reis ein und ist glücklich. Sieht man aber genauer hin, dann geschieht etwas Ähnliches, wie wir es am Pektusan erlebten. Aus der Ferne glaubten wir eine Ebene vor uns zu haben, und dann standen wir vor einem Gewirr tiefer Schluchten, verborgen wie Fallen. Unzählige solcher »Schluchten« drohen dem Koreaner. Da ist die Sklaverei (die Eltern verkaufen in Hungerjahren ihre Kinder), da sind die Hunghudsen, da ist die nach Bestechung gierige Beamtenschaft, der jeder Vorwand recht ist, um einen straffällig Gewordenen aufzugreifen und bis zum Letzten auszusaugen. Das beginnt schon beim Dorfvorsteher, der über große Vollmachten verfügt und Rutenhiebe oder Folter anordnen kann, und zwar gegen jeden, der eines Vergehens auch nur verdächtig ist. Dazu kommen aber noch die uralten Vorurteile, die den Koreaner an Händen und Füßen binden! All diese Ahnen, die heiligen Berge, die imstande sind, Frauen fruchtbar zu machen, all die Drachen, Tiger und Tausendfüßler, in die Menschenseelen eingefahren sind, all die Schamanen, Mönche und Zauberinnen und schließlich noch die Überzeugung, dass es lediglich darauf ankomme, ein Segen bringendes Grab und zugleich damit wie einen Schatz auch sein Glück zu finden, ohne Bildung, Verstand und Fähigkeiten zu besitzen – alles das hält den Koreaner seit Jahrtausenden wie mit Ketten gefesselt. Er sieht und hört nichts anderes, will und kann es wohl auch gar nicht mehr.

Zwei Stunden nach der Begegnung mit den Treidlern schleppten auch wir unsere »Großmutter« über eine seichte Flussstelle. Die Chinesen stiegen nackt ins Wasser und schoben das Boot, wir aber zogen das Seil tiefgebeugt am Ufer entlang. So legten wir in drei Stunden hundert Sashen zurück. Bei den armen Chinesen trat die Kälte selbst durch ihre bronzene Hautfarbe blau hervor, sie klapperten mit den Zähnen wie Wölfe. Je weiter wir vorkamen, desto seichter wurde der Fluss. So blieb es noch fünfzig Werst bis zur Mündung eines großen Nebenflusses[65].

Noch immer folgen uns die gleichen, etwa fünfhundert Fuß hohen Berge; einzelne Gipfel, die mit gelbem oder rotem Buschwerk und Wein oder mit lichtem, völlig unbrauchbarem Wald bestanden sind. Nur selten treffen wir kahle Felsen, vorwiegend an Steilufern. Dann führen Felsterrassen wie über Säulenreihen in die Höhe. Ihre Farbe wechselt zwischen Grau, Blass- und Dunkelrot.

Heute kamen wir zur Nacht in das Koreanerdorf Mintotsankari und begegneten zum ersten Mal in einer Fansa einem wenig gastfreundlichen Empfang: Nicht nur verwehrte der Besitzer Kim den Eintritt, sondern er begann auch recht energisch zu schimpfen. Seine blutunterlaufenen, schwarzen Augen funkelten, er schrie wie tobsüchtig: »Seid verflucht, all ihr fremden Völker! Ich habe euch bisher nie gesehen und will euch auch in Zukunft nicht begegnen!«

»Sagen Sie ihm, dass wir nicht zum Streiten hierher gekommen sind, sondern die Koreaner als unsere Brüder betrachten und bisher überall gastfreundlich aufgenommen wurden, wie es sich Reisenden gegenüber gehört. Dann lassen Sie ihn stehen und fragen Sie, wer von den anderen uns aufzunehmen bereit ist«, befahl ich Kim.

»Alle anderen wollen, nur er nicht. Aber die anderen schimpfen auf ihn und bitten, ihn zu entschuldigen, denn er hat Suli getrunken.«

Ein alter Mann schrie den widerspenstigen Fansabesitzer an und warf ihm vor, seinen Anteil Brennholz für die Schule habe er bis heute nicht abgeliefert, Gästen gegenüber aber erlaube er sich Grobheiten. Da verschwand der Fansabesitzer; wir sahen ihn nicht wieder.

Dieses Dörfchen besteht aus nur acht Fansen, hat aber eine Schule. Freilich ist das mehr eine Vortäuschung falscher Tatsachen. Denn in der Schule lehrt man nur die koreanischen Schriftzeichen, alte Sprüche und wie man die Ahnen, den Himmel, die Hölle und die heiligen Berge zu verehren hat. »Werden durch die Schule auch andere Kenntnisse und handwerkliche Fertigkeiten vermittelt?«, erkundige ich mich. Als Antwort erklingt nur Gelächter, und Kim übersetzt mir, dass dies nicht der Fall sei.

12. Oktober

Kurz nachdem wir vom Land abgestoßen hatten, blieben wir auf einer Sandbank stecken. Drei Stunden versuchten wir vergeblich, wieder flott zu kommen. Jetzt sind wir aus dem Wasser gestiegen und wärmen uns an Deck in der Sonne. Wir haben nach einem Boot geschickt, um zum Ufer zu kommen und die »Großmutter« weiter zu treideln. Sie hat große Teile ihres Teeranstrichs verloren und leckt wie ein durchgerosteter Eimer. Weil das Wasser eindringt, ist der Tiefgang größer geworden. Vorher betrug er dreiviertel Ellen, und nun hat er bereits eine ganze erreicht.

Werden wir überhaupt jemals ans Ziel kommen, und wenn – wann wird das sein?

Da wir unser Boot nicht von der Sandbank losbrachten, sandten wir schließlich einen Boten zu den Einwohnern des Dorfes, in dem wir genächtigt hatten. Mit Ausnahme des Mannes, der uns beschimpft hatte, kamen alle, zogen sich aus, stiegen ins Wasser und schleppten uns über die seichte Stelle. Ich hatte nur noch wenig Geld zur Verfügung und gab unseren achtzehn Helfern für einen halben Tag Arbeit nur fünf Dollar, von denen zudem zwei auf den Chinesen entfielen, dem wir Seile, eine Axt und eine Säge abkauften. Ich entschuldigte mich für diese geringe Belohnung, aber die Koreaner antworteten, sie wollten auch das nicht annehmen; sie seien ja gekommen, um ihren Gästen zu helfen. Ich bedankte mich von ganzem Herzen und sagte, ich würde sie gern wiedersehen. Sie blickten uns freundlich lachend an und luden mich ein, sie zu besuchen.

Darauf erwiderte ich: »Kommt doch zu uns zu Gast.«

»Wir kommen. Die Nordkoreaner sind bereits ständige Gäste Russlands, und auch wir wollen im nächsten Jahr zu den Russen auf Arbeit gehen. Alle loben den guten Lohn, den man in Russland bekommt.«

»Erklären Sie ihnen, dass wir beim Abschied den Hut ziehen.« Als Kim meine Worte übersetzt hatte, nahm ich den Hut ab, und die Koreaner winkten mir Grüße zu und wünschten glückliche Reise.

Wir fuhren unter einer wie im Sommer brennenden Sonne flussabwärts, dorthin, wo sich die Berge zusammendrängten und keinen Ausweg offen zu lassen schienen. Ich saß am Heck und hing beim friedlichen Plätschern der Ruder meinen Gedanken nach. Krrr! Plötzlich scharrte unsere »Großmutter« derart auf Felsen, dass ich dachte, sie werde im nächsten Augenblick in Stücke zerfallen. Doch sie blieb unversehrt, nur die bereits fertige Suppe war auf den Boden des Bootes geflossen. Die Fleischstücke wurden vom schmutzigen Fußboden aufgelesen. »Wenn man sie in kaltem Wasser abwäscht, kann man sie essen, und dazu haben wir noch Kolbenhirse«, erklärte man mir. Die Kolbenhirse ersetzt hier Brot und Grütze. Die Suppe und der Tee werden mit Hirse gekocht, und auch zum Frühstück gibt es Kolbenhirse. Manchmal bekommen wir Maismehlbrei. Aber er wird nicht so gern gegessen; in kaltem Zustand ist er besonders schwer.

Gegen Abend schoss Borminski eine Ente, und wir steuerten ihr zum chinesischen Ufer nach. Plötzlich hörten wir von dort ein Geknatter, und schon pfiffen die Kugeln an uns vorbei. Unsere Chinesen erhoben ein verzweifeltes Geschrei, aber zum Glück wurde niemand getroffen. Die chinesischen Soldaten hatten uns für Hunghudsen gehalten und darum das Feuer eröffnet. Es war nur gut, dass sie nicht mehr dazu kamen, die beiden am Ufer stehenden Handkanonen abzuschießen, Geschütze, wie wir sie schon einmal in diesen gastfreundlichen Gegenden kennen gelernt hatten. Als wir bereits nahe am Ufer waren, schien den Soldaten die verpasste Gelegenheit noch immer Leid zu tun; nur mit Bedauern trugen sie die Kanonen in die Fansa zurück. »Wo ist der Kommandant?«, ließ ich fragen. – »Er ist in die Stadt gefahren. Gestern haben an der gleichen Stelle, wo ihr anlegtet, Hunghudsen zu landen versucht. Darum nahmen wir an, ihr gehörtet dazu.« – »Etwas anderes: Teilen Sie Ihrer Behörde mit, dass wir in Schadarjong, also auf Ihrem Gebiet, von Hunghudsen überfallen wurden, die vier Pferde und einen Koreaner töteten und einen anderen, namens Tsoi Sa Pagi, gefangen nahmen. Schreiben Sie, was ich ihnen sagte, als dienstliche Meldung auf!« – »Schadarjong liegt außerhalb des Bereichs dieses Postens«, übersetzte mir Wassili Wassiljewitsch. – »Dann soll er es weitermelden.«

Der chinesische Stützpunkt, der auf uns das Feuer eröffnete, heißt Jang-juntau und liegt vierzig Werst oberhalb der Stadt Wiwön am Amnok. Da saßen wir nun schön zwischen zwei Feuern: In der Nacht mussten wir uns vor den Hunghudsen in Acht nehmen, und am Tage knallten die chinesischen Wachtposten auf uns! Sie erklärten, wir hätten vorher rufen müssen. Ich nahm meinen Mauserkarabiner und ließ ihnen übersetzen: »Eure zehn Schüsse haben uns nicht geschadet, weil ihr nicht schießen könnt und eure Gewehre nichts taugen. Aber ich und wir alle verstehen uns aufs Schießen, jedes unserer Gewehre feuert zehnmal schneller als ihr alle zusammen, und jede Kugel trifft ihr Ziel.« Ich legte an und gab zehn Schüsse auf ein Brett ab, wozu ich keine zehn Sekunden brauchte. »Wir hätten das Recht«, fuhr ich fort, »euch alle umzulegen, weil ihr als Erste das Feuer eröffnet habt. Darum rate ich euch, in Zukunft keine solchen Fehler zu begehen, denn nicht jeder wird das so gutmütig hinnehmen wie ich.«

Die Feuergeschwindigkeit, Durchschlagskraft und Treffsicherheit des Mausers machten einen tiefen Eindruck. Die Chinesen äußerten ihre Begeisterung recht kindlich, sie schrien, kreischten und lachten und hörten Wassili Wassiljewitschs Übersetzung gar nicht zu.

13. Oktober

Wir nächtigten in dem in einer kurzen, engen Seitenschlucht verborgenen koreanischen Dörfchen Schondor. Ihm gegenüber liegt auf dem chinesischen Ufer die ehemalige Stadt Kou-kou, die in ihrer Bedeutung zu einem Dorf mit fünf Fansen herabsank. Auch seine Besatzung ist mit Flinten und Kanonen ausgerüstet, sie besteht aber nicht aus regulären Soldaten, sondern aus einer Art Grenzmiliz. Morgens und abends klingen die Signalhörner eintönig über den Fluss. Wie das reguläre Heer haben auch die Milizsoldaten keine Uniformen, sondern tragen die gleiche Kleidung wie die Hunghudsen und die Zivilbevölkerung: eine Jacke über den nackten Oberkörper, dazu weite Hosen und Halbschuhe mit dicker Filzsohle.

Unser Kapitän warnte uns; wir sollten die Chinesen rechtzeitig benachrichtigen, sonst würden sie wieder das Feuer eröffnen. »Aber wir befinden uns doch jetzt auf koreanischem Boden«, erwiderte ich. – »Das ist einerlei.« – »Schön, wenn das einerlei ist, dann verständigen Sie Ihre Landsleute!«

Mit dem ersten Licht fahren wir in die noch neblige Weite des Flusses hinaus. Aber es wird rasch Morgen. Schon schillern die Wolken in Perlmuttfarben, schon flammen sie rot auf und quirlen wie Rauchballen empor. Aber der Fluss in der Ferne bewahrt noch sein Stahlblau, ein leichter Dunst birgt sich in den Schluchten, und alles schläft noch den festen, gesunden Schlaf der frühen Morgenstunde. Ein ferner Ruf hallt über den Fluss und weckt alles ringsum. Die Hähne krähen, Rauch quillt aus den Schornsteinen, der Fluss rauscht, und nun erstrahlen die Hänge in hellem Gold. Die Wolken haben sich verflüchtigt, nur schuppige Streifen sind von ihnen übrig geblieben, die an gekräuselten Sand nach einem Regenguss erinnern. Noch ist es feucht und frisch ringsum, aber alles steht in hellem Licht, der klare Morgen verspricht einen sonnigen Tag, obwohl das Barometer etwas gefallen ist.

Es hat sich aber nicht geirrt. Kleine Wolkenfetzen hüllen die Sonne wieder ein, und das ferne Gebirge zeichnet sich in der bläulichen Luft des Herbstmorgens deutlich ab. Auf einem Gipfel wächst eine einsame Tanne, auf einem anderen ragen die Felsen wie eine drohende Burg empor, in der sich ein fremdes, unbekanntes Leben abspielen mag.

Große schwarze Kormorane fliegen über den Fluss oder sitzen am Strand. Eine zierliche Chinesin reitet das Steilufer entlang. Sie trägt die traditionelle Frisur. Ein Arbeiter führt ihr Pferd am Zügel. Da und dort stehen mit Salz oder Mehl beladene Boote, die unserem gleichen. Ein Kanu naht. Wie angewachsen sitzt ein Koreaner darin, lenkt es geschickt mit dem Doppelruder und lässt es über die scharfen Wellenkämme der Stromschnelle hüpfen. Gestern trafen wir dieses Kanu und sahen den rudernden Koreaner und einen anderen, der regungslos am Boden lag (die geringste ungeschickte Bewegung bringt das kleine Fahrzeug zum Kentern) und bis zum Kopf zugedeckt war. Sein gelbes Gesicht und der Blick der schwarzen Augen verrieten, dass er krank war. Es war ein Kaufmann, der während der Reise von einem Fieber befallen wurde und nun in seine Heimatstadt Widschu zurückeilte. Seine Augen drückten die quälende Sorge aus, ob er noch zurechtkäme.

Heute ist er bereits ganz zugedeckt, und der Bootslenker ruft Kim traurig zu: »Er ist gestorben!« Wie mag er auf diesen Wellen gestorben sein, ohne sich im Todeskampf zu regen, ohne dass das Boot kenterte? Vielleicht geschah das aber, und er ist ertrunken? Das Gesicht des Bootsfahrers drückt Kummer aus. Nun muss er seine Last noch acht Tage weiterfahren, vom Leichengestank gewürgt. Aber es bleibt ihm nichts anderes übrig. Wie wird man ihn empfangen? Vielleicht klagt man ihn des Mordes an? Seine ganze Gestalt drückt hilflose Ergebenheit aus. Ich lasse Kim fragen, warum er den Toten nicht vorübergehend irgendwo beerdige und dann die Behörde und die Verwandten benachrichtige. Kim ruft ihm die Frage zu, und der Schiffer antwortet, er habe dem Kaufmann versprochen, ihn tot oder lebendig nach Hause zu bringen. »Hat er seinen Lohn erhalten?« – »Nein.« – »Führt der Tote Geld bei sich?« – »Er weiß es nicht.« – »Wer wird ihm bestätigen, was für einen Lohn er abgemacht hat?« – »Der Himmel.«

Nein, er wird nicht lügen, denn ein Koreaner lügt nie.

Wir fahren weiter. Die Berge treten an den Fluss heran, und die Muster ihrer Hänge sind nun wieder deutlicher zu sehen. Das hellbraune, verdorrte Gras bildet den Hintergrund, auf dem sich die dunkleren Waldinseln abzeichnen. Da, das Fell eines riesigen Tigers, der unter dem blauen Himmel, über dem blauen Fluss eingeschlafen ist. Dort sitzt eine Steinfigur. Der Kapitän erläutert uns: »Hier hat ein Mann seinen Bruder erschlagen. Als ein alter Mann vorbeikam und ihn fragte, was er hier treibe, antwortete er: ›Ich hüte meinen schlafenden Bruder.‹ – ›Gut, dann hüte ihn weiter, solange die Welt steht‹, sagte der Alte und beide wurden zu Stein.«

Jetzt kommt der sogenannte Tigerfelsen heran, ein zwischen den Schultern eingezogener, riesiger Kopf – als duckte er sich zum Sprung. Der Kapitän erklärt, auf diesem Kopf sei der Abdruck einer Tigerpranke zu sehen. Auf meine Frage, woher das komme, übersetzt mir Wassili Wassiljewitsch. »Das weiß er nicht, das ist schon so lange her.« Von meinem Wassili Wassiljewitsch bekomme ich nur spärliche Auskünfte über das Leben der Chinesen. Ich will in Widschu einen Koreaner suchen, der gut Chinesisch spricht. Er soll Kim die Worte ins Koreanische übersetzen, und Kim gibt es mir dann russisch weiter. Wassili Wassiljewitseh aber wird uns immerhin dadurch von Nutzen sein, dass die Chinesen zu ihm als ihrem Landsmann offenherziger und mitteilsamer sind.

Ich arbeitete gerade, als man mich rief, weil am chinesischen Ufer Gold gewaschen wurde. Am flachen Strand saßen zwei Gruppen Koreaner zu je fünf Mann an der Arbeit. Wir landeten, und unser koreanischer Wegführer, der zugleich unser Märchenerzähler ist, erkundigte sich, ob wir uns ihnen nähern dürften. Als die Goldwäscher, die sich schon zur Flucht bereitgemacht hatten, einen gleich ihnen gekleideten Landsmann erblickten, blieben sie stehen, hörten sich unsere Bitte an und erklärten sich einverstanden. Sie weihten uns in die Geheimnisse ihres einfachen Handwerks ein. Zuerst graben sie den Sand auf und sieben ihn. Der Sand wird von der Oberfläche in das aus Hanfstängeln gefertigte Sieb geschaufelt. Die über ein Zoll großen Steine werden weggeworfen. Dann wird der gesiebte Sand in dichten Körben zum Fluss getragen und dort in flachen Holztellern unter ständigem Kreisen gewaschen. Die größeren Stücke wirft man weg, und so verfährt man immer weiter, bis ein schwarzer Schlamm übrig bleibt, der einige Goldkörnchen enthält. Fünf Mann gewinnen an einem Tag für etwa zwei Rubel Gold. Früher arbeiteten hier sehr viele, und der Staat forderte von jedem Mann eine Steuer von dreihundertfünfzig Käsch monatlich. Aber jetzt ist der Goldgehalt erschöpft, die Chinesen sind stromabwärts gezogen, und die Koreaner lesen nur noch die Überreste auf. Von hier (etwa zehn Werst unterhalb Wiwön) bis zur Mündung wird überall Gold gewaschen, und der Goldgehalt des Sandes nimmt flussabwärts immer mehr zu. Wir ließen uns eine Probe geben, bedankten uns und fuhren weiter. Die Koreaner warnten uns noch, dass an manchen Stellen Hunghudsen mit Goldwaschen beschäftigt seien; wir sollten uns lieber in der Kajüte verborgen halten, weil sie sofort schossen.

Fünf Werst weiter hielten wir zur Nacht an, denn es wurde bereits finster, und außerdem lag vor uns eine besonders seichte Flussstelle. Der Kapitän ging sofort hin, um sich über die besten Durchfahrtsmöglichkeiten zu unterrichten. Nur am ersten Tag gelang es uns, hundertsechzig Li zurückzulegen. Obwohl wir heute gute Fahrt hatten und nirgends stecken blieben, brachten wir es doch nicht über hundertdreißig Li, weil die Strömung immer langsamer wird.

Wir landeten am koreanischen Ufer, nicht etwa, weil wir das gewünscht hätten, sondern weil es auch unsere chinesischen Matrosen bevorzugten. In einer schmalen Seitenschlucht lehnten sich zwei Fansen an den Hang. Die kleinen Parzellen Ackerland, die da und dort verstreut lagen, ergaben zusammengelegt noch keine drei Desjatinen. Selbst die bessere Fansa, die unser Koreaner zuerst aufsuchte, war sehr arm und erinnerte an eine kaukasische Gebirgshütte. Die Rückwand wurde vom Naturfelsen gebildet, und der Hof befand sich auf einem kleinen Felsvorsprung. Kein Stroh, kein Getreide war zu sehen, vor dem Haus lagen nur ein paar Kürbisse und einige Hand voll Mais. Nicht einmal roten Pfeffer gab es. Ja, alles ringsum war sehr dürftig, aber der Blick von dieser an den Felsen geklebten Hütte in das Gebirge jenseits des Flusses war herrlich.

Der Mann war nicht zu Hause, aber die Frau empfing uns mit den Worten: »Es ist unsere Pflicht, Reisenden Obdach zu gewähren.« Sie war noch jung, etwa fünfundzwanzig Jahre alt, und trug nach Landesbrauch keinen Rock, sondern weite Hosen und eine kurze Jacke, die den größten Teil des Rückens und der Brust frei ließ. Sie war schlank gewachsen und freundlich, aber, wie die Mehrzahl der Koreanerinnen, wegen der breiten Backenknochen wenig anziehend. Zuerst hatte sie Angst vor uns, doch als sie merkte, dass wir aus Bescheidenheit zögerten, das Haus vor der Rückkehr ihres Mannes zu betreten, lachte sie und meinte: »Das ist nun wirklich nicht nötig. Nur Stroh kann ich euch keines geben, bevor mein Gatte nicht da ist.« Der Mann war fortgegangen, um gemeinsam mit anderen Koreanern das jährliche Gebet um eine gute Ernte abzuhalten. Bald kam er zurück. Es war ein ebenfalls junger, schlanker und sehr sympathischer Mann. Wir durften Hanfstroh (anderes hatte er nicht) als Streu nehmen, und als es finster geworden war, versammelten sich in seiner Fansa mehrere Koreaner, die uns sofort lebhaft über unsere Reise ausfragten. Sie hatten noch nie Russen oder andere Ausländer gesehen. Wir erfuhren von ihnen, dass unser Gastgeber sich nicht mit Ackerbau, sondern mit Fischfang befasste. Die erbeuteten Fische tauschte er gegen Mais, Hirse und anderes Getreide ein. Zur Zeit kränkelte er und ging selten auf Fang. Seine beiden Kinder waren an Blattern gestorben.

Zu unserem Glück hatte er gerade heute das Netz ausgeworfen. Allerdings wird hier nur ein höchstens eine halbe Elle langer kleiner Fisch gefangen. Obwohl der Fluss ergiebig ist, betreiben nur wenige die Fischerei als Hauptberuf. Ich fragte die beiden, ob es ihnen ohne Landwirtschaft nicht langweilig sei, aber sie meinten, sie kämen auch so gut aus. Die Frau schmiegte sich an ihren Mann, und so saßen sie, mit ihrem Schicksal in dem Gebirgsnest zufrieden, vor mir. In diesem Jahr hatten sie sogar ein besonderes Glück gehabt Ein Floß war gescheitert, und sie konnten sich viel Holz aus dem Fluss fischen. Ich besichtigte die Beute: Es waren zwei Sashen lange Bohlen, an die dreiviertel Ellen breit und eine halbe dick, vorwiegend Zirbelkiefernholz, ausgezeichnetes Tischlermaterial, von dem ungefähr hundert Stück in einer Schlucht aufgestapelt lagen. Solchen Holzstapeln waren wir unterwegs schon öfter begegnet. »Was machen Sie damit?«, fragte ich. – »Wir zersägen es zu Brennholz.« Welche Kosten mag es verursacht haben, dieses wertvolle Gut im Wald zu fällen, an den Fluss zu führen und abzuflößen! Aber mehr als die Hälfte des Holzes geht auf solche Weise verloren.

Nun ist es Abend. Der Herbstwind rauscht dumpf im dürren Strohdach unserer Fansa. Eine waagrecht in die Wand gesteckte koreanische Kerze erleuchtet trüb den Raum. Einige Männer sitzen an der Schwelle. Kim übersetzt mir: »Sie fragen, womit sie die hohen Gäste beschenken könnten.« – »Sagen Sie ihnen, wir nehmen keine anderen Geschenke als ihre Märchen entgegen. Wenn der Hausherr seinen Gästen ein Vergnügen bereiten will, soll er ein Märchen erzählen.«

Der Hausherr wechselt mit seiner Frau einen Blick und lacht. »Was kennen wir schon für Märchen? Unsere Märchen sind schlicht.«

»Gerade solche wollen wir hören.«

»Ich muss erst nachdenken.«

Pause.

»So... Das ist also eines unserer Märchen«, beginnt der Gastgeber, starrt angestrengt zur Erde und zündet sich seine Pfeife an. »Ein Mann raubte sich eine Frau und ging mit ihr an den Amnok, um dort Fischfang zu betreiben. So lebten sie beide gleich uns am Fluss. Solange der Mann gesund war, ging alles gut, denn sie liebten sich sehr. Und wenn sie schon einmal keinen Fang hatten, dann schmiegten sie sich enger aneinander, um den Hunger zu betäuben und Schlaf zu finden. Doch eines Tages erkältete sich der Mann am Fluss und wurde krank. Da ging es ihnen nun sehr schlecht, sie hatten weder Fisch noch Hirse und auch kein Geld, um einen Arzt kommen zu lassen. Wie der Mann so dalag, sagte er eines Tages: ›Wenn ich jetzt etwas Fisch essen könnte, würde ich sofort gesund werden.‹ Die Frau gab darauf keine Antwort, sondern ging zum Fluss. Dort saß sie lange, lange am Ufer, aber kein Fisch ließ sich sehen. Da nahm sie das Messer und schnitt sich aus ihrem Bein ein langes Stück Fleisch heraus. Zu Hause briet sie es und reichte es ihrem Mann. ›Noch nie habe ich einen so schmackhaften Fisch gegessen‹, sagte er. ›Wie hast du ihn gefangen?‹ – ›Ich saß am Ufer und betete zum Himmel und zum Herrn der Meere, da sprang dieser Fisch von selbst auf das Ufer.‹ – ›Ach‹, sagte der Mann, ›nun bin ich zur Hälfte gesund. Nur noch so ein Fischchen, und ich werde wieder ganz bei Kräften sein. Möchtest du nicht noch einmal um so einen Fisch bitten?‹ – ›Ich will's versuchen‹, antwortete die Frau, ging hin und schnitt sich aus dem anderen Bein ein Stück heraus. Der Mann aß auch das und sagte: ja, nun bin ich ganz gesund. Noch nie aß ich einen so schmackhaften Fisch.‹ Er arbeitete nun wieder, aber seine Frau verfiel von Tag zu Tag immer mehr. Der Mann konnte nicht begreifen, woher das kam, bis er einmal bei seiner schlafenden Frau Blut an den Beinen sah und die schrecklichen Wunden entdeckte. Da begriff er, woher seine Frau die Fische geholt hatte, wurde vor Kummer wieder krank und starb binnen drei Tagen. Die Frau verkaufte alles, begrub ihren Mann und stand nun mutterseelenallein, jedermann eine Last, in der Welt da. Verzweifelt stürzte sie sich in den Fluss. Aber sie ertrank nicht. Vom Himmel senkte sich ein Regenbogen zum Wasser hinab, und ihr Mann schritt ihr darüber entgegen. Er reichte ihr die Hand, und beide gingen nun gesund und glücklich in den Himmel zum großen Okonschante. Später brach in dem Landstrich, in dem die Frau gelebt hatte, eine Hungersnot aus. Sie hielt drei Jahre an, bis ein wandernder Seher den Einwohnern sagte: ›Ihr werdet so lange Hunger leiden, bis ihr zu Ehren der Ertrunkenen ein Denkmal errichtet habt, wie es für tugendhafte Frauen Brauch ist.‹ Nun wandten sich die Einwohner über den Gouverneur an den Kaiser, erhielten von ihm die Genehmigung und errichteten das Denkmal der tugendhaften Frau, wie es das Gesetz vorschreibt. Seitdem kennt das Land keinen Hunger, und der Greis zeigt seinem Enkel das Denkmal auf dem Berg und sagt: ›Wenn du eine solche Frau bekommst, wird sie dir und dem ganzen Landstrich Glück und Segen bringen!‹«

Der Erzähler war verstummt, und auch wir schwiegen. Dann sagte der Hausherr verlegen: »Unsere Märchen sind schlecht.«

»Nein, das Märchen ist sehr schön, denn es erzählt von der Liebe, von der Achtung der Frau gegenüber, von den Armen und ihrer Not und vom Ausweg in den Himmel zu Okonschante.«

Koreanerin

Die Nacht kam heran, wir legten uns schlafen. Bald aber weckten uns das Heulen des Sturmes, das Prasseln des Regens und das Rauschen des tobenden Flusses. An der Felswand drang der Regen in die Fansa herein, und auch das Dach hielt nicht dicht. Ein arger Nordwind pfiff durch die mit Papier bespannten Fenster und Türen in den Raum. Uns klapperten vor Kälte die Zähne, die Bücher und Aufzeichnungen wurden feucht. Frierend dachte ich: Wir haben doch erst Mitte Oktober! Wie wird das sein, wenn die großen Fröste kommen, der Schnee fällt, der Fluss zufriert und wir im Schlitten fahren müssen? Wie werde ich es dann in einer Fansa aushalten können? Der Hausherr aber blickte sorglos und fröhlich zu uns herüber und nickte uns zu.

Unwillkürlich wird man von der Lebensauffassung dieser Menschen angesteckt. Für sie ist das Leben ein Märchen, ist alles Liebliche und Erschreckende märchenhaft überraschend, wie die Natur hier.

Gestern begann die Nacht sommerlich warm, und nun haben wir Winter mit Regen und Schnee.

14. Oktober

Am Morgen erklärte uns der vor Kälte blau angelaufene Kapitän, fünf Li weiter flussabwärts sei die schwierigste Stromschnelle, und bei einem solchen Wind sei gar nicht daran zu denken, sie zu überwinden. »Wenn aber der Wind eine ganze Woche lang anhält?« – »Dann müssen wir warten.« – »Und wenn inzwischen der Fluss zufriert?« – »Dann fahren wir im Frühjahr.« – »Wovor fürchtet sich denn der Kapitän?« – »Dass das Boot in Trümmer geht.« – »Er soll es darauf ankommen lassen.« Der Kapitän lacht. »Wenn das Boot scheitert, fallen alle ins Wasser, und es ist sehr kalt.« – »Immer noch wärmer als die Luft.«

Ich trage ihm meine Gründe vor: Wir haben keinen Proviant mehr, das Silbergeld geht zur Neige, und Goldmünzen und Papiergeld will hier niemand einwechseln. Wassili Wassiljewitsch übersetzt mir die Erwiderung, so gut er es versteht. In dieser Stromschnelle lägen die Felsblöcke schachbrettförmig, so dass es selbst bei Windstille schwer sei, zwischen ihnen hindurchzulavieren. Bei diesem Sturm aber werde die »Großmutter« dem Steuer überhaupt nicht gehorchen.

Der Gedanke, noch einen weiteren Tag zu verlieren, ist mir so zuwider, dass ich meine Gründe noch energischer vorbringe und der Kapitän sich schließlieb einverstanden erklärt. Er ist ja ein so tüchtiger Bursche, dass man in seiner Gegenwart vor nichts Furcht hat.

Doch als wir uns der Stromschnelle näherten, die von steilen Felswänden wie von Torpfosten eingerahmt wird, als wir das kochende Wasser und die auf und nieder wogenden riesigen Wellen sahen und der Kapitän uns anwies, was wir im Falle eines Schiffbruchs zu tun hätten, wurde mir doch etwas bange zumute, und ich blickte, mir zum tausendsten Mal meinen unverbesserlichen Leichtsinn vorwerfend, der neuen Gefahr entgegen.

Die »Großmutter« stürzt sich in den donnernden Wasserfall, wir treiben dahin, kentern beinahe, schlingern von Bord zu Bord. Brausender Fluss, heulender Wind, die wilden Rufe des Kapitäns und die wie gemeißelt dastehenden Gestalten der Matrosen ... Aber nun sind wir schon im stillen Wasser, die Stromschnelle liegt hinter uns, der Kapitän lacht froh und winkt uns zu.

Wir fahren weiter. Die Kälte ist so unerträglich, dass ich am liebsten das Schreiben lassen und bloß zitternd und zähneklappernd dasitzen möchte, besonders, wenn der Fluss nach Norden biegt. Er hat so zahlreiche Windungen, und merkwürdigerweise scheint er viel öfter nach Norden als nach Süden auszubiegen.

Hier wird am chinesischen Ufer überall Gold gewaschen. Der Kapitän sagt uns, im Sand fänden sich oft recht ansehnliche Goldklumpen. Zu beiden Seiten liegen nach wie vor zahlreiche Dörfer, die auf unserer Karte nicht eingezeichnet sind, während andere, die dort vermerkt sind, in Wirklichkeit gar nicht bestehen. Vergeblich frage ich nach den in der Karte genannten Orten – nein, es gibt sie nicht, man hat diese Namen noch nie gehört.

Unsere Lebensmittelvorräte gehen zur Neige, und weder Gold- noch Papiergeld wird angenommen. Wir setzen alle unsere Hoffnung auf das chinesische Handelsdorf Wei-saho, dem wir uns nun nähern. Am flachen Ufer ankern etwa zwanzig Boote von gleicher Bauart wie unsere »Großmutter«. Auf den hohen Masten wehen weiße, blaue und rote Flaggen. Gleich nachdem wir gelandet sind, umringt uns eine dichte Menge von Chinesen. Wassili Wassiljewitsch geht das Geld einwechseln, und wir warten auf ihn. Von den chinesischen Schiffen zieht ein unerträglicher Geruch herüber. Ein langer, geckenhaft gekleideter Mann mit schmalen Schultern und einem auffallend wohlgepflegten, durch falsches Haar verlängerten Zopf gibt der Menge mit herablassenden Bewegungen Auskünfte über unsere Instrumente, das Gepäck und die Kleidung. Immer wieder ist das Wort »Maudsa« zu hören, das heißt: der Behaarte, Bärtige. Das ist der verächtliche Spitzname für alle Europäer.

Ach, wie schön wäre es, wenn wir das Geld gewechselt bekämen und Hirse, Streichhölzer, chinesischen Zucker und Reis kaufen könnten!

Endlich ist Wassili Wassiljewitsch zu sehen. In dem rauchgrauen Pelz, dem Merkurmützchen, den gelben Stiefeln und mit seinem schwerfälligen Gang erinnert er sehr an einen Bojaren des fünfzehnten Jahrhunderts. Aber er blickt keineswegs siegesbewusst drein. Hinter ihm kommt mit weiten Schritten die untersetzte, kräftige Gestalt Kims in einer Regenjacke daher. Er ruft uns schon von weitem zu: »Sie wechseln nicht!«

Was machen wir nun? »Ich habe noch zwei Dollar«, erklärt Wassili Wassiljewitsch. Nun, da können wir uns wenigstens Hirse und Streichhölzer kaufen. Aber es gibt keine Hirse, wir bekommen nur gemahlenen Mais.

Die Berge sind mit Schnee bedeckt. Alles spricht so traurig vom Winter und von kalten Tagen. Auch für uns Zugvögel wäre es Zeit, wenn schon nicht in wärmere, so doch in heimatliche Länder zu fliegen, wo Häuser mit Öfen stehen, an denen man sich ordentlich wärmen kann.

Dieses chinesische Dorf zählt neunzehn Fansen. Davon gehört eine dem Ortsvorsteher, in neunen sind Kaufläden, in fünfen Schenken, es bleiben also für die ganze übrige Bevölkerung nur vier Fansen. Alle sind sie mit Lehm geputzt und mit Schilf gedeckt. Nur die Schnapsbrennerei und die Ölpresse liegen, von weißen Mauern umgeben, außerhalb des Dorfes. Die schwerfälligen zweirädrigen chinesischen Karren werden von vier bis sechs kleinen Pferden gezogen. Das Dorf hier ist ein bedeutender Handelsplatz. Hier wird das Gold angekauft, und hier werden die, die es gewinnen, und die Jäger, aber auch die Hunghudsen mit Schrot, Pulver, Kugeln, Flinten und sonstigem Jagdbedarf versorgt. Ein chinesischer Händler wog eine unserer Goldmünzen im Wert von neunzig Dollar ab und bot uns dafür elf Dollar. Offenbar berechnete er sie nach dem Kurs, nach dem er das Gold aufzukaufen pflegt. Das Gold wird den hiesigen Händlern auch erst durch Zwischenhändler herangebracht, und man kann sich daher vorstellen, wie wenig der eigentliche Goldwäscher für seine Arbeit erhält.

Am Abend blickte noch einmal die Sonne hervor und streute eine Garbe zart abgetönter violetter Strahlen auf zwei Berge. Wie von innen erleuchtet, brannten die beiden Schneegipfel zauberhaft inmitten der trüben Dämmerung, die auf den übrigen Bergen lag. Aber auch diese glommen noch immer seltsam schön im ersterbenden Licht wie ein prächtiger Palast, in dem nur ein Saal erleuchtet ist und seinen Schimmer aus den hohen Fenstern über die Landschaft ergießt. Trotz unerträglichem Frost und scharfem Wind konnte ich meinen Blick nicht von der Pracht dieses kalten, aber traumhaft schönen Sonnenunterganges wenden. Doch wie schön die Natur auch immer sein mag, wir alle auf dem Deck unserer »Großmutter« hielten gespannt nach der ersten winzigen Fansa Ausschau, um diesen eisigen Zauberpalast gegen eine kleine, stickige, von Heimchen und Schaben bevölkerte Lehmstube einzutauschen. Plötzlich packte mich eine heiße Sehnsucht nach dem heimatlichen Kamin, nach den vertrauten Gesichtern der Meinen. Wenn ich doch bloß auf einen Augenblick zu ihnen versetzt werden könnte, ohne Anspruch auf Nahrung und all die Bequemlichkeiten, nur um sie zu sehen und mir Herz und Leib zu wärmen! Gibt es einen Preis, um den ich das erringen könnte? – Nein, es darf nicht sein.

Doch diese niedergeschlagene Stimmung hält nicht lange an. Welches Recht hätte ich denn auch, Trübsal zu blasen, wo ich doch so glücklich allen Zufällen dieses zum ersten Mal beschrittenen, noch von niemand erforschten Weges entronnen bin? Wir wären doch beinahe in die Hände der blutgierigen Räuber gefallen. Wären sie früher eingetroffen, hätten sie die Fansa früher angezündet und alle Pferde erschossen. Wohin hätten wir uns dann in der Nacht wenden können? Ob wir gewollt hätten oder nicht, wir hätten uns dem unsichtbaren Feind zeigen müssen und wären abgeknallt worden. Aber selbst wenn wir am Leben geblieben wären, wohin hätten wir fliehen sollen, ohne Pferde, Hunderte von Werst in die Wildnis verschlagen? Ohne jedes Risiko hätten uns die Hunghudsen Nacht für Nacht aufgelauert und einen nach dem anderen umgelegt, in voller Gewissheit, dass alles, was wir bei uns hatten, in ihren Besitz gelangen werde.

Und wenn uns dieser Frost am Pektusan überrascht hätte, wo es jetzt gewiss fünfzehn Grad unter Null sind und ein Wind bläst, der diese Kälte unerträglich macht? Eine Nacht wie die vorige, die doch so warm begann, hätte genügt, um uns alle in solche Eiszapfen zu verwandeln, wie wir sie während der Besteigung an den Felswänden gesehen hatten. Jetzt begriff ich die Furcht, die den Dischandari gepackt hatte, als in der Nacht plötzlich Schneefall einsetzte. Der ruhige und tapfere Jäger verlor damals allen Mut und sprach wie ein Mann, der dem unvermeidlichen Untergang entgegensieht … Habe ich nach einem so glücklichen Ausgang unserer Abenteuer ein Recht zu murren?

Da ist auch schon eine Fansa! Meine Bedrückung verfliegt, und ich blicke mich erfreut in dem stickigen, aber warmen Kämmerlein um, das uns für diese Nacht aufnimmt.

Kaum hatten wir uns wohnlich eingerichtet, da traten mehrere Koreaner ein. »Wir sind Einwohner dieses Dorfes. Wir haben erfahren, dass Fremde eingetroffen sind, und wollen die hohen Gäste begrüßen.«

Ich danke und bitte sie, Platz zu nehmen. Sie kauern sich hin, und es entwickelt sich ein Gespräch. Wer wir seien, werden wir gefragt. »Wir sind Russen. Habt ihr von uns schon gehört?« Ja, sie haben von uns vernommen. Sie wissen, dass Russland der größte und stärkste Staat der Welt ist.

Das Gespräch dauert eine Stunde, und wir trennen uns mit den besten gegenseitigen Wünschen. Eigentlich aber trennen wir uns gar nicht. Die Abordnung geht in die Wohnräume des Fansabesitzers, und die Unterhaltung wird durch die dünne Querwand fortgesetzt, bis ich auf die übliche Frage, womit man die Gäste bewirten könne, wie immer antworte: »Mit Märchen.«

16. Oktober

Heute haben wir guten Fahrtwind, setzen ein aus zwei Reitermänteln zusammengenähtes Segel und fahren mit einer Geschwindigkeit von sechs Werst in der Stunde. Unser seltsames Segel, das wie ein schwarzer Stern aussieht, erregt allgemeine Aufmerksamkeit. Aber mehrere Boote mit großen Lateinischen Segeln überholen uns doch. Ich lasse hinüberrufen, ob sie uns nicht mitnehmen wollen. Sie sind bereit.

»Wieviel verlangen sie dafür?«

»Es lohnt sich nicht, darüber zu verhandeln – was wir geben wollen.«

Wir vertäuen uns Bord an Bord und fahren nun mit acht Werst die Stunde – ein Vergnügen, das wir schon lange entbehren mussten. Die Chinesen des Segelbootes wenden sich mit einem Anliegen an uns: »Könntet ihr nicht an der nächsten Zollstelle erklären, dass die Bohnen, mit denen unser Boot beladen ist, euch gehören? Dann brauchten wir keinen Zoll zu zahlen.« – »Nein, das geht nicht. Habt ihr viel Bohnen geladen?« – »An die tausend Pud.« – »Was kostet denn der Zoll?« – »Eine Kopeke das Pud.« – »Gut, wenn ihr uns bis Widschu bringt, bezahlen wir für euch den Zoll.« – »Das wollen wir gern tun, soweit uns nicht die Stromschnellen daran hindern.«

Nun, vorläufig fahren wir jedenfalls Bord an Bord.

Bei uns geht alles zur Neige, ausgenommen das Fleisch, aber das bekommt nun einen Stich. Ich will es wegwerfen, Bibik jedoch erklärt, gerade jetzt sei es gut. Das zähe Fleisch der alten Kuh habe sich abgehangen und sei weich geworden. Er hat nicht Unrecht, es schmeckt jetzt wirklich viel besser.

»Wir haben kein Holz, um das Mittagessen zu kochen«, meldet Iwan Afanasjewitsch. »Könnten wir es uns bei den Chinesen ausleihen?«

Wir bekommen das Holz, aber auf die Frage nach dem Preis wird uns lachend geantwortet: »Das kostet doch nichts!«

Auf dem Boot daneben ist das Mittagessen bereits fertig, und man bietet uns davon an. Wir danken und weisen auf unser Mahl hin, das wir uns gerade bereiten wollen. Nur Iwan Afanasjewitsch lehnt nicht ab und isst mit den Chinesen. »Schmeckt viel besser als unseres«, erklärt er. »Der Mais ist gut durchgekocht und fein gewürzt.«

»Lassen Sie das doch sein. Das ist ja peinlich!«

»Wieso peinlich? Für die Gastgeber ist es nur ein Ehre.«

Ich fürchte, wenn wir noch einige Tage so bis Widschu fahren müssen, werden wir uns alle in bettelnde Landstreicher verwandeln.

Kälte, Schmutz und Hunger ... Die letzten Stunden in Korea fließen trüb dahin. Nur gegen Abend wird es etwas wärmer. Der Fluss ist nun breiter, seine rötlich angehauchte glatte Oberfläche liegt wie schlafend da. Die Berge sind niedriger. Hinter uns schließen sie den Fluss eng ein, vor uns aber treten sie zurück und geben eine weite Sicht über Land und Fluss frei. Bald werden sie ganz verschwinden, denn in spätestens zwei bis drei Tagen werden wir bereits den blanken Meeresspiegel bewundern können.

Wie aus einem Gefängnis treten wir durch einen schmalen, hohen Gang ins Freie.

Die letzte Nacht in einem koreanischen Dorfgasthaus ... Außer uns drängen sich noch an die zwanzig Koreaner in der kümmerlich beleuchteten, schwülen Stube. Insekten, Qualm, der aus den Fußbodenritzen hervorquillt und die Augen tränen lässt, und dazu der Rauch des kräftigen koreanischen Tabaks, der zum Niesen und Husten reizt. Wir wollten die Tür öffnen, aber man bat uns unter vielen Entschuldigungen, sie wieder zu schließen, da einige Insassen krank seien.

Ich mag weder essen noch schlafen, fühle aber doch das krankhaft Ungewöhnliche dieses Zustandes. Würde die Reise noch länger dauern, könnte ich mich vielleicht überwinden, aber nun ist mein ganzes Streben nur dem Abschluss zugewandt.

Wenn meiner Aufmerksamkeit nur nichts Wesentliches entgeht ...

Hier steht kein Wald mehr. Beide Ufer, das chinesische und das koreanische, sind dicht besiedelt. Das chinesische ist flacher, hat besseren Boden und ist daher auch besser kultiviert. Hier befinden sich in der Gegend Meng-suitschüan gegenüber dem koreanischen Berg Tschusanschang reiche Silberlager. Allen Chinesen stockt vor Begeisterung der Atem, wenn sie davon erzählen. Aber die chinesische Regierung verbietet ihren Abbau ebenso wie den Betrieb der Kupfergruben bei Linkiang.

»Und insgeheim?«

Die Chinesen schütteln die Köpfe. »Dort streifen ja Hunghudsen umher!«

17. Oktober

Heute kommen wir in Widschu an! Das war wohl der erste Gedanke, mit dem heute ein jeder von uns aufwachte. Es war ein grauer Morgen; der Himmel war bewölkt, etwas Feinkörniges rieselte hernieder. Noch konnte man im schwachen Dämmerlicht nicht erkennen, ob es draußen regnete oder schneite. Die Aussicht, wieder nass zu werden, war nicht sehr erfreulich, und die Arbeit lockte auch nicht. Die Natur wollte uns wohl zum Abschied beweisen, dass es keinen Zustand gibt, der nicht noch schlechter werden könnte. Aber weil wir uns davon ganz und gar überzeugen ließen, hatte sie ein Einsehen. Der Regen hörte auf, und es folgte ein zwar septemberlich trüber, aber doch warmer Tag. Der Frost blieb hinter uns in den Bergen zurück. Vor uns liegt nun der Süden, die Wärme, das Meer.

Diese Gegend wird oft von Japanern aufgesucht. Im letzten chinesisch-japanischen Krieg marschierten hier japanische Truppen durch.

»Sehen Sie doch«, sagt Kim voll Neid, »auf dem chinesischen Ufer wird Gold gewaschen und Getreide gesät. Sobald man aber über den Amnok nach Korea kommt, stehen bloß kahle Berge da. Drüben gibt es Gold und Silber, Eisen, Kupfer und reiche Wälder, hier aber ist alles leer. Nein, die Koreaner haben kein Glück.«

Mich lockt es, auch einmal die Rolle eines koreanischen Märchenerzählers zu spielen. »Rufen Sie unseren Wegführer. Ich will ihm erzählen, warum es in Korea kein Glück gibt ... Also: Als Okonschante die Erde geschaffen hatte, sandte er jedem Staat einen alten Mann als Beschützer. Auch der für Korea bestimmte Greis hatte Ackerland und Wald, Gold und Silber, Eisen, Kupfer und Kohle erhalten, packte das alles in einen Sack und machte sich auf die Reise. Unterwegs wurde er müde und kehrte in der Mandschurei zur Nacht ein. Die Mandschu boten ihm ihren Suli an. Der Greis konnte der Versuchung nicht widerstehen, er dachte: Zur Nacht kann ich ruhig trinken, denn bis morgen habe ich meinen Rausch wieder ausgeschlafen. Er wusste ja nicht, dass der chinesische Branntwein die Eigenschaft hat, am nächsten Tag wieder zu berauschen, sobald man Wasser trinkt*. Nun, der Alte wachte am nächsten Morgen auf, trank klares Quellwasser und setzte seinen Weg fort. Unterwegs befiel ihn der Rausch wieder, und so schritt er nun trunken den ganzen Tag weiter. Er kam über ein Flüsschen, dach-

---

* Er ist nicht ausgegoren.

te, das sei der Amnok, und begann seine Schätze auszustreuen: Ackerland und Wälder, Gold und Silber, Eisen, Kupfer und Kohle. Als er aber wirklich zum Amnok gelangte, waren in seinem Sack von all den Reichtümern nur noch die Berge und einige Kleinigkeiten übrig geblieben. Darum ging Korea leer aus. Das Schlimmste aber ist, dass der alte Mann auch die Urkunde, die den Koreanern das Glück zusicherte, bei den Chinesen liegen ließ.«

Der Koreaner hört mir zu, wiegt trübselig den Kopf und sagt etwas. »Ja, so ist das gewesen«, übersetzt mir Kim.

»Antworten Sie ihm, es sei nicht wahr, ich hätte es selber erfunden.«

»Ich habe es ihm gesagt, aber er glaubt mir nicht. Er meint, es sehe doch weit mehr nach Wahrheit als nach Erfindung aus. Auch bei ihnen herrscht der Glaube, dass das für die Koreaner bestimmte Glück den Chinesen zugefallen ist.«

Ich blicke in das sanfte, nachdenkliche Gesicht des Koreaners, das so deutlich die Trauer um ein für immer verlorenes Glück widerspiegelt.

18. Oktober

Der letzte Tag in Korea. Wir sind in der Stadt Widschu. Dem ersten Eindruck nach ist das die sauberste und reichste aller Städte, die wir bisher sahen. Zahlreiche Fansen sind mit nach vier Seiten abfallenden chinesischen Ziegeldächern gedeckt, deren Ecken sich hochwölben, als wollten sie in den Himmel davonfliegen. Oft sind sie in Drachen- oder Vogelgestalt geformt. Auf dem First erhebt sich ein zweites, von Säulen getragenes kleines Dach. Die Ziegel sind schwarz; schwarz oder auch weiß ist der Kalkbewurf, und diese beiden vorherrschenden Farben verleihen der Stadt ein etwas düsteres Aussehen. Die Türen und Fenster sind auch hier mit Papier bespannt, nur in sehr reichen Fansen sind kleine Glasscheiben eingesetzt.

Die Stadt stand vor dem Krieg in Blüte und zählte an die sechzigtausend Einwohner. Aber der Krieg hat sie sehr mitgenommen. Zuerst besetzten chinesische Truppen die beinahe schon geräumte Stadt und benahmen sich rücksichtslos, fingen das Vieh ein, rissen die Fansen nieder und vergewaltigten die Frauen. Dann zogen die Japaner ein, die sich, nach dem allgemeinen Urteil, vor dem Eintreffen ihres Hauptquartiers ebenfalls sehr gewalttätig aufführten. Erst als hier das Hauptquartier aufgeschlagen wurde, hörten die Missstände auf, und alle Entnahmen wurden bezahlt.

Jetzt hat die Stadt nicht mehr als fünfzehntausend Einwohner, und von den einstigen zwanzigtausend Fansen sind nur viertausend übrig geblieben. Die Bewohner wollen nicht zurückkehren, da die Chinesen des jenseitigen Ufers hartnäckig behaupten, bald werde ein neuer Krieg mit Japan ausbrechen.

Die Koreaner sind nach wie vor unverändert liebenswürdig. Der Stadthauptmann sandte sofort den Vertreter des Adels mit der Frage zu uns, ob wir etwas benötigten. Wir wollten unsere japanischen Goldmünzen einwechseln, für die hier sonst nur der halbe Wert geboten wird. Aber der Stadthauptmann tauschte sie zum vollen nominellen Kurs ein. Damit war er aber noch nicht am Ende seiner Liebenswürdigkeit. Er kam uns mit seinem Besuch zuvor, und als wir uns deswegen entschuldigten, sagte er: »Der Name des Russen wird in Korea heilig gehalten. Russland hat viel zu viel für uns getan und uns viel zu viel Großmut erwiesen, als dass wir das nicht schätzen sollten. Der Russe ist uns der liebste Gast. Wir stehen zwischen zwei gierig aufgerissenen Rachen, dem Japans und dem Chinas. Wenn wir bisher noch von keinem der beiden verschlungen wurden, haben wir das nur Russland zu verdanken.«

Wir sind in einer verhältnismäßig geräumigen Fansa mit Decke und tapezierten Wänden abgestiegen. Die Türen sind mit Papier beklebt, worauf Märchentiere gemalt sind. In die Mitte der Türen und Fenster sind Glasscheiben eingesetzt. Auf dem mit Matten belegten warmen Boden stehen die etwas rohe Nachahmung eines japanischen Wandschirmes und ein japanisches Toilettentischchen mit Spiegel und verschiedenen Salbendosen. Aber der Hof ist klein und schmutzig.

Die Straßen sind sauberer und breiter als in anderen Städten, sogar Wasserabzugsgräben sind vorhanden, aber trotzdem herrscht noch immer hinreichend Schmutz und Gestank. Man kommt sich vor, als ginge man durch den vernachlässigten Hinterhof eines unserer Provinzhäuser. Heute ist Jahrmarkt. In einer kurzen und engen Gasse drängen sich ungefähr fünfhundert Menschen. Dort sind die Läden geöffnet, und die Ware liegt gleich auf der Straße: Hirse, Reis, Mais, Teigwaren, Geschirr, Dörrfisch, billige Gewebe und Honigkuchen (wir kauften für zwanzig Käsch an die zwei Pfund, aber sie waren zäh und wenig süß). Arbeitsvieh wird herangetrieben. Manchmal trifft man sehr stattliche Ochsen mit etwa vierzig Pud Lebendgewicht. Nur gute Kühe gibt es nicht. Unter den Koreanern sieht man viele schöne, ikonenhaft dunkle Gesichter; doch die Frauen sind hässlich, mit breiten Backenkno-

Straßenverkäufer

chen, niedrigen Stirnen und einer kleinen, ungraziösen Gestalt. Aber sie blicken gutmütig und freundlich drein, besonders die reiferen Frauen, die sich mit ihren Jahren abgefunden haben und uns ruhig ansehen. Dank der zierlichen Frisur erinnert ihr Blick an etwas Wohlbekanntes – so guckt eine alte Gutsbesitzertante irgendwo in einem weltverlorenen Dörfchen auf die Gasse hinaus. Sie ist ärmlich gekleidet, aber ihre altmodische Frisur unterscheidet sie sofort von einer Bäuerin, und sie blickt einen gutmütig und freundlich an. Das ganze Leben liegt bereits hinter ihr.

Übrigens lassen sich auch solche Frauen hier nur selten sehen. Sie verbergen sich alle irgendwo in den Hinterstuben ihrer Fansen, und wenn sie einmal die Straße betreten, dann tragen sie hier große Hüte, wie ich sie in Nordkorea nicht bemerkt habe. Das ist kein Hut mehr, sondern ein ganzer Flechtkorb mit kegelförmigem Boden. Sein Durchmesser beträgt mehr als eine Elle, und daher bedeckt er die Frau bis zu den Schultern. Die Trägerin sieht durch das Geflecht. Eine Ausnahme machen nur die Tänzerinnen, ein offiziell bereits abgeschaffter Stand, der aber noch immer seinen Beruf ausübt. Ihre geschminkten Gesichter bleiben frei, sie blicken kühn und sicher drein, tragen schmucke Kleider aus bunter Seide und duften nach Moschus und Nelken. Um sie scharwenzeln immer einige junge Leute in ausgesucht schneeweißen, oft auch seidenen Gewändern, auf dem Kopf schwarze niedrige

Haarhüte mit riesigen Krempen. Sie wollen der Angebeteten offensichtlich mit ihren feinen Umgangsformen imponieren und ahmen in allem ihre der Kultur nach älteren chinesischen Brüder nach. »Das hier ist noch gar nichts«, wird uns gesagt. »Aber in Seoul, da gibt es gebildete Tänzerinnen, die sich nicht schlechter als die chinesischen auf Spiel und geistreiche Antworten verstehen.« Eine treffende Antwort, einen Reim zu finden, der sich doppelsinnig auf Politik, das gesellschaftliche Leben oder einen Aufsehen erregenden Vorfall bezieht – das gilt als Gipfel der Bildung.

Wir schlendern über den Markt. Ein Koreaner hat sich eine Hand voll Reis gekauft, ein anderer schleppt ein Säckchen mit Mais oder Hirse, und das schwere Käschbündel klappert hinten am Gürtel. Der kleinste Dorfmarkt bei uns bietet mehr Waren und erzielt größere Umsätze.

Jetzt naht ein feierlicher Begräbniszug. Die Verstorbene ist eine alte Frau, die Gattin eines reichen Koreaners. Die Prozession zieht mit Weinen und Klagerufen an uns vorbei. Voran reitet im Herrensitz eine Frau in einem Kittel aus grobmaschigem Gewebe, einen Strick als Gürtel. Sie sieht aus, als wäre sie von einem durchscheinenden Sack bedeckt. Das ist die Lieblingssklavin, der es obliegt, die Verstorbene zu beweinen. Diese Ehrenrolle übertönt in ihr die Trauer, und obwohl sie eifrig ihr Klagegeheul ertönen lässt, blickt sie sich doch immer wieder besorgt um, aus Angst, den Zeitpunkt zu verpassen, wo sie zu verstummen hat. Ihr hässliches Gesicht zeigt eine Koreanerinnen sonst nicht übliche Lebhaftigkeit. Man merkt, dass das ein Ereignis ist, eine Ehre, von der sie ihr Leben lang zehren wird. Alles kehrt wieder ins alte Geleise zurück, man wird sie wieder unterdrücken und schlagen, aber dieser Tag lässt über ihr ganzes Leben seinen Sonnenschein erstrahlen und wird es bis zum letzten Atemzug erleuchten. Von ihm wird sie den Enkeln und Urenkeln ihrer Herrschaft erzählen, an einem klaren Frühlingstag, wenn ihre alten Glieder sich Ruhe gönnen, oder an einem düsteren Herbstabend, wenn das Reißen in ihnen tobt. Genauso erzählen auch bei uns alte Kinderfrauen, die noch die Leibeigenschaft und alles Unrecht der Bauern miterlebt haben, den Herrschaftskindern.

Der Sklavin folgt eine Reihe von Symbolen. Auf Stangen werden Bretter getragen, worauf Menschen und Fabeltiere oder riesige Ringe aus rotem und goldenem Papier stehen. Das ist das Geld, das die Tote in der Unterwelt bezahlen muss. Man wird es ihr ins Grab legen. Aber sie zahlt auch jetzt schon; zwei Mann streuen solches Geld über den

Holzkohlenverkäufer

Weg. Das versöhnt die Geister der Unterwelt, und wenn sie jetzt der Leiche folgen, werden sie weder der Toten noch den Verwandten, noch jenen, an deren Häusern der Zug vorbeikommt, ein Leid antun. Trotzdem tragen aus jedem Haus die Frauen sicherheitshalber noch eine Hand voll dürren Laubes, Reisig oder Tannenäste heraus und verbrennen sie. Rauch vertreibt die bösen Geister noch sicherer als Geld, jedenfalls ist er aber hygienischer. Die Prozession kommt nun näher heran, und der Leichengeruch wird in der unbeweglichen, von der Sonne durchglühten Luft immer unerträglicher. Kein Wunder, denn die Tote lag bis zur Beerdigung drei Monate in ihrem Haus aufgebahrt. Jetzt sehen wir die große, verschlossene Sargsänfte mit einem Baldachin darüber. Die Wände sind bunt bemalt, auf der Sänfte stehen

Furcht einflößende Gesichter, Drachen, Schlangen und heilige Vögel. Allen voran gehen die Kinder, Verwandten und Bekannten. Dahinter folgt eine Sänfte mit der Freundin der Verstorbenen. Diese weint laut, wie es die Pflicht gebietet. An einer Wegkreuzung hält der Zug an. Hier führt der Weg zur Stadt hinaus, und nun wird innerhalb der Mauern das letzte Gedenken gefeiert. Ein reich verzierter, kaum eine halbe Elle hoher Tisch mit Fischspeisen (kein Fleisch, weil Fastenzeit ist), Reisschalen und Wachskerzen wird vor den Sarg gestellt. Die männlichen Leidtragenden, in der gleichen Trauerkleidung wie die Sklavin, kauern sich davor hin. Der Gatte der Toten liest etwas vor, der Sohn, ein sechzehnjähriger Jüngling, steht vor dem Tisch, das Gesicht der Sänfte zugewandt, und verneigt sich in rascher Folge bis zur Erde oder faltet die Hände, hebt sie hoch und lässt sie wieder sinken. Das Lesen geschieht singend, und oft fallen alle in die Melodie ein und wiederholen sie. Dann kommt wohl der Höhepunkt der Feier heran, denn alles stürzt zu Boden, und durch die leidenschaftlich klagende Melodie dringt auch aufrichtiges Schluchzen. Alles vermittelt den Eindruck eines unwiderruflichen, leiderfüllten Endes, dem nur noch trostlose Leere folgt.

Die Feier ist beendet, der Tisch wird weitergetragen, die Prozession setzt sich wieder in Bewegung und verschwindet langsam hinter der Stadt in den hellen Strahlen des klaren Tages. Und wie bei uns ist es, als wäre plötzlich alles stiller geworden, und das Krähen der Hähne klingt unnatürlich laut.

Es ist Zeit, dass wir dem Stadthauptmann unseren Besuch machen.

Der kleine Beamte mit einem aus nur wenigen Haaren bestehenden Bärtchen erwartet uns bereits in einem lila Seidenkaftan auf seinem Balkon. Für uns steht das mittlere Tor offen, wir dürfen – das gilt als höchste Ehrung – über die Mitteltreppe hinauf. Auf ihr eilt uns nun der Stadthauptmann entgegen. Wir reichen uns die Hand und betreten sein Haus. Das Gemach enthält keine Stühle. Man fordert uns mit einer Handbewegung zum Sitzen auf. Ich bin das schon gewohnt und hocke mich ohne Schwierigkeit hin, aber Borminski gelingt das nicht, und für ihn wird eine hohe Sitzgelegenheit hereingetragen. Auf kleinen Tischen werden uns Reis und Suppe angeboten. Da wir kurz zuvor gegessen haben, nehmen wir nur wenig davon. Der Gastgeber schenkt mir zwei Blätter mit Inschriften, die der bekannte Dichter Kim verfasst hat. Auf dem einen wird von der Stadt Widschu gesagt: »Wo die Berge enden, wo die Täler grünen, wo der glatte Wasserspiegel sich weitet, wo der Himmel blau sich wölbt und weiß die Wolke schwebt, dort liegt die Stadt Widschu.« Dieser Kim war einst hier Stadthauptmann, liebte seine Stadt und hinterließ ein sehr gutes Andenken.

Ich betrachte die kleinen, hohen Zimmer, an deren Wänden chinesische Schriftzeichen senkrecht herunterlaufen. Alles ist bereits besprochen, der Gastgeber drückt wiederholt sein Bedauern aus, dass wir die Stadt heute schon verlassen, wir wollen uns erheben und verabschieden – da kommt jemand mit einer Meldung herein. Der Stadthauptmann verzieht sein Gesicht, sagt etwas, erhebt sich unwillig und geht zur Tür. Dort bleibt er wartend stehen. Im Hof ist Lärm zu hören. Dann zeigt sich ein chinesischer Offizier mit einigen Soldaten. Hausherr und Gast begrüßen sich an der Schwelle mit Verbeugungen. Der chinesische Offizier hat ein schönes Römergesicht, ist glattrasiert und hoch gewachsen, schlank, mit zierlichem Gehaben; er trägt ein der Tunika ähnliches Gewand. Als er das Zimmer betritt, verneigt er sich etwas überheblich, aber doch höflich vor uns und setzt sich, vom Hausherrn aufgefordert, auf den Teppich.

Ich will mich entfernen, aber unser Kim hat bereits aus den wenigen bisher gefallenen Worten erfasst, worum es geht, und sagt mir: »Bleiben Sie, das ist sehr interessant! Das ist der Kommandant einer chinesischen Stadt. Er will sich beklagen, dass dreihundert Koreaner sein Floß geraubt hätten. Gewiss gehört ihm gar kein Floß, hat es die dreihundert Koreaner nie gegeben und ist überhaupt alles erlogen.«

Wenn der Offizier Kims Worte verstanden hätte! Aber er sitzt würdevoll und ruhig da und lässt nur seine großen, schönen, untermalten Augen ein wenig umherschweifen. Die schmalen, zierlichen Hände mit langen, gefeilten Nägeln und einem breiten Ring mit einem bunten Schmuckstein am Daumen liegen auf seinen Knien. Er weiß sehr wohl, dass alles an ihm kostbar ist, ihm gut steht, dass er Haltung besitzt. Er weiß, dass er schön und wohlgebaut ist, dass er sowohl ein bezaubernder Courschneider als auch ein schonungsloser Richter oder ein gieriger Räuber sein kann, der sich keine Gelegenheit entgehen lässt. Das ist er auch in diesem Augenblick, und sein Gesicht scheint zu sagen: Selbst wenn ich mich in diesem Augenblick bloßstelle und mich von dieser Seite zeige, ist mir das doch einerlei. Ich weiß ja, dass ich auch die anderen Fähigkeiten besitze, und ich will mein Ziel erreichen.

Der kleine koreanische Beamte bildet einen völligen Gegensatz zu seinem Besucher und windet sich ärgerlich gereizt. Er unterbricht seinen Gast und wendet sich an den Dolmetscher: »Frage, ob ein neues Gesetz herausgekommen ist, wonach die chinesischen Soldaten mein Zimmer betreten dürfen und dabei nicht einmal ihr Schuhwerk abzulegen brauchen!«

Die Soldaten in blauen Röcken mit roten und gelben Aufschlägen sind tatsächlich ohne viele Umstände ihrem Kommandeur gefolgt und scheinen jetzt nur noch auf einen Befehl zu lauern, um über den schmächtigen Hausherrn herzufallen.

Der Dolmetscher wendet sich diplomatisch nicht an den Offizier, sondern flüstert den Soldaten etwas zu. Diese verlassen unwillig und gekränkt nicht nur den Raum, sondern gehen in den Hof hinaus.

Nachdem der Hausherr den Besuch angehört hat, sagt er zum Dolmetscher: »Alle Chinesen führen Klage, sie würden von den Koreanern beraubt, aber nicht einmal die kleinen Kinder glauben daran und lachen bloß darüber. Dabei sind es ihre eigenen Hunghudsen, die sie ausplündern. Immer hat das Floßholz dem Kommandanten gehört, aber niemals kann eine Urkunde vorgewiesen werden. Er behauptet, dass seinen Flößern auch Geld fortgenommen wurde. Seit wann haben Flößer Geld?« Der Gastgeber lässt müde den Kopf sinken, er schämt sich für sich und seinen Besuch. Der Offizier verlangt, dass die Schuldigen aufgefordert werden, sich dem Gericht zu stellen. Der Stadthauptmann gibt die entsprechende Anweisung.

Wir stehen auf und verabschieden uns. Der einem Römer gleichende Chinese schenkt uns wieder eine seiner würdevollen Verbeugungen, er erhebt sich sogar und reicht uns die Hand. Ich drücke sie und denke dabei erfreut, dass er heute nicht mehr in seine Stadt zurückkehren kann, während ich dort nächtigen und morgen früh noch vor seiner Rückkehr aufbrechen werde, dass mir also ein Besuch bei ihm erspart bleibt. Der Hausherr lässt seinen Gast mit sichtlichem Vergnügen stehen und begleitet uns trotz unserer eindringlichen Einwände bis zum Tor.

Wir eilen in unsere Fansa zurück. Die chinesischen Matrosen erwarten uns bereits mit ihrem riesigen Kapitän. Wir wollen nun die Ostküste der Liautung-Halbinsel entlang nach Port Arthur reisen. Unsere Pferde, die Bessedin und Ta Ani von Linkiang hierherführen sollen, sind noch nicht eingetroffen. Da Borminski und ich in Port Arthur noch Verschiedenes zu erledigen haben, was uns dort einige Tage aufhalten wird, beschließen wir, vorauszufahren, um die Zeit auszunützen. Die anderen sollen uns mit dem Tross folgen. Der Tross wird Iwan

Afanasjewitsch unterstellt, bei dem die Soldaten Bibik, Bessedin und Chapow und der Koreaner Ta Ani bleiben. Außerdem bekommen sie den chinesischen Dolmetscher Wassili Wassiljewitsch zugewiesen. Ich trenne mich nur ungern von ihm, aber an seine Stelle tritt nun ein chinesisch sprechender Koreaner; er wird Kim alles ins Koreanische übersetzen, der es an mich russisch weitergibt. Die Vorausabteilung besteht somit aus Borminski, mir, Kim und einem koreanischen Einwohner von Widschu. Wir führen zwei Revolver und meinen Mauserkarabiner mit den letzten neun Patronen mit uns. Alle anderen Waffen bleiben beim Tross. Das ist freilich eine etwas übertriebene Bezeichnung, denn er besteht aus sieben Pferden, also nur einem mehr, als Reiter vorhanden sind. Dieses überzählige Pferd trägt den Kochkessel und die vier noch heil gebliebenen Schüsseln – das ist alles.

Der Kapitän und die Matrosen versichern uns, unser Weg nach Port Arthur sei völlig gefahrlos. »Seepiraten gibt es wohl, aber keine Hunghudsen. Der ganze Weg führt durch dichtbesiedeltes Ackerland.« Diese Aussage genügt mir vollauf, um jeden Gedanken an irgendwelche Räuberbanden zu verscheuchen. Denn wenn ich dort im Gebirge die Hunghudsen als eine hässliche Pestbeule der chinesischen Zivilisation kennen gelernt hatte, bekam ich seitdem genug Gelegenheit, mit dem in Sitte und Brauch ehrenwerten Stand der Ackerbauern vertraut zu werden. Und noch einen Stand lernte ich in der Person meines Kapitäns und seiner Matrosen kennen, den der Proletarier, der Arbeiter, die sich auf ehrliche Weise ihr Brot verdienen wollen. Ich empfinde für beide die größte Hochachtung; ich sah die schwere Arbeit des Ackerbauers am Amnok und an seinen Zuflüssen, ich sah die harte und tapfere Arbeit der Matrosen. Ich sah diesen durch freie Arbeit geadelten Blick, und ich verstand, ich fühlte, dass bei aller äußeren Ähnlichkeit mit den Hunghudsen (der schmutzigen Kleidung, dem unsauberen Zopf, dem verrußten Aussehen von Hinterwäldlern) der innerliche Gegensatz unermesslich groß war, ebenso groß wie bei uns zwischen einem die Wälder durchstreifenden Vagabunden und der sesshaften Bevölkerung.

Das alles erklärte ich dem tapferen kleinen Iwan Afanasjewitsth beim hastigen Einpacken, weil er einige Bedenken über das Wagnis unserer Reise geäußert hatte. Alles ist fertig. »Nun, meine Herrschaften, auf Wiedersehen in Port Arthur! Denkt stets daran, dass ihr Gäste seid und folglich nie etwas fordern dürft. Im Gegenteil, ein guter Gast ist stets bemüht, seinem Gastgeber einen Gefallen zu tun.«

Wir sitzen wieder auf unserer »Großmutter«. Sie bringt uns den Fluss hinab zum chinesischen Städtchen Sachou«; von dort werden wir über die Liautung-Halbinsel zu Lande weiterreisen. Sachou liegt fünfunddreißig Li von Widschu entfernt. Von dort sind es weitere dreißig Li nach Tatungkàu, dem Hauptausfuhrhafen für Holz an der Mündung des Aninok.

Die Sonne geht unter, wir sehen zum letzten Mal das Ufer Koreas. Schon steht die Sonne hinter den Bergen, und nun leuchten die von einem violetten und goldfarbenen Dunst überzogenen fernen Gebirge auf. Stille, Ruhe, Frieden.

Der Fluss flammt, aber alles liegt reglos da, wirkt wie der süße, aber wache Traum eines müden Menschen, der schläft und träumt, sich aber seines Traumzustandes bewusst bleibt.

Wassili Wassiljewitsch, der uns bis zur Stadt begleitet, freut sich wie ein Kind darüber, dass wir nun endlich nach China, in eine chinesische Stadt fahren. Es ist seine Heimat, seine Stadt, die uns nun empfangen wird. »Was ist schon an Korea«, sagt er mit gutmütigem Spott und einer verächtlichen Handbewegung. »Sehen Sie sich einmal unser China an. Geht mir mit Korea!« Er redet freudig auf den Kapitän ein. Der nickt ihm mehrere Male zu und lässt nun seinerseits einige Kehl- und Nasenlaute ertönen. Wassili Wassiljewitsch übersetzt eifrig: »Dort gibt es Zucker und Tee und Weißbrot. Na? Was ist dagegen Korea! Solche Äpfel gibt es dort! Na? Pfefferkuchen, alles ist dort ein großes Gasthaus.«

»Dann können wir also gleich morgen Pferde mieten?«

»Sie bekommen welche bis Port Arthur. Gute Pferde oder Maultiere. Es ist nicht so wie in Korea, wo man in einem ganzen Dorf kaum einen Ochsen auftreiben kann. Nein, hier gibt es Ochsen und Pferde, Maultiere und Esel, so viel man will – mehr als in ganz Korea ... Ein reiches Land ... Sie steigen in einem Gasthof ab, essen zu Abend und gehen morgen ins Theater ... Wieder wendet sich Wassili Wassiljewitsch an den Kapitän, der flink mit leuchtenden Augen zu reden beginnt. »Er will Sie morgen einladen, ins Theater führen und mit einem chinesischen Mittagessen bewirten. Auf seine Kosten, weil er Sie so liebgewonnen hat.«

Ich bedanke mich bei dem Kapitän und drücke mein Bedauern aus, dass meine Zeit so knapp ist. Auch dem Kapitän tut das leid, und wir fahren schweigend weiter, jeder in seine Gedanken versunken.

Der Mond ist aufgegangen, sein Schein überflutet das Wasser. Im undeutlichen Halblicht verschmelzen die bizarren blassen Gebirge mit den Wolken. Bald naht das Ende unserer Reise. Dieser Gedanke geht mir nicht aus dem Kopf, obwohl vor uns noch vierhundert Werst durch ein mir völlig unbekanntes Land liegen. Ich glaube an die Kultur und an die Sicherheit inmitten einer kultivierten Bevölkerung, aber wie leicht, wie bald kann dieser Glaube zuschanden werden! Irgendein Hunghudse mag uns entgegentreten, eine uns unbegreifliche Empörung kann aufflammen, und dann wird alles sehr bald rätselhaft und unverständlich. Man fühlt die Ohnmacht dreier Reisender inmitten eines fremden Landes, in dem ab und zu doch allerlei Gewalttaten vorkommen, Missionare ermordet werden, Aufstände ausbrechen oder ein zufällig in die Unruhen hineingeratener Europäer ums Leben kommt.

Was mag wohl für diesen Reiseweg besser sein? Sollen wir uns an die chinesischen Behörden mit der Bitte um Unterstützung wenden oder uns der Gastfreundlichkeit der Bevölkerung anvertrauen und uns nur mit ihr abgeben? Vor allem sind Behörden in aller Welt einander gleich. Selbst angenommen, dass sie einem liebenswürdig und gastfreundlich entgegenkommen, hat eine Verbindung mit ihnen erstens einen Zeitverlust zur Folge, und zweitens will jede Behörde ihre Existenzberechtigung nachweisen. Welchen Weg wird in diesem Fall eine chinesische Behörde wählen? Vielleicht hängt sie uns Soldaten auf, die wir bezahlen müssen, und wir haben ohnehin nicht mehr allzu viel Geld. Vielleicht aber hält sie uns zurück, bis sie von ihrer Obrigkeit die Nachricht bekommt, dass wir weiterreisen dürfen. Weiß diese Obrigkeit überhaupt etwas von uns? Nimmt man aber an, dass sie sich als unliebenswürdig erweist, dann kann es endlose Komplikationen geben, kann es dazu kommen, dass sie die Bevölkerung gegen uns aufhetzt und ihr verbietet, uns zu fahren oder uns etwas zu verkaufen.

Da andere Reisende solche Fälle schon erlebt haben, ist jede der beiden Methoden gleichermaßen mit einem Wagnis verbunden. Für eine Reise ohne Mitwirkung der Behörden spricht jedoch die größere Geschwindigkeit und die psychologische Wirkung der Überraschung: Noch ehe die Leute bei unserem Anblick auf den Einfall kommen, Meldung zu machen, sind wir schon wieder fort. Und wenn wir spät zur Nacht eintreffen und früh wieder aufbrechen, wird uns niemand überholen, so dass wir stets die ersten sind, die die Kunde von unserer Anwesenheit weitertragen.

Auf dem Boot ist es still. Die Ruder knarren gleichmäßig in den Dollen. Der Kapitän hat sich hingekauert und singt ein chinesisches

Lied. Die Melodie enthält viele nasale und metallisch klingende Laute, als ahmte sie den Schall eines Gongs nach. Sie ist reich an Dissonanzen, und die Schlussakkorde folgen stets in einer befremdend anderen Tonart und nicht im Takt. Der ganze Gesang wird von scharfen, oft unangenehm schrillen Zwischenrufen begleitet; manchmal hört man eine Art Rezitativ heraus. Stellenweise wird man an Wagnersche Musik erinnert, und man könnte meinen, dass unser Gehör sich vielleicht gerade in dieser Richtung weiterentwickeln und eine kommende Generation in diesen Dissonanzen und disharmonischen Rufen Melodie und Reiz finden wird, wie das offenbar bei den Chinesen der Fall ist. Ich erinnere mich an Berlioz' »Fausts Verdammnis« und an Gounods »Margarete«. Noch sind keine hundert Jahre vergangen, seitdem diese beiden Werke erschienen. Gounod wurde über alles gelobt, Berlioz dagegen ausgepfiffen, verlacht und geschmäht. Dem einen Schöpfer fiel alles Glück, dem anderen alles Leid des Lebens zu. Beide schlafen nun schon den ewigen Schlaf, aber das musikalische Gefühl der Menschen hat sich seitdem offenbar sehr verändert, denn die Verehrung gilt jetzt nicht mehr Gounod, der neben Berlioz auf uns kindlich wirkt. Wagner mit seiner unverständlichen Musik ist unser Zeitgenosse, und er hat schon gesiegt. Vielleicht wird dereinst auch diese chinesische Musik siegen? Vielleicht findet man dann in ihr den gleichen tiefen Sinn, den die Verehrer Chinas in seiner ganzen fünf Jahrtausende alten Kultur zu erkennen glauben.

Unser zukünftiger Dolmetscher in seinem weißen Gewand hockt sich hin und zieht vor Kälte die Schultern hoch. Wir alle frieren, die feuchte Luft durchdringt alles. Ich frage Kim, ob dieser Koreaner uns nicht ein Märchen erzählen könnte. »Er sagt, er kenne keines.« – »Wie, nicht ein einziges Märchen?« – »Nein, in Widschu gibt es keine Märchen mehr. Sie sind alle hinter uns geblieben.«

Der Koreaner sagt etwas. Kim übersetzt: »Er sagt, die gegenwärtige Dynastie regiere über ihre Zeit hinaus, darum gehe es in Korea mit allem so bergab. Den Prophezeiungen nach müsste seit fünfundzwanzig Jahren bereits ein gewisser Pen regieren.«

»Wo ist dieser Pen?«

Kim hört sich die Antwort an und übersetzt: »Pen lebt auf einer Insel, aber niemand weiß, ob das stimmt, denn keiner, der bisher auf diese Insel geriet, kehrte je wieder. Vielleicht wurden sie alle als Soldaten eingezogen. Dieser Pen wird ja auch ein Heer brauchen, um die alte Dynastie zu stürzen ...«

König Kajang

»Sie sollten nicht lachen. Er wird glauben, dass wir über ihn spotten, und wird nichts mehr erzählen wollen.«

»Nein, nein, das macht gar nichts. Oh, jetzt sagt er noch etwas ... Ah, so ist das also! Er meint, die Koreaner sollten gleich den Japanern ein neues Leben beginnen, die alte Kleidung und Frisur und auch den alten Glauben aufgeben.«

»Sind viele Koreaner dieser Ansicht?«

Er bejaht dieses und ich weiß das auch selbst. »Sie würden sich aber genieren, es zu tun. Aber wenn es ihnen jemand befehlen würde ...« Also wenn der zweite Königssohn« – sage ich –, »der jetzt in Japan lebt, die Tochter des Kaisers von Japan heiratet, auf den Thron kommt und es befiehlt ...«

Er verneint. »Es geht nicht, dass er eine Japanerin heiratet. Das hat es noch nie gegeben.« – »Aber das Neue, was sie einführen möchten, hat es vorher auch nie gegeben.« – »Richtig.«

»Lieben die Menschen Ihren jetzigen König?« – »Niemand mag ihn. Er ist dumm und unglücklich, sein ältester Sohn ist ein Vollidiot. Er wurde verheiratet und weiß nichts mit der Frau anzufangen, er sitzt und schweigt. Er hatte einen Bruder, jedoch nicht der Bruder in Japan, sondern von einer Mätresse. Er war sehr klug, aber die Königin befahl ihn zu töten, damit er nicht auf den Thron kam, und sie würde auch den in Japan töten lassen.«

»Ja, er sagt, viele hier seien es. Aber auch ich weiß das.«

Der Koreaner spricht weiter. »Der gegenwärtige Kaiser und seine Minister verstehen sich lediglich darauf, die Schätze Koreas zu verschleudern und zu verkaufen oder auch einfach zu verschenken, nur damit man sie regieren lässt. Wenn man sie nicht verjagt, werden sie bald ganz Korea verkauft haben. Schon jetzt ist nicht mehr viel übrig.«

Ich blicke in die Richtung, wo Korea hinter uns zurückgeblieben ist. Es ist nichts mehr zu sehen, Korea ist verschwunden, hat sich im matten milchigen Schein des Mondlichts aufgelöst. Der einzige Koreaner, der noch mit uns fährt, ist unser Führer. Sein weißes Gewand schimmert als heller Fleck am Bug der »Großmutter«.

Dafür kommen die Lichter der chinesischen Küste immer näher, und in der blassen Ferne zeichnen sich bereits die dunklen Schatten unzähliger Masten ab. Der erste Eindruck ist der eines großen Seehafens. Die Nacht übertreibt die Umrisse der Schiffe; man glaubt eine mächtige Flottille von großen Dampfern und Segelschiffen vor sich zu haben. Dabei sind es nur Flachboote von der Größe unserer »Großmutter«, manche vielleicht etwas geräumiger, die in die offene See hinausfahren und sehr oft das Opfer der Piraten und Stürme werden.

Nun tritt der Kai hervor, wir erblicken die beleuchteten Häuser und Kaufläden.

Jetzt stehen wir am Ufer, und im Laternenschein umringt uns eine dichte, schmutzige Menge verschiedener Arbeiter, Matrosen, Lastträger und Händler. Weder dem Schmutz noch der Form oder Farbe nach unterscheidet sich ihre Kleidung von der der Hunghudsen: blaue Jacke, weiße Hosen, darüber noch ein Paar, das unten an den dicken Filzschuhen festgebunden ist, auf dem Kopf ein schirmloses Mützchen, entweder rund, klein und mit einem roten, blauen oder schwarzen Zipfel oder mit Flügeln an beiden Seiten.

Die Menge empfängt uns mit jener frohen Überraschung, mit der man mitten in der Nacht zugeflogene, noch nie gesehene Vögel betrachten mag. Die Leute treten näher heran, betasten unsere Kleider, teilen sich ihre Eindrücke mit und lachen. Aber auch wir nehmen gierig jenes Besondere, Kennzeichnende in uns auf, das wir noch nicht genau definieren können. Wie in Wladiwostok finden wir auch hier kräftige, wohlgebaute Gestalten mit dunklen Gesichtern, die oft durch ihre Regelmäßigkeit und Schönheit überraschen. Hier sieht uns ein hagerer Spanier mit scharfen Zügen und großen, kohlschwarzen Augen an. Da ist ein lässiger Italiener mit seinem funkelnden Blick. Dort steht ein Römer in klassischer Pose, mit einem edlen, glattrasierten Gesicht. Und das hier ist ein echter Judentyp mit seinen klugen Zügen, dem flinken Blick und den eifrigen Bewegungen. Aber auch ein lustiger Franzose mit einer leicht aufgeworfenen dicken Kartoffelnase guckt zu uns herüber. Nur Blonde sind nicht zu sehen, und darum wird man weniger an Slawen, Deutsche oder Engländer erinnert. Würde man jedoch diese ganze chinesische Menge europäisch kleiden, ihr die Zöpfe abschneiden und die Bärte wachsen lassen, wären sie von dunkelhaarigen Russen äußerlich kaum zu unterscheiden. Die bereits ergrauten Chinesen, denen es erlaubt ist, einen Bart zu tragen, könnte man selbst in dieser Kleidung mit den deutschen Kolonistentypen Russlands verwechseln.

Nein, man muss sich ein für alle Mal endgültig von einem verallgemeinerten Gesamtbild des Chinesen lossagen, mehr noch von jener Karikatur, zu der sich die Händler mit Tee und anderen chinesischen Waren auf ihren Packungen verpflichtet glauben.

Ich sehe mir die Straße und die Häuser an. Diese breiten Verkehrswege, diese aus Steinen und Ziegeln gebauten Häuser bin ich gar nicht mehr gewohnt. Hier stehen auch von mächtigen Mauern umgebene große Lagerhallen, und alles wirkt fest und dauerhaft. Die leichtgeschweiften Dächer sind mit dunklen Ziegeln gedeckt, und die weißen Mörtelstreifen betonen noch die schöne Arbeit. Ebenso sind auch die Fugen zwischen den dunklen Ziegeln geputzt. Die beinahe schwarze Farbe der Ziegel wird durch einen besonderen Glühprozess und nachfolgendes Abschrecken mit Wasser erzielt (was aber sehr oft die Festigkeit mindert). Auf Schritt und Tritt begegnet man dem Bestreben, nicht nur fest, sondern auch schön, sogar zierlich zu bauen. Diese Drachen, die Signalmasten, die roten Pfähle, die lang herabhängenden roten Ladenschilder mit goldenen Schriftzeichen darauf, die Vogelkäfige und Blumen vor den Ladenfenstern ...

Borminski macht eine ungeduldige Bewegung, und die Neugierigen weichen sofort vor ihm zurück.

In Erwartung des Kapitäns, der einen Gasthof suchen gegangen ist, treten wir vor einen Obstladen. Riesige, zwar harte, aber trotzdem saftige und süße Birnen und gekochte oder geröstete Kastanien werden hier angeboten. Mein Gott, das bedeutet doch, dass nun endlich jene Entbehrungen zu Ende sind, von denen sich ein Uneingeweihter gar keinen Begriff zu machen vermag! »Ja, morgen gibt es frische Brötchen und süßen Kuchen«, wiederholt immer von neuem der begeisterte Wassili Wassiljewitsch. »Sie werden im Gasthof ein reichliches Abendessen bekommen und guten Tee trinken.«

Gasthof, Abendessen, Brötchen, guter Tee, Birnen, Kastanien, diese schönen Bauten, diese breiten Straßen, dieses lebhafte Nachtleben am Hafen, die Laternen – welch ein Gegensatz! Hier fühlt man Energie, ein ganz anderes, machtvoll pulsendes Leben.

Es ist die warme Nacht einer südlichen Stadt, es sind auf Schritt und Tritt die Merkmale des Südens mit seinen Gestalten, seinem Straßenleben und dem Duft gerösteter Kastanien.

Wir gehen durch die breiten Gassen und suchen eine Unterkunft. Chinesenjungen mit Körben schlüpfen an uns vorbei und bieten laut schreiend geröstete Kastanien an. Ein Chinese wacht auf, ruft einen Jungen heran, isst ein paar Kastanien und schläft dann weiter. Das nennt man hier die Hungrigen wecken.

Alle Gasthäuser sind besetzt, die großen Höfe sind mit Pferden, Ochsen, Maultieren und Eseln überfüllt. Das leidenschaftliche Geschrei der Esel, die Rufe der Kastanienverkäufer hallen durch die schläfrige Luft, Müdigkeit lässt die Augen zufallen. Wir gehen weiter, alles erscheint uns, als hätten wir es schon einmal im Traum gesehen.

Endlich finden wir am Rande der Stadt einen Gasthof, zu dem wir an einer langen Reihe von Steinmauern vorbeigehen mussten. Wassili Wassiljewitsch ist etwas verlegen, weil unser Quartier nicht gerade zu den ansehnlichen gehört, aber wir freuen uns über den großen Schuppen, in dem man uns einen Raum zuweist. Bald bekommen wir klein geschnittene, in Bohnenöl gebratene Fleischwürfel vorgesetzt, dazu Reis, Tee und Zucker. Alles erscheint uns prächtig und überraschend schmackhaft. Wir sitzen auf der hohen Lagerstatt, uns würgt dichter Rauch, der die Augen tränen macht, aber wir sind zufrieden und essen mit einer längst vergessenen Begeisterung.

Über die Liautung-Halbinsel

19.–21 Oktober 1898
Wir wachten früh auf, aber noch früher waren die Neugierigen aufgestanden, und eine Menge müßiger Chinesen wartete mit gutmütig kindlicher Neugier, was nun wohl folgen mochte ... Was folgte, war, dass wir uns in ihrer Gegenwart waschen und anziehen mussten.

Die für uns bestimmten Fuhrwerke stehen bereits im Hof. Auf zwei riesigen Rädern ist ein Gitterkasten aufgebaut, der mit blauer Leinwand bespannt ist. Der Kasten ist etwa einen halben Rumpf hoch, zwei Drittel breit und anderthalb lang. Selbst ein einzelner Reisender sitzt darin unbequem, für zwei ist es abscheulich, zu dritt scheint es undenkbar zu sein, aber die Chinesen bringen es fertig, fünf Mann im Kasten und zwei auf dem Vordersitz unterzubringen. Wagenfedern fehlen natürlich, und da der Sitz gerade über der Achse liegt, wird das Rütteln unmittelbar übertragen. Fährt der Wagen einen Hang hinunter, so rutscht man mit all seinen Sachen zum Kutscher nach vorn; geht es bergauf, dann wird man an die Rückwand geschleudert und vom Gepäck erdrückt, und in den tiefen Straßenlöchern stößt man immer wieder mit dem Kopf, Arm oder Rücken gegen die harten Wände dieses engen Käfigs. Vierhundert Werst sollen wir so reisen!

Drei Maultiere sind eingespannt, eines an der Deichsel, zwei davor. In ganz Korea gibt es zwar nicht einmal ein solches Fahrzeug, aber etwas Widersinnigeres, Schwerfälligeres und Unbequemeres in Bezug auf Sitzmöglichkeit und richtige Kräfteverteilung kann man sich kaum vorstellen. Die Kraft allein eines Pferdes geht damit verloren, die zehn Pud schweren Räder, die zu einer Geschützlafette passen würden, vorwärts zu bewegen. Dabei fahren wir in einem leichten Fahrzeug; die Lastfuhrwerke sind noch gewichtiger, und eine Last von dreißig Pud muss von sechs oder sieben Tieren – Ochsen, Kühen, Maultieren, Pferden und Eseln, alle durcheinander – gezogen werden. Rührend sieht so ein Gespann von sechs schweren Ochsen mit einem Eselchen als siebentem aus. Es klappt gleichgültig seine langen Ohren auf und nieder und blickt einen inmitten seiner großen Kollegen würdevoll aus dem Gewirr der Zugstränge an.

Die Räder sind mit dicken Eisenreifen versehen, die einen scharfen Spurkranz besitzen. Wie ein Pflug schneidet er in den Boden ein. Bei Steinboden mag das noch angehen, aber in weichem Grund wird die

Radfurche eine halbe Elle tief, und dabei bleibt meist gerade an jener Stelle, wo das eine Rad besonders tief liegt, die andere Furche ganz flach. Ein Fahren im Trab ist bei diesem fürchterlichen Hin- und Herschwanken völlig ausgeschlossen. Man muss sich wundern, dass man überhaupt im Schritt vorankommt.

»Was soll man dagegen tun?«, verteidigt sich der Fuhrmann. »Das Gesetz erlaubt es nicht, andere als zweirädrige Fahrwerke zu bauen. Nur der Kaiser darf auf vier Rädern fahren.«

Wegen eines Menschen, der übrigens niemals irgendwohin fährt, sind die übrigen vierhundert Millionen so verrückten Bedingungen unterworfen, wie man sie sich nur im Laufe von fünf Jahrtausenden vor lauter Nichtstun auszudenken vermag[43]. Hier kommt eine Chinesin, ein unglücklicher Krüppel auf Hufen an Stelle von Füßen[44]. Ihr Gang ist hässlich, sie schwankt unsicher einher und will, als sie uns erblickt, rasch wieder verschwinden, verliert aber wegen der Traglast das Gleichgewicht und stürzt hin. Gelächter, Geschrei. Sie liegt da und blickt uns mit ihren schrägen Augen erschrocken an. (Fast alle Frauen haben schrägen Augenschnitt. Ihr Typ ist bedeutend einheitlicher ausgeprägt.) Die dicke Nase ist platt, die Lippen sind breit und wulstig, das fleischige Gesicht ist mit einer bläulichweißen Schminke bedeckt, die schwarzen Haare sind zu einer niedlichen Frisur aufgebaut und mit Silberschmuck verziert. Ja, fünftausend Jahre lang hat man so ein verkrüppeltes Wesen ausgeklügelt, urn sich seine männliche Überlegenheit zu sichern. Aber dieses Wesen rächt sich, es ist ein Hemmschuh, der wohl noch mächtiger wirken mag als die schwerfälligen Karren. »Ihr bleibt bei mir, dem Krüppel, ich verlasse euch nicht und lasse euch nicht von mir«, scheint dieser lebendige Hemmschuh zu sagen. Alles hat der weise Konfuzius[45], schlimmer als der Koran, bis an das Ende der Zeiten vorausentschieden.

Dafür ist eine Legende besonders bezeichnend. Eines Tages gelangte Konfuzius mit dreitausend Schülern in ein entlegenes Tal. Dort saßen unter einem Obstbaum zwei Frauen, die eine westlich, die andere östlich von dessen Stamm. Die Frau im Westen war schlank und schön, die andere dagegen hässlich, mit langem Oberkörper und kurzen Beinen. »Fürwahr«, sprach Konfuzius zu seinen Schülern, »dies hier ist eine Schönheit, jene dort aber ist hässlich.« Bei diesen Worten wies er auf die Frau östlich des Baumes. – »Wenn du aber einen Faden durch eine Rosenkranzperle mit tausend Löchern wirst ziehen müssen, holst du dir doch bei mir Rat«, sagte die Frau östlich vom Baume. –

»Sie ist nicht nur hässlich, sondern auch dumm«, bemerkte Konfuzius, »es lohnt sich wahrhaftig nicht, hier länger zu verweilen.« Daraufhin kehrte er mit seinen Schülern in die Stadt zurück.

Am gleichen Tage ließ der Kaiser den Weisen zu sich rufen und verlangte von ihm, er solle durch die tausend Öffnungen einer Rosenkranzperle einen Seidenfaden ziehen. Da entsann sich Konfuzius der Frau im Osten und ging zu ihr. Er fand sie im gleichen Tal unter dem gleichen Baum und an der gleichen Stelle, nur die Frau im Westen war nicht mehr da. »Ja«, sagte er, »nun komme ich wirklich, um Rat zu holen.«

»Ich harrte deiner«, antwortete die Frau. Dann tauchte sie die Rosenkranzperle in Honig, nahm einen Seidenfaden und band ihn an eine eben erst ausgeschlüpfte kleine Ameise. Sie holte die Perle aus dem Honig und setzte die Ameise darauf. Das Tier fraß zuerst den Honig von der Oberfläche weg und kroch dann durch alle tausend Löcher. Ihm aber folgte auch der Faden. »Trage sie zum Kaiser«, sagte die Frau und reichte Konfuzius die Perle mit dem Faden. Der Weise aber sprach: »Nun erkenne ich deine Klugheit. Du sahst nicht allein die Aufgabe voraus, die der Kaiser mir stellen würde, sondern wusstest auch ihre Lösung. Ich hielt mich bisher für weise, doch nun erkenne ich, wie nichtig all mein Wissen vor dir ist. Ich flehe dich an, enthülle mir, nicht zu meinem, sondern zu meines Volkes Wohle, die erhabene Quelle deiner Weisheit. Wenn du sie durch Lernen erwarbst, dann nenne mir den großen Lehrer, und ich will mich um den Preis meines Lebens mühen, von ihm wenigstens einen Teil seines Wissens zu erwerben.«

»Du erhältst es ganz, doch nicht hier auf Erden. Bis dahin jedoch genüge dir jenes Wissen, das du von mir zu erwerben vermagst.«

»Wer bist du denn?«

»Eine Botin des Himmels.«

»Weshalb aber fand es die erhabene Weisheit für nötig, sich an einem so nichtigen Gegenstand wie dieser Perle zu äußern?«

»Darum«, antwortete die Frau, »weil der Himmel wünscht, dass sein Abgesandter, der große Konfuzius, Antwort gebe auf alle Fragen, die größten wie die nichtigsten, wann immer sie von Menschen gestellt werden mögen.« Mit diesen Worten stieg die Frau zum Himmel empor. Konfuzius aber ließ sich auf die Erde fallen und lag die ganze Nacht in Sinnen versunken. Um aber das zu verstehen, was ein Weiser im Laufe einer Nacht ersinnt, müsste ein gewöhnlicher Sterblicher über tausend Leben verfügen.

So hat der große Konfuzius sein Volk gefesselt und es in einen Zauberkreis gebannt, aus dem kein Weg nach vorn und keiner zurück führt, wo alles fest an seinem Platz steht und eine pseudoklassische Intelligenz nur in fruchtlosen Gedankenspielen dem Stillstand entfliehen kann. Das Rad, die Schiffsform, der häusliche Herd, die Kleidung, die Bildung – alles ist für alle Zeiten in eine ewig gültige Form gebracht, alles wie mit dauerhaften Schrauben für unendlich lange Zeiten festgeschraubt.

Wie zur Bestätigung wird mir die letzte Neuigkeit mitgeteilt. Die Kaiserinmutter hat ihren Sohn abgesetzt und seinen Erlass, der den Beamten erlauben sollte, die Zöpfe abzuschneiden und europäische Kleidung zu tragen, für ungültig erklärt. Das wird in einem Ton gesagt, der deutlich genug erkennen lässt, dass nichts anderes zu erwarten war. »Aber der Zopf ist doch ein Zeichen eurer Sklaverei«, erwidere ich. »Die Mandschu zwangen euch doch, ihn zum Zeichen eurer Unterwerfung zu tragen.« – »Ja, gewiss.«

Der Kapitän und die Matrosen begleiten uns zur Stadt hinaus. Viele Kaufläden, belebte Straßen, schwerfällige Karren, Lastträger und andere Fußgänger, Geschrei und der Geruch von Bohnenöl …

Heute aß ich wieder gebratene Fleischstückchen. Aber von diesem Bohnenöl bekomme ich fürchterliches Sodbrennen, und der Mund ist wie voll Seife. Ich will es nicht mehr essen. Auch die ungesäuerten Brötchen ohne Rinde waren nur ein halber Genuss. Irgendetwas fehlte darin, sie schmeckten nicht nach Brot. Der Reis dagegen war gut.

Nun kommen wir in die Vorstadt. Breite Straßen, Staub, Sonne, die See schimmert in warmem Glanz, und alles erinnert an den Süden irgendwo bei Odessa. Der Kapitän und die Matrosen verabschieden sich und überreichen uns die von ihnen vorbereiteten Geschenke. Vom Kapitän erhalte ich süßes Gebäck, ähnlich unseren Keksen, aber – o weh! – auch mit Bohnenöl gebacken! Die Matrosen schenken uns geröstete Kastanien, Birnen und Nüsse. Alles geschieht so rührend und so voller Zartheit! Wir drücken einander herzlich die Hände. Wassili Wassiljewitsch übersetzt lächelnd: »Er sagt, diesen Mann möchte er gern wiedersehen.« Der riesige Kapitän sieht wie ein bekümmerter kleiner Junge drein.

»Sie werden also nirgends die Behörden in Anspruch nehmen?«, fragt Wassili Wassiljewitsch.

»Nein.« Wir wollen es versuchen, ohne die Hilfe der Behörden auszukommen. Ich glaube, eine solche Reise hat noch niemand durch China gewagt.

Wir fahren bereits. Mit Mühe richte ich mich auf und sehe aus dem Wagenkasten. Der Kapitän steht noch immer da. Ich nicke ihm zu, er antwortet zwar, aber nur noch mechanisch wie ein Mensch, der weiß, dass er sein Fühlen doch nicht mehr verständlich machen kann.

Ein Ruck. Ich falle auf den Sitz, und der Kapitän, die Matrosen und Wassili Wassiljewitsch – alles gehört nun der Vergangenheit an, ist nur noch Erinnerung, etwas, was seine materielle Hülle bereits verloren hat, aber auf ewige Zeiten in mir wach bleiben wird: der Kapitän, dieses große, tapfere Kind, seine bescheidenen Matrosen und der gute, so leicht in Begeisterung geratende Wassili Wassiljewitsch. Alles Chinesen, alles Zopfträger …

Fröhliches Sonnenlicht, nie gesehene Ebenen, Ackerfelder, Bauernhäuser, die friedliche Arbeit des Herbstes: Es wird gedroschen, Garben werden herangefahren, Menschen mit zwei Körben, die mit langen Schnüren an einen Tragbalken gehängt sind, gehen über die Wiesen, bleiben ab und zu stehen, heben etwas mit einem Dreizack auf und legen es in den Korb. »Was machen die dort?« – »Sie sammeln Dünger.« – »Und diese hier?« – »Sie graben Maiswurzeln aus.« – »Wozu denn?« – »Als Heizmaterial.« – »Was wird dort im Wald zusammengefegt?« – »Laub zum Verheizen.« Wir fahren durch ein Wäldchen, das gepflegt und ausgefegt ist, wie bei uns nicht einmal eine Parkallee. »Sind alle Wälder so?« – »Es gibt nur noch wenige.« – »Wird hier kein Holz geschlagen?« – »Im Gegenteil, die Wälder werden aufgeforstet« – »Was sind das für Haufen?« – »Kompost: Mist, Schlamm, Asche, Abfälle.«

Mit einem Male enthüllt sich mir diese ganze fünftausendjährige Kultur.

»Und was sind das für Flechtkörbe auf Stangen mit Inschriften darunter?« – »Die Köpfe von Hunghudsen. Auf den Brettchen steht geschrieben, wofür sie enthauptet wurden.«

Entsetzlich: Ein halbverwester Kopf blickt mich mit seinen erloschenen Augen an!

»Wenn man sie nicht tötete, konnte man nicht leben«, erklärt der chinesische Kutscher. – »Aber die Hunghudsen sind doch nur eine Folge der harten Gesetze.« – »Ja, gewiss«, gibt er gleichmütig zu. »Ihre Leichen«, fährt er fort, »werden in einer Grube so beerdigt, dass sie mit dem Rücken nach oben, die Arme und Beine unter sich und mit dem Hals am Hintern des Vordermannes liegen.« – »Warum denn?« – »Damit alle lachen.« – »Aber das ist doch empörend!« – »So befiehlt es das Gesetz.«

Ein abscheuliches Gesetz, das wohl nichts anderes zu tun hat, als alles dem Menschen Heilige zu verhöhnen, die Arbeit und die Frauen zu entstellen, und das in seiner schändlichen Müßigkeit und grenzenlosen Macht auch noch die Leichen schändet.

»Der Prozess ist kurz, es wird nicht lange untersucht, und so liegen hier auch viele Unschuldige. Da wird zum Beispiel ein hoher Beamter ermordet. Die Ortsbehörde muss sich verantworten und um jeden Preis die Schuldigen finden. Nun, so fängt man ein paar ein, und wenn sie nicht gestehen wollen, werden sie gefoltert. Schließlich geben sie doch alles zu. Wer aber Geld hat, kann einen anderen kaufen, der an seiner Statt hingerichtet wird.« – »Was kostet das?« – »Je nachdem, fünfzehn Dollar, auch mehr.« – »Das ist nicht teuer« – »Nein. – Ich stamme aus der Gegend von Schanghai. Dort leben viele Menschen. Wir waren insgesamt dreizehn Geschwister. Von den sieben Brüdern sind vier groß geworden. Die Schwestern aber wurden gleich nach der Geburt auf die Straße geworfen. Nur die jüngste hat ein Schanghaier für einen Dollar gekauft.« – »Wozu?« – »Zum Singen und Tanzen. Dort in Schanghai und auch hier und überhaupt in ganz China geht es lustig zu, da gibt es viele solche Tänzerinnen.«

»Was für Leute kommen uns da immerfort entgegen?« – »Sie gehen in die Stadt Arbeit suchen.« – »Warum arbeiten sie nicht auf ihren Feldern?« – »Weil sie keine haben.« – »Keine haben? Ich hörte doch, dass jeder Chinese seinen Streifen Ackerland und ein Schwein besitzt.«

Der Kutscher lacht. »Alle dort auf den Feldern sind nur Tagelöhner und keine Besitzer. Auf einen Herrn kommen zehn, zwanzig, oft auch sechzig Knechte.« – »Haben diese Grundbesitzer viel Land?« Ich erfahre, dass es höchstens fünfzig Desjatinen sind; mehr lasse das Gesetz nicht zu. »Wem gehört der Boden?« – »Seinem Besitzer.« – »Nein«, erwidere ich, »er pachtet ihn doch nur vom Staat.« – »Das weiß ich nicht. Jeder Herr kann sein Land anderen anbieten, und wer Geld hat, kann es erwerben. Wer schlecht wirtschaftet, muss verkaufen, wer gut arbeitet, lebt.«

Das ist hier also genauso wie in jenem Teil der Mandschurei, durch den wir gezogen sind. Um es nachzuprüfen, halten wir an einem solchen Bauernhof an. Die Bauten sind aus schwarzen Ziegeln, die Dächer ebenfalls mit dunklen Ziegeln gedeckt. Das ist der hier allgemein übliche Bautyp. Wenn Naturstein verwendet wurde, sind die Fugen sehr schön durch Putz hervorgehoben. Der Stein ist marmorgrau, blassrot oder bläulich. Der riesige Hof ist von einer Mauer umgeben, die in gleicher Weise aus unbehauenem Naturstein errichtet ist. In der Vorderseite sind zwei Tore angebracht. Darauf ist der Kriegsgott gemalt, ein fürchterliches Scheusal in unförmiger Kleidung, mit einem bis zum Boden reichenden Schnurrbart, Lanze und Bogen in der Hand. Zwischen den Toren und zu beiden Seiten davon stehen die Gebäude, in denen alle Arbeit verrichtet wird. Jetzt wird hier Salat eingesalzen und werden Bohnen zerrieben. Durch das offene Tor sind die Wohnbauten im Hof zu sehen mit einer Reihe zierlich vergitterter, mit Papier beklebten Fenster und Türen, dazwischen rote Streifen, auf denen schwarze chinesische Schriftzeichen stehen. Vor dem ganzen Haus ist eine etwa anderthalb Ellen hohe und besonders kunstvoll gemauerte Terrasse angebracht. Das Dach ist schön geschwungen, die Kanten sind durch mehrere Lagen aufgemörtelter Ziegel hervorgehoben. Der äußere Anblick lässt, was den künstlerischen Geschmack betrifft, nichts zu wünschen übrig. Aber das Äußere täuscht, denn innen ist es schmutzig und ungemütlich. Die Stuben bilden eine Reihe hoher Schuppen mit anderthalb Ellen hohen Lagerflächen und einem Gang dazwischen. Von der Behaglichkeit und der Sauberkeit des zierlichen Korea ist hier keine Spur mehr zu finden. Wir trafen den Besitzer und die Arbeiter vor dem Grundstück an. Aber eigentlich gehört auch dieser Teil noch zum Hof, da die beiden Seitenmauern hervortreten und nur die vordere Abgrenzung fehlt. Hier fließt ein Bach vorbei, einige Weiden beugen sich darüber, durch ihre Zweige sind die weiten Felder, die Umrisse der Berge und das Himmelsblau zu sehen, funkelt im Sonnenschein das Meer als blaues Band. Der Besitzer macht sich mit seinen Arbeitern an einem Düngerhaufen zu schaffen. Solche Düngerhaufen liegen vor jedem Gutshof. Sie werden oft umgestapelt. Wenn es auf dem Feld keine Arbeit gibt, sei es, dass sie schon beendet ist, sei es, dass es gerade regnet, wird immer wieder an den Komposthaufen gearbeitet, von denen ein unerträglicher Gestank ausgeht.

Offenbar ist auch bei den Chinesen der Besitzer ein rastloser Geschäftsmann. Das ganze Getreide, vorwiegend Mais und Kauliang, ist bereits gedroschen, das Stroh zu großen Schobern aufgestapelt, auch die Maiswurzeln und das Laub des auf einem Hügel sichtbaren Waldes sind gesammelt. Unweit des Hauses wird der Acker zum Herbst gepflügt und geeggt. Auf allen Feldern stehen die gleichen Kulturen, überall suchen Kinder und Greise nach Mist, den sie in ihre an Tragstangen hängenden Körbe sammeln. Solcher Fleiß macht zuerst einen sehr starken Eindruck. Aber dann fallen auch die Unzulänglichkeiten auf. Bei den Ackerbaugeräten ist kein Fortschritt festzustellen, auch sind sie weit vom Ideal entfernt. Es genügt, als Beispiel die Egge anzuführen. Hier ist das ein etwa anderthalb Ellen langes Brett, durch dessen Löcher kurze Stäbe gesteckt sind, die nach allen Seiten starren. Die beiden Enden des Brettes werden mit Stricken an den Hals des Zugtieres gebunden, ein Mann stellt sich darauf und drückt es durch sein Gewicht gegen den Boden. Das Tier zieht den Mann auf dem Brett, der die ganze Zeit wie ein Akrobat um Gleichgewicht ringt. Die Qualität eines solchen Eggens ist mehr als schlecht, die Leistung unbedeutend. Aber so wurde es von den Vorfahren übernommen. Ein anderes Beispiel: Vor dem Hof dreht ein kleiner Esel einen Mühlstein, eine Frau oder ein Mann geht mit ihm rundum und schöpft von Zeit zu Zeit das aus der Mühle herausfallende Mehl auf. Die Leistung einer solchen Mühle beträgt zwei bis drei Pud pro Tag. Es gibt weder Wind- noch Wassermühlen. Die erstaunliche Arbeit am Dung erinnert an die des Bären im Märchen, der einen ganzen Tag einen Holzklotz von einer Stelle zur anderen schleppte. Sogar der Dung, der schon auf den Feldern liegt, wird aufgesammelt und nach Hause getragen. Jede winzige Wurzel wird ausgegraben und ebenfalls dorthin gebracht. Wie viel überflüssige Arbeitskraft wird dafür benötigt! In unserem Geld gerechnet, beträgt der Aufwand zwanzig Rubel für die Desjatine. Es wäre doch viel vorteilhafter, für diese zwanzig Rubel neuen Dünger von auswärts zu beziehen, von der Küste oder von den Flüssen Algen und Schlamm heranzuführen, wie es hier zum Teil auch geschieht. Auch das Verheizen des ausgegrabenen Wurzelwerks rechtfertigt noch nicht diese Mühe, denn in der Schmiede nebenan wird mit Steinkohle gearbeitet. Ich erkundige mich, ob diese Kohle von weither geholt werden müsse. Keine Spur, fünf Li von hier ist genug vorhanden! »Warum heizt ihr dann nicht auch eure Öfen mit dieser Kohle?« Die Chinesen schweigen und blicken unwillig den Mann an, der sie mit diesem »Warum« belästigt, mit Fragen, die für sie gar nicht existieren. Denn alles »Warum« ist seit undenklichen Zeiten im Voraus beantwortet, und ihnen, den heutigen Bewohnern der Erde, bleibt nichts weiter übrig, als das zu tun, was ihre Ahnen taten, und nicht um ein Jota davon abzuweichen.

Unter solchen Umständen sollte man sich nicht vor der fünftausendjährigen Kultur und den vorsintflutlichen und unzureichenden Geräten und Produktionsmethoden, sondern vor der erstaunlichen Ausdauer und Kraft der chinesischen Nation verneigen. Von willkürlichen Wirtschaftsvorschriften (die verstümmelte, an das Haus gebundene Frau, die ein für alle Mal feststehende primitive Egge, der Zweiradkarren, die Schiffsform und vieles andere), von der Willkür des Staates (Bestechlichkeit, Erpressung, Folter, Hinrichtungen und als Folge davon Hunghudsen und immer wieder aufflammende Aufstände), von einer unfruchtbaren Intelligenz und verkrüppelten Religion (Konfuzius) geknebelt, lebt diese Nation doch weiter und legt eine erstaunliche Lebensfreude und Lebenskraft an den Tag. Eines steht daher zweifellos fest: Sobald in dieser Nation die jetzt verkümmerte Fähigkeit, zu denken und damit auch zu schaffen, wieder auflebt, versprechen die Chinesen bei ihrer Arbeitsliebe und Energie sehr große Fortschritte zu erreichen.

In diesen wenigen Tagen habe ich in China ebenso viel Proletariat wie bei uns zu sehen bekommen. Aber die Kinder auszusetzen, sich mit wildem Knoblauch und einer Hand voll Kauliang zu ernähren, ist doch keine Lösung der Ernährungsfrage!

Endlich sehen wir die Lichter unseres Gasthofs vor uns. Es ist ein großer, mit einer Steinmauer umgebener Hof, in dem zahlreiche Karren, Ochsen, Maultiere, Pferde und Esel stehen. Aus dem langen Gebäude strahlt das Licht in den dunklen Hof. Wir treten ein. Öfen und Kessel, Rauch und Dampf von den gerade zubereiteten Gerichten, alles verrußt, dunkel und schmutzig. Die beiden Wände entlang ziehen sich zahlreiche Lagerstätten, zwischen denen ein Gang hindurchführt. Auf ihnen sitzen, liegen und schlafen Chinesen. Man geleitet uns ans andere Ende, und die Menschen sehen uns überrascht an. Aber in der Ecke ist es ebenso eng wie überall. Die Nachbarn rücken zusammen und machen uns Platz. Gewiss, es ist schmutzig hier, es sind viele Insekten vorhanden, es riecht schlecht, aber die Müdigkeit gewinnt die Oberhand, und während für uns ein Mahl bereitet wird, legen wir uns hin. Bald spinnt sich ein Gespräch an. Wir werden gefragt, woher wir kämen. – »Aus Russland.« – ›Wohin reist ihr?« – »Nach Port Arthur.« Dann stelle ich die Frage, ob über diese Straße japanische Truppen marschiert seien. Sie wird bejaht. Ich habe unterwegs oft gehört, dass man uns für Japaner gehalten hat, weil Angehörige anderer Nationen hier noch nicht gesehen wurden.

Im ersten Morgenlicht eilten wir weiter. Wir wurden bis Port Arthur von niemandem überholt; nur einmal ließen wir buddhistische Mönche vorausziehen. Das war am dritten Tag unserer Reise. Wir kehrten mittags in einem Gasthof ein, und die Mönche hatten gerade ihr Mahl beendet. Es waren mehrere, ein älterer Mann, einige jüngere und zwei Kinder. Alle waren kahlgeschoren und trugen keine Zöpfe. Sie saßen mit untergeschlagenen Beinen auf der Lagerstatt vor einem niedrigen Tisch, nahmen ihre chinesischen Speisen zu sich und blickten uns schweigend und misstrauisch an. Nach dem Essen reisten sie ab. »Sie haben euch für Missionare gehalten«, sagte der Gastwirt, als sie fort waren. Wir waren gerade mit der Zubereitung einer Polenta beschäftigt, eines Gerichts, das man hier nicht kennt und für das wir überall eifrig Propaganda machten, und maßen den Worten des Wirtes keine Bedeutung bei.

Nachdem wir gegessen und die Maultiere getränkt hatten, fuhren wir weiter und gelangten abends in ein großes Handelsdorf. Wir waren bisher überall sehr freundlich aufgenommen worden. Desto mehr waren wir erstaunt, als nun plötzlich das Tor des Gasthofs vor uns zugeschlagen wurde und wir von einer großen Menschenmenge umringt wurden, die uns Drohungen zurief. Leider fehlte uns jede Möglichkeit zu erfahren, was eigentlich los war, denn mit unserem koreanischen Dolmetscher für Chinesisch ging seit einiger Zeit etwas Unbegreifliches vor sich: Er wurde nicht von Tag zu Tag, sondern von Stunde zu Stunde dümmer und verstand an diesem Tag überhaupt kein Wort Chinesisch mehr. Nun stand er verdutzt da, und Kim schrie ihn vergeblich koreanisch an. »Weiß der Teufel, was mit ihm los ist!« – »Vielleicht ist er betrunken?« – »Nein, er riecht nicht nach Schnaps.« Doch gleich darauf schlug sich Kim gegen die Stirn. »Er hat Opium geraucht!«, rief er. Nun, wir wussten jedenfalls, dass wir von ihm keine Hilfe zu erwarten hatten. Ich wandte mich an unsere Fuhrleute, zeigte auf das verschlossene Tor und fragte: »Mejou chaochaodi?«

In dem Slang, der sich zwischen uns und den chinesischen Kutschern herausgebildet hatte, bedeutete chaochaodi – gut, jou – sein, und mejou – nicht sein. Meine Frage lautete also: »Nicht gut?« Die Fuhrleute verstanden mich und antworteten düster: »Chaochaodi mejou.« Nun wusste ich noch das Wort tschifan – essen, auch hatte ich gehört, wie die Kutscher ihre Tiere mit »Jeh!« antrieben und mit »Ih!« zum Halten brachten. Ich zeigte noch einmal auf den Gasthof und fragte: »Tschifan mejou?« – »Mejou, mejou!«, schrie die Volksmenge drohend und entschlossen. Da fiel mir noch fudutung – Behörde ein. »Fudutung jou?« – »Mejou, mejou!« Na schön, also dann mejou!« Ich nannte ein fünfunddreißig Li entferntes Dorf und fragte die Fuhrleute: »Tschifan jou?« – »Jou, jou«, antworteten sie erfreut. Darauf wies ich mit der Geste eines Feldherrn in Richtung dieses Dorfes und kommandierte: »Jeh!« Im nächsten Augenblick waren wir in die Wagen gesprungen, und diesmal brauchten wir die Kutscher nicht anzutreiben. Die überraschte Menge blieb mit offenem Mund hinter uns zurück, wir aber machten uns davon, so rasch es über die fürchterlichen Schlaglöcher ging. Hinter dem Dorf lag ein sehr steiler, steiniger Hang. Unsere Fuhrwerke ratterten hinab, dass es wie Kanonendonner dröhnte. Aber dieser Hang leistete uns einen großen Dienst, denn er warnte uns rechtzeitig vor den uns nachgesandten Verfolgern. Wir waren eben stehen geblieben, um die Laternen anzuzünden, da es schon finster wurde, als plötzlich hinter uns der bereits bekannte Kanonendonner erscholl, und wir erblickten auf dem Hang an die zehn voll mit Chinesen besetzte Wagen. Anstatt die Laternen anzuzünden, bogen die uns ergebenen Kutscher auf einem Pfad ins Gebüsch ab. Dort fuhren sie etwa hundert Sashen weiter, mahnten uns durch Zeichen, ja keinen Laut von uns zu geben, und hielten an. Bald darauf jagten unsere Verfolger mit Rattern und Geschrei an uns vorbei und verschwanden in der Finsternis. Als der Lärm verstummt war und die Lichter nicht mehr zu sehen waren, zündeten unsere Fuhrleute lachend ihre Laternen an und fuhren einen anderen, sehr zerfahrenen Landweg weiter. So irrten wir schon seit mehreren Stunden durch ein Gewirr von Gräben, bis wir plötzlich mehrere Schüsse hörten. Unsere Kutscher lachten wieder und redeten auf uns ein. Nach einer Weile hielten wir an einer einsamen Fansa an. Uns wurde ein Maisbrei gekocht, die Maultiere bekamen Stroh, und sobald es hell wurde, fuhren wir weiter. Der Dolmetscher, der jetzt ausgeschlafen hatte, erklärte uns nun endlich unser gestriges Abenteuer. Die Mönche hatten uns für ihre feindlichen Kollegen, für Missionare, gehalten und das ganze Dorf gegen uns aufgebracht, indem sie den Einwohnern erzählten, wir kämen, um sie zu taufen. Die Chinesen ließen uns zwar erstmal entkommen, rafften sich aber danach doch noch zu einer Verfolgung auf. Zweifellos waren sie bis zu dem Ort gefahren, den ich genannt hatte, um uns dort zu fangen. Da wir aber nicht zu finden waren, kehrten sie um und trösteten sich über ihren Misserfolg durch Schüsse in die Luft.

Wir fahren auch heute den Landweg weiter und werden erst gegen Abend zur großen Chaussee zurückkehren. Es ist ein sonniger Tag. Ringsum Felder, und auf ihnen wieder die vielen fleißigen Menschen, sehr viel Vieh, genug, um eine ganze Armee zu verpflegen – Überfluss, Reichtum und Frieden. Ein gesegneter Winkel des Erdballs, wo man noch am dreiundzwanzigsten Oktober fünfundzwanzig Grad misst, wo der Wein reift, Birnen und Pflaumen wachsen und der Fleiß der Bevölkerung diesen ganzen Küstensand in fruchtbare Äcker verwandelt hat.

Abends bogen wir in die große Straße ein und nächtigten in einem Gasthof. Als wir uns nach dem Essen gleich den anderen Gästen auf die gemeinsame Lagerstatt hinlegten, fragte mich mein Nachbar durch den Dolmetscher, den wir nun nicht mehr aus den Augen ließen: »Ihr fürchtet euch nicht, allein zu reisen?«

»In unserem Land reisen die Chinesen doch auch allein«, antwortete ich. Diese Antwort machte einen guten Eindruck; man nickte mir von allen Seiten freundlich zu. »Ihr könnt auch bei uns fahren, wohin ihr wollt. Schlimme Menschen gibt's überall.« – »Ja, das stimmt, in jedem Land gibt es schlimme Menschen«, sagten nun alle.

Am Morgen erhielten wir die Rechnung. Man verlangte von uns keine Kopeke mehr als von den anderen. So blieb es überall, wohin wir kamen. Darum erhebe ich energisch Protest gegen jegliche Anschuldigung, die davon spricht, dass die Chinesen hinterlistige Betrüger seien. Weder von Hinterlist noch von Betrug spricht zum Beispiel auch folgender Fall: Ich nahm dem Kutscher mit seiner Erlaubnis die Peitsche ab und trieb die Maultiere an, die nur den Schritt gewohnt waren. Anfangs folgten sie recht brav, aber dann blieb die Peitsche ohne jede Wirkung. Ich kam bald hinter das Geheimnis: Der Kutscher hatte verstohlen die Zügel angezogen. »Nicht gut«, sagte ich vorwurfsvoll zu ihm. Er nickte mir zu, ließ die Leine fallen, als hätte er sich verbrannt, und rührte sie nicht mehr an, sondern starrte nur traurig vor sich hin. Eigentlich hätte ich mich schämen müssen, der ich durch das rücksichtslose Antreiben und Überanstrengen der Tiere die einzige Existenzquelle des Mannes gefährdete. Nur die Gewissheit, dass ich mein Verhalten wieder gutmachen würde, indem ich dem Fuhrmann für die Arbeit seiner Maultiere ein Mehrfaches des vereinbarten Lohnes bezahlte, besänftigte das Gefühl meiner Schuld ein wenig. Das ist gewiss nur eine Kleinigkeit. Aber ich kann auch gewichtigere Beweise anführen, die übrigens allgemein bekannt sind.

Bei Handelsgeschäften werden den Chinesen sehr große Geldbeträge aufs Wort hin anvertraut. In allen Banken stellt man bevorzugt Chinesen an. Eine Gemeinschaft chinesischer Arbeiter legt sofort die Arbeit nieder, wenn eines ihrer Mitglieder grundlos beleidigt wird, ungeachtet dessen, dass alle ihren Verdienst verlieren. Nein, alles das lässt keineswegs auf Betrügerei und Hinterlist schließen. Im Gegenteil, wie oft haften diese angeblich den Chinesen eigenen Charakterzüge gerade jenen an, die unverfroren am lautesten »chinesischer Gauner« schreien!

Je mehr wir uns der Stadt Pitsewo näherten, desto unruhiger wurde die Bevölkerung. Oft fielen Schüsse hinter uns her. Einmal geschah das am Abend. Wir fuhren durch die gut bestellten, gepflegten Felder, uns zur Seite lag das blaue Meer, die fernen Berge leuchteten im Sonnenuntergang. Da sprang plötzlich ein Chinese, der auf seinem Acker arbeitete, aufs Pferd und galoppierte ins Dorf. Was er dort anstellte, wurde uns erst klar, als wir in dieses Dorf kamen und auf dem Platz eine bewaffnete Menge vorfanden. Die Leute trugen Flinten mit bereits brennenden Lunten und altertümliche Lanzen. Wir hatten nicht einmal mehr Zeit, unsere Revolver hervorzuziehen. Aber das hätte angesichts dieser erregten Masse auch nicht viel genützt. Wer weiß, die Waffe in unserer Hand hätte ihr womöglich sogar das moralische Recht gegeben, über uns herzufallen. Borminski und mir blieb nichts weiter übrig, als in dem Wagen sitzen zu bleiben und so seelenruhig dreinzuschauen, als ginge uns das alles gar nichts an. »Sie haben euch für Räuber gehalten«, erklärten uns die Kutscher, als wir das unfreundliche Dorf hinter uns hatten. – »Gibt es denn hier Räuber?« – »Ja, bei Pitsewo sollen mehr als tausend Piraten gelandet sein.«

Wir waren noch keine Werst vom Dorf entfernt, als wir die Verfolger erblickten. Sie schossen auf uns. Wir ließen ihren vorderen Wagen ziemlich nahe herankommen und gaben dann eine Salve in die Luft ab. Das machte Eindruck. Die Verfolger hielten sofort an, und wir verloren sie bald in der heranrückenden Nacht aus dem Auge. Mit ihrem Eifer zufrieden, waren sie wohl wieder heimgekehrt, um ihr Abendessen zu sich zu nehmen und um Mitternacht, von den Händlern geweckt, wieder etwas zu verzehren.

Am 25. Oktober erreichten wir um elf Uhr abends endlich die erste von Russen besetzte Stadt – Pitsewo[46]. »Wer sind Sie? Woher kommen Sie?« Mit diesen Worten empfing uns der Stadtkommandant, zugleich Kommandant einer Kosakenschwadron, als Borminski und ich überraschend sein Zimmer betraten. »Wir sind die ersten, die aus Wladiwostok auf dem Landwege bei Ihnen eintreffen.« Der liebenswürdige Kommandeur lud uns zu sich ein und stellte uns seiner Frau vor, der ersten europäischen Dame in Pitsewo. In einer längst vergessenen Umgebung tranken wir nun wieder Tee mit Zucker und Milch, aßen

Brot und Butter, bekamen Wodka und ein richtiges Abendessen vorgesetzt.

26. Oktober

Das Land zwischen Pitsewo und Port Arthur hat einen etwas anderen Charakter als der Küstenabschnitt der Liautung-Halbinsel, der bereits hinter uns liegt. Die Gegend ist gebirgiger, es ist weniger Ackerland zu sehen, auch ist die Ernte wesentlich ärmer. Hier findet man weder die fleißige Fürsorge um die Felder noch die friedlichen Bilder des Landlebens, die Scharen von Feldarbeitern beim Drusch von Mais oder Kauliang vor der Fansa oder die an den Komposthaufen beschäftigten Gruppen. Die Landwirtschaft scheint hier eine untergeordnete Rolle zu spielen. In den Fansen trifft man nur wenige Menschen an, meist alte Leute; viele stehen ganz leer. Ob ihre Bewohner, vom Arbeitslohn in Port Arthur angelockt, davongezogen sind? Oder haben sie, durch die Besetzung erschreckt, das Land verlassen?
Es ist Abend geworden. Hier gibt es nur noch wenig Ackerland. Die Berge drängen sich vor uns zusammen; wir werden sie bald überqueren müsssen. Es wird schon dunkel, als wir ein Dorf erreichen, in dem eine Kosakenpatrouille einquartiert ist.

27. Oktober

Je mehr wir uns Port Arthur nähern, umso mehr Russen treffen wir. Auf einer vom Meer umspülten schmalen Landenge erhebt sich eine ganze Festung aus Erdwällen. Hier lagern russische Truppen. Sie scheinen Manöver abzuhalten. Wir sehen eine Gruppe von Offizieren am Ufer.

Von der chinesischen Stadt Tschingtschou, die vorläufig noch unabhängig geblieben ist, führt eine breite Chaussee in die Berge, hinter denen Port Arthur verborgen liegt. Die chinesische Stadt blieb in unserem Pachtgebiet erhalten, weil sie irgendwelchen Verwandten des chinesischen Kaisers gehört. Früher war ihnen die ganze Umgegend steuerpflichtig. Jetzt zahlt die Bevölkerung die Steuern an uns, aber auch die kaiserlichen Verwandten schlafen nicht, sondern erpressen sich eine zweite Abgabe.

Auf der Straße herrscht lebhafter Verkehr – Fußgänger, Karren und Reiter. Hier sieht man eine herrliche Zucht von Reiteseln: hoch gewachsene Tiere mit schlanken Beinen und einem hellen, seidenweichen Fell. Sie müssen kostbar sein, denn auf ihnen sitzen nur reichge-

Russische Offiziere

kleidete Chinesen in prunkvollen Sätteln mit Decken, deren Seide- und Goldstickereien Drachen, Fabeltiere und Sprüche darstellen.

Mit derselben Neugier, mit der ich um mich sehe, blicken auch die hiesigen Chinesen und Russen drein. Offensichtlich ist das, was jetzt hier vor sich geht, für alle gleich neu.

Wir erreichten Port Arthur spätabends. Man führte uns lange durch enge, schmutzige und dunkle Chinesengassen, bis wir endlich in einem der beiden Gasthöfe ein winziges und unsauberes Zimmer fanden. Aber auch da musste uns ein Offizier zu Hilfe kommen, denn Herr Afu, der chinesische Gasthofbesitzer, wollte uns nicht einlassen.

»Unsinn, Afu, gib ein Zimmer her!«, befahl er.

»Bei Gott, es ist keins mehr frei!«

»Dann jag deinen Kellner in die Stadt.«

»Ja, so ginge es vielleicht.«

Und so zogen wir in das Zimmer des Kellners ein.

28.–31. Oktober

Während der drei Tage, die ich mich in Port Arthur aufhielt, bekam ich zwar allerlei zu sehen, aber ich kann, aufrichtig gesagt, damit nur schwer ins Reine kommen. Man fühlt, dass hier der Anfang von etwas gemacht wird, dessen Ende wir nicht mehr erleben werden.

Was wäre über die Stadt selbst zu sagen? Es ist eine an einer Bucht gelegene kleine chinesische Stadt, die eilig für die neuen Bedürfnisse umgebaut wird[47]. Die Gegend ringsum ist kahl, ohne Pflanzenwuchs, und lässt den kalten Winden freien Zutritt. Sie haben bereits eingesetzt, und feiner Staub schlägt uns ins Gesicht. Ungemütlich ist es in diesen Gassen und in den chinesischen Fansen, mögen sie auch für eine anspruchsvollere Lebensweise umgebaut worden sein. Als Verkehrsmittel dienen die Rikschas, zweirädrige Handwägelchen, die von kräftigen Chinesen gezogen werden. Eine peinliche Methode …

Während die Landtruppen mit der Befestigung der Ufer beschäftigt sind, entwirft die Marine Pläne zum Ausbau der Bucht. Sie ist tief, aber sehr klein. Der Dampfer »Cherson«, der darin kenterte, brachte damit geradezu ein Kunststück fertig. Außerdem hat die Bucht nur einen einzigen, sehr engen Ausgang. Folglich kann unserer Flotte das Gleiche zustoßen, was der spanischen in Santiago geschah. Wenn man den Südteil der Bucht vertiefte und durch die Felsen einen zweiten Ausgang bahnte, würde sich die Lage natürlich erheblich verbessern. Aber alles das braucht Zeit und Geld, und selbst damit wären das nur wenige Stunden von hier entfernte Weihaiwei[48] und die Gezeiten, die hier einen Niveauunterschied von vierzehn Fuß erreichen, nicht aus der Welt geschafft. Alle Erkenntnisse führen zu dem einen Schluss, dass es im Gelben Meer keine guten Häfen gibt. Die guten Häfen liegen im Japanischen Meer, wo sie tief, geschützt und ohne Eisgefahr sind und einen Gezeitenunterschied von nur zwei bis drei Fuß haben. Port Arthur und Tschinampo sind lediglich Marinestützpunkte. Wären nicht das Eis und der Nebel, könnte kein Hafen mit Wladiwostok einen Vergleich aushalten. Aber dagegen gibt es Mittel. Als deutlicher Beweis dafür, wie schwierig die Einfahrt in das Nadelöhr des Hafens von Port Arthur ist, dient der Rumpf eines dicht am Eingang gescheiterten chinesischen Panzerschiffs. Doch ich wiederhole, ich konnte mir über Port Arthur kein endgültiges Urteil bilden, weil zu meiner Zeit dort alles noch sehr verworren aussah. Andererseits bekam ich die Pläne der zukünftigen Stadt und des Hafens zu sehen und merkte, dass die mächtige Lebenspenderin, die Eisenbahn, allmählich bereits zur Tatsache wurde[49], denn in und vor der Stadt ging die Arbeit daran weiter; mit Rattern und Klirren wurden Schienen und Wagen ausgeladen. Die Dampfer der Russisch-Chinesischen Bahn haben bereits eine regelmäßige Verbindung zur West- und Ostküste der Liautung-Halbinsel geschaffen und führen Waren, vorwiegend Holz, aus Tatungkou[50] aus, wohin es vom Oberlauf des Amnok herabgeflößt wird. Auch das Holz für die künftigen Bauten in Port Arthut wird von dort geliefert werden.

Port Arthur

Zum letzten Mal gehe ich durch die Gassen dieser russisch-chinesischen Stadt, zum letzten Mal sitze ich im Telegrafenamt, wo für jedes Wort ein Rubel dreizehn Kopeken gezahlt werden muss. Gleich nach unserer Ankunft sandte ich ein Telegramm nach Widschu, das unsere Soldaten anwies, nicht durch die Liautung-Halbinsel, sondern nach Tschemulpo zu ziehen und von dort mit dem Dampfer nach Port Arthur zu fahren. Aber das Telegramm traf sie nicht mehr an. Wie werden sie sich nun durchschlagen? Borminski bleibt hier, um sie zu empfangen, er wird mir ein Telegramm nachsenden. Ich fahre mit dem Dampfer nach Tschifu, Schanghai und weiter über Japan und Amerika nach Hause.

Nach Hause! Bis dorthin sind es immer noch mehr als zwanzigtausend Werst. Sowohl der Stille als auch der Atlantische Ozean sind in dieser Jahreszeit besonders stürmisch. Nun, schlimmer als das, was ich bisher erlebte, kann es nicht mehr werden.

Ich befinde mich bereits an Bord des kleinen Dampfers, der mich nach Tschifu bringt. Borminski und Kim gehen das Fallreep hinunter. Nun sitzen sie schon im Boot und winken mir zu.

Wie rasch scheint jetzt die Zeit verflogen zu sein, die wir miteinander verbrachten! Sie verging, wie alles, wie das ganze Leben vergeht, das auch keine dauerhaftere Spur hinterlässt als das Kielwasser, das hinter unserem Dampferchen quirlt.

Der Ausgang ins Meer. Kahle Felsen, hinter denen die Stadt verschwindet. Leb wohl, Port Arthur! Werde ich dich jemals wiedersehen? Ich würde kein Bedauern empfinden, wenn es nicht mehr dazu käme. Vielleicht wirst auch du einmal einen besonderen Reiz gewinnen, aber bis dahin – leb wohl!

Von Port Arthur über den Pazifik und Atlantik nach Russland

1.–2. November 1898

Wir wurden wie eine Nussschale hin und her geschleudert. Angenehm war dabei nur, dass ich mich noch einmal von meiner Seefestigkeit überzeugen konnte.

Am Morgen warfen wir bereits auf der Reede des sauberen Städtchens Tschifu[83] Anker. Im englischen Hotel erging es mir schlecht. Die chinesischen Bediensteten wollten kein Wort verstehen, und auch der Besitzer verstand nur das, was ich ihm im Wörterbuch zeigte. Französisch oder deutsch spricht hier niemand.

Der russische Vorsteher des hiesigen Postkontors erlöste mich. Er bewohnt mit seiner Familie ein nettes Häuschen mit Garten in der Nähe des Hafens und führt hier das gleiche Leben wie alle Europäerfamilien: am Morgen Frühstück mit Tee und Obst, um ein Uhr das zweite Frühstück (Lunch), um fünf Tee und um sieben das Mittagessen (Dinner). Er spricht gut Englisch, Deutsch und Französisch und bekommt ein lächerliches, den hiesigen Verhältnissen gar nicht entsprechendes Gehalt.

Der Besuch eines Russen war für die Familie des Postvorstehers eine große Freude. Zwei Tage lang bewirtete und unterhielt sie mich mit echt russischer Gastfreundschaft. Sie führt ein zurückgezogenes Leben und beschränkt sich im Umgang mit den anderen Europäern, vorwiegend Engländern, auf die offiziellen Besuche. »Ein seltsames Volk, diese Engländer«, beklagt sich mein Gastgeber. »In mancher Hinsicht sind sie furchtbar zimperlich, aber keiner von ihnen macht sich etwas daraus, das Empfangszimmer im Mantel zu betreten und so dazusitzen. Vor den Damen verneigen sie sich sehr tief, aber die Männer nicken sich bloß zu und machen dabei eine Handbewegung, als wollten sie nach dem Hut greifen.«

»Sind sie hochmütig?« Der Mann antwortet pflegmatisch: »Äußerlich haben diese Manieren vielleicht etwas Schockierendes. Aber eigentlich sind sie sehr wohlwollend. Sie mögen keinen Tratsch und sind vertrauensvoll. Ich bekam einige Monate kein Gehalt. Sie gaben mir Kredit. Sie kannten mich überhaupt nicht, ich hätte auch verschwinden können … Ihre Regel aber ist: Jedem ist zu trauen, aber wenn man einmal dieses Vertrauen missbraucht hat …«

Vor dem Haus meiner Wirtsleute steht ein Signalmast, der die Stadt durch die Zahl der auf beiden Seiten gehissten Bälle über die ein- und auslaufenden Schiffe unterrichtet.

Endlich trifft auch mein Schiff ein, ein kleiner englischer Dampfer. Und mit wem reise ich? Mit Lord Charles Beresfort. In der Kabine am Mast sind gegen einen Überfall der Piraten Gewehre, Messer und Säbel aufgestapelt. Auch zwei kleine Kanonen stehen an Bord. »Alles das hat heute keine Bedeutung mehr«, erklärt mir mit gutmütigem Lächeln ein französischer Reisender. »Es ist eben ein alter Dampfer.«

2.–4. November

Der Lord ist ein zurückhaltender, höflicher und etwas schlapper älterer Herr, der mit seinem sehr korrekten Sekretär reist. Jeden Morgen verneigt er sich als Erster vor unserer kleinen Gesellschaft, die aus einem jungen Engländer, einem Franzosen und mir besteht. Den ganzen Tag schreibt, liest und spaziert er dann streng nach Plan.

Der Franzose, ein in Schanghai lebender Weinhändler, hat schlechte Laune. Er war in Port Arthur gewesen und schimpfte auf den Formalismus der Russen und der Franzosen. »Zu unserer Schande – die einzigen wirklichen Geschäftsleute sind hier im Osten die Briten. In Schanghai gehen wir Franzosen lieber zu den Briten als zu unserem eigenen Konsul.«

Auf Wunsch des Lords ankerten wir vor Weihaiwei, aber so weit draußen, dass außer Riffen nichts zu sehen war. Eine Dampfpinasse fuhr uns heraus. Wir stoppten auch bei den Deutschen in Kiautschau. Der Eindruck von Kiautschau ist noch schlimmer als der von Port Arthur. Ein leeres, kahles Ufer mit einigen deutschen Kriegsschiffen, das war alles.

Von hier an begann ein Schlingern, das immer stärker wurde. Wir waren in den Ausläufer eines Taifuns geraten. Der Wind schlug einem mit solcher Gewalt ins Gesicht, dass man sich nur mit Mühe auf den Beinen halten konnte. Hier ist das Meer bereits durch den Lehm des Gelben Flusses verfärbt.

Da unser Dampfer klein ist, ankerten wir nicht wie die großen Ozeandampfer auf der Reede von Schanghai, sondern fuhren zwanzig Meilen flussaufwärts and legten unmittelbar vor der Stadt an[81].

5.–8. November

Dieses Schanghai, ein in seiner Art einziger Weltwinkel, ist eine große, schöne Stadt, die von etwa dreißigtausend Europäern und fünfhunderttausend Chinesen bewohnt wird. Die chinesische Stadt ist von der europäischen abgetrennt und nimmt eine große Fläche ein. Sie gibt sich mit dem Land allein nicht zufrieden, sondern greift noch auf das Wasser über, denn man sieht auf dem Fluss eine ganze Menge flüchtig zusammengezimmerter, schwimmender Häuschen. Das Einmalige und Originelle des europäischen Schanghai liegt darin, dass es keinem Staat angehört. Hier gibt es keine politischen Verbrechen, kann es auch gar keine geben. Man muss schon morden oder stehlen, um vor das Konsulargericht gestellt zu werden. In diesem großen Handelsplatz kann man russischen Kaviar, englisches Tuch, französische Weine, amerikanisches Mehl und polnisches Holz kaufen, aber einen Russen, Polen, Amerikaner oder Franzosen in dem politischen Sinn, wie wir diese Worte aufzufassen gewohnt sind, gibt es hier nicht.

In Bezug auf den Handel führen natürlich die Engländer das große Wort. Wir stehen hinter den anderen zurück. Wir haben vor zwanzig Jahren aus freien Stücken den Siedlungsplatz abgelehnt, den uns die Chinesen zur gleichen Zeit anboten, als die Engländer und Franzosen ihre Settlements erhielten. Jetzt kostet diese Bodenfläche an die vierzig Millionen Rubel.

Ich stieg im »Hotel des Colonies« ab, einem guten Hotel, wo man nicht nur englisch, sondern auch französisch spricht. In Erwartung meines Dampfers hielt ich mich fünf Tage in Schanghai auf. Mein ständiger Gefährte war der liebenswürdige und gebildete Vorsteher unseres Postkontors. Ich habe mit ihm alles besichtigt; wir sind in der Stadt und außerhalb gewesen, haben sowohl das europäische als auch das chinesische Theater besucht, Einkäufe gemacht, uns nach den verschiedenen Möglichkeiten meiner Weiterreise erkundigt und Bekanntschaften geschlossen. Wir waren diese fünf Tage beinahe unzertrennlich. Unsere Tageseinteilung war folgende: Bis zum Lunch arbeitete er in seinem Kontor, und ich beschäftigte mich mit der englischen Sprache. Dann holte einer von uns den anderen ab, und wir gingen abwechselnd in mein Hotel oder in sein englisches zum Lunch. Die Zeit danach bis zum five o'clock tea besuchten wir die Stadt, kauften ein oder besichtigten neugierig die chinesischen Kaufläden.

Ein Seidenwarengeschäft. Der chinesische Verkäufer sagt uns: »Das ist keine japanische Maschinenstickerei, das ist echte chinesische Handarbeit.« Arbeit und Stoff sind großartig und einmalig.

Ein Geschäft mit verschiedenen Erzeugnissen aus Stein und Holz. Spielzeug, das Motive aus dem Leben der Chinesen zum Vorbild hat und durch seine präzise, mikroskopisch genaue Bearbeitung auffällt. Dieses Spielzeug schildert das ganze chinesische Brauchtum. Da sind der Rikschakuli mit seinem Wägelchen, eine Chinesin, eine Hochzeitsfeier, eine Gerichtstagung und die verschiedenen Arten der Strafvollstreckung. Man sieht da zum Beispiel einen Verurteilten, dem Kopf und Hände durch ein Brett eingeklemmt werden, so dass er sich nicht hinlegen kann. Zwei, drei Wochen dieser Strafe genügen, un das Nervensystem eines Menschen für immer zu zerrütten. Man sieht Bilder aus dem Jenseits: Gericht und Strafe der Sünder; der eine wird durchsägt, einem anderen reißt man die Zunge heraus, einer Frau werden die Brüste weggeschnitten, ein weiterer wird einfach auf dem Scheiterhaufen verbrannt. Sehr schön sind die Arbeiten aus dem weichen, bunten Speckstein.

Manchmal fahren wir nach dem Tee zur Stadt hinaus, ein von der hiesigen gehobenen Gesellschaft bevorzugter Spaziergang. Hier trifft man elegante Reitergruppen und Radfahrer, aber auch prachtvolle Equipagen mit einem chinesischen Kutscher und zwei bezopften Lakaien hinten auf dem Trittbrett. Ihre spitzen Hüte, ihre Kleidung und die Pelerinen dazu haben die gleiche Farbe wie die Equipage. Das wirkt sehr vornehm, man glaubt sich in ein Land märchenhaften Reichtums versetzt.

Dann gehen wir zum Dinner. Zweimal speisten wir beim Konsul in Gesellschaft unserer sympathischen Seeleute. Wir sprachen über die Flotte. »Die Japaner besitzen nach der englischen die beste Flotte. Die deutsche ist schlecht, die Franzosen haben noch viele alte Holzschiffe.« – »Und wir?« – »Wir haben ausgezeichnete Kampfschiffe, aber nichts Einheitliches. Die Engländer zum Beispiel bauen stets mindestens vier Schiffe des gleichen Typs. Ein Geschwader aus vier solchen Schiffen hat die gleiche Geschwindigkeit, benötigt die gleichen Ersatzteile, kurz, die ganze Versorgung ist auf eine einheitliche Basis gestellt. Bei uns dagegen hat ein Geschwader vier Schiffe verschiedener Bauart. Das eine fährt zwanzig Knoten, das zweite fünfundzwanzig, das dritte fünfzehn und das vierte vielleicht nur acht. Und so schleppt sich das ganze Geschwader mit acht Knoten dahin.«

»Wenn es Ihnen recht ist, besuchen wir heute ein chinesisches Kloster«, schlug mir mein liebenswürdiger Begleiter eines Tages nach dem Lunch vor. Wir fuhren durch die schmutzige Chinesenstadt, das Ufer des trübgelben Flusses entlang, mehrere Werst durch eine Villenkolonie und hielten endlich vor einer hohen Steinmauer. Wir stiegen aus und sahen durch das offene Tor einen weiten Hof, in dem ein rundes, mit einer flachen Kuppel gekröntes Gebäude stand – ein Buddhatempel, eine Pagode. Ein chinesischer Führer, der gut Englisch sprach, schloss sich uns an. Zwei kahlgeschorene Mönche, in langen, schmutzigen, mit einem Strick umgürteten Kitteln machten den Versuch, unseren Chinesen wegzujagen, doch der vertrieb seinerseits recht energisch die Mönche, die uns nun demütig nachtrotteten. »Die Mönche sind hier aber sehr schüchtern«, bemerkte ich. – »Sie müssen es sein, denn in China gibt es keine privilegierte Religion. Jeder darf ungehindert den Tempel aufsuchen. Außerdem sprechen diese Mönche nur mangelhaft Englisch, während unser Chinese diese Sprache gut beherrscht.«

Wir betreten einen großen, halbdunklen Tempel. In der Mitte erhebt sich eine den ganzen Raum ausfüllende Buddhagestalt aus Bronze. Ringsherum stehen viele kleinere Figuren, auch Buddhas mit drei oder mit dreizehn Köpfen, Buddhas mit tausend Armen, Buddhas auf dem Lotosblatt und ohne Lotos. Längs der Wand sind andere Gottheiten aufgestellt, darunter die des Krieges und die des Friedens und noch weitere mit besonderen Gaben: Eine heilt diese Krankheit, die andere jene, eine schützt vor Feinden, und von einer anderen hängt die Ernte ab.

Ein neuer Hof, ein neuer Tempel. Ich werde auf das Dach aufmerksam gemacht. Dort stehen am Rand und First verschiedene phantastische Gestalten, Fabeltiere, Drachen und Menschen. Eine herrliche, ausdrucksvolle Kunst!

Nachdem wir noch einige Höfe und Tempel durchschritten haben, gelangen wir zum letzten Hof. Vom Eingang her klingt uns eine wie Wasserrauschen eintönige, aber dabei melodische Musik entgegen. Die schweren Torflügel schließen sich hinter uns, wir bleiben im Halbdunkel stehen. Vor uns erhebt sich wieder die Riesengestalt eines Buddhas auf dem Lotosblatt. Sein Gesicht drückt keinen Wunsch, kein uns bekanntes Gefühl, nichts als Ruhe aus. Eine erdrückende Ruhe! Zwei kahlgeschorene Mönche mit zurückgeworfenen Kapuzen sitzen auf dem Boden, schlagen mit Triangeln den Takt und singen dazu. Diese melodischen Laute, eintönig wie rinnendes Wasser, erklingen ohne Unterlass, füllen den Tempel, strömen in unser Herz und schläfern das Gehör ein. Ich fange das Motiv auf und verliere mich im Labyrinth der Töne. Mir scheint es, als stünde ich schon ewig da, von dieser Melodie, der Dunkelheit des Tempels, der Ruhe dessen, der hier auf mich blickt, eingelullt, als wäre diese leidenschaftslose Ruhe auch in mich eingezogen, als spürte ich nur noch im Unterbewusstsein, dass ich lebe. Deutlich glaube ich zu fühlen, wie auch alles mich umgebende Leben erstarrt und die Jahrhunderte und Jahrtausende darüber hinwegeilen.

Noch lange danach hörte ich diesen rieselnden, melodischen Klang, sah ich den riesigen Buddha vor mir stehen und diese kahlen Mönche, die sich immer wieder ablösen und Tag und Nacht den gleichen eintönigen, maßvollen Rhythmus schlagen.

»Heute aber«, sagte mein freundlicher Führer ein anderes Mal, »heute gehen wir in das chinesische Viertel und besuchen die Teestraße und das chinesische Theater.« Mag es Zufall, mag es Absicht gewesen sein, aber mein Begleiter teilte mir nie im Voraus mit, was wir zu sehen bekämen, und dadurch blieben Kraft und Frische des Eindrucks voll erhalten. Es war neun Uhr, als wir zu Fuß das Haus verließen.

Wir kommen durch den englischen Stadtteil. Zu beiden Seiten der ausgezeichnet gepflasterten schönen Straße stehen Häuser mit Spiegelglasscheiben und grünen Gärten. An jeder Straßenkreuzung wachen regungslos wie Bildwerke die Hindupolizisten im weißen Turban mit langem schwarzem Bart, olivbraunen Gesichtern und einem wie hypnotisierten, schläfrigen Blick in den dunklen Augen. Dann folgt die Vorstadt, der Wohnort von Mestizen, Mischlingen von Portugiesen und verschiedenen Bewohnern des Fernen Ostens. Eng sind die Straßen, dicht gedrängt die ärmlichen Häuser. Einst spielten die Portugiesen hier die Herrenrolle, die jetzt den Engländern zufällt. Die Nachkommen der ehemaligen Herren, die Mestizen, nehmen eine sehr bescheidene soziale Stellung ein, sie sind Schreiber, Buchhalter oder untergeordnete Verkäufer.

Wir betreten das Chinesenviertel, und sofort erfasst mich der warme und unangenehme Duft chinesischer Straßen. In den Kaufläden brennen Lichter, die Inhaber sitzen in den weit offenen Türen, durch die Gassen quirlt eine lebhafte Menge in blauen Jacken, mit Zöpfen, die am Rücken eine Schmutzspur hinterlassen, die Schultern mit hartem, brüchigem Haar überstreut. Ihr Geruch ist der schmutziger, aber gesunder und kräftiger Körper. Es sind viele, viele Körper, und alle strömen energisch in der gleichen Richtung mit uns. Da ist schon die Teestraße im Lichte roter Laternen. Dieser rötliche Schimmer verschmilzt mit der blauen Nacht und hüllt diese ganze phantastische Straße in einen durchscheinenden bläulichen Schleier. Sie ist weitaus breiter als die anderen und sieht mit ihren geschnitzten Balkonen an den oberen Stockwerken, mit den herabhängenden roten Aushängeschildern und den goldenen Schriftzeichen, den unzähligen bunten Laternen, die sich vom Hintergrund des roten Leuchtens abheben, wie ein luftiges Märchengebilde aus. Überall Lärm, Musik und Gesang. Ich treibe in der dichten Menge dieser schmutzigen Leiber dahin; es ist warm und schwül, unter den Balkonen klingt die wilde, von Pauken begleitete Musik lauter. Dort sind von lärmendem Gedränge umgebene Frauengestalten zu sehen. Ich blicke hinauf, lasse mich zum Eingang treiben, wo geschminkte Frauen diese Menge zu sich heranrufen und wo sich immer wieder hastig und schrill schreiende, Laternen tragende Sänftenmänner, Pferdekutschen und Rikschas und Lastträger hindurchdrängen, die ihre Ware hochhalten und mit wildem Geschrei weitereilen. Die Lastträger schleppen alle die gleiche Ware: chinesische Frauen. Sie sind nicht zu zählen und sehen alle einander gleich; geschminkt, das schwarze, glänzende, harte Haar zu einer kunstvollen Frisur aufgebaut, in grellfarbigen kostbaren, langen Gewändern. Die kleinen, die die Lastträger nur auf einem Arm tragen, sind wirklich erst acht, zehn oder zwölf Jahre alte Kinder. »Wohin trägt man sie?«, frage ich meinen Begleiter. – »Zur Kundschaft.« – »Wer ist das?« – »Chinesen.« Dann bekomme ich abscheuliche, erschütternde Erzählungen zu hören, wie diese unglücklichen Opfer von frühester Kindheit an auf ihr unmenschliches Gewerbe vorbereitet werden. Mit acht Jahren sind sie dem Verderben anheim gefallen, mit fünfzehn bereits werden sie über Bord geworfen: Abfall, menschliche Wracks.

»Was ist das für ein Haus?« – »Eine Art Kabarett. Wollen wir eintreten?« Wir gehen hinein. Wir sind die einzigen Europäer inmitten dieses Meeres von Chinesen. Wir werden kalt und gleichgültig, mitunter aber auch feindselig angesehen. Da ich weiß, wie sehr die Chinesen die Europäer hassen und wie empfindlich sie sind, wenn man ihren Frauen zu nahe tritt, denke ich unwillkürlich, dass wir eigentlich ein ganz überflüssiges Wagnis eingegangen sind. Aber wir haben den Eintritt bezahlt und folgen den anderen in den unteren Raum. Die Wände entlang laufen offene Logen mit gepolsterten Bänken. Auf ihnen ruhen Menschen in verschiedener Lage, auf die Hand gestützt oder ausgestreckt. Einer bereitet sich etwas zu. Ein Lämpchen beleuchtet matt sein vorgeneigtes, blasses, eingefallenes Gesicht. Ein anderer zieht gierig an seiner Pfeife. Viele liegen wie tot da, ihre Augen quellen glasig hervor und starren ausdruckslos vor sich hin. »Was sind das für Leute?« – »Opiumraucher. Sehen Sie, dieser da mit dem starren Blick ist bereits am Ziel angelangt. Er sieht das, was er sich wünscht, Reichtum und Ehre und Frauen. Diese Männer hier brauchen keine Gesellschaft, sie rauchen für sich allein.«

Wir steigen durch die Menge schmutziger Leiber, den schweren Qualm des brennenden Opiums und die mit Ausdünstungen geschwängerte Luft in den ersten Stock hinauf. Mich befällt eine quälende Erregung, ich fühle, dass es unmöglich ist, diesen ganzen Schwall immer neuer Eindrücke festzuhalten. Denken und Phantasie heften sich unwillkürlich an einzelne Gestalten, versuchen gierig, sie zu enträtseln, und werden von anderen abgelenkt. Wir gelangen vor eine offene Bühne. In dem großen, niedrigen Saal stehen viele Tische, an denen Chinesen sitzen, längs der Wände aber befinden sich die gleichen Logen mit den gleichen Gestalten wie unten. Auch wir nehmen an einem Tisch Platz. Man reicht uns starken, duftenden grünen Tee in kleinen Tassen. Wir trinken und sehen zur grell beleuchteten Bühne hin. In ihrer Mitte steht ein Tisch, um ihn herum sitzen geschminkte Chinesinnen vor Teetassen. Dahinter musiziert ein primitives Orchester: Trommel, Pauke und eine kreischende Geige. Die Trommel rattert wüst, die Pauke schlägt dumpf, die Geige winselt die ganze Zeit in den höchsten Tönen. Die Chinesinnen singen der Reihe nach, das heißt, sie geben unvorstellbar hohe, metallisch schneidende Laute von sich. Die Kunst scheint hier darin zu liegen, die Stimme mit dem Piepsen der Geige zu vereinen. Manchmal ist etwas schwermütig Klagendes herauszuhören.

Die Kabarettatmosphäre ist deutlich zu merken. Jede Sängerin hat ihre Verehrer, ihre Stammgäste, hier wird mit Liebe gespielt, vielleicht auch echte Liebe erlitten.

Immer wieder werden uns in heißes Wasser getauchte, leicht ausgewrungene Handtücher gereicht. Damit soll man sich Gesicht und Hände abwischen, wahrscheinlich, um die Hitze weniger zu spüren. Es ist auch wirklich sehr heiß, es wird immer schwüler, und immer schärfer, leidenschaftlicher erklingen die Rufe. Es kommt einem vor, als löste man sich in dieser drückenden, würgenden Atmosphäre ganz auf, man wird sich noch eindringlicher der Alleinherrschaft des Leibes in dieser furchtbaren, phantastischen roten Straße bewusst. Draußen nimmt das Gedränge zu, der Lärm ist nur gedämpft zu hören, hat aber einen erregteren Klang bekommen.

Wir sind wieder inmitten dieser Menge, gehen die endlose Reihe der überfüllten Teehäuser entlang, die zu beiden Seiten der Straße stehen, und immer weitere Massen strömen aus den Nebengassen heran. »Ist heute ein Festtag?« – ›Nein, so geht es hier das ganze Jahr Nacht für Nacht zu.«

Wir besuchten an diesem Abend das Theater, und von dort gingen wir wieder in die Teestraße. Es war Mitternacht. Aber noch immer war die gleiche Volksmenge da, noch immer wurden die geschminkten Frauengestalten mit den gleichen wilden Rufen davongetragen und davongefahren. Alles bewegte sich im blutigen Schein der Straße wie ein Alptraum. Und der blaue Nachthimmel darüber war doch so schön, so zart, wölbte sich mit einer solch friedlichen Ruhe über der chinesischen Stadt ... Umso schrecklicher war alles das, was sich hier unter seiner herrlichen Hülle abspielte.

»Das sind alles nur Blüten«, sagt mein Begleiter, als wir heimkehren. »Keine europäische Phantasie kann sich vorstellen, wie ausschweifend und zynisch der Osten und wie tief die Illusion der Gefühle zwischen den Geschlechtern hier gefallen ist. Jede Wertschätzung eines jeglichen Gefühls verliert sich augenblicklich. Der Osten ist ein Marionettentheater, eine faulende Kloake, ein welker Körper, der zur eignen Erregung schon unmenschliche Mittel braucht – den Zynismus, vor dem wir Europäer mit unseren Illusionen über Gefühle wie kleine Kinder stehen, die noch glauben, dass der Klapperstorch die Kinder bringt. Wenn dieser blasse Chinese, der auf uns mit der Apathie und dem Zynismus seiner fünftausendjährigen Geschichte herabschaut, die Feder in die Hand nimmt und seine Gefühle und Gedanken in seinen Ausschweifungen niederschreibt – was bleibt dann von all unseren Pessimisten wie Maupassant und selbst von Goethes Mephisto?«

Wenn man jedenfalls etwas von den bodenlosen und furchtbaren Seiten des Ostens erleben möchte, so muß man nachts der Teestraße in Schanghai einen Besuch abstatten. Das über Monate und Jahre mit unsäglichen Entbehrungen, harter Arbeit und Askese angehäufte Geld wird dort so sorg- und maßlos für Glücksspiele, Frauen, Jungen und Opium ausgegeben; und einmal hier zu feiern, ist der Wunschtraum eines jeden, all dieser vom Leben betäubten Chinesen.

Aber man sollte diesem Übermaß an Energie, gleich einem Kind, das nicht weiß, wohin damit, auch nicht zuviel Bedeutung beimessen. Man schaue auf den anderen Chinesen, der in der Bank sitzt, der schon bald alle Betriebe Schanghais gehören. Die Engländer sind in ihren eigenen Einrichtungen nur noch ein Aushängeschild. Die Arbeit erledigen die Chinesen, und in zwanzig Jahren werden sie die Dinge selbst in die Hand nehmen und die Konkurrenz mit ihnen wird unvorstellbar. Vor allem für die Engländer, die alles auf großem Fuße mögen. Die Deutschen sind zwar bodenständiger, aber auch sie werden in der Konkurrenz mit den Chinesen nicht bestehen.

Der Osten ist eine Mischung aus Absterben und dem Beginn eines neuen Lebens, dass sich selbst der kühnste Idealist unserer Tage noch nicht vorzustellen vermag.

Große, mehrere Stockwerke hohe, schmale schwimmende Bauten ankern im Fluss – lauter Opiumlager, die einen Gewinn bringen, der in die Hunderte von Millionen geht.

In einem Klub brachte ich einem Engländer gegenüber meinen Unmut über den Opiumhandel zum Ausdruck. Er verzog eine Grimasse. »Das Prinzip des Freihandels! Und außerdem ist dieser Handel de facto in den Händen von Chinesen. Weder Sie noch ich werden natürlich mit Opium handeln, aber genau so brauchen weder Sie noch ich es zu verbieten. Der Punkt ist nicht ein Verbot, es sind die Lebensbedingungen, unter denen die einen das Opium brauchen und die anderen nicht.« »Aber es ist doch Gift!«, erwidere ich. »Weniger giftig als Euer Wodka: Sie rauchen es und werden trotzdem steinalt. Die geistigen Fähigkeiten leiden natürlich, aber bei einem solchen Leben brauchen sie diese Last auch nicht. Die Opiumfrage ist somit vergleichbar mit der Frage nach Folter mit oder ohne Chloroform. Ich wiederhole, so wie bei Ihnen vermutlich ehrenwerte Leute nicht mit Wodka handeln, so meiden auch hier die Leute, die etwas auf sich halten, dieses Geschäft.«

In Schanghai besteht eine französische Kolonie, gibt es einige französische Geschäfte, und außerhalb der Stadt liegt ein großes Jesuitenkloster mit einem Kolleg, in dem christliche Chinesen unterrichtet werden. Die Disziplin in diesem Kloster ist erstaunlich. Nur die Jesuiten verstehen es, die menschliche Natur so zu dressieren. Die Mönche sind chinesisch gekleidet. Ich sah getaufte Chinesen, die zu ihrem Nationalgewand Bärte trugen, was sehr seltsam wirkt. Die Chinesen behandeln ihre christlichen Landsleute sehr unfreundlich, und eine Verfolgung der Missionare beginnt stets mit einem Mord an den getauften Chinesen.

Die Schanghaier französische Zeitung ist klerikal. Sie verdreht mit viel Pathos und Pharisäertum die Tatsachen. Ein Amerikaner, der als Soldat auf den Philippinen gekämpft hatte und jetzt heimkehrte, Mr. Frazer, ein hoher, hagerer Mann von etwa dreißig Jahren, sehr zart fühlend und vorsichtig, sagte mir lächelnd: »Genauso schreiben die Zeitungen in den spanischen Kolonien!«

In der Halle des Hotels ist angekündigt, dass morgen, am 21. November, der Pazifikdampfer »Gaelig« über Japan und die Hawaii-Inseln nach Amerika abgeht. Für diesen Dampfer habe ich bereits eine Fahrkarte gelöst, und außerdem ist meine Reise bis Paris einschließlich der Bahnstrecken bezahlt. Alles zusammen kostet fünfhundert Rubel in der ersten Klasse, also genau so viel, wie mich eine Reise mit unserem Dampfer »Jaroslavl« bis Odessa mit wohl höchstens einem Zehntel der Annehmlichkeiten gekostet hätte. Die »Gaelig« gehört einer englischen Gesellschaft.

9. November

Ich bin heute früher aufgestanden und beeile mich nun mit dem Einpacken. Wenn auch noch mit einer höchst barbarischen Aussprache, aber doch schon ohne fremde Hilfe, verständige ich mich auf Englisch mit dem Hotelpersonal, dem Schneider, der Waschfrau, dem Fotografen, Kutscher, auf dem Telegrafenamt und im Dampferkontor. Meine Zunge ist wie hölzern, und die mir bekannten Wörter entfallen mir immer wieder, so dass ich verlegen dastehe und danach suche. Das Verstehen ist noch schwieriger als das Sprechen, obwohl ich, wenn man langsam mit mir spricht, schon beinahe alles begreife. Ich habe ja immerhin dreitausend Wörter erlernt. Es fehlt mir nur die Übung, aber dazu werde ich wohl während der langen Reise Zeit haben.

Ein Uhr mittags. Heftiger Wind, der allmählich die Stärke eines Sturmes erreicht. Ich stehe mit meinem Begleiter am Kai der »Bund« und warte auf das Dampfboot, das mich auf die Reede hinausfahren soll. Die Sonne ist von Wolken verdeckt; ich friere, obwohl ich den Herbstmantel anhabe. Die trübgelbe Oberfläche des riesigen Flusses wallt und schlägt mit kurzen, heftigen Wellen an die Kaimauer.

Heute enthüllt Prinz Heinrich das Denkmal zu Ehren der 1896 vor Tschifu umgekommenen Mannschaft des Kanonenbootes »Iltis«. Ich kann das Denkmal vom Kai aus sehen, es steht auf der Bund. Das Denkmal ist so einfach wie vielsagend: ein Mast mit einer heruntergelassenen Flagge aus grünem Kupfer. Die Fahne umwindet in breiten Falten den unteren Teil des Mastes und liegt verwaist auf dem Felsen. Vor zwei Stunden fand eine große Feier statt. Musik spielte, deutsche Soldaten marschierten im energischen Stechschritt und Prinz Heinrich hielt seine Rede so energisch und laut, dass man denken könnte, er verurteilte jemanden, er würdigte aber nur den Mut der Opfer. Als die Fregatte auf ein Riff auflief und der Untergang unausweichlich war, stimmte die Mannschaft ein Lied an...Der Einladung der Deutschen waren Matrosen aller Nationen, deren Schiffe in Schanghai vor Anker lagen, gefolgt: Engländer, Russen, Österreicher, Italiener, nur die Franzosen fehlten.

»Auf Wiedersehen!« Schon fliegt unser Boot »Samson« wie eine Möwe über die schmutziggelben Wellen dahin. Neue Gesichter ringsum. Die einen begleiten ihre Bekannten zum Hochseedampfer, andere fahren nach Japan oder Amerika. Einigen Damen wird bereits übel, und ein Kind schreit mit kreidebleichem, vor Schreck und Abscheu verkrampftem Gesicht: »Mutti, Mutti!«

Auf der Reede ist der Wellengang noch heftiger, ein rasender Wind lässt die Wellenkämme aufspritzen, und unser »Samson« klettert bald tapfer hinauf, bald fliegt er Hals über Kopf in die Tiefe, dass man meint, er tauche im nächsten Augenblick ganz in der gelben Hölle unter. Es ist unmöglich, an Deck zu bleiben, das immerfort wie von einer riesigen Pumpe überflutet wird. Endlich taucht unsere »Gaelig« als dunkler Punkt am Horizont auf. Die Entfernung täuscht über ihre Größe, aber als wir nahe heran sind und unser »Samson« so hinauf- und hinabgeworfen wird, dass wir uns kaum auf den Beinen zu halten vermögen, während die »Gaelig« reglos dasteht und wir den Kopf hochheben müssen, um ihre schwarze Bordwand überblicken zu können, erkennt man, was für ein Riese sie ist.

Nun bin ich an Bord und sehe zum letzten Mal zu dem Zwerg »Samson« hinunter. Vorbei an dem Gewühl der chinesischen und englischen Matrosen und einem Gewirr von Seilen und Blöcken steige ich in meine Kajüte hinunter. Ich gehe am Rauchsalon und Lesesaal vorbei und gelange in das untere Deck, wo sich der Speisesaal befindet. Noch ein Deck tiefer erreiche ich durch einen langen Gang endlich die Kajüte. Sie enthält zwei Kojen, hat zwei Bullaugen, einen Waschtisch, einen Spiegel und ein Mahagoniregal, in dessen Fächern Wassergläser mit dareingesteckten Handtüchern und eine Karaffe stehen. Es fahren wenige Passagiere mit; so bin ich in der Kajüte allein. Noch einmal blicke ich mich aufmerksam in meiner neuen Wohnung um, in der ich mehr als einen Monat verbringen werde. Keinerlei Luxus, aber alles gediegen und dauerhaft, überall tadellose Sauberkeit. Die beiden Kojen sind mit weichen, hellen Decken bereits zum Schlafengehen hergerichtet.

Ich möchte gern im Buch der Zukunft lesen, durch irgendeinen Übersinn erfühlen und erraten, ob meine Reise glücklich verlaufen oder ob mir auf dem langen Weg etwas zustoßen wird. Jeder reist zwar in der Hoffnung, dass alles gut endet – und doch geht nicht immer alles glatt... Aber das sind müßige Gedanken, die wohl jedem einmal durch den Kopf gehen.

Draußen erschallen Pfiffe, Ketten klirren, und ein etwa vierzig Jahre alter Japaner in europäischer Kleidung und Haartracht steckt den Kopf herein, nickt, spricht ein paar Worte und zeigt dabei seine großen Zähne. Ich erfasse nur das englische Wort »baggage«. Der Japaner verschwindet wieder, und ich bleibe etwas ratlos zurück. Wohin ist eigentlich mein Gepäck geraten? Man nahm mir bereits in Schanghai das Handgepäck und auch die schweren Koffer ab, von denen ein Teil unmittelbar nach Paris geht.

Aber jetzt wird das Gepäck hereingetragen; wir fahren schon. Den Abschied von Schanghai muss ich mir ansehen. Auf Deck herrscht immer noch der gleiche Wind, der Himmel ist bewölkt, am Horizont verschwimmt der gelbe Küstenstreifen mit dem dunklen Land dahinter, von dem wir uns mit vierzig Werst in der Stunde nach Nagasaki entfernen. Übermorgen werden wir also wieder Wärme und Sonne genießen. Wie schön das sein wird! Einen ganzen Monat werde ich nun, von der Welt abgeschlossen, auf dem Dampfer verbringen, zu dem die Unrast des Lebens auf dem Festland, die Angst, zu verschlafen oder zu spät zu kommen, keinen Zutritt hat.

Ein ganzer Monat! Das ist ein riesiges Kapital an frei verfügbarer Zeit. Ich brauche nichts zu tun, ich kann ruhen und schlafen, und das mit vollem Recht. Mir ist wie einem Menschen zumute, dem plötzlich auf durchaus rechtlichem Wege ein großes Erbe zugefallen ist und der sich von nun an für völlig versorgt hält. Wieviel werde ich schreiben, welche Fortschritte werde ich in der englischen Sprache machen! Und die in Schanghai gekauften Bücher kann ich nun in aller Ruhe durchlesen!

Ich will schon jetzt gestehen, dass ich während dieses aller Verpflichtungen baren Monats auch nicht den zehnten Teil meiner Absichten verwirklichen konnte, denn leider enthielt auch er nicht mehr Stunden, als er sonst in der Welt zu enthalten pflegt. Doch ich bin ungerecht, denn diesmal hatte das Schicksal ein Einsehen und schenkte mir einen wirklich erlebten ganzen Tag: Wir schrieben zweimal nacheinander Montag, den sechsten Dezember neuen Stils! Das waren die vierundzwanzig Stunden, die wir uns durch das stete Wandern nach Osten eingespart hatten. Aber das war auch alles, was von dem scheinbaren Zeitreichtum eines Monats übrig geblieben war, denn er begann sofort in Tage, die Tage begannen in Stunden und Minuten zu zerfallen, und je länger die Reise dauerte, desto unauffälliger ging das vonstatten.

Während die anderen Reisenden noch mit dem Auspacken beschäftigt waren, trafen wir drei Russen uns bereits im Speisesaal. Wir interessierten uns für die Stunden der verschiedenen Mahlzeiten. Ich weiß nicht mehr, wer als erster erriet, dass wir Landsleute waren, aber das kam mit einemmal ganz von selbst, und wir stellten uns einander vor. Der eine Reisende war Viktor Iwanowitsch D., ehemals Direktor der Russisch-Chinesischen Bankfiliale in Port Arthur, jetzt nach Jokohama versetzt, der andere IwanTichonowitsch B., der einzige russische Kaufmann, der seinen Handel in Japan selbst, und zwar in Nagasaki, betrieb.

Viktor Iwanowitsch stellt sich als jener schöne blonde Mann mit langem Schnurrbart heraus, den ich im chinesischen Kloster als Begleiter einer Dame gesehen habe. Er beherrscht die englische Sprache ausgezeichnet und ist binnen kurzem über die Schiffsordnung unterrichtet. Um neun Uhr gibt es das erste Frühstück mit Tee, um ein Uhr den Lunch, um vier wieder Tee und um sieben das Dinner. Man kann auch zwischendurch Speisen und Getränke bestellen, die in das Quittungsbuch des Stewards eingetragen und am Ende der Reise verrechnet werden. (Mit Ausnahme des japanischen Oberstewards sind alle Angestellten Chinesen.) Nur die Menüverpflegung ist im Fahrgeld inbegriffen, die Getränke sind gesondert zu bezahlen. Um elf Uhr werden die Lichter im Speisesaal, im Rauchsalon und in der Bibliothek gelöscht. Wäsche kann man erst in Jokohama waschen lassen, wo der Dampfer zwei Tage hält. Das ist eine sehr wichtige Frage, wenn man berücksichtigt, dass man zum Dinner stets im Smoking zu erscheinen hat.

»Das bedeutet also, dass man vierundzwanzig Hemden vorrätig haben muss, wenn man ganz korrekt sein will«, rief ich erschrocken. »Und das während einer Reise, wo doch jedermann bemüht ist, mit so wenig Gepäck wie möglich auszukommen.« – »Ja, darauf läuft es hinaus«, stimmte Viktor Iwanowitsch zu und tröstete mich: »Die Engländer ziehen sich sogar dreimal am Tage um.« – »Ich pfeife drauf«, erklärte Iwan Tichonowitsch, »ich gehe immer in meinem Rock, ich besitze gar keinen Smoking.« – »Und das Rauchen in den Kajüten ist tatsächlich verboten?«, fragte ich. – »Ja, darauf wird streng geachtet.« – »Wenn ich aber trotzdem rauche, was geschieht mir dann?« – »Sie müssen eine Geldstrafe bis zu hundert Dollar zahlen. Es handelt sich um eine Brandschutzmaßnahme. Eine einzige Zigarette kann eine Feuersbrunst heraufbeschwören, und das auf offener See, wo man wochenlang keinem Dampfer begegnet …« – »In Gottes Namen, dann werde ich nicht in der Kajüte rauchen.«

Da ich mit Viktor Iwanowitsch eine ganze Woche zusammenbleibe, Iwan Tichonowitsch uns aber bereits nach zwei Tagen verlässt, schließe ich mich vorerst diesem Kenner der hiesigen Verhältnisse an. Bis zum Dinner bin ich bereits über alle seine Angelegenheiten voll unterrichtet. Er betreibt nun schon seit zweieinhalb Jahren Handel in Nagasaki, und bisher gingen seine Geschäfte gut. Er verkauft russischen Tabak und Zucker, russische Weine, Liköre und Bonbons. Der einheimische Zucker kostet zehn Kopeken das Pfund. Iwan Tichonowitsch verkauft den Würfelzucker für achtzehn, die Zuckerhüte für fünfzehn das Pfund, en gros sogar für vier Rubel fünfzig das Pud. Die Qualität des russischen Zuckers ist der des gelblichen einheimischen, der sich zu brüchigen Klumpen zusammenballt und dem ein eigentümlicher Geruch anhaftet, weit überlegen. Am besten ist der Absatz der russischen Bonbons. Die Nachfrage nach ihnen, nach Wodka und Odessaer Konserven, vor allem aber nach Zucker, steigt immer mehr. Abnehmer sind Engländer, Japaner und Chinesen. Iwan Tichonowitsch versuchte auch den Verkauf von Manufakturwaren. Die Firma Konschin hatte ihm bereits ihre Muster gesandt, und die Japaner bestellten in diesem Jahr für zehntausend Rubel Stoffe. Iwan Tichonowitsch meint, dieses Geschäft müsste hier im Osten gut gehen. Er denkt daran, seinen Handel auch auf die Mandschurei und Korea auszudehnen. Aber in Japan selbst wird er das Geschäft aufgeben müssen, da mit Beginn des nächsten Jahres alle russischen Waren mit einem Zoll von vierzig Prozent belastet werden, und zwar nur die russischen, während zum Beispiel für französische Weine nur zehn Prozent zu zahlen sind. Nun war Iwan Tichonowitsch nach Schanghai gereist, um sich ein neues Tätigkeitsfeld zu suchen. Er kam zur Überzeugung, dass es in Schanghai klappen wird, aber unser Konsul sagt ihm einen Misserfolg voraus.

»Ich werde mich an den englischen Konsul wenden und wir werden noch sehen, wer Recht behält.« Bekümmert fügte er hinzu: »Sind wir Russen etwa nur zu gebrauchen, uns ins gemachte Nest zu setzen oder als Schutzmann fremde Reichtümer zu bewachen?«

Viktor Iwanowitsch, bereits zum Dinner gekleidet, trat aus seiner Kajüte. Es war halb sieben und Zeit, dass auch ich mich umzog, denn schon waren die langhallenden Gongschläge zu hören.

Genau um sieben Uhr ging ein junger Chinese zum zweiten Mal mit dem Gong durch den Korridor, und der leicht aufheulende bebende Klang scholl gleichmäßig durch den ganzen Dampfer. Es waren nicht viele Reisende an Bord und daher nur wenige Tische beleuchtet und gedeckt. Der Steward empfing uns an der Tür, erkundigte sich nach der Kajütennummer und wies den Platz an. Sobald die halbe Strecke zurückgelegt ist, werden dem Brauch entsprechend die Plätze neu verteilt. Ich sitze mit dem Rücken zur Bordwand, mir gegenüber (auf unsere gemeinsame Bitte hin) Viktor Iwanowitsch, rechts von mir ein junger Engländer, mit dem ich bereits nach Schanghai fuhr, und zur Linken ein ehrwürdiger amerikanischer Senator und Astronom. Während am anderen Tisch mehrere Damen sitzen, befindet sich an unserem nur eine einzige. Ihr Begleiter ist ein älterer Engländer mit tadelloser Haltung. Die Dame ist jung, schlank und schön, elegant gekleidet, mit üppigem, rötlich schimmerndem, kastanienbraunem Haar. Viktor Iwanowitsch erklärt mir auf Russisch den kleinen diplomatischen Kniff, zu dem die Schiffsleitung in diesem Fall greifen musste. Die Dame ist nämlich nicht verheiratet, und damit die sehr zimperlichen englischen Ehefrauen keinen Widerspruch erhoben, wurde sie an unserem Tisch untergebracht, an dem weiter keine Damen sitzen. Er schloss mit den Worten: »Wir haben dabei nichts verloren, denn unsere Dame ist mehr wert als alle anderen zusammen.«

Auch Mister Frazer ist an unserem Tisch; er sitzt ihr gegenüber. Er nickt mir munter zu, und mein Nachbar, der junge Engländer, äußert laut seine Freude über meine Fortschritte in der englischen Sprache. Viktor Iwanowitsch unterhält sich bereits lebhaft mit dem amerikanischen Senator. Er ist der Einzige, der keine Etikette anerkennt und ohne Krawatte in einem weichen Hemd und seinem etwas abgetragenen Alltagsrock dasitzt. Der Kapitän des Dampfers, ein dicker, frisch aussehender Seemann in Marinejacke, legt seine Mütze auf das Sofa, lässt seinen Blick über die ganze Gesellschaft schweifen, nickt jedem zu und sagt sein »Good evening!« An unserem Tisch sitzt sein Erster Offizier, ein geleckter blonder Mann von etwa fünfunddreißig Jahren. Auch er nickt uns nun zu, und wir erwidern mit dem gleichen Gruß.

Jeder Passagier wird von einem chinesischen Steward bedient, der uns nun die Speisekarte vorlegt. Solange ich mich noch unsicher fühlte, ließ ich sie mir in die Kajüte bringen, wo ich sie mit Hilfe des Wörterbuches vorsorglich studierte.

Am anderen Tisch sitzt ein junges Mestizenehepaar; beide sind sehr stille und sympathische Menschen. Ein junger Pastor mit Frau und Töchterchen, der seit mehreren Jahren in China lebt, sammelt jetzt auf Reisen Liebesgaben, da in seinem Gebiet eine schlimme Hungersnot ausgebrochen ist. Dann sitzen dort noch zwei Ehepaare, das eine rau, wenig sympathisch, Besitzer eines großen Galanteriewarengeschäfts in San Francisko; das andere reiche Kaufleute aus New York, sie schon in reiferem Alter, aber gut erhalten, mit dem Anflug eines allerdings schönen und klaren Herbstes auf dem nachdenklichen Gesicht – außerdem noch einige glatt gekämmte englische Gentlemen mit Stehkragen und einige Deutsche und Japaner. Die Japaner tragen alle europäische Kleidung, sind alle klein und schmächtig, mit einer dunklen, straff gespannten Gesichtshaut. Diese Haut hat ihnen die Natur allzu spärlich zugeteilt, so dass die Zähne immer aus den wie schmerzlich emporgezogenen Lippen hervorsehen. Das Gesicht ist ohne Bartwuchs, aber der Kopf ist reichlich mit hartem Haar bewachsen, wie Pferde es haben. Die Augen blicken sicher und ruhig aus ihren schmalen Schlitzen.

An einem Tisch für sich sitzen drei Chinesen und zwei Jungen, von denen der eine europäische, der andere chinesische Kleidung trägt. Sie sind Brüder, und der füllige, sympathische Vater in Nationaltracht sieht seine Kinder gutmütig und liebevoll an. Übrigens trägt auch der europäisch gekleidete Junge einen Zopf wie die anderen Chinesen. Dem hier im Osten herrschenden abscheulichen Brauch entsprechend müssen sie an einem Tisch für sich sitzen. »Warum abscheulich?«, fragt mich Viktor Iwanowitsch. Sie haben ihre eigenen unappetitlichen Bräuche, von denen sie sich nicht lossagen möchten. Sie sind Schmutzfinken und haben ihren eigenen Geruch, da ist es doch nur verständlich, dass man sie meidet. Die Japaner nehmen europäische Gewohnheiten an und sitzen mit uns am Tisch. Aber warum soll ich zusehen müssen, wie ein Chinese sein Essen wieder auf den Teller spuckt, um es dann erneut in den Mund zu führen. Da wird einem schon zu Lande übel, und hier zu Wasser erst recht. Nein, Gott sei mit ihnen, aber sollen sie doch allein essen. Die Chinesen reisen mit ihren Familien nach San Francisko. Mit den beiden Chinesinnen – Mutter und Tochter – wechsle ich täglich einige höfliche Verneigungen. Oft stehen wir uns einige Augenblicke gegenüber mit dem Wunsch, einander etwas zu sagen, aber die verschiedenen Sprachen erheben sich zwischen uns als unüberwindliche Barriere, wir nicken einander noch einmal zu und trennen uns wieder mit leisem Bedauern.

10. NOVEMBER

Heute schlingert das Schiff, und man hat gar nicht mehr den Eindruck, dass unsere »Gaelig« ein Riese sei, der jedem Wellengang standhalte. Mitunter werden wir wie eine zerbrechliche Nussschale hin und her geschleudert, und dann stöhnt und knarrt unser Dampfer, dass man meint, er falle im nächsten Augenblick auseinander.

Die Sonne ist aus den Wolken getreten und blickt kühl in das trübgelbe Wasser hinunter. Die Wellen toben unter dem Wind wie in Krämpfen und schlagen gegen die Bordwand des Schiffes. Jeder Schlag dröhnt wie ein Kanonenschuss, und Wasserfontänen übersprühen die Bullaugen. Ich nehme meine russischen, englischen und französischen Bücher und gehe in die Bibliothek. Dort stehen zahlreiche Tischchen mit Tintenfässern, Federn und Briefpapier, auf dem unsere »Gaelig« mit einer dreifarbigen Flagge abgebildet ist. Auch der Pastor mit dem hageren, zerquälten, noch jungen Gesicht ist schon da und schreibt etwas aus einem mit Zahlenkolonnen angefüllten dicken englischen Buch ab. Auf dem Sofa räkelt sich ein englischer Geck in kariertem Anzug, eine Brosche in der Krawatte, mit langem Gesicht und großen Zähnen, auf dem Kopf ein seidenes Käppchen, die Hosen mit Umschlag.

Ich beginne meine Arbeit. Ein Stunde vergeht, dann ruft jemand etwas herein, und alle verlassen die Bibliothek. Ich folge, aber nun bleiben die anderen vor dem Speisesaal stehen und betrachten die eben ausgehängte Karte. Sie teilt mit, wie viele Meilen wir bis heute Mittag zurückgelegt haben und wie das Wetter war. Die Windstärke wird mit zehn angegeben, also fehlt nicht viel zum Sturm. Auch die Uhr ist bereits gestellt, und wir alle stellen die unseren täglich um etwa eine halbe Stunde vor.

Auf Deck macht Mister Frazer seinen täglichen Spaziergang vor dem Lunch. Ihn begleitet ein Mann von etwa fünfundfünfzig Jahren mit einem energischen, sonnverbrannten Gesicht unter dem breitrandigen Hut. Der lange, hagere Mr. Frazer hört ihm aufmerksam zu und teilt mir dann mit, was er gehört hat: »Das ist der berühmte König einer Inselgruppe vor Hawaii. Er hat sich vor dreißig Jahren dort angesiedelt und die englische Flagge gehisst und lebt seitdem dort mit seinen erwachsenen Kindern; ihm sind tausend Kanaken untertan. Nun reist er das erste Mal wieder nach England.« Ich werde dem König vorgestellt, und wir wechseln einige bedeutungslose Phrasen. Er sagt mir, einer seiner Söhne sei auch Ingenieur; sie bauten jetzt eine kleine Bahn. Mr. Frazer übersetzt mir noch, der König sei damals durch Zufall auf diese Inseln geraten. Sein Schiff kenterte, und er wurde an den Strand getrieben. Ich bat, ihm auszurichten, ich sei sehr erfreut, einen modernen Robinson Crusoe getroffen zu haben.

Zehn Uhr abends. Ich liege bereits im Bett und strecke mich genießerisch. Dort hinter der dünnen Stahlwand tobt das Meer, schlägt rasend gegen unser Schiff, aber in der Kajüte ist es warm, und das elektrische Licht leuchtet mild. Ganz weit, jenseits der stürmischen See, liegt die Heimat, wohnen meine Lieben, aber vorläufig bin ich von ihnen getrennt und muss, ob ich will oder nicht, noch sechs Wochen so weiterschlingern. Gut ist es, dass ich nicht seekrank werde. Aber es schläft sich schlecht, denn man fällt beinahe aus der Koje, Bücher stürzen um, Koffer rutschen über den Boden. Manchmal ertönt ein besonders betäubender Schlag. Sind wir gestrandet, ist etwas zerbrochen, die Welle, die Schraube, das Ruder, ein Schott? Ob ich mich ankleiden und auf das Deck laufen soll? Aber wozu? Wenn wir wirklich eine Havarie erlitten haben, wird das tobende Meer auch hierher seinen Weg finden. Wieder erscheint mir die riesige »Gaelig« bloß als eine winzige Nussschale.

11. November

Heute laufen wir in die Bucht von Nagasaki ein. Die See liegt blau und ruhig da, die Sonne überschüttet uns freundlich mit ihren Strahlen, eine sanfte Brise umschmeichelt unsere Gesichter und eilt dann dorthin, wo im Sonnenglast die hohen, bald kahlen grauen, bald mit üppigem Pflanzenwuchs bedeckten Ufer schlafen.

Da ist der Felsen am Eingang zur Bucht, von dem die Japaner vor vierzig Jahren zehntausend Europäer und getaufte Japaner ins Meer stießen. Viele Augenzeugen dieser Hinrichtung leben heute noch und befinden sich vielleicht inmitten der Volksmenge, die vom Ufer zu uns herübersieht[54]. Die spielzeugähnlichen japanischen Häuschen, die hier unten an der Bucht und am grünen Hang bis zum Gipfel hinauf stehen, wo sich ein Tempel erhebt – das ist Nagasaki.

Es ist warm und still. Über die spiegelglatte grüne Fläche des Meeres fahren Boote mit Regendächern auf uns zu. Viele japanische Ruderer sind nackt, manche kahlgeschoren, andere tragen ihre kunstvolle Nationalfrisur. Sind sie heran, so werfen sich die Nackten rasch ihre Kimonos über und bieten den Reisenden mit energischen Armbewegungen ihre Boote an.

Nun stehen wir an Land. Ich atme gierig die weiche, warme Luft ein und freue mich über diese kosende Zartheit des unter den goldenen Strahlen des Herbstes schlafenden Landes. Wieder scheint mir, als hätte ich alles das schon gesehen, diese Berge, die in ihnen eingebettete Stadt, diesen klaren Sonnentag und das im Licht gelb und rot aufglühende Herbstlaub. Der heiße Sommer hat überall seine Spuren hinterlassen, alles ist trocken und staubig. Auch diese Menge in japanischen Kimonos, europäischer oder auch gemischter Kleidung, die einen geschoren, andere nit Frisuren, manche barhaupt, einige in hohen Hüten und einem Kimono, unter dem der nackte Körper hervorsieht, glaube ich schon gesehen zu haben. Viele tragen eine Art Sandalen oder Holzpantoffeln, die laut über das Steinpflaster klappern. Auch diese Frauengestalten in Frisur und Kimono, mit dem breiten Gürtel und einer riesigen Schleife am Rücken, sind mir nicht fremd. Ihre schmalen Augen sehen uns aus den dunklen Gesichtern mit verhaltener Freundlichkeit an. Wir gehen in die obere Stadt, wo eine Treppe mehrere Stockwerke hoch zum Tempel hinaufführt – wie sehr ist mir auch das vertraut! Doch damals muss es Nacht gewesen sein. .. Blaue Nacht, hell brannten die Laternen der spielzeugähnlichen Häuser dieser Stadt, spiegelten sich in der Bucht wider und flimmerten dort auf, wenn ein Boot die Wasserfläche furchte ...

Pierre Lotti! Die Chrysantheme – Madame Butterfly. Dieser sich verbeugende ehrenwerte alte, kleine Japaner in seinem Kittel – das ist doch der ehrwürdige Vater, und da kommt sie selbst und reicht uns im Tempel auf dem Berg den Kaffee.

Ich kann mich lange nicht lösen von dem Eindruck, den mir Lotti suggerierte: Menschliche Figuren aus gelbem Elfenbein, die zeitweilig vom Regal des Kunstgewerbeladens genommen wurden, bewegen sich hier. Ihr rosaroter Schein ist einem von den wunderschönen Alben mit den kolorierten japanischen Fotografien her vertraut.

Konnte man bei der Lektüre Lottis ahnen, dass sehr bald ein Krieg zwischen Japan und China das Land nach nur 30 Jahren stürmischer Entwicklung in die Reihe der zivilisierten Länder bringen sollte? Ein Krieg, der allen zeigte, was Japan heute im Sinne der Technik und der Politik repräsentiert.

Nichtsdestotrotz versuche ich, mich von den voreingenommenen Eindrücken zu lösen und suche die unmittelbaren Erfahrungen. Auf der Straße fällt einem in Japan die Zielstrebigkeit in der Bewegung der Menschentraube ins Auge. Während man in Gedanken die Figur des Koreaners oder Chinesen in ausgeglichener Ruhe vor sich sieht, ist der Japaner ewig in angespannter Bewegung. Wenn er geht, eilt er verkrampft und erinnert an den Kinematographen mit seinen nervös zuckenden Helden. Wie weit ist es doch von der Ruhe entfernt, die wir im Osten erlebt hatten. Man ist geneigt zu fragen, welche Mücke ihn wohl gestochen hat.

All das erinnert mich an die Zeit des Aufschwungs und des Fortschritts in den 60er Jahren. Doch während bei uns nur ein kleiner Teil, die Intellektuellen, agierte, so scheint es hier, dass das gesamte Volk in einem unbewußten Aufbruch die Routine abstreift, die es bislang einengte.

Einmal sprachen wir über Beerdigungen, und der japanische Reiseführer erzählte mir: »Die Japaner verbrennen jetzt ihre Toten.« – »Wurde die Verbrennung der Toten schon lange eingeführt?« – »Höchstens vor fünf Jahren.« – »Und gleich begannen alle, ihre Toten einzuäschern?« Ich war verblüfft über diesen klaren Beweis für die Ignoranz der Routine. Bei uns in St. Petersburg, wo aufgrund des sumpfigen Untergrundes die Frage mit einer ganz anderen Schärfe als in Japan steht, tauchten vor einigen Jahren in der Presse die ersten Stimmen für die Verbrennung der Toten auf, um nach einiger Zeit zu verstummen. Und es werden noch mehr als ein Dutzend Jahre ins Land gehen, bevor die Klügsten unter uns ihre Nachfahren zu einer Feuerbestattung auffordern werden. Und hier – fünf Jahre und die gesamte Nation ist wie ein Mensch vom Sinn des Einäscherns überzeugt.

Ich besuche ein Geschäft für Kunstgegenstände. Herrliche Dinge gibt es da, aus Schildpatt, Elfenbein und Email. Zum Beispiel diese Figur eines Greises aus Elfenbein, auf dessen Knien ein Buch liegt. Ein ebenso kahles kleines Kind steht daneben und reckt ihm die Arme entgegen. Der Greis sieht von seinem Buch auf und blickt über die Brille hinweg auf das Kind. Wieviel Gedankentiefe, Kraft und Gefühl ist in diese herrlich ausgeführten Gestalten hineingelegt! »Beachten Sie doch diese beiden Cloisonnévasen«, sagt der Inhaber. Zwei mannshohe Vasen aus Metall stehen vor uns. Sie sind mit Email überzogen, ihre Oberfläche ist bunt verziert. Das ist kein gewöhnliches Email, sondern eine besonders kunstvolle Arbeit mit Draht, zwischen dessen Maschen Emailzellen eingebettet sind. Doch muss man ein guter Kunstkenner sein, um den Wert dieser Dinge abschätzen zu können.

»Diese Vasen kosteten mich selbst neunhundert Rubel, aber jetzt bekommt man sie nicht für zweitausend, denn niemand kann mehr so arbeiten. Das war nur so lange möglich, wie die Japaner nackt dahinlebten und ihre Krabben aßen, solange sie noch nichts brauchten und von niemandem etwas bekamen. Damals war selbst der Tagesverdienst von einer Kopeke für sie ein Glücksfund. Jetzt aber erhalten sie andere Löhne und stellen auch andere Ansprüche. Darum geht die Qualität der japanischen Erzeugnisse zurück. Nur das Minderwertige ist übrig geblieben, die gewissenhafte, gute Arbeit ist verschwunden.«

»Von den hier ansässigen Gegnern Ihrer Nation«, erwidere ich, »höre ich so oft, dass die Japaner keine schöpferischen Fähigkeiten besäßen und sich nur auf Nachahmung verstünden. Und dabei ist Ihr ganzer Laden voll der herrlichsten selbständigen Schöpfungen japanischer Kunst.«

»Wie könnte es anders sein?«, antwortet der Besitzer. »Wer so redet, spricht wie von einem Schüler, der eben erst zu lernen begonnen hat. Was bedeuten denn dreißig Jahre im Leben eines Volkes? Nein, ich befürchte etwas ganz anderes für Japan. Die großen Räuber haben die Welt bereits unter sich aufgeteilt, und wie sehr die Japaner jetzt auch aufrüsten mögen, es wird doch nur England daraus Nutzen ziehen. Die Japaner sind geneigt, für ihre Flotte, eine moderne Technik und die Elektrifizierung bei den Engländern immer wieder ungeheure Kredite aufzunehmen, ohne sich viele Gedanken zu machen. Wenn sie erst einmal durch diesen Leichtsinn bis über die Ohren verschuldet sind, wird es ihnen nicht besser als den Ägyptern ergehen.«

Auf dem Dampfer trafen wir einige neue Reisende an, darunter einen Russen, den Prokuristen eines großen Handelshauses.

Der Abend legt sich über Bucht und Ufer, und die Berge scheinen sich emporzurecken. In unerreichbarer Höhe funkeln hell die Sterne, die vielen bunten Lichter der Stadt brennen, beleuchten die winzigen Häuser, und das Gewässer der Bucht hebt sich noch dunkler davon ab. Unser Dampfer ist wie in einen dunkelblauen Abgrund versunken, dessen Ränder irgendwo dort oben zu ahnen sind. Die Nacht ist warm und mild wie in Italien, aber es fehlen Italiens Lieder.

12.–14. November

Heute fahren wir durch die Inselwelt Japans. Sie erinnert an die Adria – es ist das gleiche himmelblaue Meer, es sind die gleichen grauen Felseninseln, die in der goldgetönten Luft zu schlummern scheinen, die gleichen zarten Farben des Meeres, des Himmels und der Ferne. Nur dass der beinahe rosige Schimmer der Luft hier vielleicht noch zarter wirkt. Der Dampfer rauscht gleichmäßig, alles andere aber, die Segel der Fischerboote, die fernen Häuser am Ufer, alles scheint vom Traum und der Sanftheit des schönen Tages gebannt zu sein. Ich selbst glaube dieses herrliche Idyll nur zu träumen. Blau breitet sich das Meer in die Weite, die Berge Japans steigen zum Himmel an, wie von ihrer eigenen Schönheit verzaubert. Eine sanfte, leise Brise umschmeichelt das Gesicht, fährt über das Haar – und wieder ist es ruhig, wieder ergießt die Sonne ihre heißen Strahlen über das Deck.

14.–18. November

Heute früh wachten wir in Jokohama auf. Eine große Bucht mit freiem Ausblick. Die Berge stehen fern im Hintergrund, als größter unter ihnen der Vulkan Fudschijama, der sich in seinem weißen Gewand plastisch vom Hintergrund des blauen Himmels abhebt.

Die Stadt liegt in der Ebene, so dass wir nur die am Ufer liegenden Gebäude sehen. Unser Dampfer ist von einem Gewimmel von Booten und Kuttern umgeben. Wir übersiedeln für die drei Tage, die wir hier bleiben werden, in die Stadt. Man führt uns mit unserem Gepäck in das schöne, spitzgieblige Zollamt. Sehr höflich und etwas verlegen richtet der europäisch gekleidete kleine Japaner einige Fragen an uns und lässt uns, ohne sich die Koffer anzusehen, passieren. Alle sind zufrieden, wir, die Rikschamänner und auch der Zollbeamte. Wir fahren die schöne Uferstraße entlang und begegnen zahlreichen Kutschen, ähnlich jenen, wie wir sie in Schanghai sahen, nur dass hier Japaner auf dem Bock sitzen. Unser Hotel ist ein hellgraues, leichtes, zwei Stock hohes Gebäude mit grünen Jalousien. Die japanische Bedienung übernimmt rasch, geschickt und freundlich unser Gepäck. Schon auf der Treppe teilen sie uns die Zimmerpreise mit, und gleich darauf befinden wir uns im zweiten Stock in einem behaglichen Zimmer mit Kamin. Kostenpunkt: zwei Dollar pro Tag.

18. November

Nach dem neuen Kalender ist bereits Dezember – der stürmischste Monat im Pazifik, aber vorläufig ist in der großen Bucht von Jokohama, die außerdem noch durch eine Mole geschützt ist, nichts davon zu merken. Unser Dampfer reckt reglos seine Masten und Schornsteine empor. Ebenso unbeweglich ankern die zahlreichen anderen Schiffe in der Bucht – englische und amerikanische, vor allem aber japanische Kriegs- und Handelsschiffe. Nur die Boote und Pinassen, die ununterbrochen zwischen den Schiffen und dem Kai hin und her schießen, unterbrechen die Ruhe.

Der klare Morgen spiegelt sich im glatten blauen Wasser wider, ebenso die Stadt und die trotz des Dezembers noch immer grünen Berge. Nur ganz fern am Horizont erkennt man im opalenen Nebel die zarten Umrisse des mit milchigweißem Schnee bedeckten riesigen Vulkankegels.

Die drei Tage in Jokohama und Tokio sind rasch vergangen, und nun sitze ich wieder an Deck und versuche, meine verworrenen Eindrücke zu ordnen. Ich habe Japan, das Land der Chrysanthemen, gesehen, das Land der Erzeugnisse aus Schildpatt, Elfenbein und Zellenemail, das Land der farbigen Fotografien und der hölzernen Spielzeughäuser. Ich reiste auf ihrer ebenfalls spielzeughaften Schmalspurbahn (mit der sie aber ausgezeichnete Leistungen erzielen). Aus dem Wagenfenster sah ich ihre Felder mit den winzigen Parzellen, die mit erstaunlichem Fleiß bearbeitet werden. Mit Ausnahme der Felshänge ist kein Stückchen Boden unbebaut. Und wohin ich auch während der Fahrt den Blick schweifen ließ, überall schauten aus dem dichten Grün der Apfelsinen- und Zitronenbäume und Palmen die zweistöckigen kleinen Häuser mit bizarren Dächern im chinesischen Stil hervor. Sieht man sie von nahem, so verblasst allerdings der Eindruck, denn wegen der häufigen Erdbeben sind die Häuser sehr leicht – beinahe aus Apfelsinenkisten – gebaut, aber von fern wirken sie sehr schön. Man muss es den Japanern lassen: Sie verstehen sich nicht schlechter als die Franzosen auf Effekte. Man sehe sich nur ihre colorierten Fotos an, die zur Zeit der Pfirsichblüte aufgenommen sind – sogar die Luft erscheint von einem rosa Hauch erfüllt. Oder alle diese schönen und eindrucksvollen Galanteriewaren, die verschiedenen Fächer, die Dinge aus Schildpatt und Elfenbein, die Seidenstoffe und Seidenstickereien, elektrisches Licht, glänzend instand gehaltene Straßen, ein ausgezeichneter Handels- und Kriegshafen, viele Fabrikschornsteine, die am Horizont emporragen.

Im Vergleich zum hoffnungslos von der Fürsorge seiner Herrscher und Traditionen eingeschlossenen Koreaner und im Vergleich zum zwar schon lebendigeren, aber immer noch eingeengten Chinesen, zeigt der Japaner in seiner neu gewonnenen Freiheit eine für uns erstaunliche Kraft und Energie.

Doch zugleich hat er auch etwas, wenn schon nicht Abstoßendes, so doch Gewöhnungsbedürftiges.

Seine dünne, ausgemergelte dunkelgelbe Figur, der offene Mund, die vorstehenden Zähne, die Haut wirkt wie im Nacken zusammengezogen, wodurch die Gesichtsknochen stärker hervorstehen. All das macht das Gesicht einem erstaunlichen Exemplar eines Orang-Utans ähnlich, den ich im Tokioter Zoologischen Garten sah. Im Vergleich zur ikonengleichen Bräune des Koreaners und der außerordentlichen Typenvielfalt des Chinesen wirkt der Japaner wie ein unglücklicher Ausrutscher unter seinen Brüdern. Man ist geneigt, Glauben zu schenken, wenn man hört: »Fürchte den Japaner. Glaube seinen tiefen Verbeugungen und seinem Lächeln nicht, mit dem gleichen Lächeln setzt er das Messer in Deine Brust.«

Ich schließe die Augen und sehe vor mir eine Nachtstraße Jokohamas, ähnlich jener, die ich in Schanghai besuchte. Die Nacht ist ebenso blau und schimmert im Licht der Laternen. Aber in der japanischen Straße ist alles still, ist keine Bewegung zu sehen. Zu beiden Seiten ziehen sich grell beleuchtete, holzkäfigartige Buden dahin, und darin sitzen geschminkte Japanerinnen in ihrem Nationalkostüm stumm und reglos vor Tischen. Die Käfige unterscheiden sich nur durch die Farben: In dem einen ist sie rot, in dem anderen blau, dann wieder schwarz. Wie Bildwerke sitzen die Frauen da. Für wen sind all diese Leiber in den Käfigen ausgestellt? Wen erwarten sie in der Totenstille dieser leeren Straße? Mit einem brennenden Gefühl der Trauer beeile ich mich, diese endlose, furchtbare Straße, die nur wie der Eingang zur Hölle erscheint, zu verlassen. Ja, das ist die Hölle, eine Hölle mit einer mephistophelisch kalten Berechnung. Ein erschreckender Gedanke befällt mich: Vielleicht ist dieser Alte, der einem Orang-Utan ähnelt und der vor sechsunddreißig Jahren die Europäer von seinem Tarpejischen Felsen ins Meer stieß, jetzt aber, einen Kimono über dem nackten Leib, in einem steifen Hut als Bannerträger des Fortschritts vor mir steht – vielleicht ist er noch immer der gleiche wilde Satyr, der über alles höhnisch lacht und wie seit je mit Frauen Handel treibt. Unwillkürlich erinnere ich mich aller nachteiligen Äußerungen über die Japaner: Sie seien hinterlistig, kalt, falsch und berechnend.

Wie schwer ist es für mich, der ich dieses Land nur im Vorbeigehen sah, all diese »Man sagt« nachzuprüfen!

Da ist die Menschenmenge in ihrer Tracht, wirklich eine seltsame Menge voll krampfhafter Hast. Das Gesicht eines Greises, kalt, faltig, mit einem unangenehmen Ausdruck, prägt sich gut ein, aber man braucht sich nur umzusehen, dann erblickt man daneben auch das ruhige, zufriedene Gesicht des arbeitenden Menschen. Dieser Rikschakuli, der mich so eifrig fuhr und sich nun den Schweiß von seinem Gesicht abwischt! Fünf, höchstens zehn Jahre – und selbst der stärkste Mann fällt bei diesen Gewerbe der Schwindsucht zum Opfer! Aber die Züge dieses Mannes drücken keinen Zorn aus, er hat mit einem kleinen Stück seines Lebens sein heutiges Brot bezahlt, und sein Gesicht strahlt die Ruhe und den Edelsinn eines Mannes wider, der bewusst seinem Schicksal ins Auge sieht. Dann blickt mich aus dem Schalterfensterchen des Telegrafenamtes der japanische Postbeamte an. Er liest pedantisch mein Telegramm durch, überprüft aufmerksam mehrere Male jedes Wort, korrigiert, notiert sich meine Adresse für den Fall, dass Telegramme eintreffen sollten, und zwar nicht nur meine gegenwärtige, sondern auch die meines Reisezieles. Ich danke und erkläre, das sei nicht nötig, aber er besteht darauf – für alle Fälle, wie er sagt. Und nur dank seiner Vorsorge gelingt es mir, ein verspätetes, aber sehr wichtiges Telegramm zu erhalten. Ich konnte mich für seine Liebenswürdigkeit nicht einmal bedanken, denn ich empfing das Telegramm bereits an Bord.

Wären Sie in einem russischen Telegrafenamt genau so höflich und kompetent bedient worden? Hätte sich der dortige Postbeamte ihren Interessen ebenfalls mehr zugewandt als sie selbst? Ich erinnere mich der entgegenkommenden Verwaltung des Zoologischen Gartens, den wir zu unpassender Zeit besuchten. Aber es genügte die Mitteilung, dass wir Reisende seien, und einer der Verwalter führte uns persönlich durch die Anlagen.

Ich sah auch junge Japanerinnen in europäischer Kleidung: bescheiden, intelligent, in Begleitung junger Männer, ganz wie unsere Studentinnen. Schließlich besuchte ich die Fabriken und die Eisenbahnwerkstätten und konnte mich als Fachmann von der erstaunlichen Beharrlichkeit und dem eigenständigen Talent der japanischen Techniker und Ingenieure überzeugen. Wie rationell und geschäftstüchtig haben sie ihr Eisenbahnwesen aufgezogen!

Wir lichten bereits die Anker. Die Boote und Pinassen, die uns begleiten, sind tief unter uns. Wir blicken von Bord hinab. Langsam wendet unser Riese inmitten der anderen großen Schiffe und verlässt die Bucht.

Wir passieren unseren gewaltigen Panzerkreuzer »Rossija« mit seinen vier Schornsteinen. Seine fürchterlichen Kanonen sind in seinem

Schoß genau so wie die anderen Vernichtungswaffen versteckt. Es würde ausreichen, um dieses blühende, friedliche Stück Erde in Schutt und Asche zu legen. Doch auch ein Minenleger reicht aus, um dieses Ungeheuer auszulöschen. Wie als Antwort auf diesen Gedanken streifen vier Minenboote durch die Bucht. Gebe Gott, dass weder das eine noch das andere je geschieht.

Jetzt fahren wir mit Volldampf. Die ganze Weite des lasurblauen Meeres ist mit weißen Segeln bedeckt. Das sind die Boote von Fischern. Sie fangen nackt ihren Fisch; ein jeder hat dort am Ufer seinen kleinen Streifen Reis angebaut, und damit sind all ihre schlichten Lebensbedürfnisse befriedigt. So werden sie ihr ganzes Leben arbeiten, und wenn sie sterben, wird man sie in diesem Panorama vom Dunst verschleierter Berge, regungslosen blauen Meeres und darauf schlafender weißer Segel verbrennen. Alles hier strahlt Zärtlichkeit, Traum und Sanftmut aus, das gute Gefühl gewinnt endgültig die Oberhand, und von ganzem Herzen sende ich diesen Menschen der Arbeit, diesen herrlichen Ufern mein letztes Lebewohl zu.

Die Küste Japans ist verschwunden. Wir fahren zu den Hawaii-Inseln. Ringsum ist immer noch der grenzenlose, auch im Sturm blaue Stille Ozean. Kaum merkliche Wellen heben und senken unser Schiff. Dabei sind diese Wellen mehrere Stockwerke hoch, doch dank ihrer Breite und Gleichmäßigkeit werden sie kaum fühlbar. Die Sonne scheint und wärmt das Deck; smaragdgrün schillert die Spur unseres Dampfers.

Tag und Nacht folgen dem Heck, bald ganz tief herabfliegend, bald in den Himmel emporschwebend, seltsame braune Vögel mit langen Hälsen und großen Köpfen. Sie nicken im Takt des Flügelschlages, als wollten sie sagen: »Jaja, wir haben alles gesehen, wir wissen alles.«

Editorische Notiz

Nikolai Garin-Michailowskis Reisebericht in Form von Tagebuchaufzeichnungen erschien erstmalig 1899 als Fortsetzungsgeschichte unter dem Titel »Mit dem Stift über die Wirklichkeit« in der Zeitschrift »Gottes Welt«. Fünf Jahre später publizierte er im St. Petersburger Verlag »Wissen« eine überarbeitete Fassung der Aufzeichnungen unter dem Titel »Durch Korea, die Mandschurei und die Halbinsel Liautung« als Buch, das in der Werkausgabe von 1914 erneut verlegt wurde.

Im Jahr 1958 erschienen in Moskau Garin-Michailowskis »Gesammelte Werke« in einer fünfbändigen Ausgabe. Sowohl »Durch Korea, die Mandschurei und die Halbinsel Liautung« als auch »Koreanische Märchen« fanden in den 5. Band Eingang.

Eine leicht gekürzte, deutsche Ausgabe erschien 1954 unter dem Titel »Die Reise zum Pektusan. Aus den Tagebüchern einer Weltreise« im Sachsenverlag Dresden in der Übersetzung von Alexander Böltz. Es ist bislang der einzige Text des Autors, der in deutscher Sprache vorliegt.

Die vorliegende Neuauflage umfasst neben der im Mittelpunkt stehenden Reise Garin-Michailowskis durch Korea, die Mandschurei und die Halbinsel Liautung die Anreise von St. Petersburg nach Wladiwostok sowie die Weiterreise von Port Arthur über China nach Japan. Im Interesse dieser Fokussierung wurde auf die im Vergleich zu diesen Ausführungen insgesamt sehr kurz gehaltenen Notizen über den restlichen Verlauf der Reise verzichtet. In den hier veröffentlichten Aufzeichnungen wurden dafür die meisten Kürzungen der Ausgabe von 1954 in der Übersetzung von Bodo Thöns ergänzt. Daneben werden in den Fußnoten kürzere Auszüge aus dem wissenschaftlichen Abschlußbericht der Expedition zitiert.

Aus der insgesamt knapp 60 zumeist kurze Erzählungen umfassenden Sammlung koreanischer Volksmärchen des Autors wurden die siebzehn schönsten Geschichten ausgewählt.

Zur Illustration fanden zeitgenössische Ansichtskarten, Fotografien und Zeichnungen Verwendung. Garin-Michailowski beschrieb zwar, wie er selbst auf seiner Reise fotografierte, diese Bilder sind aber nicht überliefert.

Weiterführende Literatur

Empfehlungen für Leser, die mehr über Korea damals und heute sowie über Reisen durch Russland, Korea, China und Japan zur Zeit der Entstehung dieses Buches lesen möchten.

Korea damals und heute

Marc Verin / Juliette Morillot: Korea. Reich der Morgenstille, München, 2004.
Der beste aktuelle Bildband über die koreanische Halbinsel, der in vielen exzellenten Bildern Land und Leute sowohl im Norden als auch im Süden zeigt.

Arno Maierbrugger: Nordkorea-Handbuch. Unterwegs in einem geheimnisvollen Land, Berlin, 2004.
Der einzige deutsche Reiseführer über das fast verschlossene Land. Beschreibt auch die heutigen Reisemöglichkeiten zum Pektusan in Nordkorea.

Christoph Moeskes (Hrsg.): Nordkorea. Einblicke in ein rätselhaftes Land, Berlin, 2004.
In dem Sammelband kommen 26 unterschiedliche Nordkorea-Reisende zu Wort und lassen in ihren Schilderungen ein ungeahnt breites Alltagsspektrum entstehen.

Hanns W. Maull / Ivo M. Maull, Beck'sche Reihe. Im Brennpunkt: Korea, München 2004.
Dieser Band vermittelt umfassende Hintergrundkenntnisse über das seit 1945 geteilte Korea. Darüber hinaus bietet er einen kompakten Überblick über Philosophie, Kultur und Religion dieses faszinierenden Landes und gewährt Einblicke in Leben und Alltag der Koreaner.

Michael Breen, The Koreans: Who They Are, What They Want, Where Their Future Lies, New York 2004.
Aktualisiertes Standardwerk, geschrieben von einem der ausgewiesensten Kenner der Koreanischen Halbinsel. Michael Breen lebt seit Beginn der 80er Jahre in Korea und war dort als Journalist und Berichterstatter für große internationale Zeitungen tätig. Sehr lesenswert ist auch Michael Breens 2004 erschienene Biographie über den nordkoreanischen Diktator Kim Jong-Il.

Reinhard Zöllner, Einführung in die Geschichte Ostasiens, München 2002.
Dieser Band behandelt in einer länderübergreifenden Darstellung die Geschichte Chinas, Koreas und Japans von den Anfängen bis zur Gegenwart. Er öffnet den Blick sowohl für die Gemeinsamkeiten als auch für die nationalgeschichtlichen Besonderheiten dieser ostasiatischen Länder.

Reisen durch Russland, China und Japan um 1900.

Eugen Zabel: Trans-Sibirien. Mit der Bahn durch Russland und China 1903, Stuttgart, 2003.
Nach Fertigstellung der Großen Sibirischen Bahn war der deutsche Journalist einer der ersten Passagiere auf der neuen Route und schildert seine Reiseerlebnisse von Berlin nach Schanghai.

Bodo Thöns: Die Transsibirische Eisenbahn. Die frühen Jahre 1900 – 1916, Erfurt, 2004.
Auf über 200 historischen Fotos zeigt dieser Bildband Russlands großes Eisenbahnabenteuer in Sibirien und in der Mandschurei.
Norbert Weber: Im Land der Morgenstille – Reiseerinnerungen an Korea, Freiburg 1914.
Reisebericht des deutschen Missionars und Abtes des Benediktinerklosters St. Ottilien mit Darstellung der politische Situation um 1911/12 sowie ausführlicher Beschreibung der Traditionen und Bräuche des alten Koreas, die er durch die voranschreitende Japanisierung und Industrialisierung als stark gefährdet ansah.
Ernst von Hesse-Wartegg, Korea – Eine Sommerreise nach dem Lande der Morgenruhe, Dresden 1895.
Erster deutschsprachiger Reisebericht über Korea nach Öffnung des Landes für Ausländer. Von Hesse-Wartegg beschreibt sehr lebendig die politischen und gesellschaftlichen Verhältnisse im Königreich Korea vor 1900.
Isabella Bird Bishop, Korea and Her Neighbors, New York 1898.
Einer der frühesten und sehr lebendig geschriebenen Reiseberichte über das Korea gegen Ende des 19. Jahrhunderts, geschrieben von einer der ersten Frauen, die die Welt bereisten. Insgesamt bereiste Isabella Bird Bishop Korea viermal von 1894–1897.

Anmerkungen

1 Das Kabinettsland, das des Zaren Eigentum war und vom so genannten »Kabinett Seiner Majestät« verwaltet wurde, nahm in Sibirien große Flächen ein.

2 Die Anfang der neunziger Jahre beim Bau der Sibirischen Bahn entstandene Siedlung war der Ursprung der heutigen Stadt Nowosibirsk.

3 Garin meint die »Sejschi«, die für den Baikalsee charakteristischen stehenden Wellen, bei denen die gesamte Wassermenge des Sees in Bewegung gerät. Ihre Ursache liegt in raschen Luftdruckveränderungen, die an einem Ende des Sees (durch Böen der Gebirgswinde) den Wasserspiegel herabdrücken und am anderen Ende zum Steigen bringen. Die dadurch hervorgerufene Bewegung führt zu stehenden Wellen.

4 Eine der existierenden Theorien zum Geburtsort Dschingis-Khans vermutet ihn am Oberlauf des Onon in Burjatien.

5 Die nach Sibirien verbannten Dekabristen arbeiteten seit dem Sommer 1826 als Sträflinge in den Bergwerken von Nertschinsk. Im Jahre 1827 wurde die Strafkolonie der Dekabristen von den Nertschinsker Bergwerken nach Tschita und im Herbst 1830 nach Petrowski Sawod verlegt.

6 Baron Horatius Ginzburg (1833–1909), einflußreicher jüdisch-russischer Unternehmer und Bankier.

7 Die »Republik« der Goldsucher an der Sheltuga (oder das »Amur-Kalifornien«) war eine kleine Schürfersiedlung, die von 1883 bis 1886 am Ufer des chinesischen Flüsschens Sheltuga (eines rechten Zuflusses des Amur) bestand, wo außerordentlich reiche Goldvorkommen gefunden wurden. Die chinesische und russische Bevölkerung dieser Republik, insgesamt etwa zwanzigtausend, regierte sich mit selbstgeschaffenen Gesetzen und unterwarf sich nicht den chinesischen Behörden. Der Zustrom zahlreicher ausländischer Schürfer in das chinesische Gebiet versetzte die chinesische Regierung in große Unruhe, und sie sandte Anfang 1886 eine Militärabteilung, die die Siedlung der Goldsucher aushob. Ein großer Teil der Einwohner floh auf russisches Gebiet; ein Teil wurde von den chinesischen Truppen getötet.

8 Hung-tschang (1823–1902), chinesischer Staatsmann in der zweiten Hälfte des 19. Jahrhunderts. Er unterschrieb nach dem für China unglücklichen Krieg mit Japan (1894–1895) im Namen der chinesischen Regierung den Friedensvertrag von Schimonoseki und die Verträge mit Russland über den Bau der Ostchinesischen Bahn (des Ostabschnitts der Sibirischen Bahn; 1896) sowie den für die Pacht Port Arthurs durch Russland (1898).

9 Die Ergiebigkeit der Goldfelder in der Mandschurei wurde zu Garins Zeiten stark überschätzt. Das erklärt sich zum Teil durch die »Sheltuga-Republik« und das zu jener Zeit in der Mandschurei herrschende »Goldfieber«.

10 Die Mandschu, die Stammeinwohner der Mandschurei, übersiedelten bald nach Errichtung der Mandschudynastie (1644) in großer Zahl nach China. Zugleich ergoss sich aus China in die Mandschurei ein immer wachsender Strom chinesischer Siedler, in deren Masse sich schließlich die in der Mandschurei verbliebene Stammbevölkerung auflöste. Sie haben von den Chinesen Sprache, Kultur und Sitten übernommen. Heute werden in der Mandschurei nur etliche Zehntausend Mandschu gezählt, die noch bis zu einem gewissen Grade ihre nationalen Züge erhalten haben.

11 Hier ist der Kleine Chingan gemeint, der den Raum zwischen dem Amur und dem Unterlauf des Sungari in der Mandschurei ausfüllt.

12 Die Seekuh, Hydrodamalis (Rhytina) stelleri war ein Meeressäugetier, das einst in der Gegend der Beringinsel lebte und auch an der Ostküste von Kamtschatka vorkam, aber bereits im 18. Jahrhundert durch Jäger ausgerottet wurde. – Garin irrt sich jedoch, wenn er annimmt, dass die Seekühe zur Weide ans Ufer gingen. Als Flossenfüßer konnten sie gar nicht auf Wiesen »weiden«, sondern nährten sich von den Algen unter dem Wasser liegender »Wiesen«.

13 Zu Garins Zeiten trug noch die ganze verheiratete männliche Bevölkerung Koreas eine besondere Frisur. Das Haar wurde dabei allseits hochgekämmt und auf dem Scheitel zu einem faustdicken Knoten gebunden. Zu seiner Festigung wurden kupferne, silberne und andere Haarnadeln verwendet. Heute findet man solche Frisuren nur noch selten und ausschließlich bei alten Männern.

14 Heinrich v. Hohenzollern (1862–1929), preußischer Prinz, Bruder Wilhelm II., kommandierte 1897 die China-Expedition, bei der die Kiautschau-Bucht besetzt wurde. Sein Besuch in Wladiwostok fällt zeitlich mit der lebhaftesten Diplomatie Deutschlands im Fernen Osten zusammen. Im März 1898 wurde in Peking der deutsch-chinesische Vertrag unterzeichnet, der die gesamte Schantungprovinz faktisch zu einer deutschen »Einflusssphäre« machte.

15 Die nach allen vier Seiten abfallenden flachen Dächer der koreanischen Häuser werden oft mit Bastnetzen befestigt, um den Strohbelag vor den heftigen Winden zu schützen, die an den Küsten des Fernen Ostens sehr häufig sind. Die ziemlich hohen Schornsteine, die an dem der Küche entgegengesetzt gelegenen Ende außerhalb des Hauses stehen, sind ein Kennzeichen der in Korea gebräuchlichen so genannten Kang-Beheizung, die die heißen Dämpfe des Küchenherdes zur Heizung der Wohnräume verwertet. Dazu ist unter dem gesamten Fußboden des Hauses ein verzweigter Rauchzug aus Steinen angelegt, der den Küchenherd mit dem Schornstein verbindet. Die erhebliche Höhe des Schornsteins dient zur Verstärkung des Zuges. Die Türen und Fenster dieser Bauten bestehen aus sorgfältig gehobelten Holzgittern, die an Stelle von Fensterglas mit durchscheinendem Papier bespannt werden.

16 Der Kauliang (Sorghum chinense) ist eine einjährige Pflanze. Sie besitzt mächtige, zwei bis drei Meter hohe Stängel mit ziemlich breiten Blättern und einem dichten, wedelförmigen Blütenstand. Sie wird in Ostasien angebaut und findet in der bäuerlichen Wirtschaft vielfältige Verwertung. Der Samen wird (als Brei oder Fladen) zur Nahrung, zur Bereitung von Branntwein und als Viehfutter verwendet. Aus den Stängeln werden Matten, Zäune und Versteifungen des Rahmenwerks der Lehmbauten hergestellt. Diese vielseitige Verwertbarkeit und der hohe Ertrag (anderthalb bis zwei Tonnen vom Hektar), die Genügsamkeit in Bezug auf den Boden und die Dürrefestigkeit erklären die sehr weite Verbreitung dieser Kultur in der Mandschurei, Korea und Nordchina.

17 Die Kolbenhirse, auch italienische Hirse (Setaria italians), ist eine einjährige Pflanze mit einem 0,75 bis 1 m hohen Stängel und großem Wedel. Sie unterscheidet sich von der gewöhnlichen Hirse durch den Blütenstand und kleinere Körner. Der Anbau dieser wegen ihrer Dürrefestigkeit und ihres Er-

tragsreichtums sehr vorteilhaften Pflanze ist im Fernen Osten weit verbreitet. In der Mandschurei wird sie als eine der wichtigsten Getreidepflanzen angebaut. Aus ihrem Korn werden Mehl und Graupen hergestellt. Ihr Stroh, das an Nährwert das Hafer- und Gerstenstroh übertrifft, ist als Viehfutter besonders geschätzt.

18 Die Sojabohne (Glycine [Soja] hispida) ist das wichtigste Gewächs der Mandschurei. Sie wird als Nahrungs-, Öl- und Futterpflanze angebaut. Man zählt an die zweihundert Sojasorten, unter denen die gelbe Bohne am meisten geschätzt wird. Mit ihr ist in der Mandschurei und in Nordchina der weitaus größte Teil der für Bohnenpflanzen verfügbaren Anbaufläche besät. Sie hat für die Länder Ostasiens eine besonders große Bedeutung als Nahrungsmittel. Die 30 bis 40 % Eiweiß und 14 bis 22 % Öl enthaltenden Bohnen ersetzen in hohem Maße die in diesen Ländern mangelnden tierischen Produkte. Die chinesische Bevölkerung stellt daraus her: eine sehr eiweißreiche Sojamilch, Sojaquark, der sich seiner chemischen Zusammensetzung nach dem Fleisch nähert, und Sojamehl, das dem Weizenmehl zugesetzt wird und dessen Nährwert steigert. Aus Sojabohnen werden in China und anderen Ländern Ostasiens verschiedene Soßen und scharfe Würzen bereitet: die unreifen Bohnen und die Pflanzentriebe dienen als Gemüse.

19 Garin meint hier die koreanischen Opferaltäre, die er mit denen der Druiden vergleicht, der keltischen Priester des alten Gallien und Britanniens.

20 Die Besiedlung des Küstenlandes begann in den sechziger Jahren des vorigen Jahrhunderts, nachdem die Angliederung dieses Gebietes an Russland vertraglich geregelt worden war. Besonders verstärkte sich die Einwanderung in den achtziger Jahren, als die russische Regierung die Übersiedlung in den Fernen Osten auf dem Seewege organisierte.

21 Der Fluss entspringt am Osthang des Pektusan, durchfließt ein tiefes und meist schmales Tal zwischen dem Nordkoreanischen und Ostmandschurischen Gebirge und mündet in das Japanische Meer an der Grenze zwischen Russland und Nordkorea. Seine Länge beträgt 521 km. Er ist in seinem Unterlauf ziemlich breit (stellenweise über dreihundert Meter), aber nur kurze Zeit – während des Hochwassers – wasserreich und daher fast gar nicht schiffbar. Garin, der den Unterlauf des Tumen eigens in Bezug auf die Schifffahrtsverhältnisse studierte, schreibt darüber an anderer Stelle: »Von Kjöngheung bis zur Mündung fließt der Tumen in einem breiten Tal. Die Ufer sind sandig, der Fluss wird hier sehr breit, bleibt aber seicht und mit vielen Sandbänken durchsetzt. Sie ändern sich in großer Zahl auch in der Hauptströmung, und jede Hochflut bringt neue Sandmengen heran. Maßnahmen dagegen wären möglich, und zwar: ständige Baggerarbeiten, ein Kanal zur Gaschkewitsch-Bucht (etwa zweihundert Sashen) oder zur Poßjet-Bucht (etwa vier Werst). Aber diese Maßnahmen würden trotz hoher Kosten doch keinen Nutzen bringen, denn der Tumen bliebe auch dann noch für einen einigermaßen bedeutenden Schiffsverkehr unbrauchbar.« (Nordkorea. Sammlung der Marschrouten. Die Arbeiten der Expedition vom Herbst 1898. Unter der Redaktion von Korf. Petersburg 1901.)

22 In Korea galt als Münzeinheit das Kupferkäsch. Diese Münzen im Gewicht von etwa vier Gramm wurden so auf eine Schnur gefädelt, dass je hundert Stück durch einen Knoten abgetrennt waren. Ein solches Hundert (»Njang«) wog rund vierhundert Gramm. Nach dem in den neunziger Jahren geltenden Wechselkurs wurde ein russischer Rubel gegen fünf Njang, also ein Bün-

del von fünfhundert Münzen im Gewicht von zwei Kilo, eingetauscht. Somit erhielt die Expedition für die von Garin gewechselten sechs Rubel etwa zwölf Kilo koreanische Münzen. – Gold- und Silbermünzen waren bis zum chinesisch-japanischen Krieg 1894/1895 in Korea fast gar nicht in Gebrauch. Das war eine Folge der scharfen Einschränkung der Gewinnung und des Verbrauchs von Edelmetallen in diesem Land. Fast alles in den staatlichen Bergwerken gewonnene Metall wurde nach China und Japan ausgeführt. Ebenso wurde das illegal von Privatpersonen erschürfte Gold aus dem Lande geschmuggelt. Mitte der neunziger Jahre erscheinen im Geldumlauf Koreas Silbermünzen (japanische Jen und mexikanische Dollar) sowie von der Bank von Japan ausgegebene Banknoten.

23 Solche Signaltürme standen, zehn bis zwanzig Kilometer voneinander entfernt, an den Hauptstraßen und längs der Grenze Koreas. Sie stellten die Verbindung zwischen Seoul und den entlegensten Gebieten des Landes her und warnten die Hauptstadt vor Gefahren. Auf jedem Turm befand sich ständig eine Wachmannschaft, die Posten aufstellte, um die benachbarten Türme zu beobachten. Die Signale wurden durch besondere Öfen übermittelt, die fünf Öffnungen für die Flammen besaßen. Diese Öffnungen wurden auf verschiedene Weise verdeckt und ergaben dadurch die verschiedenen Signale. Die Öfen wurden ständig geheizt, und eine Öffnung blieb stets frei. Die einsame Flamme, die sich darüber erhob, bezeugte, dass die Wache auf dem Posten und der von ihr kontrollierte Abschnitt ruhig war.

24 Die letzte koreanische Dynastie Yi bemächtigte sich in einer Palastrevolution im Jahre 1392 des Throns und herrschte bis 1910. Sie wurde von den Japanern abgesetzt, die Korea im August 1910 annektierten und es als Kolonie (Generalgouvernement) Japan anschlossen. Aber Japan hatte sein Protektorat über Korea schon vorher errichtet. Am koreanischen Hof befand sich ein japanischer Generalresident, der anfangs nur die Außenbeziehungen Koreas regelte, sich später aber alle anderen Ressorts der Regierung unterordnete. 1909 wurden von den Japanern die koreanische Armee und das koreanische Kriegs- sowie das Justizministerium aufgelöst und deren Funktionen von den Japanern übernommen.

25 In Korea waren zwei Schriften in Gebrauch, die chinesische Zeichenschrift und die koreanische, die ihr eigenes phonetisches Alphabet verwendete. Die chinesische Schrift drang in Korea bereits in den ersten Jahrhunderten unserer Zeitrechnung zugleich mit der chinesischen Sprache ein, die zur Amtssprache des koreanischen Staates wurde und unter der herrschenden Klasse weite Verbreitung fand. Alle amtlichen Urkunden und wissenschaftlichen Werke wurden im alten Korea vor der Besetzung durch Japan chinesisch geschrieben. Die koreanische Schrift, von den herrschenden Klassen verächtlich als Frauenschrift bezeichnet, war unter dem Volk verbreitet, das sich mit Hilfe des Önmun-Alphabets schriftlich in koreanischer Sprache verständigte. Dieses Alphabet wurde von den Koreanern bereits 1443 erfunden und blieb bis heute unverändert erhalten. Es geht auf das Sanskrit-Alphabet zurück, mit dem die Koreaner infolge der gemeinsamen buddhistischen Religion auf dem Weg über die tibetanische Schrift bekannt wurden. Es ist eines der einfachsten Alphabete der Gegenwart. Seine Formen sind klar und logisch. Zu bemerken ist noch, dass die Buchstaben des Önmun nichts mit den chinesischen oder japanischen Schriftzeichen gemeinsam haben. Wegen des Widerstandes des koreanischen Adels und der Gelehrten, die das

Monopol auf die dem koreanischen Volk fremde chinesische Schrift besaßen, fand das Önmun lange Zeit keine größere Verbreitung. Erst Ende des vorigen Jahrhunderts wurde diese nationale Schrift von der koreanischen Regierung für den amtlichen Verkehr zugelassen.

26 Stammvater der Mandschudynastie war der mandschurische Heerführer Nurhatsi (1559 bis 1629), der die Mandschurei unter seiner Herrschaft vereinigte und die Tsingdynastie gründete. In der ersten Hälfte des 17. Jahrhunderts rief der chinesische Feudaladel die Truppen der Tsing zu Hilfe, um einen mächtigen Bauernaufstand zu unterdrücken, der die chinesische Mingdynastie gestürzt hatte. Als dieser Aufstand im Jahre 1644 niedergeschlagen worden war, eroberten die Mandschu den Thron Chinas und proklamierten die Tsing als chinesische Kaiserdynastie. Ihre Macht verbreitete sich über ganz China, und der feudale Militäradel der Mandschu wurde zur herrschenden Kaste, die das chinesische Volk unterdrückte. Die Tsingdynastie bestand bis 1911. Erster Mandschukaiser Chinas war Nurhatsis Enkel, der unter dem Namen Schun Tschi regierte.

27 China, dem Korea lange als Vasallenstaat unterworfen war, musste im April 1895 nach der im chinesisch-japanischen Krieg (1894–1895) erlittenen Niederlage im Friedensvertrag von Schimonoseki Koreas Autonomie anerkennen. Das führte jedoch keineswegs zur Unabhängigkeit Koreas. Im Gegenteil, seine Abhängigkeit nahm infolge der Eroberungspolitik Japans nur zu. Nachdem die Japaner den Einfluss Chinas beseitigt hatten, begannen sie die Annexion des Landes gründlich vorzubereiten. Sie überschwemmten Korea mit Truppen, Beamten und Diplomaten, reorganisierten die koreanische Polizei und Armee, die sie japanischen Offizieren unterstellten, und veränderten das Verwaltungssystem. Bei der Unterdrückungspolitik, die sie in Korea betrieben, scheuten sie vor keinem Mittel zurück und griffen zu Bestechung, Schmeichelei oder Einschüchterung, schließlich sogar zum offenen Terror.

28 Die Abstammung des koreanischen Volkes ist bis heute noch wenig untersucht worden. Man nimmt an, dass die Koreaner zum tungusischen Zweig der mongolischen Rasse gehören. Sie haben mit den Japanern und mit den Chinesen verwandte Züge, unterscheiden sich aber von beiden ganz wesentlich im Körperbau, in der Sprache, Kultur und Lebensweise.

29 Die Grenze zwischen Korea und China längs der Flüsse Tumen und Amnok wurde 1712 offiziell geregelt. Vorher verlief sie im Abschnitt östlich des Pektusan bedeutend weiter im Norden über die Wasserscheide der Flüsse Hai-lan und Polo-ho-tun und erreichte den Tumen erst an der Mündung des Polo-hotun. 1712 wurde diese nördlich des Tumen gelegene Landschaft einschließlich des Pektusan in eine neutrale Zone verwandelt Das aber machte den wirklichen Verlauf der Grenze in dieser Gegend recht unbestimmt, besonders, weil man bei der Grenzziehung von 1712 versäumt hatte, genau festzustellen, welcher der Quellflüsse des Tumen als Hauptfluss und somit als Grenzfluss gelten sollte. Die Unstimmigkeiten zwischen China und Korea verstärkten sich mit der Aufhebung des Grenzstreifens in den siebziger Jahren und der raschen Besiedlung dieses Gebietes von beiden Ländern her und führten in den Jahren 1885 bis 1887 zu einer neuen Festlegung der Grenze entlang des Tumen. Die zu diesem Zweck ausgesandten Bevollmächtigten Chinas und Koreas konnten sich auch diesmal nicht darüber einigen, welcher Quellfluss des Amnok bzw. des Tumen die Grenze zu bilden habe.

30 Der mandschurische Tiger (Felis tigris longipilis oder coraiensis), der außer in der Mandschurei und in Korea auch in den Bergwäldern des russischen Küstenlandes vorkommt, ist eine lokale Abart, ein Rest der alten subtropischen Fauna dieser Gebiete. Er steht dem bengalischen Tiger an Wuchs und Kraft nicht nach, er zeichnet sich jedoch durch ein dichteres Fell aus. Zu Garins Zeiten waren die Tiger in Nordkorea ziemlich weit verbreitet. Sie jagten nach Hirschen und Wildschweinen und fielen Menschen unterwegs, aber auch in ihren Häusern an. In dem Buch »Beschreibung Koreas« (Verlag des Finanzministeriums, Petersburg 1900) steht darüber: »Der Tiger ist so kühn, dass er sich in das Dorf hineinschleicht und den sorglosen Bauersmann überfällt, der im Sommer gewöhnlich die Schwüle seines Hauses meidet und im Freien schläft, aber dabei oft vergisst, ein Feuer anzulegen. Es kam aber auch vor, dass Tiger, die die Eingangstür verschlossen fanden, auf das Strohdach kletterten, es mit ihren mächtigen Pranken aufrissen und auf ihr Opfer hinabsprangen, das einen solchen Besuch natürlich nicht erwartet hatte.«

31 Die Beschreibung dieses Weges längs des Tumen sowie des Flusstales steht in Garins Reisebericht in der Sammlung »Die Arbeiten der Expedition vom Herbst 1898«. Garin schreibt: »Vom Oberlauf des Flusses bis zum Dorf Tanpai zieht sich dreißig Werst lang … am linken Talrand eine Kette niedriger, mit Wald und Gras bewachsener Berge. Das rechte Ufer dagegen stellt ein etwa zwanzig bis dreißig Werst breites Hochland dar, und die Ausläufer des Tschang-pai-schan sind nur in der Ferne zu sehen. Der Pfad verläuft am linken Flussufer und entfernt sich nicht über eine halbe Werst von ihm. Fünf Werst vor dem Dorf Tanpai geht er auf das rechte Ufer über, an dem auch das Dorf selbst liegt ... Das ganze Flusstal ist mit lichtem, aber als Bauholz gut verwertbarem Wald, vorwiegend Tannenwald, bestanden, Tanpai besteht aus etwa fünfzig Höfen, die anderthalb Werst das Ufer entlang ungeordnet verstreut liegen. Die Einwohner befassen sich mit Ackerbau und Viehzucht. – Von hier an tritt der Fluss in ein enges Tal, dessen Bergumrandung anfangs nicht sehr hoch ist, aber in der Richtung auf Musan immer höher und steiler wird und oft fast senkrechte Wände bildet. Das rechte Ufer ist von Koreanern besiedelt, das linke dagegen fast leer. Auf der ganzen Strecke bis Musan liegen nur zwei chinesische Dörfer. Die Entfernung vom Ursprung des Tumen bis Musan beträgt 81 Werst. – Das Flusstal ist teils offen, teils mit niedrigem Wald und Gebüsch bestanden, die Berge dagegen sind mit niedrigem Wald bewachsen, der zum Teil als Bauholz verwertbar ist« (Ing. Michailowski, Beschreibung des Weges – entlang des Tumen vom Ursprung bis Kjöngheung. Nordkorea. Sammlung der Marschrouten. Die Arbeiten der Expedition vom Herbst 1898. Petersburg.)

32 Der Pektusan, der in der Volkskunst der Koreaner und Chinesen sehr oft verherrlicht wird, ist ein Vulkankegel, der sich 2743 Meter über dem Meeresspiegel erhebt. Über die Umgebung ragt er etwa tausend Meter empor und wirkt sehr eindrucksvoll durch seine regelmäßige Form und die Bimssteinablagerungen, die seinem Hang eine weißlichgraue Farbe verleihen (daher der Name Pektusan, d. h. der weißköpfige Berg). Die Zeit der letzten Vulkanausbrüche ist nicht festgestellt worden, aber Nachwirkungen vulkanischer Tätigkeit waren bis in die jüngste Zeit zu beobachten. Auch Garin beschreibt sie, der vom Gipfel aus beobachtete, wie aus dem Krater eine mit Bimssteinstaub und kleinen Steinen vermischte Dampfwolke emporschoss.

Die etwa fünfhundert Meter hohen, fast senkrechten Wände des inneren Kraterrandes lassen die Struktur des Vulkans gut erkennen. Die Gesteine der frühen Ausbrüche sind durch quarzführenden Rhyolith (Liparit) vertreten. Ihnen folgen jüngere Lavadecken, deren obere Schichten reich an Obsidian und daher sehr hart sind. Stellenweise sind sie mit noch nicht verhärtetem Bimssteinstaub bedeckt.

33 In seinem Buch »Von Huntschung nach Mukden und zurück über den Gebirgsrücken des Tschang-pai-schan« (Bericht über eine Reise von sieben Monaten durch die Mandschurei und Korea in den Jahren 1895–96, Petersburg 1897) ist dem Pektusan ein eigenes Kapitel gewidmet.

34 Garin zitiert hier aus Strelbizkis Buch.

35 Strelbizki führte auf seiner Reise mehrere Hammel mit, von denen einige am Pektusan geschlachtet wurden. Die Koreaner deuteten das als ein dem Drachen dargebrachtes Opfer.

36 Der See im Krater des Pektusan liegt 2257 m über dem Meeresspiegel und ist 4 km lang und 2,5 km breit.

37 Die Quellflüsse des Sungari gruben ihr Bett in eine hundert bis zweihundert Meter dicke Basaltdecke ein. Der Erguss der Hauptmasse des Basalts erfolgte offenbar im frühen Diluvium. Danach hob sich das Gelände, und durch die Erosionstätigkeit der Flüsse bildeten sich tiefe Schluchten, die an die Cañons der Kalkgebirge erinnern. Sie teilen das Basaltmassiv in trockene Hochplateaus.

38 Die von Garin beschriebenen Wälder des Tschang-pai-schan gehören zu den besten Koreas und der Mandschurei. Hier überwiegt die daurische Lärche (Larix daburica), die mit anderen Nadelbäumen gemischt wächst, aber sehr oft auch eigene Wälder bildet. Verbreitet ist die Tanne (Abies holophylla), die koreanische Zirbelkiefer (Pinus coraiensis) – ein großer, schlanker Baum mit bläulichgrünen Nadeln, sehr geschätzt als Bauholz –, ferner eine weißrindige Art Silbertanne (Abies nephrolepis), die sich vor den anderen Nadelbaumarten durch eine glatte und sehr helle Rinde auszeichnet; sie besitzt eine dichte, dunkle Krone und trägt zahlreiche nach oben stehende, anfangs himbeerrote, später dunkelviolette Zapfen.

39 Aus dem koreanischen Dorf Tajanschan schrieb Garin an den Expeditionsleiter Sweginzew einen Brief, in dem er über den Weg, den Überfall der Hunghudsen und die wissenschaftlichen Ergebnisse berichtet: »Sehr geehrter Alexander Iwanowitsch! Wir gingen von Musan nach Tanpai und dann den Fluss entlang bis zu den Quellen. Von dort aus bestiegen wir den Pektusan. Hier wurden wir zwei Tage lang von allerlei Widrigkeiten verfolgt, die zum Verlust meines Pferdes führten. Aber wir konnten dennoch alles erforschen und gingen danach auf neuen Wegen zum Amnok. Auch waren wir entsprechend der Instruktion (die Richtung von Mau-örr-schan nach Kirin zu untersuchen) jenseits des Tschang-pai-schan in der Mandschurei gewesen und kehrten auf, wie es mir scheint, noch von niemand begangenen Wegen bei Mau-örr-schan zum Amnok zurück. Wir wurden die ganze Zeit von Hunghudsen verfolgt, etwa dreißig bis vierzig Mann stark. Sie überfielen uns in der Nacht vom 4. zum 5. Oktober und lieferten uns ein Nachtgefecht, das heißt, sie versteckten sich einfach im Wald und knallten auf uns aus Flinten und Pistolen mit Explosivgeschossen. Die Soldaten schätzten, dass an die dreihundert Schüsse abgegeben wurden, darunter viele Salven. Die Fansa brannte dabei nieder, der koreanische Besitzer wurde getötet, ein Korea-

ner unserer Expedition verschwand spurlos, vier Pferde wurden erschossen. – Alle anderen Expeditionsteilnehmer blieben unversehrt und hielten sich mannhaft. Wir erwiderten die Schüsse, wobei wir auf das Feuer der gegnerischen Salven zielten, sparten aber mit der Munition, weil wir einen Sturmangriff erwarteten. Die Pferde wurden mitten im Feuer in eine geschützte Senke geführt (sie wären sonst alle erschossen worden, und das hätte unseren Untergang bedeutet). Das Gepäck schleppten wir kriechend aus der brennenden Fansa heraus – die feindlichen Kugeln flogen zum Glück zu hoch. Vieles konnten wir nicht mehr mitnehmen, da die Bevölkerung geflohen war und ihr Vieh fortgetrieben hatte. Wir wollten das Zeug anfangs verbrennen, kamen dann aber zu der Ansicht, dass es uns erleichtern werde, die Räuber zu ermitteln. Am 5. Oktober um acht Uhr marschierten wir weiter, erreichten am 7. das koreanische Ufer, überquerten den Fluss und wollten nun in einem Boot weiterfahren. Man erzählt uns, dass die Hunghudsen auch am Jalu sehr zahlreich sind. Ich habe früher nicht daran geglaubt, aber jetzt muss ich es wohl. Ich gehe nicht zu ihnen nach Kapsan. Es ist ausgeschlossen, wo eine so weite Strecke vor uns liegt, auf den entkräfteten Pferden auch noch diesen Umweg von 240 Werst zu machen. Unsere Lebensmittelvorräte sind zu Ende; wir ernähren uns mit koreanischer Kost und schlafen ohne Bettzeug auf dem Fußboden der Koreanerfansen. Allerdings schlafen wir wenig. Die größte Tagesleistung, die uns bisher gelang, sind übrigens nur 140 Li. Bei den hiesigen Wegverhältnissen ist es schwer, mehr zu schaffen. – Nun die Ergebnisse: Was den Verkehr zu Wasser betrifft, muss man jegliche Hoffnung fahren lassen; es ist nur das Abflößen von Holz denkbar. Eisenbahnen dagegen könnten gebaut werden, und ich habe ihre Richtungen vermerkt. Eine Bahn von Mau-örr-schan nach Kirin ist nicht möglich; umgeht man aber den Pektusan im Osten, so ist eine Verbindung mit Kirin leicht herzustellen. – Oberhalb von Tanpai ist reicher Waldbestand. Nach ungefährer Schätzung werden es an die anderthalb Millionen Desjatinen stellenweise ausgezeichneten Lärchenwaldes sein. Steinkohle ist in Hoirjäng fündig. Gold trafen wir gestern an zwei Stellen am Sagendunmur, einem Nebenfluss des Jalu auf mandschurischer Seite, den wir entlangzogen. Für den verdammten Lastentransport (das Boot ließen wir am See zurück) ist viel Geld draufgegangen, und ich weiß nicht, wie wir bis Port Arthur auskommen werden. – Ich entlasse meine Leute noch nicht, da wir im Boot fahren und ohnehin Ruderer anstellen müssten … – Borminski nimmt die ganze Zeit eine ausgezeichnete Karte auf. Ich führe das Barometerjournal, messe die Höhen, mache die Tagebuchnotizen und schreibe Märchen auf. Ich habe schon fünfundfünfzig beisammen. – Das ist wohl alles. Michailowski«

40 Der Handel mit Ginseng, der einen Hauptartikel der koreanischen Ausfuhr darstellte, war vom koreanischen Kaiserhof monopolisiert, und die Bevölkerung war verpflichtet, den gesammelten Ginseng dem Staat abzuliefern, der ihn an chinesische und andere Händler weiterverkaufte. Nach der Besetzung Koreas rissen die Japaner das Monopol des koreanischen Ginseng-Verkaufs an sich.

41 Über die Schifffahrtsbedingungen auf dem Amnok äußert sich Garin ausführlicher in seinem wissenschaftlichen Bericht, der in den »Arbeiten der Expedition vom Herbst 1899« enthalten ist. Er vermerkt die ungünstigen Verhältnisse des an Stromschnellen reichen Flusses und beschreibt einige

der Schnellen: »Von den übrigen Stromschnellen verdienen erwähnt zu werden: 1. in der Nähe des chinesischen Dorfes Tangkou und des gegenüberliegenden koreanischen Manpo (eines früheren Grenzforts, auch Manpotschin genannt): anderthalb Fuß tief, zweihundert Sashen breit, gut durchfurtbar, da die Strömung nicht allzu stark ist und der Grund zwar steinig ist, aber nur aus kleinem Geröll besteht; 2. beim Dorf Kuanmenlaso (das ›Verschlossene Tor‹) eine Stromschnelle gleichen Namens. Der Flussboden ist mit herausragenden spitzen Steinen übersät; sehr schnelle Strömung, das Wasser fließt in kleinen Wasserfällen von den Steinen herab; 3. beim Dorf Uhadenhwa eine 1¾ Fuß tiefe Furt, 200 Sashen breit; 4. beim Dorf Pangsan, 2⅝ Fuß tief, an die 200 Sashen breit; 5. beim koreanischen Dorf Tumugor, 1¾ Fuß tief, etwa 250 Sashen breit, Strömung nicht allzu stark, sandiger Boden, gute Furt. Nach Erzählungen von Koreanern gingen hier 1896 die Japaner über den Fluss.« Gegenwärtig ist der Amnok zwischen Wiwön und Suhungdon auf einer Strecke von 156 km vollkommen schiffbar, nachdem bei Suhungdon ein Stauwehr errichtet worden ist. Unterhalb davon hängt die Schiffbarkeit vom Wasserstand ab, der sich aus dem Wasserabfluss durch das Wehr und die Turbinen ergibt.

42 Im koreanischen Reich existierte eine Bevölkerungsschicht, die in einem Sklavenverhältnis stand. Das waren Personen, die entweder für Verbrechen gerichtlich zur Sklaverei verurteilt oder aber, was seltener geschah, von ihren Eltern als Sklaven verkauft worden waren. Die Leibeigenschaft vererbte sich auf die Nachkommen. Der Sklave war Eigentum seines Besitzers, der sogar das Recht hatte, über das Leben des Sklaven nach Gutdünken zu verfügen. Die Sklaven bearbeiteten das Land ihrer Herren oder bildeten die Dienerschaft; die Frauen wurden als Konkubinen missbraucht.

43 Garin spricht von einer mehr als fünftausendjährigen Vergangenheit der chinesischen Kultur. In Wirklichkeit besteht sie nicht ganz so lange. Als Beginn des historischen Chinas pflegt man das Ende der aus chinesischen Schriften unter dem Namen Jin oder Schang bekannten Periode (1166 bis 1122), also das zwölfte Jahrhundert vor unserer Zeitrechnung, anzusetzen. Von da an ist die Geschichte Chinas durch Kulturdenkmale und schriftliche Quellen belegt, so dass sie einen Zeitraum von etwa drei Jahrtausenden umfasst.

44 Die einst in China herrschende Sitte, die Füße der Frauen zu verkrüppeln, bestand darin, dass man das Wachstum der Sohle im Kindheitsalter künstlich zurückhielt und zugleich die Form des Fußes durch besondere Holzzwingen veränderte.

45 Konfuzius (Kung Fu-tse) lebte ungefähr zwischen 551 bis 479 v. u. Z. Er ist der Begründer einer weit verbreiteten Schule konfuzianischer Philosophen und Literaten. Seine Lehren (Idealisierung des Altertums, grundsätzliche Regelung des Verhaltens des einzelnen Menschen und der menschlichen Beziehungen untereinander u. a.), die von den zahlreichen Schülern entwickelt und propagiert wurden, spielten in der Gestaltung der chinesischen Kultur eine ausnehmend große Rolle.

46 Pitsewo war der nördlichste Ort des russischen Pachtgebietes auf der Liautung-Halbinsel der Mandschurei. Dieser auch Kwantung-Halbinsel genannte, auf der Südspitze der Liautung-Halbinsel gelegene Landstrich war mit den anliegenden Inseln im Jahr 1898, kurz bevor Garin durch diese Gegenden reiste, als so genanntes Kwantung-Gebiet von China an Russland verpachtet worden.

47 Port Arthur liegt an der Südostspitze der Liautung-Halbinsel am Ufer einer gut schiffbaren und geschützten Bucht. Auf Grund des im Jahre 1898 mit China geschlossenen Übereinkommens begann Russland hier den Bau einer Festung und des Marinestützpunktes für das russische Pazifikgeschwader. Der Ankerplatz des Geschwaders wurde in der Nacht zum 9. Februar 1904 von den Japanern ohne Kriegserklärung überfallen. Das war der Beginn des russisch-japanischen Krieges.

48 Weihaiwei ist einer der besten Häfen des Gelben Meeres und liegt an der Nordostküste der Schantung-Halbinsel sechzig Kilometer vom Hafen Tschifu entfernt. Großbritannien zwang 1898 China, ihm den Hafen zu verpachten, der zu einem Marine- und Kohlenstützpunkt in Nordchina ausgebaut wurde.

49 Zu der Zeit, als Garin die Liautung-Halbinsel besuchte, wurde dort der Südzweig der Chinesischen Ostbahn gebaut, der einen Ausgang Sibiriens zu der im Süden gelegenen Halbinsel mit ihren eisfreien Häfen eröffnete. Zugleich wurde an der Stelle eines kleinen chinesischen Dorfes am Ufer der Talienwan-Bucht von den Russen der Ausfuhrhafen Dalni (später Dairen, heute Dalian) als Endpunkt der Südmandschurischen Ostbahn und als Endpunkt der Transsibirischen Eisenbahn gebaut.

50 Tatungkou ist eine Hafenstadt an der Mündung des Amnok.

51 Tschmulpo (richtig: Intschöng) ist ein Hafen an der Westküste der Korea-Halbinsel.

52 Tschifu ist ein Hafen an der Nordküste der Schantung-Halbinsel. Er wurde von China 1863 für den Außenhandel geöffnet und beherbergte zu Garins Zeiten bereits eine internationale Siedlung. Der Hafen hatte regelmäßige Dampferverbindungen mit Port Arthur, Wladiwostok und den Häfen Koreas und Chinas.

53 Der Gelbe Fluss (chinesisch: Hoangho) ist der zweitgrößte Fluss Chinas. Er durchquert in seinem Unterlauf die Provinz Schantung in nordöstlicher Richtung und mündet nördlich der Schantung-Halbinsel in den Golf von Tschili (Gelbes Meer). Da er ein Gebiet mächtiger Lössablagerungen durchquert und auswäscht, trägt er gewaltige Mengen im Wasser suspendierten Materials (Schlamm und Sand) ins Meer. Diese Lössteilchen verleihen dem Wasser des Flusses und des Golfes von Tschili eine gelbe Färbung.

54 Das von Garin erwähnte Ereignis in der Bucht von Nagasaki ist eine der vielen charakteristischen Erscheinungen jener Bewegung in den Ländern Ostasiens, die gegen das Christentum, dem Wesen nach aber gegen den ausländischen Einfluss gerichtet ist. Es war eine eigentümliche Form des Kampfes der ostasiatischen Völker gegen die wirtschaftliche und politische Unterdrückung durch ausländische Mächte, bei denen die katholischen Missionsorganisationen eine bedeutende Rolle spielten.

MANDSCHUREI
SCHEN-TSING
S-CHING-KING
LJAO-TONG
Broughton
Bai
KOREA
BAI
KOREA
GELBES MEER
Quelpart I.
(Tscha-tsju)
KOREA STRASSE
CHINESISCHES OST-MEER

Korea

Auswahl koreanischer Märchen, die von N. G. Garin-Michailowski während der Reise aufgezeichnet wurden

Der Hase

Der Herr des Meeres war erkrankt, und sein Arzt, ein Fisch, teilte ihm mit, dass nur die Leber eines Hasen imstande sei, ihn vor dem Tode zu retten. Der Ketalachs wurde ausgesandt, einen Hasen herbeizuholen. Er schwamm los, geriet aber am Ufer auf eine Angel. Man sandte nun den Wels, doch auch der wurde gefangen. Daraufhin wurde der Aal geschickt. Aber als er auf das Land gekrochen war, kam er unter die Räder eines Karrens und blieb zerquetscht liegen. Nun ward die Schildkröte abgeordnet. Sie suchte den Herrscher der Tiere, den Tiger, auf und sprach: »Du bist der Herrscher über die Tiere auf dem Lande, und auch wir, die wir im Wasser leben, haben einen Herrscher. Aber der unsere liegt schwer krank, und der Arzt sagte ihm, er müsse sterben, wenn er nicht die Leber eines Hasen zu essen bekomme.« Der Tiger hörte sich die Botschaft an und befahl, den Hasen zu rufen. »Geh mit dieser Schildkröte«, sagte er zu dem Hasen, »der Herr des Meeres braucht dich.«

Da machte sich der Hase mit der Schildkröte auf den Weg und forschte, was denn der Herrscher des Meeres von ihm wünsche. Die Schildkröte erzählte ihm, worum es ging. – »Ja, aber wenn man mir die Leber herausnimmt, kann ich doch nicht weiterleben?«, entsetzte sich der Hase. – »Das weiß ich nicht«, antwortete die Schildkröte. – »Dann will ich dir etwas sagen. Ich habe einen Verwandten, der ein schlimmes Bein hat. Er klagt schon seit langem, dass das Bein ihm das Leben unerträglich macht. Eurem Herrn ist es doch einerlei, wessen Leber er isst, wichtig ist doch nur, dass sie von einem Hasen stammt. Also warte hier auf mich; ich laufe nur rasch in den Wald und bringe den lahmen Hasen her.« – »Meinetwegen«, meinte die Schildkröte und ließ den Hasen laufen. Der flitzte in den Wald und ward nicht mehr gesehen. Die Schildkröte wartete und wartete und kroch schließlich zu ihrem Herrscher. Als dieser erfuhr, was geschehen war, sandte er sie noch einmal zum Herrn der Tiere. Die Schildkröte erzählte nun dem Tiger, dass ihr der Hase entflohen war. »Gut, geh nach Hause«, antwortete der Tiger. »Dir entkommt er ja doch wieder. Ich schicke ihn mit einem zuverlässigeren Boten.«

Der Hase erfuhr, dass man ihn suchte, und sprach: »Da mir ohnehin der Tod bevorsteht, so will ich Hunghudse werden.« Und er wurde Hunghudse. Da sah er eines Tages die Schildkröte den Weg entlangkriechen. »Wohin willst du?«, fragte der Hase. – »Zu eurem Herrn. Ich soll ihm ausrichten, er möge sich nicht weiter bemühen, denn unser Herrscher ist bereits tot.«

Der Hase lief der Schildkröte voraus, machte vor seinem Herrn Männchen und sprach:»Ich hörte, erhabener Herrscher, dass du mich aufgeforderst hast, zu dir zu kommen. Hier bin ich.« – »Wo hast du die ganze Zeit gesteckt?« – »Ich besuchte im chinesischen Land meinen Vetter im siebzehnten Glied.« – »Und warum entflohst du damals der Schildkröte?« – »Ich entfloh ihr nicht, ich bat nur um Urlaub, denn sie selbst hatte eingewilligt, dass ich an meiner Stelle meinen lahmen Verwandten bringe. Nun, eben zu diesem lahmen Vetter bin ich jetzt gelaufen.« – »Und?« – »Er kam nicht mit. Er sagte, er wolle noch nicht sterben.« – »So. Nun, wenn er nicht will, dann musst eben du gehen.«

Da kam die Schildkröte herangekrochen und brachte die Nachricht, ihr Herrscher sei bereits gestorben. »Nun, wenn er tot ist, dann ist nichts mehr zu machen«, erklärte der Tiger, belohnte den Hasen und ließ ihn laufen.

Der achtfach Unglückliche

Achtfaches Glück kann dem Menschen zuteil werden: ein glückliches Grab für seine Ahnen, eine gute Frau, langes Leben, viele Kinder, viel Brot, viel Geld, viele Brüder und eine gute Bildung.

Aber es gibt Menschen, denen das Glück in keiner einzigen dieser Formen zulächelt, und man nennt sie daher die achtfach Unglücklichen.

Ein solcher war auch Ni No Ran, den sogar seine Frau verlassen hatte. Und dennoch geschah es, dass dieser Ni No Ran einer Frau namens Dju Si begegnete, einer jungen, schönen und reichen Frau, die ihn lieb gewann und in die auch er sich verliebte. Da jedoch das Missgeschick der achtfach Unglücklichen auch jene bedroht, die sie lieben, so blieb die Begegnung Dju Sis mit Ni No Ran nicht ohne Folgen: Ihre Handelsgeschäfte gingen schlecht, ihr Vieh starb hin, ihre Felder brachten keinen Ertrag mehr.

Das endete damit, dass Dju Si eines Tages erwachte, ohne ihren geliebten Ni No Ran neben sich zu finden. An seiner Stelle lag ein Brief, in dem stand, dass Ni No Ran, obwohl er Dju Si von ganzem Herzen liebe, sie dennoch verlasse, da er ihr außer Unglück nichts zu geben vermöge.

Dju Si las den Brief und weinte bitterlich, denn sie liebte ja Ni No Ran und nicht ihre Reichtümer, deren sie im gleichen Augenblick überdrüssig wurde. Sie verteilte sie an die Armen und verließ die Gegend, in der sie bisher gelebt hatte.

Als sie weinend durch ein Tal ging, dachte sie: Hätte ich so viel Brot, um alle Hungrigen zu sättigen, so viel Geld, um alle Bedürftigen damit zu beschenken, dann gäbe es kein Leid mehr auf Erden!

Wie sie so ihren Gedanken nachhing, erblickte sie plötzlich einen schönen und kräftigen, von Blumen und Ähren umwundenen Mann, der auf einem Ochsen ritt. Er hielt an und sprach: »Liebe mich und werde meine Frau!«

»Ich liebe bereits einen achtfach Unglücklichen und vermag niemand außer ihm zu lieben. Doch wenn du willst, wollen wir Bruder und Schwester sein«, antwortete Dju Si.

Sie verbrüderten sich nach dem Brauch ihres Landes: Sie ritzten sich den Finger auf und schrieben ihren Namen auf den Schoss des Gewandes, schnitten das Geschriebene ab, tauschten es untereinander und bargen es an der Brust Danach zog jedes weiter seines Weges.

Von der Reise ermüdet, legte sich Dju Si in einem Getreidefeld nieder und schlief ein. Im Traum erschien ihr ein Greis, dessen Gesicht und Haare weiß wie Silber waren, der sprach zu ihr: »Der Mann auf dem Ochsen, dem du begegnetest und mit dem du dich verschwistert hast, das war ich, der Geist dieses Tales. Ich weiß um deinen Wunsch. Hier hast du ein Säckchen voll Reis. Ein Körnchen davon genügt, um den größten Kessel mit Reis zu füllen. Soviel du dem Säckchen auch entnehmen magst, nie wird es leer werden!« Nach diesen Worten verschwand der Greis, und Dju Si erwachte. Neben ihr lag ein Säckchen voll Reis.

Sie nahm es und ging weiter.

Das Tal endete, und Dju Si stieg einen hohen Pass hinan. Auf dem Berg erhob sich ein prächtiger, dichter Wald. Dort stand eine Hütte. Darin saß ein schöner junger Holzfäller am Feuer vor einem Kessel, in dem Wasser kochte. »Was legst du in dieses Wasser?«, fragte Dju Si nach der Begrüßung und blieb vor der Hütte stehen. – »Ich kann nichts in das Wasser legen, denn ich habe weder Hirse noch Reis«, antwortete der Holzfäller.

Da betrat Dju Si die Hütte, holte aus dem Säckchen ein Körnchen Reis hervor und warf es in das Wasser. Der Kessel füllte sich sogleich bis zum Rand mit Reis, und der Holzfäller und Dju Si wurden beide vollauf satt. Nach dem Abendessen sprach der Holzfäller zu Dju Si: »Gewinne mich lieb und werde meine Frau.«

»Ich kann dich nicht lieb gewinnen«, antwortete Dju Si, »denn ich liebe meinen Mann, einen achtfach Unglücklichen. Doch wenn du willst, dann lass uns Bruder und Schwester sein.«

Der Holzfäller stimmte zu, und sie verbrüderten sich.

Bald danach brach die Nacht an, und Dju Si schlief ein. Sie sah im Traum einen Greis, dessen Gesicht und Haare weiß wie Silber waren und der auf einem riesigen Tiger ritt. Er sprach: »Der Holzfäller, mit dem du in der Hütte aßest, war ich. Ich bin der Geist der Berge. Ich weiß um deinen Wunsch. Nimm dieses Stück Gold. Soviel du von ihm auch abschneiden magst, nie wird sich das Gold verringern!«

Der Greis verschwand, und Dju Si erwachte. Weder der Holzfäller noch die Hütte war zu sehen, aber neben ihr lag ein Klumpen Gold, »Nun weiß ich, was ich zu tun habe«, sprach Dju

Si und erhob sich. »Ich werde an diesem Ort eine ganze Stadt errichten! Alle Hungrigen und alle, die des Geldes bedürfen, werden heranziehen, und unter ihnen wird einmal auch mein achtfach Unglücklicher sein.«

Dju Si verwirklichte ihre Absicht. Alle Armen kamen zu ihr, alle, die Hunger und Mangel litten.

Und eines Tages ging Dju Sis Erwartung in Erfüllung, da kam auch Ni No Ran zu ihr. Als sie ihn erblickte, lief sie ihm entgegen und überschüttete ihn mit Vorwürfen, dass er sie verlassen hatte. Auch Ni No Ran hatte seine Dju Si erkannt und war von Herzen froh. Sic nahm ihm den Schwur ab, sie niemals mehr zu verlassen.

Seitdem lebten sie glücklich miteinander und gaben allen Armen, die zu ihnen kamen, Obdach und Nahrung.

Eines Tages hatte Dju Si kein Kleingeld mehr, und jemand musste in die nächste Stadt, um das Gold in Geld einzuwechseln. Dju Si gab ihren Goldklumpen Ni No Ran und bat ihn, das Gold in viele kleine Stücke zu teilen und recht viel einzutauschen, damit man nicht so oft in die Stadt zu gehen und sich zu trennen brauchte.

Ni No Ran lud das Gold auf einen Esel und trat die Reise an. Unterwegs musste er einen Bach überqueren, und da er ein achtfach Unglücklicher war, so geschah es, dass just zu dieser Zeit ein heftiger Regen fiel. Er verwandelte den kleinen Bach in einen reißenden Strom, in dem der Esel mitsamt dem Gold versank. »Nein!«, rief der Unglückliche verzweifelt. »So kann es nicht weitergehen. Allzuviel Missgeschick habe ich bereits meiner Frau gebracht! Entweder rette ich ihr Gold, oder ich gehe selbst mit ihm zugrunde!« Er stürzte sich in die Fluten und kam ums Leben.

Dju Si wartete lange auf Ni No Ran und brach schließlich, von Ungeduld und Sehnsucht gequält, selbst auf, um ihn zu suchen. Als sie zum Bach kam, war das Wasser bereits abgeflossen, und sie erblickte am Ufer ihren toten Mann und daneben den Klumpen Gold. Nichts vermochte Dju Si in ihrem Schmerz zu trösten. Sie ging dahin und weinte. Sie betrauerte ihren geliebten achtfach Unglücklichen und zugleich alle anderen achtfach Unglücklichen und vom Missgeschick Verfolgten. Als die Kräfte sie verließen, setzte sie sich hin und starb, während ihre Tränen noch flossen. Aus ihnen entsprang ein Quell, der noch bis heute der Quell der Tränen genannt wird.

Bald danach ritt ein Kaufmann in Geschäften zur Stadt. Er verirrte sich und geriet an den Ort, wo die tote Dju Si lag. Er erblickte die Frau, stieg dem Brauch des Landes gemäß vom Pferd und ging zum Zeichen der Achtung zu Fuß an ihr vorbei. Als er näher herangekommen war, bemerkte er, dass die Frau sich nicht bewegte, und wurde gewahr, dass er eine Tote vor sich hatte. Er grub ihr ein Grab und bettete sie hinein. Alsbald fand er wieder seinen Weg, langte wohlbehalten in der Stadt an und wickelte seine Geschäfte glücklich ab. Er schrieb den Erfolg der von ihm beerdigten Frau zu, suchte auf dem Rückweg noch einmal ihr Grab auf und gedachte ihrer nach des Landes Sitte. Daheim erzählte er den Hausbewohnern und Bekannten, was er unterwegs erlebt hatte und welches Glück ihm zuteil geworden war. Auch andere Kaufleute, die in Geschäften zur Stadt ritten, suchten nun Dju Sis Grab auf, gedachten ihrer und hatten ebenfalls Erfolg. Als Kaufleute anderer Gegenden davon erfuhren, bogen auch sie unterwegs zu Dju Sis Grab ab, und auch ihnen lächelte das Glück.

Eines Tages geriet ein Unglücklicher zufällig an dieses Grab. Er weinte bitterlich über sein Missgeschick und schlief am Grabe ein. Im Traum erschien ihm eine wunderschöne junge Frau in weißem Gewand. Sie vergoss mit ihm Tränen, tröstete ihn und sprach: »Trink aus diesem Quell! Sein Wasser ist rein, denn es entstammt den Tränen, die für Unglückliche geflossen sind. Wenn du dich satt getrunken hast, wird dein Leid gestillt sein, und du wirst alle anderen Unglücklichen ebenso lieb gewinnen, wie es jene tat, deren Tränen dieser Quell entsprang.«

Auch andere Unglückliche suchten nun Dju Sis Grab auf, und sein Ruhm wuchs immer mehr. Den Gesetzen des Landes gemäß wurde darauf ein Denkmal mit der Inschrift »Der tugendhaften Frau« errichtet. Der Ruhm aber wächst immer weiter und wird auch in Zukunft nicht verblassen, denn die in diesem Grab Ruhende liebte die Unglücklichen, und ihrer werden immer mehr auf dieser Welt.

Der Maler

In Korea lebte ein Maler namens Kim Ton Tschuni. Er war berühmt, aber er träumte von noch größerem Ruhm.

Eines Nachts erschien ihm im Traum ein achtzigjähriger weißhaariger Greis, der sprach zu ihm: »Es gibt einen Fluss des Himmels. Er ist zarter als der Himmel und heller als das klarste irdische Wasser. Um seinem Lauf zusehen, muss man alle Nächte zum Himmel hinaufblicken. Die Farbe dicht an der Stelle, wo der rötliche Widerschein des Orions erlischt, ist die Farbe des Flusses. Male ihn, denn dieses Bild wird ganz Korea Glück bringen. Aber es wird dich dein Leben kosten.«

Kim erwachte und wartete mit Ungeduld auf die nächste Nacht, um die Farbe des himmlischen Flusses zu suchen. Zuerst konnte er nichts erkennen. Der Himmel war bald dunkel, und dann wurde sein Blau in der Nähe der wie Tautropfen glänzenden Sterne etwas bleicher, als schmölze es dahin; bald ging der Mond auf, vom zarten Leuchten des Orions umflossen, und in seinem Glanz verblassten Sterne und Himmel. Alles das war nicht das Richtige. Erst nach langem Mühen vermochte Kim sein Gesicht so zu schärfen, dass er etwas sah, was noch kein Sterblicher wahrgenommen hatte, nämlich Teilchen des Himmels, die sich frei bewegten. Man erzählte sich, wenn Kim so reglos gebannt zum Himmel emporstarre, löse sich seine Seele von ihm und lustwandle am Himmelsgewölbe.

Langsam ging Kims Arbeit voran. Monate und Jahre schwanden dahin. Als er in einer Nacht wieder so dasaß, um den letzten Schimmer einzufangen, entschwanden Himmel und alle Umwelt seinen Blicken. Er war erblindet, und als man am Morgen zu ihm kam, war er bereits tot.

Das Bild aber wurde zum Kaiser getragen. Der Kaiser rief seine Gelehrten zusammen und fragte sie: »Was bedeutet dieses Bild?«

Die Gelehrten berieten lange und antworteten: »Es bedeutet gar nichts.« So wurde das Gemälde in eine Rumpelkammer gebracht.

Ein chinesischer Weiser aber sprach zu seinem Herrscher: »Der berühmte Maler Kim in Korea hat ein Bild gemalt, das wir um jeden Preis erwerben müssten.« Der Kaiser von China sandte seine Boten nach Seoul, und als der koreanische Herrscher erfuhr, warum sie gekommen waren, gab er ihnen das Bild für lächerliche tausend Käsch. Mit den Bestechungsgeldern, die den koreanischen Ministern gezahlt werden mussten, kostete es immer noch nicht mehr als dreißigtausend Käsch.

»Wozu braucht ihr diesen Plunder?«, fragten die koreanischen Minister, als sie die Gelder in ihre weiten Taschen steckten.

»Wozu? Gebt mal eine Angel her!« Als man die Angel an das Bild hielt, entsprang ihm ein lebendes Fischlein. »Habt ihr gesehen?«, sagten die Chinesen. »Ihr habt das Glück eures Landes verkauft.«

Seitdem begann China immer reicher zu werden, Korea aber sank zu jener Bettelarmut herab, in der es sich jetzt befindet.

Tscha Po Gi

Unter dem Kaiser Suk Tsong lebte ein armer Mann namens Kim Cho Duri. Er verdiente sich seinen Lebensunterhalt damit, dass er Brennholz spaltete und es in Bündeln verkaufte. An jedem Tag fertigte er drei Bündel an, wovon er zwei abgab; das dritte verwandte er für seinen eigenen Herd.

Seit einiger Zeit jedoch verschwand Nacht für Nacht ein Bündel. Hatte Kim abends seine drei Bündel geschafft, fand er am Morgen nur noch zwei vor. Der arme Mann überlegte lange hin und her und entschloss sich dann, jeden Tag Holz für vier Bündel zu spalten. Doch nun verschwand allemal das vierte. »Wohlan«, sprach der Arme, »dich will ich mir kaufen.« Als es Abend wurde, verbarg er sich im vierten Bündel und wartete. Mitten in der Nacht stieg das Holz empor und flog mitsamt dem darin versteckten Kim in den Himmel. Dort traten Okonschantes Diener heran, öffneten das Bündel und fanden darin Kim Cho Dun. Man führte ihn vor Okonschantes Antlitz, und der Himmelsherrscher fragte ihn, wie er in den Himmel geraten sei. Kim Cho Duri erzählte es und beklagte sich bitter über sein Schicksal. Daraufhin wurde das Buch herangebracht, in dem alle Lebenden und ihre Schicksale verzeichnet stehen, und Okonschante sprach: »Ja, in der Tat, du bist Kim Cho Dun, dem es nicht bestimmt ist, Hirse zu essen, sondern immer nur eine dünne Suppe zu löffeln.«

Kim brach in Tränen aus und bat, ihm ein anderes Schicksal zu gewähren. Er weinte so herzzerbrechend, dass alle Bewohner des Himmels und auch Okonschante Mitleid fühlten. »Ich kann an deinem Schicksal nichts ändern«, sprach der Herrscher des Himmels. »Aber etwas könnte ich für dich doch tun. Nimm dir ein fremdes Glück und genieße es, bis sein Besitzer es von dir zurückverlangt.« Okonschante schlug im Buch der Schicksale nach und fuhr fort: »Da, nimm dir doch Tscha Po Gis Glück.«

Kim bedankte sich, und sofort brachten ihn Okonschantes Diener zur Erde auf die Stelle, wo seine Fansa stand. Kim legte sich schlafen. Am nächsten Tag ging er zu seinem reichen Nachbarn und bat ihn leihweise um hundert Lan und zehn Maß Hirse.

Früher hätte man Kim nicht einmal ein Hirsekörnchen geliehen, aber nun, da sich sein Glück gewandelt hatte, überließ ihm der Nachbar ohne viel Reden alles, worum er bat. Mit dem Geld begann Kim einen Handel und wurde bald zum reichsten Mann Koreas. Alle beneideten ihn; nur Kim allein wusste, dass das nicht sein, sondern Tscha Po Gis Glück war. Bebend wartete er Tag für Tag, Nacht für Nacht darauf, dass der furchtbare Tscha Po Gi kommen und ihm das Glück wieder entreißen werde. »Ich bringe ihn ums Leben«, nahm sich Kim vor und hielt Messer und Schwert und Pfeile bereit, deren Spitzen vergiftet waren.

Eines Tages zog ein armes Ehepaar an Kims Palast vorbei. Im Hof stand ein Karren, und Mann und Frau suchten darunter Schutz vor den sengenden Strahlen der Sonne. Dort unter dem Karren wurde aber die arme Frau von Wehen erfasst und gebar einen Knaben, den sie Tscha Po Gi nannte, das heißt »der unter dem Wagen Geborene«.

»Wer schreit dort so laut unter dem Wagen?«, fragte Kim und trat in den Hof. – »Das ist Tscha Po Gi«, antworteten die Diener.

Kim blieb erstarrt stehen. So also kam die Vergeltung? Nicht als ein furchtbarer Feind, sondern als ein schutzloses und vor Armut nacktes Knäblein?

»Nein«, sagte Kim, »ich werde es nicht töten. Ich will lieber diesen Tscha Po Gi an Sohnes Statt annehmen und als Vater auch fürderhin das Glück meines Sohnes miterleben.« Das tat Kim auch, und wenn er nicht gestorben ist, lebt er heute noch in Glück und Wohlstand als der Vater des unter dem Wagen Geborenen.

Die himmlische Freundin

Es war einmal ein ehrerbietiger Sohn, der sich so um seine Eltern sorgte, dass er keine Zeit zum Heiraten fand. Vater und Mutter waren in ihren alten Tagen gelähmt, und da sie auch noch sehr arm waren, setzte der Sohn sie in einen Handwagen, führte sie durch die Stadt und bettelte für sie.

So verging seine Jugend, und als die Alten starben, war er selbst nicht mehr der Jüngste. Um seine Eltern mit allen Ehren zu begraben, verkaufte er sich nun als Sklave, ließ sich den Preis im Voraus bezahlen, verbrauchte das Geld für ein prunkvolles Begräbnis und ging dann in die Stadt, wo sein neuer Herr wohnte.

Unterwegs traf er eine Frau von ungewöhnlicher Schönheit. Sie hielt ihn an, sagte, sie fürchte sich, allein zu gehen, und bat ihn, sie zu geleiten. Alsbald hatte sie den Mann so gebannt, dass er sie von ganzem Herzen lieb gewann. Als sie sich nun trennen mussten, fragte die Frau, warum er so traurig sei. Er aber sprach: »Das Schicksal raubt mir alle Menschen, die ich liebe. Meine vielgeliebten Eltern sind in den Himmel fortgegangen, und nun verlässt auch du mich.«

»Wenn du willst, bleibe ich bei dir.«

»Wie könnte ich das wollen! Du bist eine junge Frau von ungewöhnlicher Schönheit, ich aber habe mein Leben bereits hinter mir.«

»Die Liebe wird dir deine Jugend wiederbringen.«

»Aber nicht die Freiheit, denn ich bin Sklave.«

»Nun denn, dann folge ich dir in die Sklaverei.«

Als der Mann die Frau zu seinem Herrn brachte, fragte der Herr, was sie zu arbeiten verstehe.

»Ich kann Seidenstoffe weben.«

»Wieviel Ellen vermagst du im Laufe eines Jahres herzustellen?« »Ich webe in einem Jahr dreihundert Ballen.«

»Jeder Ballen enthält vierzig Ellen. Selbst wenn eine Frau, ohne von der Arbeit aufzublicken, zweihundert Jahre lang weben wollte, könnte sie nicht das schaffen, was du in einem Jahr zu leisten vorgibst.«

»Ich habe mein Wort gegeben«, antwortete die Frau.

»Wenn du dein Versprechen erfüllst, verpflichte ich mich, dich und deinen Mann nach Ablauf dieses Jahres freizulassen.«

Der Mann musste Lehm für Dachziegel kneten, die Frau wurde an den Webstuhl gesetzt. Die Arbeit des Mannes war schwer, und abends konnte er sich vor Erschöpfung kaum noch regen. Aber dann kam die stets fröhliche Frau zu ihm und sprach ihm Mut zu. Als das Jahr vorüber war, legte sie dem Herrn dreihundert Ballen Seidengewebe hin.

Da sprach der Herr: »Ihr seid beide frei.«

Mann und Frau verließen die Stadt, doch der Mann war so ausgezehrt, dass er nicht weiter konnte. Er setzte sich hin und sprach: »Je länger ich dich kenne, desto mehr werde ich mir dessen bewusst, dass du kein gewöhnliches menschliches Wesen bist. Ein Mensch könnte gar nicht die Schönheit und Güte, die Klugheit, Kraft und Ergebenheit besitzen, die dir eigen ist. Und doch liebst du mich, einen armseligen, im Sterben liegenden Sklaven.«

»Du hast dich nicht getäuscht«, antwortete die Frau. »Ich will dir nun die Wahrheit offenbaren. Ich bin eine aus den besten Eigenschaften deiner Seele geschaffene Bewohnerin des Himmels und diene dem allmächtigen Okonschante. Die Zeit ist nun da, und wenn du willst, so reiche mir deine Hand und lass uns beide in den Himmel hinaufsteigen, zum großen Okonschante und zu deinen Eltern. Dort kehrt deine Jugend zu dir zurück, dort wirst du glücklich sein und in meinen Armen alles Leid der Erde vergessen.«

»Oh, ich will, ich will!«

Da reichte sie ihm ihre Hand, und alsbald verschwanden beide für immer im blau strahlenden Himmel.

Der edelmütige Mann

Kim Bo Remi war mit der schönen jungen Tschong Si verheiratet. Er ging oft auf Reisen und ließ seine Frau allein. Ein Schüler, der Sohn des Ministers Ni Syng Tai, verliebte sich in Tschong Si. Mit Hilfe einer alten Frau, die er gut bezahlte, gestand er ihr seine Liebe und bat sie um ein Stelldichein.

Doch Tschong Si wies ihn ab. Da legte sich der junge Schlingel ins Bett, und die Alte ging zu Tschong Si und sagte ihr, Ni Syng Tais Sohn sterbe vor Liebe zu ihr und werde ganz dahinsiechen, wenn sie ihm nicht einen Besuch bei ihr gestatte.

Tschong Si gab nach, und der Taugenichts begann nun in ihrem Hause zu verkehren. Ihr Schwager aber schrieb dem Mann eine kurze Nachricht: »Kehre heim, ein Unglück ist geschehen!«

Als Kim eintraf, empfing ihn sein Bruder. Er erzählte ihm alles, und beide gingen zu Kims Haus. Kim ließ den Bruder vor dem Zaun warten und stieg in den Hof. Er blickte in die Stube seiner Frau, kehrte wieder zurück und sagte: »Du hast dich geirrt. Sie liegt allein da und schläft.« Dann nahm er von seinem Bruder Abschied und gab sich den Anschein, als verreise er wieder in Geschäften. Doch als sich der Bruder entfernt hatte, kehrte er um, denn der Tunichtgut befand sich in der Stube seiner Frau. Beide schliefen. Auf dem Tischchen stand noch der Suli, mit dem die Frau ihren Liebhaber bewirtet hatte. Kim weckte vorsichtig den jungen Burschen. Als er erwacht war, sagte Kim: »Du siehst, ich könnte dich töten. Aber du bist jung und versprichst bei deinen Fähigkeiten, viel im Leben zu erreichen. Hier steht noch Suli, lass uns trinken.« Nach einem Trunk fragte der Gatte: »Liebst du meine Frau so, dass du sie heiraten würdest? Wenn du sie liebst, lasse ich mich von ihr scheiden.«

»Sie ist nicht meines Standes«, antwortete der Jüngling.

»So trinke noch ein Glas«, sagte der Mann. »Dann aber geh weg und bleibe für immer von hier fern. Denn du siehst ja, ich liebe sie so sehr, dass ich sie zur Frau nahm.«

Der Jüngling versprach, nie mehr wiederzukehren, und hielt sein Wort. Auch Kim verließ mit ihm das Haus, ohne seine Frau zu wecken, stieg in den Sattel und ging weiter seinen Geschäften nach.

Als er nach einem Monat zurückkam, empfing ihn seine Frau freudig; sie war glücklich über seine Wiederkehr. Er umarmte sie zärtlich und gab ihr niemals zu verstehen, dass er um ihren Fehltritt wusste.

Weibliche Neugier

Dort, wo der Amnok am chinesischen Ufer von den Felsen des Tschai-fung eingeklemmt wird, die in senkrechten Wänden zu ihm hinabfallen, muss er diese Berge umfließen und statt des einen Li in gerader Richtung einen Umweg von zehn Li zurücklegen. Das hat folgende Ursache. Eine Frau sah eines Tages, wie ein Drache diese Felsen mit seinem Schweif zerschlug, um dem Amnok den geraden Weg zu bahnen, und rief sofort: »Seht doch, seht doch, was der Drache dort treibt!«

Der Drache erschrak und flog in den Himmel. Der Amnok aber lässt auch heute noch die Bootsleute dort einen langen Umweg machen, wo sie schnurgerade hätten fahren können, wenn nicht die müßige Neugier eines Weibes den Drachen daran gehindert hätte, das gute Werk zu vollbringen.

Das gute Geschäft

Ein junger Mann fand Gefallen an einer Witwe, die seit dem Tode ihres Mannes bereits drei Jahre in ihrer Fansa lebte, ohne sie jemals zu verlassen.

Er dachte unaufhörlich daran, wie er sie zu seiner Frau machen könnte.

Eines Tages sagte sein Vater: »Hier hast du tausend Lan. Geh und beginne ein Geschäft.«

Der junge Mann nahm das Geld, ging zur Fansa der Witwe, steckte einen Finger durch die Tür und rief: »Wer diesen Finger mit dem seinen berührt, erhält tausend Lan!«

Die Witwe meinte, damit wäre ihrer Ehre nicht im geringsten Abbruch getan, und berührte den Finger. Der junge Mann gab ihr das Geld und kehrte wieder heim. Der Vater fragte ihn: »Hast du etwas eingekauft?«

»Ich habe nur eine Anzahlung geleistet. Ich brauche weitere zweitausend Lan«, antwortete er.

Der Vater gab sie ihm, er aber ging zu der jungen Witwe, steckte den Arm bis zum Ellbogen zur Tür hinein und rief: »Wer mit seiner Hand bis zum Ellbogen über diesen Arm streicht, bekommt zweitausend Lan!«

Die Witwe schwankte zwar etwas, strich aber dann doch mit der Hand über den Arm.

Der junge Mann zahlte ihr das Geld aus, ging abermals zu seinem Vater und erklärte: »Es ist mehr Ware da, als ich ursprünglich angenommen hatte. Ich brauche noch dreitausend Lan.«

Der Vater gab sie ihm, und der junge Mann suchte wieder die Witwe auf, steckte den Kopf durch die Tür und rief: „Wer seine Wange an meine legt, bekommt dreitausend Lan!« Die Witwe blickte in das schöne Gesicht des jungen Mannes; sie dachte, auch das könne ihr keineswegs schaden, und so legte sie ihre Wange an die des Mannes und empfing dafür dreitausend Lan.

Der junge Mann aber sagte zu seinem Vater: »Es ist noch mehr Ware da. Mir fehlen noch viertausend Lan.«

Auch dieses Geld gab ihm der Vater. Nun betrat der junge Mann das Haus der Witwe und erklärte: „Wer mich umarmt und küsst, erhält viertausend Lan!« Die Witwe tat es, und der junge Mann gab ihr die viertausend Lan.

»Statt mir das Geld zu geben, solltest du lieber meinen Kuss erwidern«, schmollte die Witwe. - »Aber ich nahm doch von dir kein Geld.« - »Ich habe dich geküsst, und du musst mir mit Gleichem antworten. Dafür will ich dir dein ganzes Geld wiedergeben.« - »Das ist zu wenig.« - »Dann nimm noch allen Reichtum meines verstorbenen Gatten dazu.« - »Das ist zu wenig.« -»Was willst du denn noch?« - »Dich zur Frau.« - »Oh, du Dummkopf, will ich denn etwas anderes?«

Der Sohn kehrte zu seinem Vater zurück und sagte: »Siehst du, was für ein gutes Geschäft ich machte? Für deine zehntausend Lan erwarb ich Reichtum und eine gute Frau.«

Danach hielten sie Hochzeit, und der junge Mann kaufte sich den Posten eines Provinzstatthalters.

Der gelbe Hund

Ein Mann hatte alle Bücherweisheit erlernt und ging nun nach Seoul, um dort die Prüfung abzulegen. Doch vorher suchte er einen Wahrsager auf, um zu erfahren, für welche Stellung sein Prüfungserfolg reichen werde.

»Für die allererste«, antwortete der Wahrsager. »Aber denke nicht an die Stellung, sondern an dein Leben. Am besten wäre es, wenn du vor der Prüfung eine kluge Frau heiratetest oder dich wenigstens mit ihr verlobtest. Wenn das nicht möglich ist, so bitte das Mädchen, an dem du Gefallen findest, es möge dir ein Geschenk zum Andenken geben.«

Mit diesem Rat machte sich der gelehrte Mann auf die Reise. Als er nach Seoul unterwegs war, erblickte er eine reiche Fansa. Er erfuhr, dass darin ein ehemaliger Minister wohnte, der eine heiratsfähige Tochter hatte, und trat ein. Man empfing ihn und führte ihn in das Gästegemach.

Als er abends spazieren ging, suchte er die Schule auf, in der die Tochter des Ministers die chinesische Schrift lernte. Er traf sie zufällig allein und sagte sofort: »Da der Wahrsager mir geraten hat, vor der Prüfung zu heiraten, habe ich Euch zu meiner Gattin erwählt.«

»Aber nicht ich Euch zu meinem Gatten«, erwiderte das Mädchen.

»Das ist sehr schade«, meinte der Gelehrte. »Könntet Ihr nicht wenigstens darauf eingehen, als meine Braut zu gelten, da meinem Leben sonst eine große Gefahr droht?«

»Gewiss ist es sehr bedauerlich, dass Euer Leben in Gefahr ist, aber meinem droht eine noch viel größere, wenn ich jemals einer Ehe mit Euch zustimmte.« »Dann schenkt mir doch wenigstens irgendein Andenken.«

Die Tochter des Ministers lachte und gab ihm einen Zettel, auf dem mit gelber Farbe ein Hund aufgepinselt war.

Danach reiste der Gelehrte nach Seoul weiter.

Wie es ihm vorausgesagt worden, legte er die Prüfung für die erste und höchste Stellung ab. Daher bot ihm ein Würdenträger gleich im Prüfungssaal seine Tochter zur Frau an. Sehr geschmeichelt stimmte der Gelehrte zu, und während die Vorbereitungen zur Hochzeit getroffen wurden, setzte er sich noch einmal an die Bücher, obgleich er keine Prüfungen mehr abzulegen brauchte. Daher bekam er seine Braut bis zum Hochzeitstag nicht zu Gesicht und erblickte sie erst, als sie schon Mann und Frau waren. Entsetzt stellte er fest, dass sie hässlich war; sie war blind auf einem Auge und blatternarbig und hinkte.

»Wer hat dich denn gehindert, mich früher anzusehen?«, fragte sie gekränkt. Was tun? Ohne zu antworten, setzte sich der Gelehrte in eine Ecke, blieb dort die ganze Nacht über hocken und schlief endlich ein. Als er am Morgen erwachte, sah er zu seinem Schreck, dass seine Frau mit abgeschlagenem Kopf dalag. Man beschuldigte ihn, die Frau ermordet zu haben, weil sie ihm zu hässlich gewesen sei. Alles, was er dagegen vorbringen konnte, war, dass er unschuldig sei. Niemand glaubte ihm, nur der alte Lehrer, der ihn geprüft hatte, schenkte ihm Vertrauen. »Da steckt etwas dahinter«, sagte er und wandte sich an den Kaiser mit der Bitte, die Hinrichtung um zehn Tage zu verschieben. Bis dahin wollte er den Unschuldsbeweis erbringen.

»Gut«, sagte der Kaiser, »jedoch unter der Bedingung, dass du mit ihm hingerichtet wirst, wenn du seine Unschuld nicht beweisen kannst.«

Der alte Lehrer ging zu dem Angeklagten und fragte ihn, ob er denn nichts zu seiner Entlastung anführen könne.

»Ich habe gar nichts, nur diesen gelben Hund, ein Andenken, das ich mir auf den Rat eines Wahrsagers hin von jenem Mädchen erbat, das sich weigerte, meine Frau oder Braut zu werden. Da gab sie mir dies.«

Der alte Gelehrte nahm das Bildchen und ging nun neun Tage lang damit umher, ohne dass ihm etwas einfiel. Seiner Frau aber sagte er nichts, denn sie war ein in der ganzen Stadt berüchigtes Klatschweib und log so unverfroren, dass den Leuten davon die Ohren brummten. Sie hatte damit ihren ernsten und guten Mann schon mehrfach in Verlegenheit gebracht, und er hatte ein für alle Mal beschlossen, sie niemals ins Vertrauen zu ziehen. Am Abend des neunten Tages jedoch rief er sie zu sich und sprach: »Was geschehen ist, ist nicht mehr ungeschehen zu machen. So wisse denn, dass ich morgen hingerichtet werde.« Dann erzählte er ihr alles und verbarg auch das Bild nicht vor ihr. »Schade, dass deine Beschränktheit nicht dazu gereicht hat, bis morgen zu schweigen«, erwiderte die Frau. »Dann wäre ich wenigstens dich Dummkopf losgeworden.« Der Mann sagte nichts darauf, denn er wusste, dass seine Frau doch das letzte Wort behielt. Sie aber fuhr fort: »Alle Welt außer dir, du Narr, weiß, dass die Ermordete mit ihrem Sklaven namens Gelber Hund ein Verhältnis hatte. Man muss diesen Sklaven greifen und so lange foltern, bis er gesteht, dass er sie aus Eifersucht umgebracht hat.

So geschah es. Der Skave wurde gefoltert; man brach ihm beide Beine, und er gestand, er habe die Tochter des Würdenträgers aus Eifersucht ermordet. Er wurde hingerichtet, der Gelehrte aber freigelassen.

Der Oheim

In der Provinz Hangjöng lebte einst ein guter Mann namens Tsu I Reni. Wie jeder Mensch hatte auch Tsu I Reni seine Schwächen. Er träumte nur noch davon, Provinzstatthalter zu werden.

Zu jener Zeit wurden die Ämter in Seoul bereits für Geld und nicht für Wissen verliehen. Tsu hatte einen Bekannten, einen betrügerischen Minister, zu dem er sein ganzes Vermögen hintrug. Der Minister versprach ihm immer wieder, den Posten zu beschaffen, wiederholte aber stets nur: „Provinzstatthalter ist eine sehr angesehene Stellung; du musst noch mehr Geld bringen.«

So kehrte Tsu wieder einmal heim, verkaufte all seinen Besitz, kratzte noch dreihundert Lan zusammen und machte sich auf den Weg nach Seoul. Als er in einem Gasthof abstieg, lernte er zwei Reisende kennen, ein Ehepaar. Die Frau erwartete jede Stunde ihre Niederkunft und gebar auch wirklich in dieser Nacht eine Tochter. Doch die Eltern besaßen nicht einmal so viel Geld, um jenen Tisch voll Speisen zu beschaffen, wie er einer jungen Mutter gereicht wird.

Da gab ihnen Tsu all sein Geld und sagte: »Ich bin nun schon ein alter Mann, was nützte mir da der Posten eines Provinzstatthalters? Ihr aber seid jung, und das Leben liegt noch vor euch. Vielleicht bringt mein Geld euch Glück.«

Mann und Frau dankten Tsu, und er kehrte heim.

Siebzehn Jahre vergingen. Tsu war nun bereits achtzig. Er war schon längst ein Bettler, ließ aber den Mut nicht sinken und entschloss sich, vor seinem Tode noch einmal Seoul aufzusuchen. »Ist's denn nicht einerlei, wo ich betteln gehe?«, sagte er lachend zu seinen Nachbarn. Die schüttelten die Köpfe: Da hatte ein Mann sein ganzes Vermögen verschleudert. Einem anderen hätte es für zwei Leben gereicht, und er hatte es zu nichts gebracht.

Als Tsu in Seoul eintraf, erblickte ihn der Wahrsager des kaiserlichen Schwiegervaters und sprach: »Dies ist der Mann, der heute noch alle zwölf Würden und noch mehr erhalten wird.« Der Wahrsager ward zum Schwiegervater des Kaisers gerufen und gefragt, was diesen heute erwarte. Da blickte er ihm ins Gesicht und sagte: »Eine große Freude.«

Doch der Schwiegervater des Kaisers war schlechter Laune und erwiderte: »Ich besitze bereits sämtliche Würden, ich bin der Schwiegervater des Kaisers, welche Freude könnte ich noch erwarten? Zum Kaiser wird man mich doch nicht machen – was soll also deine Voraussage bedeuten?«

»Ich traf heute einen bettelnden Greis«, berichtete der Wahrsager, »dem ich vom Gesicht ablas, dass er heute alle Würden und noch mehr erhalten wird.« »Spottest du meiner?«, fuhr ihn der Würdenträger an.

»Wie dürfte ich das wagen?«

»Wohlan denn, wenn dieser Alte auch morgen noch um Almosen bettelt, lasse ich dir den Kopf abschlagen. Geh nun und bringe diesen Greis her!«

Da habe ich mich schön ins Unglück hineingeredet, dachte der Wahrsager und machte sich auf die Suche nach dem Bettler.

Als der Greis in den Palast geführt wurde, kamen alle herbei, um ihn zu sehen, darunter auch die Frau des kaiserlichen Schwiegervaters. »Hat dir mein Wahrsager kundgetan, dass du heute alle zwölf Würden und noch mehr erhalten wirst? Wie soll das geschehen?«, fragte der Würdenträger.

»Was werden wird, ist mir nicht bekannt, wohl aber das, was jetzt ist«, antwortete der Bettler. »Jetzt steht es aber so, dass ich heute noch keinen einzigen Bissen im Munde gehabt habe.«

»Setzt ihm Speise vor!«, befahl der kaiserliche Schwiegervater und ging fort.

»Diese fröhliche, leicht spöttische Stimme muss ich schon einmal gehört haben«, meinte die Frau und wandte sich an den Armen: »Höre denn, Alter, wir geben dir zu essen, unter der Bedingung, dass du uns alle guten Taten erzählst, die du in deinem Leben vollbracht hast.«

»Das wird nicht allzu lange Zeit in Anspruch nehmen«, antwortete der Greis, »und sie alle zusammen sind noch keine Schale voll Hirsebrei wert. Ich vollbrachte nur einmal eine gute Tat, als ich zwei Armen in ihrer Not half.«

»War etwa diesen beiden Armen eine Tochter geboren worden, und es fehlte ihnen an Geld, um den Tisch mit den Speisen für die junge Mutter zu bezahlen?«, forschte die Frau weiter.

»So war es.«

»Diese Armen sind wir gewesen. Unsere Tochter aber ist nun die Gemahlin des Kaisers. Von jener Stunde an hörte ich nicht auf, den Himmel um ein Wiedersehen mit dir zu bitten, um dir noch zu Lebzeiten dafür zu danken, dass du uns in schwerer Stunde beistandest.« Mit diesen Worten fiel die Frau des kaiserlichen Schwiegervaters dem Greis zu Füßen. Dann wurde der Schwiegervater selbst gerufen, und als er erfuhr, wer vor ihm stand, verneigte auch er sich tief vor dem Greis. Die Mutter aber ging zu ihrer Tochter und sprach: »Willst du deinen zweiten Vater sehen, von dem ich dir so oft erzählt habe? Er ist hier.«

Die Tochter sagte das ihrem Gemahl, dem Kaiser, und auch dieser ging hin, um den Greis zu sehen. »Da wir bereits einen Vater haben, so wollen wir diesen Greis unseren Oheim nennen«, beschloss er. Es ist aber allbekannt, dass dieser Titel alle zwölf Würden überwiegt.

Der Wahrsager des kaiserlichen Schwiegervaters gelangte zu solchem Ruhm, dass er bald ein Vermögen gewann, das dem des Kaisers nicht nachstand.

Hwol Mä Si

Unter der Regierung des Kaisers Kosmi Tson Twang, des letzten seiner Dynastie, lebte ein Mädchen Hwol Mä Si, die Tochter reicher Eltern. Sie erhielt eine ausgezeichnete Bildung und las die chinesische Schrift beinahe so fließend wie ihr berühmter, vom ganzen Volk geachteter Lehrer Oru Tschon Säng.

Als sie sechzehn Jahre geworden war, sagte Oru zu ihr: »Du hast nun ausgelernt. Dem Verstand und der Bildung nach verdientest du, die Gattin eines Ministers zu werden.«

»Dann werde ich es auch sein«, antwortete Hwol Mä Si. Aus diesem Grunde wies sie alle Bewerber um ihre Hand ab, und da sie noch jüngere Schwestern hatte, deren Verehelichung dadurch gefährdet war, empfing sie ihr Erbteil und verließ mit Zustimmung der Eltern das Haus. Sie errichtete einen Gasthof an einer belebten Straße und führte ihre Geschäfte so geschickt, dass ihr Hof stets voll von Gästen war und sie im ganzen Lande gerühmt und gelobt wurde.

Eines Tages trug ein junger Köhler seine Ware an ihrem Gasthof vorbei. Hwol Mä Si brauchte Kohle. Sie rief den Köhler herbei und fragte ihn, was er für seine Ware verlange.

Der Köhler blickte sie an und sagte: »Nichts weiter als einen Kuss von dir.« »Ist das nicht ein allzu hoher Preis?«, fragte das Mädchen gekränkt.

»Ich bin es nun einmal gewohnt, entweder alles oder nichts zu nehmen«, antwortete der junge Köhler. »Und wenn du meinen Preis zu hoch findest, dann nimm die Kohle, ohne dafür zu zahlen.« Nach diesen Worten warf er den Kohlensack von der Schulter und entfernte sich, ehe das Mädchen etwas antworten konnte.

So vergingen mehrere Tage, und wieder kam der schöne junge Köhler am Gasthof des Mädchens vorbei. Aber er blickte nicht einmal hin. Doch Hwol Mä Si brauchte wieder Kohle und rief ihn. »Ah«, sagte da der Köhler, »eine bekannte Kundin.« Er trat heran, warf ihr die Kohlen zu Füßen und ging wieder. Vergeblich rief das Mädchen ihm nach, er solle auf den Kaufpreis warten. »Ich kenne ihn schon«, antwortete er, ohne sich umzuwenden.

Als das Mädchen am nächsten Tag erwachte, lag in seinem Hof ein Haufen Kohle, den es nicht einmal in einem Jahre hätte verbrauchen können. Hwol Mä Si war darüber sehr verlegen. Sie hielt sich alle Tage nahe am Tor auf und blickte in die Richtung, aus der der Köhler zu kommen pflegte. Als sie ihn eines Tages wieder erblickte, ging sie ihm entgegen und sprach: »Ich weiß, dass die Kohle, die in meinem Hofe aufgehäuft liegt, von dir stammt.«

»Ja, meine Freunde brachten sie heran.«

»Hast du denn eine so große Macht, dass du ihnen befehlen kannst?« »Mehr als das, ich besitze die Liebe meiner Freunde.«

Das Mädchen schwieg eine Weile und sagte dann: »Ich möchte mit dir abrechnen.«

»Gern«, antwortete der Köhler, warf den Sack von der Schulter und gab dem Mädchen flink einen Kuss, ehe es noch einen Gedanken zu fassen vermochte. Hwol Mä Si aber sprach nun: »Ich habe noch nie einen Mann geküsst. Ob du willst oder nicht, aber du musst nun mein Gatte werden.«

Der Köhler lachte froh und meinte: »Nun, was mich betrifft, ich bin damit einverstanden.«

»Da hat sie nun ihren Minister«, spotteten alle Verwandten, Verehrer und Bekannten Hwol Mä Sis.

Das junge Paar lebte in Eintracht. »Kannst du lesen?«, fragte die Frau ihren Mann. – »Kein einziges Zeichen«, antwortete er fröhlich. – »Soll ich es dich lehren?« – »Warum nicht? In der Zeit, die mir die Wirtschaft übrig lässt, ginge das wohl an.«

Fünf Jahre flossen dahin, und dann wusste der Mann alles, was seine Frau konnte. »Nun geh zu meinem Lehrer Oru Tschon Säng«, sagte sie, »und lasse dich von ihm prüfen. Bring mir auch eine Antwort auf folgende Frage: ›Wenn der Kaiser dumm und sein Sohn ein Narr ist, wäre es da nicht an der Zeit, dass ein anderer Herrscher den Thron besteigt?‹«

Nach einigen Tagen kehrte der Mann wieder heim und brachte die Antwort: »Ja, es ist an der Zeit!«

Bald darauf sagte die Frau zu ihrem Mann: »Lade deine drei klügsten und einflussreichsten Freunde ein.« Als der Mann sie gerufen hatte, bereitete die Frau ihnen ein reiches Mahl und sagte am Abend: »Seid so gut und besteigt morgen bei Sonnenaufgang diesen Berg. Danach erzählt meinem Mann und mir, was ihr dort gesehen habt.«

Als die drei Köhler am Morgen den Berg bestiegen, erblickten sie drei Knaben. Der eine sprach: »Seid gegrüßt!« Der zweite sagte: »Der alte Kaiser wird morgen verjagt werden.« Und der dritte verkündete: »Ihr werdet alle drei zu angesehenen Stellungen emporsteigen.« Nach diesen Worten verschwanden die drei Knaben, und die erstaunten Köhler kehrten um und erzählten alles.

»Ich wusste es«, erwiderte die Gastwirtin, »denn ich bin eine Seherin. Ich will euch auch noch sagen, wie ihr die angesehenen Stellungen erwerben und den Herrscher verjagen könnt, der uns alle zugrunde richtet. Kommt abends mit allen euren Freunden hierher.«

Als die Köhler sich zur bestimmten Stunde versammelt hatten, rief die Frau ihren Gatten ins Schlafgemach und sprach: »Vor zehn Jahren nahm ich mir vor, einen Minister zu heiraten. Ich wählte dich, denn als Seherin erkannte ich, dass du Minister werden wirst. Nun will ich dir sagen, dass deine Zeit gekommen ist. Heute wirst du ernannt und morgen vom ganzen Volk anerkannt werden. Hier, nimm diese Axt. Geh mit deinen Freunden in die Hauptstadt. Versammelt euch dort vor dem Hause Oru Tschon Sängs. Du allein sollst es betreten und dem Lehrer sagen: Meine Frau Hwol Mä Si grüßt dich. Mit dieser Axt will ich das Schloss des Palastes aufbrechen und mit jenen Leuten, die draußen stehen und meiner Befehle harren, die geflohene Palastwache ersetzen.'«

Alles geschah, wie die Frau es angeordnet hatte. Als Hwol Mä Sis Gatte das Haus Oru Tschon Sängs betrat, erblickte er dort mehrere Männer und den Lehrer seiner Frau. Sie stritten darüber, wie ein noch freier Ministerposten zu besetzen sei. Oru schlug Hwol Mä Sis Mann vor, die anderen machten andere Vorschläge. Da sprach der ehemalige Köhler: »Mit dieser Axt breche ich das Schloss des Palastes auf, und mit den Männern dort auf der Straße werde ich die entlaufene Palastwache ersetzen!«

»Dann wirst du klüger handeln als der beste aller Kriegsminister«, antwortete ihm Oru. Den anderen aber blieb nichts übrig, als zuzustimmen.

Sobald sich alle schlafen gelegt hatten, ging Hwol Mä Sis Mann mit seinen Köhlern zum Palast, brach das Schloss auf, überraschte die Wache und stellte sie vor die Wahl, entweder die Kleidung abzulegen, aus dem Palast zu fliehen und über alles Geschehene bei Todesstrafe Schweigen zu bewahren, oder aber sofort den Tod zu erleiden. Die Wache entschied sich für den ersten Weg. Die Köhler zogen sich deren Uniformen an und besetzten den Palast.

Am nächsten Morgen herrschte bereits der neue Kaiser In Tsan Twang, neue Minister saßen in ihren Ämtern, und als die alten zum Palast kamen, ließ man sie wählen, ob sie die neue Ordnung anerkennen oder sofort hingerichtet werden wollten. »Wo sind denn der alte Kaiser und sein Sohn geblieben?«, fragten sie. – »Beide hat der Himmel lebend zu sich genommen.« – »Oh, das ist eine große Ehre, deren wir nicht würdig sind«, antworteten die Minister und leisteten dem neuen Kaiser den Eid.

Alles ging nun seinen Gang, und der von allen geachtete Lehrer und Seher Oru Tschon Säng verkündete laut auf dem Stadtplatz, dass der neue Kaiser glücklich und zum Wohle des Volkes regieren und seine Dynastie tausend Jahre herrschen werde. Unter diesen Umständen hatte das Volk auch gegen eine zweitausendjahrige Herrschaft dieser Dynastie nichts einzuwenden.

Orus Voraussage ging in Erfüllung. Der neue Kaiser herrschte zum Wohle seines Volkes, und die Köhler blieben nach wie vor als Palastwache bei ihm. Von ihnen stammt die schwarze Uniform dieser Wache. Hwol Mä Sis Mann behielt bis zu seinem Tode das Amt des Ministers, und niemand spottete nun mehr, dass sich Hwol Mä Si in der Wahl ihres Gatten geirrt hatte.

Der Sorglose

Es war einmal ein Mann namens Ni Mjöng Sang. Er hatte zwölf Söhne und eine Tochter. Bei jedem seiner Söhne pflegte er einen Monat im Jahr zu verbringen, und im Schaltjahr, das dreizehn Mondmonate zählt, verlebte er den dreizehnten bei seiner Tochter. Weiter hatte er nichts zu tun.

Alle beneideten ihn und sprachen so oft von seinem sorglosen Leben, dass es schließlich dem Kaiser zu Ohren kam. Er wurde auf den Mann neugierig, der weder Arbeit noch Sorgen kannte, und ließ Ni Mjöng Sang zu sich rufen. »Ist es wahr, dass du nichts weiter tust, als bei deinen Kindern zu Gast zu sein?«, fragte er.

»Ja. Der Himmel sandte mir zwölf Söhne nach der Zahl der Monate im Jahr und für den dreizehnten, den Schaltmonat, eine Tochter. So kann ich jeden Monat bei einem meiner Kinder verleben.«

»Da hast du deine Angelegenheiten recht wohl geordnet. Zur Belohnung schenke ich dir diese Perle. Doch ich stelle die Bedingung, dass du sie gut behütest und sie stets vorweisen kannst, wenn ich danach frage. Sonst soll es dir übel ergehen.«

Der Kaiser entließ Ni Mjöng Sang und befahl seiner Wache, ihm die Perle insgeheim zu entwenden und wegzuwerfen. Ein verkleideter Palastwächter folgte Ni Mjöng Sang auf die Fähre, holte heimlich die Perle aus seinem Reisesack und warf sie in den Fluss.

Nachdem Ni Mjöng Sang den Fluss überquert hatte, hielt er in einer Fansa zur Nacht an und griff sofort nach dem Reisesack, um sich zu vergewissern, ob die Perle noch da sei. Denn seitdem der Kaiser sie ihm geschenkt hatte, war all seine Sorglosigkeit spurlos verflogen, er konnte an nichts anderes mehr denken. Als nun die Perle im Sack nicht zu finden war, lernte Ni Mjöng Sang Kummer und Sorge kennen. Er lag die ganze Nacht schlaflos da und dachte allein daran, wie er die entschwundene Perle wiedergewinnen könnte. Am Morgen spürte er daher heftigen Hunger. Da hörte er einen Fischer seine Ware anbieten, rief ihn heran und kaufte einen Fisch.

Wie groß war seine Freude, als er in dessen Magen die Perle wiederfand!

Unterdessen hatte der Kaiser befohlen, Ni Mjöng Sang zurückzurufen. Als er vor den Thron trat, fragte der Kaiser drohend: »Wo ist die Perle, die ich dir schenkte?«

Ni Mjöng Sang holte sie hervor und zeigte sie dem Kaiser.

»Wie gelangtest du wieder in ihren Besitz, wo es mir doch sicher bekannt ist, dass du sie verloren hattest?«

Da erzählte Ni Mjöng Sang, wie er die Perle wiedergefunden hatte.

»Nun denn, dich beschützen der Himmel und der Herrscher des Meeres«, sagte der Kaiser. »Du hast wirklich das Recht, dich um nichts zu sorgen. Daher möge dein Name von heute an Ni Muä lauten, das heißt ›der sich um nichts Sorgende‹.«

Ni Muä erhielt das Amt Buju-oni, das heißt Nichtstun, und so lebte er bis zu seinem Tode und wurde mit großen Ehren begraben.

Kim

Einst lebte ein gewisser Kim Chan Tschöng. Es ging ihm in der Heimat nicht gut, und so beschloss er, über See sein Glück zu suchen. Kim verließ seine Frau und blieb zehn Jahre verreist. Jenseits des Meeres gewann er ein großes Vermögen und wollte nun wieder heimkehren. Vorher ging er aber zu einem Wahrsager, um zu erfahren, was ihn auf dieser Reise erwartete.

»Wenn du mir achttausend Lan gibst, sage ich dir, was du unterwegs erleben wirst«, forderte der Wahrsager.

Achttausend Lan sind viel Geld, aber Kim geizte nicht und gab sie her.

»Merke dir vier Dinge«, sprach nun der Seher. »Fahre nie den geraden Weg, gehe nicht nachts über den Pass, wasche nicht den verölten Kopf und hüte dich vor dem Kantitsche.«

Der Kaufmann trat seine Heimreise an. Seine Gefährten wollten an einer Stelle quer über das Meer fahren und nicht immerfort der gewundenen Uferlinie folgen. Nur wenige, mit Kim an der Spitze, weigerten sich. Das war ihre Rettung, denn alle anderen wurden auf hoher See von einem Sturm überrascht und ertranken.

Als die Überlebenden glücklich die Heimat erreichten, wanderten sie gemeinsam dahin. Eines Abends gelangten sie zu einem Pass. »Ich gehe heute nicht mehr weiter«, erklärte Kim. Seine Gefährten aber widersprachen: »Wenn du so langsam dahinziehst, kommst du nie im Leben zu Hause an. Gut, bleibe, wenn du willst. Wir gehen weiter.« Kim blieb allein zurück. Die anderen aber, die den Weg fortsetzten, wurden in der Nacht alle von Räubern ermordet. Nur Kim erreichte wohlbehalten seine Fansa. Es war schon Abend, und als Kim eintrat, stieß er an ein Fass mit Öl. Er fiel hin, und das Öl floss über seinen Kopf. Er wollte es abwaschen, aber da entsann er sich der Worte des Wahrsagers und ließ es bleiben.

In der langen Zeit, die Kim auf Reisen war, hatte seine Frau in der Annahme, er lebe nicht mehr, einen anderen Mann geheiratet. Als sie nun ihren ersten Gatten erblickte, war sie keineswegs erfreut. Dennoch empfing sie ihn, wie es der Brauch verlangt, und verriet sich in keiner Weise. Heimlich aber bat sie den zweiten Gatten, Kim zu töten, sobald er sich schlafen gelegt habe.

Der Mann schlich sich nachts in die Stube und tastete nach Kims Kopf. Dessen Frisur hatte sich aber durch das Öl gelöst, der Mörder hielt ihn daher für den Kopf der Frau und tötete sie statt des Mannes.

Am nächsten Tag beschuldigten alle Kim, seine Frau wegen ihrer Untreue ermordet zu haben. Kim wurde gefesselt und vor den Richter geführt. Er verurteilte Kim zum Tode. Doch als man ihm den Pinsel reichte, damit er das Urteil unterzeichnete, setzte sich eine Fliege darauf. In solchen Fällen darf das Urteil nicht unterschrieben, sondern muss der Fall erneut untersucht werden. Kim wies lachend auf die Fliege und sagte: »Da, eine Fliege!« – »Ja, eine Fliege«, bestätigte der Richter und befahl, den Angeklagten wieder ins Gefängnis zu führen.

Ein Jahr verging, und dann ließ der Richter Kim rufen und sprach: »Erzähle mir alles ganz genau!«

Kim tat es und verheimlichte auch nicht, was ihm der Wahrsager prophezeit hatte.

»Was bedeutet nun aber diese letzte Warnung vor dem Kantitsche?«, fragte der Richter.

»Das weiß ich nicht«, antwortete Kim.

Der Richter sann den ganzen Abend darüber nach, was er mit Kim anfangen sollte und was wohl dieses Kantitsche (ein Maß geschälter Hirse) bedeuten mochte. Die Frau bemerkte seine Nachdenklichkeit und erkundigte sich liebevoll nach seinen Sorgen. Als der Richter alles erzählt hatte, riet sie, den Angeklagten zu verhören, ob er nicht einen Mann namens Kan Ti Tsche kenne.

Auf die Frage des Richters antwortete Kim: »Aber gewiss doch, das ist der Nachbar und, wie ich erfuhr, der zweite Gatte meiner verstorbenen Frau.«

Nun war dem Richter alles klar. Er sandte nach diesem Kan Ti Tsche und folterte ihn so lange, bis er alles gestand. Danach wurde er gehängt, Kim aber freigelassen. So hatte Kim, wenn auch für teures Geld, doch immerhin sein Leben gerettet.

Der Richter

Vor langer Zeit, als die Ämter noch nicht käuflich waren, sondern durch Wissen erworben wurden, war die Obrigkeit in Korea weise.

Einst lebte eine schöne Frau, die Gattin eines Gasthofbesitzers. Der Hausherr spielte und trank, sie aber führte das Geschäft. Viele Männer wandten ihr ihre Blicke zu, doch sie beachtete keinen, bis ein gewisser aus Hoirjöng gebürtiger Kim bei ihr abstieg. Obwohl er noch einen weiten Weg vor sich hatte, beschloss er dennoch, hier zu nächtigen, da er die Zuneigung der Hausfrau wohl bemerkt hatte.

Nachts, als der Ehemann seiner Gewohnheit gemäß spielen gegangen war, schlich sich Kim in das Schlafgemach der Frau. Er fühlte, dass er in etwas Nasses trat, machte Licht und sah, dass er in einer Blutlache stand. Vor ihm lag die Wirtin mit einem Messer in der Brust. Er wollte fliehen, als ihm einfiel, dass er in dieser Nacht der einzige Gast war und man ihn sofort einholen und des Mordes bezichtigen werde. Doch auch so hatte er kaum bessere Aussichten, denn alles sprach gegen ihn. Da beschloss er, sich seinem Schicksal zu fügen.

Am Morgen trat der Gastwirt ein, und als er Kim und seine tote Gattin sah, ließ er ihn ins Gefängnis führen. Auf die Frage des Richters, ob er sich schuldig bekenne, gestand Kim aus Furcht vor der Folter, er sei der Mörder. Doch der Richter sah sich die Tote genauer an, zog das Messer heraus und stellte fest, dass Kim das seine bei sich hatte. Er fragte ihn: »Wo ist die Scheide zu diesem Messer?« Kim hatte sie nicht. Da befahl der weise Richter allen Einwohnern, ihre Messer herbeizubringen. Er mischte sie durcheinander, legte unauffällig auch das Messer des Mörders darunter und ließ dann alle ihre Messer heraussuchen. Jeder nahm nun das seine wieder an sich, und nur das des Mörders blieb liegen. »Wem gehört denn dieses Messer?«, fragte der Richter.

»Das ist doch das Messer des Fleischers Tsai«, antwortete ein Nachbar.

Mehr brauchte der Richter nicht zu wissen. Er ließ Tsai ins Gefängnis werfen und ihm die Beine unterhalb der Knie so in eine Schraube klemmen, dass die Knochen brachen. Tsai konnte den Schmerz nicht länger ertragen. Er bekannte, die Frau getötet zu haben, weil sie nicht seine Geliebte werden wollte, und wurde enthauptet.

Die Liebe

Tschung Hwang war schön wie ein Stern am Himmel, aber sie führte ein leichtes Leben, und es gab viele, die ihre Gunst genossen. So lebte sie, bis Li To Ren, der Sohn des Stadtvorstehers, zu ihr kam. Sie gewann ihn lieb und wollte nunmehr keinen anderen mehr kennen. Die beiden lebten miteinander, bis Lis Vater aus dem Dienst gejagt wurde, weil er in seiner Habgier alle Grenzen überschritten und die Stadt so ruiniert hatte, dass sie keine Steuern mehr zahlen konnte. Das war auch dem Kaiser in Seoul zu Ohren gekommen. Sein Vermögen wurde vom Staat eingezogen und er mit seiner Sippe verbannt. Auch Li musste sich von Tschung Hwang trennen, aber er sagte ihr beim Abschied: »Harre meiner. Ich liebe dich, und wenn die Frist abgelaufen ist, komme ich und hole dich. Dann verlassen wir diese Stadt und ziehen in eine Gegend, wo uns niemand kennt und wir ungestört miteinander leben können.«

Als der neue Stadtvorsteher eintraf, erfuhr er (denn in der Stadt kannten alle einander) gar bald, wer Tschung Hwang war, und befahl, sie ihm vorzuführen. Weil Tschung Hwang sich wehrte, wurde sie mit Gewalt zum Vorsteher geschleppt. »Warum wolltest du nicht zu mir kommen?«, fragte er sie.

»Weil ich Li liebe und keinen anderen mehr lieben will.«

»Dummes Ding«, sagte der Vorsteher, »du bist schön und jung, und ich begreife gar wohl, warum Li dich liebte. Aber er ist deiner nicht wert, und von nun an wirst du mich lieben.«

Doch Tschung Hwang wollte nicht und lehnte alle Angebote des Vorstehers ab. Da ließ er sie ins Gefängnis werfen. Auch das half nicht. Nun befahl der Vorsteher, das Mädchen jeden Tag so zu misshandeln, dass es zur alten Frau werde. Und so wurde die schöne Tschung Hwang Tag für Tag geschlagen, bis ihre Schönheit schwand. Danach ließ man sie frei. Sie kehrte in ihr Haus zurück und lebte dort in Erwartung dessen, den sie liebte.

Viele Jahre vergingen, da traf in der Stadt ein Mann ein. Er stieg im Gasthof ab, erkundigte sich nach den Einwohnern und erfuhr auch Tschung Hwangs Schicksal, wie sie vom Vorsteher gequält worden war und nun einsam in ihrer Fansa dahinlebte. Da ging Li hin und klopfte an.

»Was schlägt mein Herz nach so vielen Jahren plötzlich wieder voll Unruhe?«, wunderte sich Tschung Hwang, als sie das Klopfen hörte, und öffnete.

Sie erkannten einander sofort, denn Tschung Hwang war mit einem Male wieder jung und berückend schön geworden. Sie verließen die Stadt, in der der verhasste Vorsteher lebte, siedelten sich in einer weit entfernten Gegend an und vergaßen in einem glücklichen Leben alles, was sie erlitten hatten.

Seit wann die Koreanerinnen ein abgeschlossenes Leben führen

Also ist es gekommen, dass die koreanischen Frauen ein abgeschlossenes Leben führen: Vor fünfzehnhundert Jahren herrschte in Korea der berühmte König O Schang Pu On Kun. Sechzehn Jahre alt, besuchte er die Schule und hörte dort von seinen Kameraden, dass alle Frauen Seouls lasterhaft seien. Daher wollte er seine Frau und seine Mutter auf die Probe stellen. Als die Frau eines Tages im Garten spazieren ging, sprang er verkleidet aus dem Gebüsch, küsste sie und entfloh.

Abends erzählte die Frau kein Wort davon, war aber sehr nachdenklich. Es vergingen weitere zwei Tage, und sie nahm keine Speise mehr zu sich. »Warum isst du nichts?«, fragte sie der König. – »Ich bin entehrt, und mir bleibt nichts anderes übrig, als zu sterben. Darum esse ich nichts«, antwortete die Frau. Da umarmte sie der König und erzählte ihr, wie alles in Wirklichkeit gewesen war.

Seine Mutter auf die Probe zu stellen, bereitete dem König viel Kopfzerbrechen. Endlich entschloss er sich zu folgender List. Zu Neujahr, wenn alle Frauen Schalen mit Reis als Opfer darbrachten, wollte er mit zwei Schulfreunden in dem damals in Seoul bestehenden Tempel als Buddha und zwei Engel verkleidet erscheinen. Nur ein Mönch wusste von dieser Absicht, die vor allen anderen geheim gehalten wurde. Als daher während des Gottesdienstes Buddha mit zwei Engeln, so wie man sie auf den Bildwerken darzustellen pflegt, in den Tempel trat, fielen alle Mönche zu Boden und riefen: »Der große Buddha selbst ist zur Erde herabgestiegen!« Alle Frauen aber, die sich im Tempel befanden, standen schreckensstarr. Der vermeintliche Buddha benutzte die Verwirrung und verkündete: »Ich stieg zur Erde herab, um euch von euren Sünden zu erlösen. Kommt mit euren Reisschalen zu mir. Doch hat jede Frau so viel Schalen zu bringen, als sie Liebhaber besitzt. Wenn sie auch nur einen einzigen verheimlicht, wird sie hier im Tempel hingerichtet.«

Da kamen erstaunliche Dinge ans Licht! Obwohl die Mönche viele Schalen vorrätig hatten, reichten sie bei weitem nicht, und es musste immer wieder jemand zum Markt laufen, um weitere zu holen. Die Mönche hatten an diesem Tage viel zu tun. Der König aber erfuhr, dass von seinen Untertanen nur zwei unschuldig waren, nämlich seine Frau und seine Mutter. Alle anderen hatten zwei, drei, manche aber auch zehn Männer. Seine Engel schrieben die Frauen und die Männer auf, und am anderen Tage ließ der König überall Ankündigungen anschlagen, in denen stand, wie viel Frauen jeder seiner Minister hatte und wie viel Verehrer die Frauen besaßen. Damit das aber in Zukunft anders würde, erließ der König die Vorschrift, nach der die Frauen Koreas auch heute noch leben.

Die drei Brüder

Es waren einmal drei Brüder. Sie wollten viel Ginseng graben und reich werden. Das Glück lächelte ihnen, und sie fanden eine Wurzel, die hunderttausend Käsch wert war. Da sagten zwei von ihnen. »Wir wollen unseren Bruder töten und uns seinen Anteil nehmen.« Sie taten es. Aber jeder der beiden Überlebenden dachte nun einzig und allein daran, wie er auch noch den anderen töten könnte. Sie kamen zu einem Dorf. »Geh«, sagte da der eine, »kaufe Suli im Dorf ein. Ich warte hier auf dich.« Der andere ging in das Dorf. Als er mit dem gekauften Suli zurückkehrte, dachte der Wartende: Wenn ich jetzt meinen Bruder töte, gehört der ganze Suli und auch die ganze Wurzel mir. Er erschoss den Bruder und trank den Suli aus. Aber der war vergiftet, denn der Ermordete hatte damit seinen Bruder töten wollen. So waren nun alle drei tot. Die kostbare Ginseng-Wurzel aber verfaulte. Seither suchen die Koreaner weder nach Wurzeln noch nach Geld, sie streben nur danach, mehr Brüder zu haben.

St. Petersburg
Moskau
WOLGA
R U S S L A
OB
JENISSEJ
IRTYSCH
ANGARA
Ufa
Samara
Tscheljabinsk
Petropavlovsk
Omsk
Tomsk
Novosibirsk
Semipalatinsk
KASP. MEER
MANDSCHUREI (CHINA)
Wladiwostok
TUMEN
Nowokijewsk
Heurjong
POSSJET-B.
Kjöng-heung
Krasnoje Selo
GASCHKE-WITSCH-BUCHT
Manjong
TSCHANG-PAI-SCHAN
Musan
PEKTUSAN
2744 m
Linkiang
Mamp'ojin
AMNOK
Wiwön
Sachou
Tatungkau
Widschu
KOREA
JAPANISCHES MEER
Pitsewo
Port Arthur
KOREA BAY
Tschifu
Seoul
C.J. Lienau 2005